Adolf Jürgens

Zur schleswig-holsteinischen Handelsgeschichte des 16. und 17. Jahrhunderts

Adolf Jürgens

Zur schleswig-holsteinischen Handelsgeschichte des 16. und 17. Jahrhunderts

ISBN/EAN: 9783955642099

Auflage: 1

Erscheinungsjahr: 2013

Erscheinungsort: Bremen, Deutschland

@ EHV-History in Access Verlag GmbH, Fahrenheitstr. 1, 28359 Bremen. Alle Rechte beim Verlag und bei den jeweiligen Lizenzgebern.

ABHANDLUNGEN
ZUR
VERKEHRS- UND SEEGESCHICHTE
IM AUFTRAGE DES HANSISCHEN GESCHICHTSVEREINS
HERAUSGEGEBEN VON
DIETRICH SCHÄFER
BAND VIII

———o———

ZUR SCHLESWIG-HOLSTEINISCHEN HANDELSGESCHICHTE DES 16. UND 17. JAHRHUNDERTS

VON

ADOLF JÜRGENS.

BERLIN □ KARL CURTIUS □ 1914

Vorwort.

Nachdem ich zuerst das ganze Gebiet der schleswig-holsteinischen Handelsgeschichte in die Untersuchung einbezogen hatte, schränkte ich es mehr und mehr ein. Die vorliegende Arbeit behandelt vornehmlich die Zeit von 1544 bis 1627. 1544 ist als Anfang gewählt, weil der Speyrer Friede erst wieder nach langer Unterbrechung regelmäßigen Handel ermöglichte, weil andererseits die in dies Jahr fallende Landesteilung auch für den Handel von größter Bedeutung war. Mit dem Jahre 1627 beginnt wieder eine fast 100jährige Periode von Kriegen.

Es ist mir eine angenehme Pflicht, den Archivbeamten, deren Arbeitskraft und Hilfe ich vielfach in Anspruch nahm, auch an dieser Stelle meinen lebhaften Dank auszusprechen.

Adolf Jürgens.

Bibliographie.

I. Verzeichnis der öfter angeführten Werke und der dafür gebrauchten Abkürzungen.

Aarsberetn.: Aarsberetninger fra det Kongelige Geheimearchiv, udgiven af C. F. Wegener. I—VII 1852—83.

Abdruck: Abdruck der das Recht der freien Städte Lübeck und Hamburg auf Fortdauer des zollfreien Transitverkehres zwischen beiden Städten durch das holsteinische Gebiet betreffenden Urkunden. 1838.

Beccau: C. U. Beccau, Versuch einer urkundlichen Darstellung der Geschichte Husums bis zur Erteilung des Stadtrechtes 1854.

Bricka og Fridericia: C. F. Bricka og J. A. Fridericia, Kong Christian den fjerdes egenhaendige Breve. 1878—89.

Burmeister: C. C. H. Burmeister, Beiträge zur Geschichte Europas im 16. Jahrhundert aus den Archiven der Hansestädte. 1843.

Camerer: J. F. Camerer, Vermischte historisch-politische Nachrichten in Briefen von einigen merkwürdigen Gegenden der Herzogthümer Schleßwig und Hollstein. I. Th. 1758 II. Th. 1762.

Carstensen: C. A. Carstensen, Die Gründung und anfängliche Entwicklung von Friedrichstadt an der Eider. Kieler· Diss. 1913.

Christiani-Hegewisch: W. E. Christianis Geschichte der Herzogthümer Schleswig und Holstein unter dem Oldenburgischen Hause fortges. von Hegewisch. 3. Th. 1801.

Chytraeus: Davidis Chytraei Chronicon Saxoniae et vicinarum aliquot Gentium ab anno Christi 1500 usque ad 1593. Lipsiae.

Claeden: Als der Hoch Edler und Hochweiser Herr Bürgermeister Hans Iversen Loyt den 28. März 1764 diese Welt verlassen, hat demselben gegenwärtiges Monumentum nomine Magistratus et collegii Deputatorum der Stadt Flensburg stiften usw. wollen Georg Claeden. 1765 ff.

C. C. Reg. Hols.: Corpus Constitutionum Regio - Holsaticarum oder Allerhöchst autorisirte Sammlung der in dem Herzogthum Holstein, Königlichen Antheils ... in Kraft eines beständigen Gesetzes ergangenen Constitutionen, Edicten, Mandaten, Decreten ... I—III 1753.

C. Stat. Slesv.: Corpus Statutorum Slesvicensium oder Sammlung der in dem Herzogthum Schleswig geltenden Land- und Stadt-Rechte (hrsg. v. Brockdorff u. Eggers). I bis III 1794—1812.

Danckwerth: Newe Landesbeschreibung der zwey Hertzogthümer Schleswich und Holstein, zusambt vielen dabei gehörigen Newen Landkarten ... durch Casparum Danckwerth verfertigt. 1652.

D. M.: Danske Magazin, indeholdende allehande Smaa-Stykker .. 1745 ff.; fortgesetzt als Nye D. M. 1794 ff., dann als D. M., indeholdende Bidrag til den danske Historie og det danske Sprogs Oplysning. Udg. af dat K. D. S. for Faedrelandets Hist. og Sprog. 1843 ff.

Dasent: A. J. Dasent, Acts of the Privy Council of England. N. S. 1890 ff.

Detlefsen: D. Detlefsen, Geschichte der holsteinischen Elbmarschen. 1891—92.

Ehrenberg: R. Ehrenberg, Hamburg und England im Zeitalter der Königin Elisabeth. 1896.

Eickhoff: P. Eickhoff, Gesch. Wandsbeks 1564—1614. Beil. z. Jahresbericht d. Matthias-Claudius-Gymn. 1905.

Erslev: K. Erslev, Aktstykker og Oplysninger til Rigsraadets og Staendermoedernes Historie i Kristian IVs. Tid. 1886 ff.

Falck, Kunde des Vaterlandes: N. Falck, Sammlungen zur nähern Kunde des Vaterlandes in historischer, statistischer und staatswirtschaftlicher Hinsicht. I—III 1819—25.
Gallois: F. G. Gallois, Geschichte der Stadt Hamburg. 1853.
Häpke: R. Häpke, Niederländische Akten und Urkunden z. Gesch. d. Hanse und zur deutschen Seegeschichte. 1913.
Hänel und Seelig: A. Hänel und W. Seelig, Zur Frage der stehenden Gefälle in Schleswig-Holstein. 1871.
Hagedorn I: B. Hagedorn, Ostfrieslands Handel und Schiffahrt im 16. Jahrhundert. Abh. z. Verkehrs- und Seegeschichte Bd. III 1910.
Hagedorn II: Ders., Ostfrieslands Handel und Schiffahrt vom Ausgang des 16. Jahrhunderts bis zum Westfälischen Frieden. Abh. z. Verkehrs- und Seegeschichte Bd. VI 1912.
Hallenberg: J. Hallenberg, Svea Rikes Historia under Konung Gustaf Adolf den Stores Regering. V 1796.
Hansen, Itzehoe: R. Hansen, Geschichte der Stadt Itzehoe. 1910.
Hansen, Petreus: Johannes Petreus († 1603) Schriften über Nordstrand, hrsg. v. R. Hansen. Quellens. V 1901.
Hansen, Beitr.: Joh. Hansen, Beiträge zur Geschichte des Getreidehandels und der Getreidehandelspolitik Lübecks. 1913.
Hanssen, Abh.: G. Hanssen, Agrarhistorische Abhandlungen. I—II 1880—84.
Hans. Geschbll.: Hansische Geschichtsblätter, hrsg. vom Verein für hansische Geschichte. 1871 ff.
Heimat: Die Heimat. Monatsschrift d. Vereins zur Pflege der Natur und Landeskunde in Schleswig-Holstein, Hamburg und Lübeck. 1896 ff.
Heimreich: A. Heimreich, Nordfresische Chronik. Zum drittenmale mit den Zugaben des Verfassers und der Fortsetzung seines Sohnes Heinrich H. hrsg. von N. Falck. 1819.
H. T.: Historisk Tidsskrift udg. af den danske historiske Forening, ved Selskabets Bestyrelse. 1840 ff.
Höhlbaum: K. Höhlbaum, Kölner Inventar. I—II 1896—1903.
Jahrbb.: Jahrbücher für die Landeskunde der Herzogthümer Schleswig, Holstein und Lauenburg, hrsg. v. d. S. H. L. Ges. f. vaterl. Gesch. 1858—67.

Jargow: C. G. Jargow, Appendix derer in der Privilegien-Lade zu Kiehl befindlichen Holsteinischen Ritterschafft Privilegien. 1726.

Kanc. Brevb.: Kancelliets Brevboeger vedroerende Danmarks indre Forhold i Uddrag udg. ved C. F. Bricka 1885—88; fortges. durch L. Laursen. 1893 ff.

Kernkamp: G. W. Kernkamp, Baltische Archivalien. 1909.

Ketilson: Kongelige Allernaadigste Forordninger og aaben Breve, som til Island ere udgivne ... ved M. Ketilson 2. D. 1778.

Kinch: J. Kinch, Ribe Byes Historie og Beskrivelse. 1868—84.

K. Gust. Reg.: Konung Gustaf den förstes Registratur. Utg. af kong. Riksarchivet genom V. Granlund. Bd. XVI ff.; genom G. O. Berg. Bd. XIX; genom J. A. Almquist. Bd. XX. Handl. rör. Sveriges Historia. I. Ser.

Koppmann: K. Koppmann, Kämmereirechnungen der Stadt Hamburg. 1869—94.

Laß: J. Laß, Sammlung einiger husumischen Nachrichten usw. 1750—52.

Laursen: L. Laursen, Danmark-Norges Traktater 1523—1750. 1907 ff.

Lindeberg, Hypotysis: P. Lindeberg, Hypotysis arcium etc. ab H. Rancovio condit. denuo Hamb. 1591.

Lindemann: E. Lindemann, Die Nordseeinsel Helgoland. Berlin 1889.

Lünig: J. C. Lünig, Das Teutsche Reichs-Archiv. 1710—24.

Luzac: E. Luzac, Hollands Rijkdom, behelpende den Oorsprong van den Koophandel en van de Magt van desen Staat. 1780—83.

Macray: W. D. Macray, Report on the Royal Archives of Denmark and further Report on Libraries in Sweden. (= Appendix II to the 45. Annual Report of the Deputy Keeper of the Public Records): Second Report by Macray (App. II to the 46. Ann. Reg.); Third Report by Macray (App. to the 47. Ann. Reg.). 1884—86.

Matthiessen: P. E. Matthiessen, Die holsteinischen adlichen Marschgüter Seestermühe, Groß und Klein-Collmar. 1836.
Meiborg: R. Meiborg [Mejborg], Das Bauernhaus im Herzogtum Schleswig und das Leben des schleswigschen Bauernstandes im 16., 17. und 18. Jahrhundert. (Deutsche Ausg. von R. Haupt.) 1896.
Mejborg, Billeder: R. Mejborg, Billeder af Livet ved Christian den Femtes Hof. 1882.
Michelsen, D. UB.: A. L. J. Michelsen, Urkundenbuch zur Geschichte des Landes Dithmarschen. 1834.
(Michelsen und Johannsen): Sammlung der wichtigsten gemeinschaftlichen Verordnungen, (ges. v. Michelsen und Johannsen). 1773.
M. J.: E. J. v. Westphalen, Monumenta inedita rerum Germanicarum praecipue Cimbricarum et Megapolensium usw. 1739 bis 1745.
Mitt. f. hbg. Gesch.: Mitteilungen des Vereins für hamburgische Geschichte. 1878 ff.
Mitt. f. kieler Stadtgesch.: Mitteilungen der Gesellschaft für kieler Stadtgeschichte. 1877 ff.
Mitt. a. d. Kölner St.: C. Höhlbaum, Mittheilungen aus dem Stadtarchiv von Köln. 1882 ff.
Naudé: W. Naudé, Die Getreidehandelspolitik der europäischen Staaten vom 13. bis zum 18. Jahrhundert 1896. (Acta Borussica.)
N. A. f. sächs. Gesch.: Neues Archiv für Sächsische Geschichte und Alterthumskunde, hrsg. von Ermisch. 1887 ff.
N. St. M.: Neues Staatsbürgerliches Magazin, hrsg. v. N. Falck. 1832—42.
Neoc.: Johann Adolfi (Neocorus), Chronik des Landes Dithmarschen, aus der Urschrift hrsg. von F. C. Dahlmann. 1827.
Nicolaysen: N. Nicolaysen, Bergens Borgerbog. 1550—1751. 1878.
Nielsen: O. Nielsen, Kjoebenhavns Diplomatarium. 1872 ff.
Nielsen IV II: O. Nielsen, Kjoebenhavns Historie og Beskrivelse. IV D. K.s indre Historie fra 1536—1660. Bd. II 1876 bis 1885.

Noodt, Beitr.: (J. F. Noodt), Beyträge zur Erläuterung der Civil-, Kirchen- und Gelehrten-Historie der Herzogthümer Schleswig und Hollstein. 1744—48.

Nordalb. Stud.: Nordalbingische Studien. Neues Archiv der Schleswig-Holstein-Lauenburgischen Ges. für vaterl. Gesch. 1844—54.

Norske Magasin: Norske Magasin. Skrifter og optegnelser ang. Norge og forfattede efter reformationen. 1860—70.

Norske R.: Norske Rigsregistranter, tildeels i Uddrag, udg. efter offentlich Foranstaltning. 1861—91.

Nyerup: R. Nyerup, Kong Christian den Fjerdes dagboeger.

Pont: F. Pont, Friedrichstadt a. d. Eider. Die holländische Kolonisation an der Eider und die gottorpische Handelspolitik in den letzten dreißig Jahren des spanisch-niederländischen Krieges. Friedrichstadt 1913.

Prov. Berr.: Schleswig-Hollsteinische Provinzialberichte 1787 ff. und Fortsetzungen: Neue Schleswig-Holsteinische Pr., hrsg. von G. P. Petersen 1811 ff.; Schleswig-Holstein-Lauenburgische Pr., eine Zeitschr. für Kirche und Staat von G. P. Petersen 1817 ff.; Neue S. H. L. Pr., hrsg. v. H. Peters 1831—34.

Quellens.: Quellensammlung der Schleswig-Holstein-Lauenburgischen Ges. f. vaterl. Gesch. 1862—1901.

Ratjen: H. Ratjen. Verzeichnis der Handschriften der Kieler Universitätsbibliothek. 1858.

R. D. H. D.: Regesta diplomatica historiae Daniae. Index chronologicus diplomatum et literarum. 1847 ff.

Reg. und Urk.: Schleswig-Holstein-Lauenburgische Regesten und Urkunden, hrsg. v. P. Hasse. 1886 ff.

Resen: P. H. Resen, Kong Frederichs den Andens Krönicke. 1680.

Rivesell: P. Rivesell, Versuch einer Beschreibung der Stadt Flensburg. 1817.

Rydberg: O. S. Rydberg, Sverges traktater med främmande magter. 1877 ff.

Rymer: E. T. Rymer, Foedera, conventiones literae et cuius-
cunque generis acta publica inter reges Angliae et alios...
1745 ff.
Saml. til jydsk hist. og top.: Samlinger til jydsk historie og
topografi. 1866 ff.
Schäfer: Dietrich Schäfer, Geschichte von Dänemark V. 1902.
Secher: V. A. Secher, Corpus Constitutionum Daniae. For-
ordninger, Recesser og andre kongelige Breve, Danmarks
Lovgivning vedkommende 1558—1660. 1887 ff.
Secher, Saml. af Domme: V. A. Secher, Judicia placiti regis
Daniae justitiarii. Samling af Kongens Rettertings Domme.
1595 ff. 1881 ff.
Sejdelin: G. C. P. Sejdelin, Diplomatarium Flensborgense. Sam-
ling af Aktstykker til Staden Flensborgs Historie indtil
Aaret 1559. Bd. II 1873.
Select Pleas: Select Pleas in the Court of Admiralty. II The
high Court of Admiralty 1547—1602. ed. by R. G.
Marsden (Publications of the Selden Society XI). 1897.
Sering: M. Sering, Die Vererbung des ländlichen Grundbesitzes
im Königreich Preußen. VII. Erbrecht und Agrarverfassung
in Schleswig-Holstein. 1908.
Simson: P. Simson, Danziger Inventar 1531—91. 1913. In-
ventare Hansischer Archiv d. 16. Jahrhunderts III. 1913.
Slesv. Prov. efterr.: Slesvigske Provindsialefterretninger, udg. of
F. Knudsen. 1860—63.
St. M.: Staatsbürgerliches Magazin mit besonderer Rücksicht auf
die Herzogthümer Schleswig, Holstein und Lauenburg, hrsg.
von Carstens und Falck. 1821 ff.
St. P.: Calendar of State Papers: a) foreign series of the reign
of Edward VI., Mary, Elizabeth. Preserved in the State
Paper Departement of Her Majesty's Public Record Office.
1861 ff., hrsg. v. Turnbull, Stevenson, Crosby, Butler.
b) Domestic series of the reign of Elizabeth, James I., hrsg.
von Lemon und Green. 1858 ff.
Stern: Moritz Stern, Chronicon Kiliense tragicum-curiosum 1432
bis 1717. Die Chronik des Asmus Bremer, Bürgermeisters
von Kiel. 1901. Mitt. f. kiel. St. XVIII.

Sundzollreg.: N. Ellinger-Bang, Tabeller over Skibsfart og Varetransport gennem Oeresund 1497—1660. 1906. (II soweit erschienen).

Urksaml.: Urkundensammlung der Schleswig-Holstein-Lauenburgischen Ges. f. vaterl. Gesch. 1839 ff.

Viethen: A. Viethens Beschreibung und Geschichte des Landes Dithmarschen. 1733.

J. v. Vloten: J. van Vloten, Nederlands Opstand tegen Spanje. 1858—60.

Wurm: C. F. Wurm, Studien in den Archiven ... über die Lebensschicksale des Foppius van Aitzema ... Verzeichnis der Vorlesungen, welche am Hamb. akad. Gymnasium von Ostern 1854 bis Ostern 1855 gehalten werden. 1854.

Zeitschr.: Zeitschrift der Gesellschaft für die Geschichte der Herzogtümer Schleswig, Holstein und Lauenburg. 1870 ff.

II. Verzeichnis der benutzten Archive und der dafür gebrauchten Abkürzungen.

Acta: Kgl. Staatsarchiv zu Schleswig.

Hbg. St.: Archiv der freien und Hansestadt Hamburg.

Lüb. St.: Lübecksches Staatsarchiv.

Poorter: Hamburger Kommerzbibliothek, „Jürgen Poorter, weiland Schreiber bei der wolgeb. Fr. Barbara Rantzowen zur Höltzernklinken" Rechnungsbuch, abgeschrieben von Mich. Richey. 1727.

Rendsb. St.: Rendsburger Stadtarchiv.

Husumer St.: Husumer Stadtarchiv.

Schriever: Kieler Stadtarchiv, Rechnungsbücher Ulrich Schrievers.

Inhalts-Übersicht.

	Seite
Vorwort	VII
Bibliographie	IX

Kapitel I.
 Einleitung. Geographische und politische Vorbedingungen   1

Kapitel II.
 Ausfuhrwaren und Ausfuhrgewerbe 8

Kapitel III.
 Die Träger des Handels 52

Kapitel IV.
 Die schleswig-holsteinische Seeschiffahrt 82

Kapitel V.
 Der Transithandel 109
  1. Lübeck-Hamburg 110
  2. Lübeck-Stör 116
  3. Lübeck-Dithmarschen 121
  4. Eider-Ostsee 122
  5. Husum - Flensburg, Ockholm - Flensburg, Husum-Eckernförde 127
  6. Andere Transitwege 133
  7. Kanalpläne 135

Kapitel VI.
 Der nord-südliche Transit, insbesondere der Ochsenhandel 140

Kapitel VII.
 Das Verhältnis zu den einzelnen Ländern 166
  1. Hamburg und Lübeck 166
  2. Deutschland 183
  3. Die Niederlande 185
  4. Spanien, Portugal und Mittelmeer 194
  5. Bremen und Nordwestdeutschland 209

	Seite
6. Emden und Ostfriesland	212
7. Frankreich	216
8. England und Schottland	217
9. Skandinavien	226
a) Dänemark	226
b) Norwegen	234
1. Südnorwegen	234
2. Nordnorwegen	239
c) Die Islandfahrt	243
d) Schweden, Finnland	246
10. Die Narwafahrt	250
11. Die deutsche Ostseeküste	253
Anhang	259
Orts- und Personenverzeichnis	299

Kapitel I.
Einleitung.
Geographische und politische Vorbedingungen.

I. Schiffahrt und Handel können sich nur dann entwickeln, wenn ein Land an einer guten Handelsstraße liegt oder austauschfähige Waren hervorbringt, am besten wenn beide Bedingungen erfüllt sind. Der Haupthandel Europas im 16. und beginnenden 17. Jahrhundert war der Verkehr zwischen den Ostseeländern und den atlantischen Küsten Westeuropas, zum mindesten wenn man die Gütermenge in Betracht zieht. Holland war der Umschlagplatz dieses Verkehrs.

Mitten hinein in diese große Handelsstraße ragt die Cimbrische Halbinsel. Der nächste Weg für alle Waren, die aus dem inneren Ostseegebiet, östlich von Bornholm nach Holland sollen und umgekehrt, führt über sie, und zwar durch Schleswig-Holstein. Über die Halbinsel kann man dann verschiedene Wege nehmen; über Lübeck und Hamburg, was am wenigsten Ablenkung aus der Hauptrichtung erfordert, über Schleswig, wo Ost und Westsee einander am nächsten kommen, oder wo sonst eine der tief ins Land einschneidenden Förden zum Transit einlädt. Seit dem 15. und besonders seit dem 16. Jahrhundert wählte man aber lieber den billigeren, wenn auch mehr Zeit kostenden Seeweg durch den Sund und das Kattegat.

Außerdem war Schleswig-Holstein das Durchgangsland für den Verkehr zwischen Dänemark und Deutschland, soweit er nicht zur See ging. Waren diese beiden Wege auch in unserer Periode noch von großer Bedeutung für das Land, den wichtigsten Handel bildete doch der Absatz der eigenen Landesprodukte. Er war nur ein Teil des großen west-östlichen Verkehrs der Zeit und ward fortwährend von ihm beeinflußt.

Schleswig-Holstein gehörte seiner Produktion nach zu den Ostländern, die Holländer rechneten es zum „Oostland"[1]. Daher besaßen die Häfen an der Westküste des Landes die größte Bedeutung. Heute zwar kennt man dort, abgesehen von Hamburg, das nur für einen Teil Holsteins ein bequemer Hafenort ist, kaum einen Hafen und keine größere Seestadt. Damals aber hielt man sich möglichst nahe an der Küste[2], so daß die im Nordseeverkehr beschäftigten Schiffe keinen großen Tiefgang haben konnten. Vielfach wurde der Verkehr nur durch Ewer, bis zu 8 Lasten groß, vermittelt, auf größere Entfernungen durch Seeschiffe von 12 bis 30 Lasten. Für Schiffe dieser Größe bieten sich an der Westküste viele Häfen und zu gelegentlichem Einladen passende Plätze. In den Elbmarschen sieht man noch heute außendeichs am Ende von Prielen Ewer liegen in Gruben, die sich der Größe des hier zu Hause gehörenden Schiffes genau anpassen und als Hafen dienen. Die zahlreichen Mündungen großer und kleiner Flüsse[3], die Siele, durch die bei Ebbe die Marschen entwässert werden, bieten in den Sieltiefen ebensoviel Häfen dar. Daher rühmte man im 16. Jahrhundert die große Zahl von Häfen des Landes. In Dithmarschen werden genannt: Lunden, Wollersum, Hemmersiel, Schülp, Norddeich, Dikhuser Hafen, Büsum, Wöhrden, Meldorf, Barlt, Brunsbüttel; in Eiderstedt [1616]: bi Jacob v. d. Lohen Hues (bei Friedrichstadt und Koldenbüttel), bi Jacob Saxen Fähre, Reimersbude, Harbleke, Katinger Siel, bi der Hülck, Ehst, Süderhövet, Westerhewer, Siwersfleth, Ulwesbüll und Tönning[4], auch Olversum und Bark-

---

[1] Mitt. des nordfries. Vereins. Heft III 1905—6 S. 6.

[2] Neoc. II 348; Hbg. St. Cl. II Nr. 15b vol. 1: 1591.

[3] Krempermünde, ehemaliger Hafen, Prov. Berr. 1824 S. 6; Hoyer, der Hafen Tonderns; Herzhorn war vor Glückstadts Erbauung bedeutend, Detlefsen I 383; II 76.

[4] Acta A XXIV.

horn. Im Norden nennt Danckwerth[1] als Haupthäfen die Schlucht bei den Halligen des Nordstrandes, das Schmaltief bei Föhr, Rutebüll und Hoyer, Listertief und Riperhafen. Daneben waren viele andere weniger befahrene. In Nordstrand lagen im Herbst alle 15 Häfen des Landes voll von Schiffen[2]. Einzelne Häfen waren auch für größere Schiffe befahrbar, so die Störmündung[3], Tönning und die Eider[4], Husum[5], das Lister Tief[6], der beste Hafen an der ganzen Westküste.

Auch die Fortschaffung der Waren aus dem Innern des Landes in die Häfen war durch Wasserstraßen sehr erleichtert. Diese hatten große Bedeutung, da der Landtransport wegen der schlechten Wege teuer war, da man in den Marschen im Frühjahr und Herbst oft gar nicht fahren konnte. Die Flüsse, wegen des geringen Gefälles schon nahe der Quelle mit Böten befahrbar, dazu meist westwärts fließend und die größeren Entwässerungsgräben der Marschen, von denen noch heute manche „Kanal" genannt werden, führten die Waren zu den Häfen. So fuhr man die Stör hinauf bis Arpsdorf, ja man kam auf der Schwale bis Neumünster, auf der Bramau bis Bramstedt[7], auf der Wilsterau bis Dithmarschen[8], so daß Itzehoe gegen Ende des 16. Jahrhunderts Ausfuhrhafen für einen großen Teil des mittleren und nordöstlichen Holsteins wurde[9]. Innerhalb der Deiche befuhr man die Abzugskanäle, nur war es in Koogsordnungen mitunter verboten, Segel aufzuspannen, damit das Vieh auf der Weide nicht scheu werde[10]. Holländer rühmen in der Einladungsschrift zu einer Stadtgründung bei Bottschlot,

---

[1] S. 54.
[2] Meiborg 71; In andern Hss. werden 10 Häfen genannt.
[3] M. J. I. 11: Für Schiffe von 90 Lasten.
[4] Acta A XXIV: Für Schiffe von über 100 Lasten.
[5] Aug. Niemann, Handbuch der schlesw.-holst. Landeskunde 1799. S. 664.
[6] 1644 Seeschlacht, Schäfer V 627.
[7] R. Hansen, Itzehoe 35.
[8] C. C. Reg. Hols. III 394; Zeitschr. VIII 87—88.
[9] Hanssen I 403; A. Hänel u. W. Seelig 25.
[10] Hanssen II 425.

daß dort „unterschiedliche Schleusen liegen unndt viel jahre gelegen haben, darunter einige so raum unndt tieff sein, daß schiffe von 15, 16, 20 unndt mehr lasten hindurch müghen, ohne daß man jehe klagte uber den Grundt gehört hatt"[1]. Die bedeutendsten Kanäle wurden anfangs des 17. Jahrhunderts in Eiderstedt angelegt, von Garding nach Katingsiel, wo der Kanal durch eine große Schleuse in den Hafen und die Eider führte, die Süderbootfahrt genannt, und ein Teil der spätern Norderbootfahrt von Bootfahrerdeich bis Tönning reichend[2]. Auch Tondern erhielt einen Kanal[3]; Wesselburen[4] und Krempe[5], dessen Au versandete, baten vergeblich darum. Die vortrefflichen Häfen der Ostseeküste dienten vor allem dem Verkehr mit dem Norden und Osten, dazu dem Transithandel. Für die Abfuhr der eigenen Produktion hatten sie geringe Bedeutung. Nur der nächste Umkreis war ihr Ausfuhrgebiet, führte man doch mitunter von dem Angler Gut Rundhof (4 km von der Ostsee) Getreide nach Husum[6] und aus der Umgegend von Kiel nach Itzehoe[7].

II. In der Grafenfehde war die Handelsherrschaft der Hanse im Norden Europas gebrochen worden. Die Erben ihrer Handelsstellung waren die Holländer. Schon seit mehr als 100 Jahren waren sie in den Ostseehandel eingedrungen und hatten durch billige Frachten besonders den Getreideexport in ihre Hand gebracht. Mit dem großen Aufschwunge, den der Verkehr mit Korn und allen Massengütern im 16. Jahrhundert nahm, stiegen vor allem ihr Handel und ihre Schiffahrt. Zugleich aber war für die nordischen Reiche und die Territorien an Ost- und Nordsee Raum geworden für eine Entwicklung eigenen Handels und eigener Schiffahrt, soweit sie die Konkurrenz der Holländer

---

[1] Zeitschr. XXVI 9—10.
[2] Prov. Berr. 1792 S. 54—57; Heimreich I 424—6.
[3] Prov. Berr. 1789 H. VI S. 249.
[4] 1622 Juni: Memorial vom Nutzen der Fahrt von Schülpersiel nach Weßlingburen, Acta A XX 2240.
[5] Acta A XVII 1376: 1620 Mai 13.
[6] Hanssen I 403.
[7] S. S. 3 A 9.

bestehen konnten. Für Schleswig-Holstein hatte das große Schwierigkeiten. Hier war die Macht der Hanse besonders stark gewesen. Noch am Ende des 15. Jahrhunderts hatte Lübeck es sogar verstanden, sein Gebiet weiter auszudehnen. Es hatte sich in den Besitz der konkurrierenden Stadt Kiel und der für die Getreideausfuhr wichtigen Plätze Neustadt, Heiligenhafen und Großenbrode gesetzt. Hamburg hatte 1465—85 Steinburg besessen. Flensburg war zeitweilig in beider Städte gemeinsamem Pfandbesitz gewesen. Doch waren sie bald wieder auf ihr eigentliches Gebiet beschränkt worden. Bildeten sie auch nach der Grafenfehde politisch keine solche Gefahr mehr für Schleswig-Holstein, so beherrschten sie doch durch ihre Lage, indem sie das Land vom direkten Verkehr mit Deutschland abschneiden konnten, als Ausfuhrhäfen, wie auch durch ihre Geldmittel noch immer einen großen Teil des Landes. Im Gegensatz zu ihnen und besonders im Kampf mit Hamburg, das in den Elbmarschen eine selbständige Entwicklung hindern wollte, mußte dem eigenen Handel Raum geschaffen werden. — Das Territorium, besonders Holstein, war nicht geschlossen. Hamburg und Lübeck, die wichtigsten Häfen Holsteins, hatten sich frühzeitig vom holsteinischen Territorium gelöst und eigene Staatswesen gebildet. Daher haben sie, so unnatürlich es ist, hier als Ausland zu gelten. Dithmarschen bildete bis 1559 einen Freistaat, der mit Hamburg und Lübeck verbündet war und handelspolitisch vielfach als Mitglied der Hanse galt. Durch die Unterwerfung wurde diese Verbindung endgültig gelöst. Dithmarschen gehörte jetzt zum schleswig-holsteinschen Handelsgebiet, bildete aber ein ziemlich abgeschlossenes Wirtschaftsgebiet und blieb übrigens mit den Städten in stärkerem Verkehr als mit Schleswig-Holstein. Ebenso standen die schauenburgische Grafschaft Pinneberg und das Bistum Lübeck außerhalb. An der Nordgrenze waren zur Krone Dänemark gehörende Gebiete eingesprengt. Aber auch das Gebiet, das dann noch übrig bleibt, war getrennt durch die verschiedene staatsrechtliche Zugehörigkeit von Holstein und Schleswig. Doch hatte dies wenig zu besagen. Die kaiserliche Oberhoheit zeigte sich nur in dem Recht des

Kaisers, daß in Holstein ohne seine Einwilligung Zölle weder erhöht noch neu angelegt werden durften, und in Münzangelegenheiten. Sonst ist die Zahl der Eingriffe in das Wirtschaftsleben ganz gering. Schleswig war von solchen Eingriffen in die Regierung unabhängig, doch war hier der Lehnsherr ja zugleich Landesfürst. 1544 wurden sodann die auf ewig verbundenen Lande unter drei Fürsten geteilt, wozu später noch die abgeteilten Herren kamen. Auch nach der Erbteilung von 1581 blieben die Verhältnisse verwickelt genug. In schmale Streifen, von Meer zu Meer reichend, zerfiel das Land, so daß eine einheitliche Wirtschaftspolitik, auch nur für das königliche oder herzogliche Gebiet für sich unmöglich war. Jeder Fürst war in allen Maßnahmen sehr beschränkt, größere Pläne konnten überhaupt nicht ausgeführt werden. Rivalitäten der Untertanen, die gegen den gemeinsamen Vorteil den Handel erschwerten oder völlig hinderten, waren schon schwer genug zu beschwichtigen, wenn beide Parteien unter einem Herrn standen; Handelsneid zwischen königlichen und herzoglichen Untertanen führte öfter zu völliger Lahmlegung blühender Handelszweige. Die abgeteilten Herren besaßen nicht das Recht der Landeshoheit, hinderten den Handel nichtsdestoweniger öfter durch unrechtmäßige Anlage von neuen Zöllen[1].

Nach außen schienen die Lage zwischen zwei schiffreichen Meeren, deren Verbindung geplant war und nicht unmöglich sein mochte, die reichen Hilfsquellen des Landes und der Wagemut seiner Bewohner dem Lande trotz der Abtrennung Hamburgs und Lübecks noch immer eine bedeutende Stellung sichern zu müssen, aber diese Zerstückelung der Macht bedeutete die völlige Ausschaltung Schleswig-Holsteins in großen Fragen. Im Verhältnis der beiden Teile lag das Schwergewicht auf seiten des kleineren wegen dessen Verbindung mit Dänemark. Aber die Holsten wurden Dänen, wie der lübische Chronist unmutig sagt. Das ganze Land mußte sich vielfach dänischen Interessen unterordnen, wie es in der Teilnahme am Nordischen siebenjährigen Kriege

---

[1] Christiani-Hegewisch III 108 f.; Ratjen I 56 f.

zum Ausdruck kam. Stärker noch machte sich dies unter Christian IV. geltend. Er trieb dänische Machtpolitik, und aus dänischem Interesse geschah auch, was praktisch Schleswig-Holstein zugute kam. Schätzt man allerdings die Möglichkeit eigener Machtentfaltung gering ein, so ist ohne Frage, daß diese Verbindung den Landen zunächst zu materiellem Vorteil gereichte. Unter Friedrich II. erhielten die Angehörigen des königlichen Teils in Dänemark und Norwegen viele Vergünstigungen; die Befreiung der Elbmarschen vom Hamburger Stapelrecht war wohl nur durch dänische Hilfe erreichbar. Aber dänische Gelddürftigkeit hinderte auch lange den Erfolg, und unter Christian IV. hörten die Bevorzugungen zum größten Teil auf.

Die Herzoge waren ohne genügende politische Macht, ihren Plänen den nötigen Nachdruck zu verleihen, sie mußten sich darauf beschränken, durch Verhandlungen mit Fremden und kluge Ausnutzung der Lage hin und wieder einen Sondervorteil für ihre Lande zu gewinnen.

Kapitel II.
Ausfuhrwaren und Ausfuhrgewerbe.

Der älteste schleswig-holsteinische Handel des 8. bis 12. Jahrhunderts hatte vor allem der Vermittlung des Warenüberschusses fremder Länder gedient. Nachdem aber Lübeck und Hamburg diesen Verkehr an sich gerissen hatten, mußte sich der schleswig-holsteinische Handel auf eine ganz andere Grundlage stellen. Das Territorium und seine Produkte sind die ursprüngliche Grundlage der Volkswirtschaft, von da mußte jetzt auch die Neubegründung des Handels vor sich gehen. Holz und Korn waren da die für den Handel zunächst in Betracht kommenden Produkte. Im Binnenlande konnte dieser Handel wie auch der mit Holz weitere Ausdehnung nicht nehmen, da die Voraussetzung allen Handels mit Waren von großem Rauminhalt und relativ geringem Wert meist fehlte, nämlich eine bequeme Transportmöglichkeit, wie sie damals nur Wasserstraßen darboten. Hamburg und Lübeck sind nun natürlich stets von Holstein mit Getreide usw. versorgt worden. Die Lage des Landes am Meer ermöglichte aber auch die Abfuhr in weiter entfernte Gegenden. Hier bot sich schon damals in den Niederlanden ein Markt dar, der des Getreides und Holzes bedurfte. Alte Handelsverbindungen wiesen den Weg dahin. Vor allem die Kirchen und Klöster mit ihren Renten und der holsteinische Adel, dem aus den Abgaben der Bauern an den Grund- und Gerichtsherrn bedeutende Mengen Getreides zuflossen, vermochten diese Lage auszunutzen. Schon 1317 wurde in Lübeck ein Getreideausfuhrverbot erlassen[1]. Mit

---
[1] Ich folge hier Sering 154 ff., 222 ff.; Zeitschr. f. lüb. Gesch. XIV 1: Rörig, Agrargesch. u. Agrarverf. Schleswig-Holsteins vorn. Ostholsteins.

dem 15. Jahrhundert trat eine große Steigerung des Getreidebedarfes in den Niederlanden ein, da man sich hier mehr und mehr gewerblichen Betrieben zuwandte. Wie dies auf Schleswig-Holstein einwirkte, zeigt deutlich die Entwicklung Dithmarschens, das Anfang des 15. Jahrhunderts noch oft Seeräubern Unterschlupf gewährte, 1480 aber ein Bündnis mit mehreren Hansestädten zur Bekämpfung ostfriesischer Seeräuber schloß[1]. Husum wurde im 15. Jahrhundert Flecken und erhielt schon 1465 Erlaubnis, einen Stadtvogt anzustellen und erlangte andere wichtige Privilegien, die seine Handelsblüte bezeugen. Auch der holsteinische Adel beteiligte sich an dem Kornversand nach Westen[2]. Im Laufe des 16. Jahrhunderts wurden dann auch England und Spanien Getreideeinfuhrländer, während Frankreich stets Getreideausfuhrland blieb. Gleichzeitig ging eine große Steigerung der Warenpreise vor sich, die durch das Einströmen großer Mengen Edelmetalls herbeigeführt wurde. So sammelten sich große Kapitalien, die es z. B. dem holsteinischen Adel schon im 15. Jahrhundert ermöglichten, sich durch Geldleihen an Christian I. in den Pfandbesitz eines großen Teiles des Landes zu setzen. Vor allem wurden die großen Kapitalien zur Güterbildung benutzt, schon im 15. und namentlich im 16. Jahrhundert. Solche Gutsbezirke, die für den Markt im großen produzierten, bildeten sich in ganz Holstein, besonders in Wagrien und den südöstlichen Landschaften Schleswigs, im Dänischen Wohld, Schwansen, Angeln. Wie der Adel kauften auch die Fürsten Land, um Güter zu gründen, so im Amt Hadersleben, Apenrade, Tondern, im Sundewitt, in Angeln und auf Alsen. In den Marschen machten sich die reichen Bauern die Wirtschaftslage zunutze und kauften die ärmeren aus. Auch hier traten überall große Höfe an Stelle mehrerer kleiner. Im 16. Jahrhundert trat nun eine bedeutende Verschiebung in der Kornproduktion ein. Den ersten Platz unter den Erzeugnissen eines ausgesprochen agrarischen Landes nahm

---

[1] Hagedorn I 7; Dithm. Landrecht von 1447 § 39—41 über den Kornverkauf nach Westen, A. L. J. Michelsen, Samml. altdithm. Rechtsquellen. 1842.

[2] Naudé 40.

natürlich das Brotkorn ein, d. h. in Schleswig-Holstein der Roggen. Mit Roggen wurden die meisten Heuern und Renten bezahlt, Roggen ist auch vielfach unter dem allgemeinen Ausdruck „Korn" zu verstehen. Jochim Thiessen aus Lübeck nennt in seiner Schadenersatzforderung wegen gehinderten Handels in Dithmarschen unter den von ihm dort gekauften und weiter verhandelten Waren Roggen vor Weizen, Gerste und Hafer. Er war der größte Händler in Dithmarschen[1]. 1572/76 wurde noch Roggen aus Schleswig wie aus Holstein und Dithmarschen nach Emden ausgeführt[2]. Auch sonst lassen sich für diese Zeit noch manche Beispiele für Roggenausfuhr anführen[3]. Im allgemeinen wird Roggen aber schon damals hauptsächlich für die Versorgung des eigenen Landes gebaut sein, der Überschuß einiger Gegenden wurde in andre gebracht[4]. Vereinzelt, in Notjahren, mußte Roggen schon damals eingeführt werden[5]. Denn schon zeigte sich eine Trennung im Anbau, folgend der verschiedenen geologischen Beschaffenheit des Landes. Im eigentlichen Holstein trat der Kornanbau überhaupt etwas zurück. Von dem, was man aber baute, überwog hier, wie auf der Geest von Dithmarschen und wie sonst auf dem sandigen Mittelrücken des Landes damals und auch fernerhin Roggen, daneben Hafer. So bestanden die Bordesholmer Hebungen überwiegend aus Roggen[6], die Abgaben des Mitteldritteteils von Dithmarschen aus Roggen und in zweiter Linie aus Hafer[7]. Die Marschen und der fruchtbare Osten des Landes bauten Gerste, Hafer, Weizen und Bohnen. In der Ausfuhr aus ganz Schleswig überwog die Gerste. Fortdauernd führte

---

[1] L. St. Landschaft Dithmarschen.

[2] S. Anhang.

[3] Hbg. St. Cl. II Nr. 15b vol. 1: 1571 Okt. 14; Poorter 575 bis 576, 1: Das Schiff kann 12 Last Roggen tragen als Größenbestimmung.

[4] Hbg. St. Cl. II Nr. 16a vol. 2: 1559 Nov. 18.

[5] Simson Nr. 1947, 2236, 2315.

[6] Hansen, Über die landesherrlichen Einkünfte im 16. Jh., Zeitschr. XLI 257 f.

[7] Ebenda 263 ff.

man Gerste und Malz von Schleswig nach Holstein ein[1] und vom Amt Steinhorst wird ausdrücklich berichtet, daß hier sehr wenig Gerste wachse[2]. Auch Hafer wurde vielfach nach Holstein aus Dänemark usw. eingeführt[3]. Schon aus den siebziger und achtziger Jahren des 16. Jahrhunderts liegen manche Beispiele für den Bezug von Roggen aus Danzig vor[4]. Ulrich Schriever, ein Kieler Kaufmann, führte regelmäßig „Sundisch moldt" ein, auch Gerste von Danzig, und schloß 1609 mit einem Schiffer einen Vertrag ab, daß dieser ihm allen Roggen, Gerste und Hafer, den er in Kiel anbringe, überliefern solle, und zwar 1β billiger als anderen.

Gegen Ende des 16. Jahrhunderts genügte die Roggenproduktion des Landes nicht mehr für seinen Verbrauch. Der Roggenanbau ging zum Teil direkt zurück, die Roggenhebungen in den Ämtern Hadersleben und Tönning sanken von 50 Last im Jahre 1544 auf 38 im Jahre 1576, die Gerstenhebung stieg in derselben Zeit von $24^1/_2$ Last auf 33[5]. Dabei stehen Hebungen sonst nach Art und Zahl ziemlich fest. Nach Dithmarschen und Eiderstedt wurde in den neunziger Jahren schon regelmäßig Roggen aus Hamburg eingeführt[6]. Im 17. Jahrhundert wurden Norderdithmarschen und Eiderstedt auch von Rendsburg mit Roggen versorgt[7]. Rendsburg bezog den Roggen zum Teil aus dem umliegenden Geestgebiet, zum größern Teil aber wohl aus Dänemark und den Ostseegebieten[8]. In den Jahren 1623/24

---

[1] Lüb. St. Holsat. VII 1 sind viele Beispiele für 1544—5 erhalten; ebd. Holst. Adel III Nr. 21: 1585 Dez. 20; ebd. Von der Holst. Zollfreiheit in Lübeck I 3: 1603 Sept. 4; ebd. Holz 1605 Juni 23; Poorter 545.

[2] Ebenda V. d. Holst. Zollfr. in L. I 3: 1603 Sept. 4.

[3] Kanc. Brevb. III 395, VI, 336, VIII 583, IX 466, 468.

[4] Simson Nr. 7234, 7235, 9878.

[5] Zeitschr. XLI 231.

[6] Hbg. St. Cl. II Nr. 15b vol.: 1591.

[7] Rendsb. St. IV 18. 1: 1616 Apr. 10; Acta A XX 2238: 1623 April 6.

[8] Rendsb. St. IV 18. 1: 1616 Apr. 10; ebd. IV 7. 1a: 1621.

war die Ausfuhrerlaubnis für Hafer und Gerste sehr häufig an die Einfuhr von Roggen, und zwar oft von ebensoviel geknüpft[1]. Emder Schiffer brachten damals schon längere Jahre Roggen mit, um Gerste und Hafer wieder auszuführen[2], ja aus Frankreich wurde Roggen importiert[3].

Auch Kieler Kaufleute führten regelmäßig zwischen 1596 und 1609 pommerschen, preußischen, Danziger, revelschen, dänischen, ja selbst schwedischen Roggen ein. Der Roggen ging auf die umliegenden Güter und Dörfer oder wurde in der Stadt verbraucht. 1597 wurde auch Rendsburg von hier versorgt. Roggen aus der Umgegend kommt in den Rechnungsbüchern auch vor, von den Gütern Knoop und Bülk; er tritt aber gegen den fremden ganz zurück[4]. Aus Husum wurde zwar vielfach Roggen ausgeführt, aber fast stets nur in kleinen Mengen von 1—5 Tonnen. Er war, wie die Namen zeigen, für die Halligen und Inseln bestimmt. Nur nach Norwegen wurde von hier und auch von Tönning öfter Roggen ausgeführt. Aber auch da handelt es sich um geringe Mengen[5]. Rendsburg konnte noch Roggen abgeben, 1621 wurde hier Ausfuhr versucht. Bedeutende Mengen waren aber von Eckernfördern in Rendsburg den Schiffern geliefert, und dieser Roggen wie ein großer Teil des von Rendsburgern ge-

---

[1] Acta A XX 1726: 1623 Okt. 24, 1624 März 2; ebd. 2238: 1623 März 7, 1624 März 14, April 18, Mai 1, Juni 30; ebd. 2810: 1624 Juni 21 u. a.

[2] Acta A XX 1726: 1624 März 14 werden 10 Last Roggen aus Emden ausgestattet nach Tönning, 400 t Roggen sind geliefert; ebd. 2238: 1624 Mai 11 bestätigt der Landvogt Hans Rode, daß Diderich Simonsen von Emden auch diesmal, wie stets seit 10 Jahren, bei seiner Hinkunft Roggen mitgebracht habe.

[3] Ebenda 2810: 1624 April 30 hat Jan Hansen von Amsterdam 34 Lasten Roggen = 700 t aus Frankreich in Husum angebracht; ebenda Mai 2 haben zwei Friedrichstädter zwei Schiffe fränkischen Roggen von 27 und 34 Lasten in Husum angebracht.

[4] Schriever.

[5] S. Anhang Tönning 1615.

kauften stammte sicher aus den Ostseeländern[1]. Nach den Hamburger Schifferbüchern führten allerdings schleswig-holsteinische Schiffer Roggen in Hamburg ein: 1622 brachte ein Haderslebener 35 Lasten, ein Tonderer 12 Lasten, ein Flensburger 20 Lasten; 1623 kamen hier 129½ Lasten 2 Wispel ein; 1625 6½ Lasten 200 t. Ich halte ihn aber für fremden Ursprungs, er war wohl nur Durchgangsware oder Frachtgut. Wenn im Lande selbst Bedarf ist, so daß man aus Emden oder Dänemark einführt, wird kaum etwas ausgeführt werden. — Die Mengen des ausgeführten Getreides kennen wir nur in Eiderstedt[2]. Die Husumer Zollregister geben nur das von Fremden ausgeführte an, da die Husumer für eigene Waren zollfrei waren[3]. Sonst sind Zollregister nicht erhalten oder es hat keine gegeben, wie in Dithmarschen, wo es keine Zollwächter gab. Für einzelne Gebiete sind die für die Aussaat verbrauchten Kornmengen bekannt, die immerhin einen Anhalt bieten. Auf der Dithmarscher Geest wurde die halbe Aussaat als Abgabe bezahlt. Danach betrugen in den Jahren 1571/80 die größten und geringsten Mengen der Aussaat, allein im Mitteldrittenteil: Roggen 965 t bis 750 t, Hafer 792 t bis 550 t, Buchweizen 180 t bis 162 t, Gerste 138 t bis 88 t[4]. Auf zehn Vorwerken Herzog Hans' d. J., die nur einen Teil seines gesamten Besitzes ausmachten, wurden 1595 195 Lasten 7 t Korn ausgesät[5]. Wir dürfen bei diesen Zahlen aber nicht unsere Ernteergebnisse erwarten. Man erntete damals vielfach nur das 3- bis 6 fache, so daß nach Abzug der neuen Aussaat und des eigenen Bedarfs nicht viel für die Ausfuhr nachblieb[6]. In den Marschen waren die Erträge aber viel größer[7].

---

[1] Rendsb. St. IV 7. 1a: Von den Haus- oder Bauersleuten wurden nur geringe Mengen aufgekauft; Bezug aus Danzig, C. Stat. Slesv. II 152/3.

[2] Zeitschr. f. hbg. Gesch. IX 336 und Hbg. St. Cl. VII Lit. Ea. P. 1.

[3] Beccau 50, 285, 307.

[4] Zeitschr. XLI 263 f.

[5] Harms, Herzog Hans d. J. S. 12—13.

[6] Zeitschr. XLI 269; Hanssen II 399, wo Angaben über Aussaat eines Gutes.

[7] Neoc. I 222; nach Meiborg 71 scheint der Ertrag hier so hoch gewesen zu sein wie heute; auf der Geest ist er aber seitdem sehr gestiegen.

Die Kornausfuhr aus Schleswig-Holstein ging in die westlichen Länder, nach Holland und Emden besonders. Nach 1620 trat aber eine Verschiebung ein. Holland und Emden blieben noch immer Hauptziele. Hamburg und Bremen nahmen aber als Einfuhrhäfen einen bedeutenden Aufschwung. Bürgermeister und Rat zu Husum klagten 1623, daß das Korn dahin und nach andern Orten verschifft werde zu „sterkung des betrübten Kriegeswesens" in Deutschland[1]. Bremer Bürger hielten damals in Husum Bevollmächtigte. Schiffer aus dem Erzstift Bremen und dem Lande Kehdingen hatten damals einen großen Teil der Ausfuhr von Nordstrand inne[2]. Von Stapelholm ging 1624 das meiste Korn nach Lübeck, und man fürchtete damals auch Gelüste Stralsunds, das Korn in diesen Gegenden mit 20000 Gulden aufzukaufen[3].

Der Kornhandel war in den meisten Teilen des Landes der bedeutendste Handel. Dithmarschen nahm seine Nahrung und Unterhaltung „uth dem Getrede und sunderlick uth dem weeken Korne"[4]. Von dem Erlös für Korn bezahlte man die Tribute und Schatzungen an die Fürsten[5]. Was man aus den Städten bezog, wurde mit Korn bezahlt[6]. Dabei rissen viele Mißbräuche ein. Oft wurde das Korn verkauft, wenn es noch auf dem Felde stand, ja bevor es gesät war[7]. Die Zinsen berechneten sich die Geldverleiher, indem sie den Preis des Korns wucherisch niedrig berechneten. Zahlreiche Mandate gegen die „kornwormen und landschnider" konnten diesem Unwesen keinen Einhalt tun[8]. Andererseits war dieser Terminhandel nicht

---

[1] Acta A XX 2810: 1623 Sept.

[2] Acta A XX 2810: 1623 April 5 ist Johan Haneken, ein Hus. Bürger, Bevollmächtigter Joh. Hoyers; Acta A XX 2336: 1624 Jan. 15, März 27—29 u. a. über Schiffer aus dem Erzstift Bremen usw.

[3] Acta A XX 1923; s. a. Heimat 11, 18—19.

[4] Michelsen, D. UB. CXXXI 292.

[5] Ebenda, CXXIV 283; Acta A XX 1726: 1623 Nov. 21; Acta A XX 2238: Schreiben Büsums u. a.

[6] Acta A XX 2238: 1624 März 18; 1623 März 16.

[7] Acta A XX 1726: 1624 März 19.

[8] Ebenda; M. J. I 1924; Hansen, Petreus 131, 135, 230, 234 f., C. Stat. Slesv. I 541; Beccau 311 f., Heimat 2, 51 u. a.

immer zum Nachteil der Bauern, wenn sie nämlich nicht aus Geldbedürfnis zu verkaufen brauchten, wie 1624, wo die Kaufleute in Erwartung eines schlechten Erntejahres einen guten Preis ansetzten. Dies bedrohte das Land aber im Falle schlechter Ernte mit Mangel und wurde daher verboten[1]. Für den Wohlstand mancher Gebiete zeugt, daß man hier das Getreide erst im Frühling verkaufte, wo die Preise ja wieder höher zu gehen pflegen. So ließ man in Süderdithmarschen das Getreide in der Regel den Winter über im Stroh liegen und verkaufte es erst im Frühling[2]. Auch in Eiderstedt und Husum fand gerade im Frühling eine lebhafte Ausfuhr statt, so daß hier vielfach im Frühling Ausfuhrverbote ergingen[3].

Der Bedeutung des Kornhandels entsprach die Aufmerksamkeit, die die Regierung ihm schenkte. Sie äußerte sich hauptsächlich in Ausfuhrverboten, die teils die Ausfuhr hindernd, teils regelnd wirken sollten. Bei Mißwachs und Teuerung ergingen Ausfuhrverbote, um die Versorgung des Landes zu sichern und besonders den Armen einen erträglichen Kornpreis zu erhalten; so 1546 für das ganze Land[4], 1563 für Dithmarschen[5], 1571 für den Mitteldrittenteil[6], 1582 für Nordstrand Gersten- und Haferverbot[7], 1586 Mai 5 für Nordstrand[8], Dezember 18 für alle Provinzen[9], 1596 Oktober 29 für Nordstrand Haferverbot[10], in demselben Jahr für Heiligenhafen[11], 1597 erging ein

---

[1] Acta A XX 1726: 1624 April 9.
[2] Acta A XX 2238: 1623 April 6 heißt es: die Wilstermarsch verkaufe schon im Herbst.
[3] Hansen, Petreus 194, 200 u. a.
[4] Zeitschr. VIII Reg. S. 72; VI Reg. 88.
[5] Acta A XX 2238: Febr. 1, Beschwerde dagegen bei Michelsen, D. UB. CXXIV 282 ff.
[6] Ebenda CXXXI 292.
[7] Hansen, Petreus 194.
[8] Ebenda 200.
[9] Ebenda 201.
[10] Acta A XX 2326: Okt. 29.
[11] Acta A XVII 180: Erwähnt in einem Schreiben vom 29. Januar 1597.

allgemeines Verbot[1]. Doch wurde am 25. September in Nordstrand erlaubt, Weizen, Gerste und Hafer an Fremde und Einheimische zu verkaufen, wenn sich alle versorgt hätten[2]. Die Not dieses Jahres war besonders groß, so daß am 22. Januar 1598 wieder ein Verbot erging, Weizen, Roggen, Gerste und Hafer auszuführen. Sogar das schon eingeschiffte, aber noch in den Sieltiefen vorhandene Korn sollte wieder aufgefahren werden[3]. Es scheint, daß nicht alle Verbote auf uns gekommen sind. 1595 schickte Husum eine Gesandtschaft nach Gottorf wegen Aufhebung eines Verbotes[4], von dem ich sonst nichts gefunden habe. Zweifelhaft bleibt auch, ob alle Verbote, die nur in Ausfertigung für einen Teil des Gebietes eines Fürsten bekannt sind, für dessen ganzes Gebiet galten. Für das königliche und herzogliche Gebiet war die Handhabung jedenfalls verschieden, doch erscheint auch einmal ein auf einem Landgerichtstage erlassenes, für das ganze Land geltendes Verbot. In den Notjahren mußten sogar sonst getreidereiche Gebiete Korn einführen[5]. Andere Verbote waren aber nicht wegen Mißwachs im Lande ergangen, sondern wegen zu großer Abfuhr und damit verbundener Preissteigerung im Lande. Der Handel mit den eigenen Untertanen war oft ausdrücklich gestattet, wenn diese es nicht außer Landes führten[6], mitunter auch mit Hamburg[7], von wo andererseits, wie auch von Lübeck, in solchen Jahren viel Getreide eingeführt wurde. Ihren Zweck erreichten die Verbote nicht immer; die Armen waren wegen ihrer Schulden und Abgaben gezwungen, um ein geringes Geld an die Reichen zu verkaufen, die das Korn aufstapelten, bis die Ausfuhr wieder frei wurde, und es dann ausführten[8]. Schwierig

---

[1] Hansen, Petreus 230. Neoc. II 342.

[2] Hansen, Petreus 231.

[3] Ebenda 236.

[4] Acta C XIX 2 Nr. 3.

[5] Hbg. St. Cl. II Nr. 15b vol. 1: 1546 Juni 30, Acta A XVII 180: 1596 Febr. 25; Acta A XVII 1743.

[6] Michelsen, D. UB. CXXIV 284; Acta A XX 2238: 1608 November 11.

[7] Hbg. St. Cl. II Nr. 15b vol. 1: 1546 Mai 1.

[8] Michelsen, D. UB. CXXXI 292.

ist die Frage nach den weiteren Zwecken dieser Ausfuhrverbote über die Vorsorge gegen drohenden Mangel hinaus. Protektionistische Absichten sind dabei nicht zu verkennen. Es fehlt aber an klarer Aussprache der Regierung hierüber. 1552 erging an Stapelholm (fürstlich) ein Verbot, den Rendsburgern (königlich) Korn, Deckstroh (Schilf), Holz, Heu, Kohlen usw. zu verkaufen, wohl auf Grund nachbarlicher Streitigkeiten[1]. Als 1596 ein Verbot ergangen war, richtete Heiligenhafen ein Gesuch um Aufhebung an den König und äußerte die Hoffnung, daß das Verbot nur auf die Holländer gehe, aber nicht auf sie; es könnte doch nicht gemeint sein, daß sie selbst keinen Weizen nach Kopenhagen, Helsingör, Nakskov, Flensburg, auch Kiel, Eckernförde und andern Orten, und keine Gerste nach Lübeck, womit sie sonst ihre Handlung hätten, schiffen und von dort keinen Roggen, Malz, Rotscheer, Butter u. a. holen dürften[2]. Obwohl das Verbot zunächst ganz allgemein gehalten war, hofften also die Landeseingesessenen, daß es nur protektionistischen Absichten der Regierung entsprungen sei und nur für Fremde gelte. Nachdem der Staller 1598 an allen Sielen die Kornausfuhr hatte verbieten lassen, hörte er, daß dort Husumer Schiffe lägen, und daß das Gesinde auf den Schiffen gesagt habe, das Korn solle zunächst nach Husum, dann aber nach Holland. Anstatt nun einfach auf Durchführung des Verbotes zu halten, fragte er in Gottorf bei dem Sekretär an, wie er sich gegen die von Husum und auch gegen andere, die es nach Stade u. a. verschiffen wollten, verhalten sollte[3]. Das Verbot von 1597/8 richtete sich auch noch besonders gegen die Emder[4], es wurde nur aus Gefälligkeit des Herzogs gegen seinen Schwager, den Grafen Enno, erlassen. Aber das Verhalten des Stallers scheint doch darauf hinzudeuten, daß man auch hier mit den Eingesessenen anders als mit Fremden verfuhr.

---

[1] Acta A XX 1923: Mai 12.
[2] Ebenda XVII 180: Jan. 29.
[3] Ebenda XX 2326: Jan. 19.
[4] Neoc. II 342; Hagedorn II 294, 298; Beccau 147.

Später ging die Anregung zu den Ausfuhrverboten öfter von den größern Orten des Landes aus, die ihre Bitte mit der großen Zahl ihrer Bewohner und drohender Not begründeten[1]. Zu diesem Grunde kam ein anderer; in diesen Orten war die Schiffahrt zu Hause, von ihr lebte ein großer Teil der Einwohner. Auf dem Lande herrschte kein direkter Mangel, so daß eine gewisse Ausfuhr möglich war. Da es aber den Fremden durch die Verbote unmöglich gemacht war auszuführen, da es auch den Landleuten selbst nicht erlaubt wurde, floß mehr Korn in die Städte und größeren Orte, als zu deren Gebrauch nötig war. Für diesen Überschuß, der hier nicht an Verbraucher abgesetzt werden konnte, erlangten die Kaufleute Ausfuhrerlaubnis oder führten auch ohne das aus. So stimmten hier zunächst Reiche und Arme überein, sie waren beide für Verbote. Ob die Regierung auch die Ausfuhr durch die Städte begünstigen wollte, ist nicht zu entscheiden, da eine Äußerung fehlt. Es scheint aber, daß die Regierung mit Absicht zu diesem Mittel griff, da den Marschen die Freiheit des Kommerziums zustand, die Regierung aber die Konzentration des Handels in den Städten und größeren Orten wünschte, damit diese die Fremden aus dem Handel verdrängten, damit sich hier auch die Gewerbe kräftiger entwickeln könnten. 1608 erging ein Verbot der Kornausfuhr für Amt Tondern, damit der Rest der Ernte im Lande bleibe und nicht ausgeschifft werde; es wurde verboten, an Fremde zu verkaufen, und befohlen, alles auf den Markt zu bringen[2]. Auch in Dithmarschen galt das Verbot. Büsum klagte, daß trotzdem Korn ausgeführt werde; auf Bitte der Landvögte wurde das Verbot außer für Roggen wieder aufgehoben[3]. Schleswig und Rendsburg hatten vorher die Erlaubnis erlangt, Hafer aus Eiderstedt und Dithmarschen auszuführen. 1616 erging wieder auf Büsums Bitte ein Ausfuhrverbot[4]. 1618 wurde die Korn-

---

[1] Acta A XX 2810: 1623 März 10. Husum hatte danach 6000 Einwohner.

[2] Ebenda 2579: Februar 27.

[3] Ebenda 2238.

[4] Ebenda März 2.

ausfuhr in Nordstrand verboten; man solle an die Nachbarn verkaufen und nicht ausführen[1]. 1621 herrschte in Rendsburg ein Verbot; Übertretungen durch Bürger und Fremde wurden angezeigt und aufgezeichnet[2]. Diese Verbote sind alle erlassen, um einem Mangel im Lande abzuhelfen, zeigen aber auch die Tendenz gegen die Fremden. 1622 war weniger gewachsen als sonst, von einem Mangel ist im Herbst keine Rede. Erst im Frühjahr 1623 war wegen zu großer Abschiffung zu wenig Korn da, so bei einer Aufzeichnung des Vorrates in Norderdithmarschen[3]. Es erging ein Ausfuhrverbot. Am 10. März baten Bürgermeister und Rat zu Husum mit Hinweis auf den geringen Vorrat in ihrer Stadt um Ausfuhrerlaubnis aus dem Strande, wo sie für Waren Korn zu fordern hätten, und um Kauferlaubnis, und sie erhielten es gestattet, besonders im Amt Tondern Korn zu kaufen[4]. Am 15. März baten sie unter dem Versprechen, es nicht an Fremde zu verkaufen, für einige Bürger um Ausfuhrerlaubnis, die ihnen am 24. März für eine geringe Menge gestattet wurde[4]. Ein anderer Untertan berichtet, es sei in Husum ein ziemlicher Vorrat an Malzkorn; auch werde von Flensburg und andern Orten die Fülle dahin geführt, so daß er sein Malz, das er nach Wilster habe verschiffen wollen, gegen das Geld und Unkosten nicht habe loswerden können. Er erhielt am 15. März Ausfuhrerlaubnis, wenn die Husumer nicht kaufen wollten[4]. Ein Husumer Bierbrauer und Mälzer aber spricht von großem Mangel in Husum, so daß der Fürst kein Malz erhalten könnte und erhielt Ausfuhrerlaubnis aus dem Strande für 150 Tonnen [März 12][5]. Die Hauptleute des Süderteils Dithmarschen baten am 16. April um Ausfuhrerlaubnis; sie waren ganz zufrieden damit, für Roggen das Verbot bestehen zu lassen, verlangten aber sonst die Ausfuhr, da nach Mai keine Gerste mehr gebraucht werde und deshalb Entwertung

---

[1] Acta A XX 2326: Februar 11.
[2] Rendsbg. St. IV 7. 1a: Okt. 8.
[3] Acta A XX 2262: März 23.
[4] Ebenda 2810.
[5] Ebenda 2326.

zu fürchten sei; Vorrat aber sei genug vorhanden[1]. Nordstrand hatte auf eine Supplik hin am 15. März Erlaubnis bekommen das Korn innerhalb der Fürstentümer zu verfahren, und da boten sich ihnen als Märkte nur wieder die Städte, besonders Husum[2]. Auch zahlreiche Bitten Einzelner um Ausfuhrerlaubnis wurden bewilligt[3]. Im Mai und Juni wurde das Verbot dann ganz aufgehoben[3]. In diesem Jahre herrschte Roggenmangel, in einigen Teilen des Landes wie den Elbmarschen auch sonstiger Kornmangel. Die Städter wurden sehr bevorzugt, sowohl bei der Anfuhr in die Stadt, als auch bei der Abfuhr.

Im Herbst 1623 erging durch Christian IV. auf dem Haderslebener Landgerichtstage eine Generalkonstitution gegen die Ausfuhr von Roggen, Gerste, Malz, Hafer usw. bei Strafe der Konfiskation. Der Amtmann von Rendsburg veröffentlichte sie mit der Begründung, daß bei diesen schwierigen Zeiten das liebe Korn in der Stadt bleiben und gegen billige Bezahlung an die Einwohner verkauft werden solle[4]. Das Verbot galt auch für die herzoglichen Lande. Ein Husumer Brauer klagte aber über Aufkäuferei und Verschiffung des Korns in fremde Länder gegen das Verbot; ein Husumer habe allein etliche 100 Tonnen Gerste an sich gehandelt und fremden Kaufleuten zu liefern versprochen, bevor das Getreide in die Scheune gekommen sei; es sei in Husum keine halbe Last Malz zu bekommen und ohne Entsatz von Flensburg drohe Not. Seine Bitte um Verbot des Vorkaufs und ein Mandat, daß ihm Vorzug beim Kauf eingeräumt werde, wurde abgeschlagen[5].

Bürgermeister und Rat von Husum klagten der Herzogin Augusta, die Strander wollten das gekaufte Korn nicht liefern, weil dort Kornverbot sei; sie baten, es solle nur gestattet werden, Korn an Bürger zu verkaufen und für den Preis, für

---

[1] Acta A XX 2238.
[2] Ebenda 2810.
[3] Ebenda 2238: Mai 13 für Dithmarschen, Mai 25 für Eiderstedt und Strand, Juni 9 für Husum.
[4] Rendsb. St. IV 7. 2.
[5] Acta A XX 2810.

den Fremde es gekauft hätten. Die Herzogin wunderte sich über das Verlangen, da doch reicher Segen gefallen sei [1]. Auch an den Herzog wandten sie sich, baten, die Gerste aus dem Strande nur nach Husum zu lassen, auch die Bürger von den Verträgen über verkauftes Korn zu befreien, und klagten über die Aufkäuferei von Fremden aus den Fürstentümern und vom Auslande und selbst von Husumer Bürgern. Was die Aufkäufer selbst nicht ausführen könnten, brächten sie doch an sich und verhandelten es an die benachbarten Orte, damit diese es weiter ausführten. Der Herzog befahl zunächst, die Aufkäufer zu nennen [2], und verbot [3] dann gänzlich die Ausfuhr, da großer Getreidemangel herrsche, namentlich wenig Roggen und fast gar keine Gerste nach Husum zum Markte gebracht werde, und weil einige Husumer das Korn aufkauften, ehe es gedroschen sei, und es an das Ausland verkauften. Er befahl, daß jeder das in seine Hände gelangende Korn zuförderst in Husum zum Verkauf bringen solle; was dort aber nicht verkauft werde, dürfe dann mit Erlaubnis von Bürgermeister und Rat auch an andere Örter verführt werden. Auch für Amt Kiel und Bordesholm und die Vogtei Neumünster erging ein Kornausfuhrverbot, besonders gegen etliche fremde Händler, und es wurde befohlen, alles auf den Markt zu Neumünster zu bringen [4]. Als wieder zahlreiche Bitten um Ausfuhrerlaubnis kamen, wurde die Ausfuhr von Weizen und Bohnen mehreren Schiffern gestattet; die von Gerste und Hafer nur aus Eiderstedt, aber nicht außer Landes, ausnahmsweise auch von Gerste. Einige Husumer erhielten die Erlaubnis, sich aus Risummoor mit Gerste zu versorgen [5]. Norderdithmarschen erlangte schon im Oktober die Freigabe des Weizens und der Bohnen [6] und erhielt am 4. November die Erlaubnis, auch alles andere Korn außer Roggen

---

[1] Acta A XX 2810: Sept. 19 und 20.
[2] Ebenda Sept. 24.
[3] Ebenda Sept. 26.
[4] Acta A XX 1595.
[5] Ebenda 2579: Okt. 20; Gersteausfuhr s. Acta A XX 2238: Okt. 29.
[6] Ebenda 2238.

innerhalb dreier Wochen, doch nicht gar zu häufig, auszuführen[1]. Nur einem Bremer wurde im Oktober der Kontrakt kassiert und ihm das Geld zurückzugeben befohlen[2]. Für Nordstrand wurde das Verbot am 15. Januar erneuert, die Eingesessenen waren aber gar nicht damit zufrieden; sie baten um Anstellung einer Nachfrage nach dem Bedürfnis und fürchteten, wenn man ihrer Bitte um Aufhebung nicht Folge leiste, würden die Schiffer aus Bremen, Stade, Kehdingen für die von ihren Reedern und Kaufherren vorgeschossenen Gelder auf künftige Jahre große Zinsen fordern. Sie baten, daß die Husumer doch nicht für alle Jahre das Verbot ausbeuten möchten, sondern daß die Landschaft freie Kommerzien mit Ein- und Ausheimischen behalten möge und Korn an Schiffsbord liefern dürfe. Hafer, Bohnen, Weizen werde von den Husumern doch nach Holland, Hamburg, Bremen und anderswohin verführt und sie mälzten nicht. Alles könnten sie nicht gegebrauchen[3]. Die Regierung beruhigte die Landschaft, der Befehl gelte nicht immerwährend, befahl einen Überschlag und versprach Dispensation, wenn genug vorhanden sei[4]. Wohl infolge dieser Klage Nordstrands wurde am folgenden Tage befohlen, die auf der Eider liegenden Schiffe zu arrestieren; einem andern Bittsteller wurde an diesem Tage seine Bitte abgeschlagen, da man seinetwegen keine Ausnahme machen könnte, obwohl vorher zahlreiche Ansuchen bewilligt waren[5]. Doch schon am 11. März erging an den Staller zu Eiderstedt der Befehl, allen Schiffern das Korn, das bereits auf die Schiffe gebracht sei, gegen Einfuhr von Roggen auszustatten[6]. Auch viele einzelne Erlaubnisscheine wurden erteilt, darunter auch fünf Fremden. Das Verbot galt zum Teil bis in den Juli. Fassen wir die zum Teil sehr widersprechenden Berichte für das Jahr 1623 zusammen. Es ist zuzugeben, daß Mangel an Roggen im ganzen Lande

---

[1] Acta A XX 2238.
[2] Ebenda 1726: Okt. 12.
[3] Ebenda 2326: ohne Datum.
[4] Ebenda Febr. 19.
[5] Ebenda 1726, 2238.
[6] Ebenda 1726.

herrschte. Anderes Korn mag auch weniger gewachsen sein als sonst, von einem Mangel ist aber doch keine Rede. Sowohl in Dithmarschen als auch in Eiderstedt wurde das Verbot bald wieder aufgehoben. Nur in Husum und Nordstrand war es anders. Aber nach der Aussage der gänzlich unparteiischen, in Husum residierenden Herzogin Augusta war auch hier reicher Segen gefallen. Der Husumer Rat und einzelne Husumer Bürger aber klagten, wie schon im vorigen Jahre, über den drückendsten Mangel, forderten Aufhebung aller ihrer Kontrakte mit Fremden, klagten über Aufkäuferei und Verschiffung des Korns ins Ausland und scheuten sich nicht, selbst Husumer des Aufkaufens zu beschuldigen. Sie suchten also zunächst das Korn in die Stadt zu bekommen. Der Herzog gab diesen Bitten nach, er verbot die Ausfuhr und befahl, alles nach Husum auf den Markt zu bringen. Hier legte er dann die Entscheidung über die weitere Ausfuhr in die Hand des Rates, der, wie manche Befürwortungen von Ausfuhrgesuchen zeigen, nicht gegen jede Ausfuhr war, und gab so selbst die Zustimmung zu einer Durchbrechung des Verbotes. Er begünstigte die Anfuhr in die Stadt und überließ es der Stadt selbst, die Bestimmungen über die Ausfuhr zu treffen. Die Maßnahmen des Herzogs, ihrem Wortlaute nach, könnten allein aus der Vorsorge gegen Mangel in der Stadt erklärt werden; tatsächlich begünstigen sie aber die Ausfuhr von dort oder durch dortige Bürger. Entscheidend ist nun die scharfe Klage der Insel Nordstrand, der Kornkammer Husums, die von den Verboten am stärksten berührt wurde. Die Wirkung der Verbote ist nach ihrer Aussage nur eine ungerechtfertigte Bevorzugung der Stadt Husum, die alle Jahre den Nutzen davon habe und die Verbote ausbeute. Sie wiesen darauf hin, daß die Stadt das dahin geführte Korn keineswegs nur zu eigenem Gebrauch verwende, sondern Hafer, Bohnen und Weizen werde regelmäßig weiter ausgeführt; es treffe auch nicht zu, was man offenbar zur Verteidigung des Verbots gesagt hatte, daß die Stadt den Gewinn von der Vermälzung der Gerste habe, da man dort nicht malze. Sie klagen, daß den Fremden jetzt der Handel auf der Insel unmöglich gemacht sei, und daß der Landschaft das Recht der freien Kommerzien geraubt werde. Das ist der Punkt, der die Widersprüche aufhellt. Da die Landschaft das Recht der freien Kommerzien mit Fremden hatte, konnte man den Handel nicht offen der Stadt Husum zuwenden; man mußte darum ein allgemeines Verbot erlassen, durch das den Fremden und den Landleuten der Handel unmöglich gemacht wurde, während man die Stadt oder wenigstens einzelne Bürger bei der Ausfuhr gewähren ließ. Wollen wir diese weitergehende Absicht, da sie durch keine direkten Zeugnisse der Regierung belegt ist, nicht annehmen, so bleibt nur willkürliche Bevorzugung Einzelner übrig. Aber die ganze sonstige Wirtschaftspolitik der Regierung, die Begünstigung der Städte und größeren Orte, die Neugründungspläne von Städten, die Monopolpläne machen eine protektionistische Absicht wahrscheinlich. Die von der Regierung verfolgte Getreidepolitik erregte unter den Untertanen großes Mißfallen. Norderdithmarschen gegenüber mußte Herzog Friedrich 1624 erklären, daß die Konzession über freie Kommerzien in Kraft bleiben solle. Das im vorigen Jahre ergangene Getreideverbot sei nur zum Besten des Landes gewesen, werde jetzt aber aufgehoben. Bei einem künftigen Kornausfuhrverbot sollten keine Ausnahmen gemacht werden, eine solche Ausnahme sollte Aufhebung des ganzen Verbots bedeuten[1]. Ebenso wahrte sich der Herzog kurze Zeit darauf Husum gegenüber das Recht, Verbote zu erlassen. Er versprach auch hier, keinen vorziehen zu wollen und ein Verbot nur zum Besten der gemeinen Fürstentümer ausgehen zu lassen. Das Verbot sollte sich auf alle Eingesessenen, ja die sämtlichen Untertanen richten und keiner vor den anderen vorgezogen werden. Der Rat dürfe die Kornböden besehen und Korn zurückhalten[2]. Im Jahre 1625 im Herbst erging noch einmal ein Verbot für Nordstrand. Der Grund war aber ein anderer. Das Verbot war auf Bitte der Eingesessenen erlassen, weil man dort wegen einer Überschwemmung Not befürchtete[3]. Auch in Dithmarschen galt das Verbot, hier baten die Kaufleute

---

[1] Michelsen, D. UB. CLXXXII 401—2.
[2] C. Stat. Slesv. II 710.
[3] Acta A XX 2326.

und Reichsten aus der Marsch, es aufzuheben und Verschiffung zu gestatten[1]. Auch rein persönliches Interesse des Fürsten spielte bei einigen Verboten mit. So befahl Johann Adolf dem Staller Jürgen Maaß, den Husumern und andern Fremden die Ausfuhr zu gestatten, wenn sich die Eingesessenen für ihren Bedarf und die Saat versorgt hätten, da er selbst seinen Bedarf an Hafer und Gerste für seine Hofhaltung gedeckt hätte[2]. Ob dies häufigere Übung, etwa ein Rest des früheren Rechtes billigen Kornkaufs war oder ob dies nur durch einmalige Teuerung hervorgerufen und bedingt wurde, läßt sich nicht entscheiden. Außer Getreide waren natürlich alle anderen landwirtschaftlichen Produkte Gegenstand des Handels. Ich verweise für diese auf den Anhang und werde nur auf einiges noch näher eingehen.

In der Viehzucht besorgten die ärmeren Geestdistrikte die Aufzucht, während Grasung und Mästung von den Gütern und besonders in den Marschen betrieben wurde [3]. In Dithmarschen, Nordstrand, Eiderstedt war die Ochsenmast neben dem Kornbau die wichtigste Nahrungsquelle. Von Flensburg her trieb man im Frühjahr viel Vieh dorthin auf die Weide[4]. Weil die Bauern beim Viehverkauf schlechte Geschäfte gemacht hatten oder wegen Seuchen der Verkauf unmöglich war, wurden Kornverbote aufgehoben[5].

Rantzau meint, selbst in Holland fände man kaum so gute Ochsen wie in Eiderstedt[6]. Der Adel stellte die Ochsen im Winter oft bei den Bauern ein und ließ sie von ihnen füttern, steckte aber den Verdienst in seine Tasche, da den Bauern der Verkauf des Großviehs verboten war[7]. Aus Eiderstedt wurden jährlich einige Tausend Ochsen, Kühe, Pferde ausgetrieben[8], aus

---

[1] Neoc. II 472.
[2] Acta A XX 2326.
[3] Hanssen I 397.
[4] S. Kap. VI.
[5] Acta A XX 2238: 1608.
[6] M. J. I 72.
[7] Hanssen I 399: Gegen eine geringe Kürzung in andern Abgaben.
[8] In Acta A XXIV für 1617 angeführt.

Nordstrand 600 Ochsen[1]. Ebenso war die Pferdezucht geteilt. Aus der Gegend von Tondern, Kliplef, Leck kamen junge Pferde in die Marschen, von wo sie nach ganz Deutschland weitergingen[1].

Wichtig war auch die Schweinemast in den ausgedehnten Wäldern. Rantzau gibt einige Zahlen darüber an. In den Waldungen von Rendsburg weideten 14 000 Schweine, von Segeberg u. U. über 19 000, Bordesholm 10 000, Reinfeld 8000, Ahrensbök 4000, Trittau und Reinbeck 8000, dazu die des Adels, die darin nicht mitgerechnet sind. Für Schleswig gibt er nur Gottorf mit 30 000, Sonderburg mit 5300, Kekenis mit 18 000 an[2]. Dies wird ergänzt durch einige andere Nachrichten, besonders die Register über die Landeseinkünfte. 1544 waren danach in Rendsburg 4029 Schweine, in Hadersleben sind 60 M. als Einnahme angesetzt, 1568 waren in Bordesholm 8000, doch hatte der Wald schon abgenommen, in Rendsburg 8000, Tondern 1390, Hadersleben und Törning 6672 ohne die Pflichtschweine, 1576 waren hier 3000, 1579 wird die Einnahme hier als ungewiß bezeichnet, doch könne sie ein Stattliches tragen[3]. Auf den Besitzungen Herzog Johanns d. J. waren 1595: in Klinke Skov 2000, Norborch 2000, Gelwegaarde 2000, Gammelgaarde 2000, Anabuchelunt 2000, Luesappel 2000, Kekenis 1600 Schweine[4]. Im Amt Pinneberg und Hatesburg waren 1604 9000 Schweine[5], auf Kieler Stadtgebiet 1621 288 ohne die der Beamten[6]. Das Mastgeld war auch eine der Haupteinnahmen des Adels, mancher Edelmann hatte davon 4000 Joachimstaler im Jahr[7]. Die Schweine wurden aus den Marschen, Hamburg und

---

[1] Hansen, Petreus 87.

[2] M. J. I 3, 59, 77.

[3] Zeitschr. XXXXI 222, 226, 231f., 240, 253, 257. Das Mastgeschäft zeigte sehr große Schwankungen, je nachdem ob Eicheln und Eckern gewachsen waren.

[4] Harms, Herzog Hans d. J. S. 13.

[5] Acta A X 181: 500 Eichhörnchen wurden hier erschossen.

[6] C. Fr. Fick, Kleine Mitteilungen aus Kiels Vergangenheit. 1867 S. 10f.

[7] M. J. I 3; Hanssen I 473.

Lübeck, Mecklenburg und Hannover nach Holstein auf die Mast getrieben[1].

Im 11. Jahrhundert begann eine lebhafte Ausfuhr von Erzeugnissen der Milchwirtschaft. Von Holländern wurden in allen Marschen zahlreiche Meiereien angelegt. „Holländerei" heißen hier noch heute manche jetzt ihrem ursprünglichen Zweck entfremdete Gebäude. Eiderstedt zeichnete sich durch besonders große Produktion aus[2]. 1583 waren es 2 209 517 Pfd. Heinrich Rantzau gibt 2 300 000 Pfd. Käse als Ausfuhr an, 1610 wurden auf der Wage zu Tönning 3 035 513$^{1}/_{2}$ Pfd. Käse gewogen, die für die Ausfuhr bestimmt waren[3]. Dies war wohl die Höchstziffer. Auch aus Husum, Dithmarschen und den Elbmarschen wurde Butter und Käse ausgeführt. Die Güter und der ganze Osten des Landes nahmen diesen Wirtschaftszweig erst später auf. Hier führte man im 16. Jahrhundert fortdauernd aus Finnland und Schweden Butter ein[4]. Um 1600 lieferten einige Güter bei Kiel schon regelmäßig Butter an einen Kieler Kaufmann[5]. In Tönning waren die größten Käsekäufer Bremer, daneben Eingeborene, Hamburger, Rendsburger, Holländer. Die

---

[1] M. J. I 3; Acta A X 397: 1587; Wedeler Fährordnung; Archiv d. Ver. f. Gesch. u. Alterth. d. Herzogth. Bremen und Verden und des Landes Hadeln, 1871 S. 196; Hbg. St. Cl. II Nr. 15a vol. 4: 1547 Sept. 12.

[2] Zeitschr. XX 245: Matthießen, Die Käseproduktion in Eiderstedt im 17. Jahrh. Seit ca. 1550 waren Holländer in der Wilstermarsch; Neoc. 1 204.

[3] M. J. I 72; Zeitschr. XX 245, 255 ff. Außer 1586, 1587, 1601, 1602, 1625, 1627 waren es stets über 2 Millionen Pfund, und zwar 13 mal über 3 Millionen Pfund, ebenda S. 264—65.

[4] Acta A XX 3592: 1584 wurde Rigische Butter eingeführt; nach Gust. H. Schmidt, Zur Agrargeschichte Lübecks und Ostholsteins 1881 S. 105 geschah dies bis um 1620; Hanssen I 418; Lüb. St. Landschaft Dithmarschen 1577; Einfuhr aus Hannover, Hbg. St. Cl. II Nr. 15a vol. 4; Hanssen I 417—18.

[5] Ulrich Schriever schloß 1609 Mai 29 einen Vertrag mit Hinrich Pogwisch zu Dobersdorf, daß dieser ihm alle Butter liefere bis 14 Tage nach Michaelis zu dem Preis, den sie beim Adel allgemein kosten würde; Schriever verschickte sie weiter.

Ware ging nach Bremen, damals Hauptstapelplatz für Käse, wo sie aber nur einen kleinen Teil ausmachte, nach Hamburg, Holland, Frankreich, Spanien wie nach den Ostseeländern.

Schleswig-Holstein, jetzt die waldärmste preußische Provinz, war ehemals ein ungemein waldreiches Land. Der Name der Holtsassen selbst deutet dies an. Die Marschen waren schon damals ohne jeden Wald. Dithmarschen und die Elbmarschen bezogen das für Schleusen- und Kirchenbauten nötige Holz meist aus Lauenburg, Mecklenburg usw.[1] oder auch aus Norwegen[2]. Stormarn aber und Holstein waren damals noch mit großen Wäldern bedeckt. Hier überwog die Waldwirtschaft durchaus den Kornbau. Die Stör hinab von Kaltenkirchen (Kohlenkirchen) ging eine starke Holzausfuhr, besonders nach Hamburg und Holland[3]. Von der Segeberger Heide wurde oftmals Eichenholz zum Schiffsbau nach Dänemark verführt[4]. Die Einnahmen aus dem Holz waren sehr groß; so machte der Herzog in einem Jahre aus den Waldungen des Klosters Preetz 5000 Taler[5]. Aber es zeigte sich schon eine bedrohliche Abnahme des Waldbestandes. Schon 1550 erging ein Verbot der Abfuhr von Bau- oder Fadenholz die Stör hinab, besonders gegen Itzehoe, um die Wilstermarsch besser zu versorgen[6]. 1575 und wieder 1598 wurde dies Verbot erneuert[7]. Die Herzöge suchten die Ausfuhr von Holz aus ihren Ämtern durch besondere Holzzölle zu erschweren[8]. Sie gerieten dadurch öfter in ernsten Streit mit Hamburg, der 1571—72 in Verbindung mit dem Streit über Transitfreiheit bis an den Kaiser geführt wurde[9]. Holz-

---

[1] Hbg. St. Cl. II Nr. 15b vol. 4; Nr. 16a vol. 2; Cl. VII Eb Nr. 3 vol. 5, Nr. 8 vol. 5.

[2] Vgl. Kap. Norwegen.

[3] Hbg. St. Cl. II Nr. 15b vol. 1; Zeitschr. VI Beil. S. 91—92.

[4] Stern 106; Aarsberetn. III 19, 48.

[5] M. J. I 34.

[6] C. C. Reg. Hols. I 669—70.

[7] Ebenda 671—72, 572—73.

[8] Acta A XX 178, 903.

[9] Abdruck S. 98; Hbg. St. Cl. II Nr. 12 vol. 1.

vögte hatten überall die Aufsicht über die Wälder, da die Bauern oft heimlich Holz schlugen und es nach Hamburg verkauften; besonders das Schlagen von Eichenholz war erschwert[1]. Einmal stieg in Hamburg das Bedürfnis nach Holz so stark, daß Hamburg und Lübeck sich offiziell über nächtlichen Holzdiebstahl in Holstein unter amtlicher Bedeckung verständigten[2]. Bis in das 16. Jahrhundert war aller Wald Laubwald gewesen, Heinrich Rantzau pflanzte als erster Nadelholzungen an, auch ein Zeichen des Verfalls der Wälder[3]. Auch Schleswig war waldreicher als heute, woran man noch durch die Namen einiger Landschaften erinnert wird. Um Gottorf, im Amt Hütten, in Sundewitt und auf Alsen befanden sich größere Waldungen. Die Eider hinab ging viel Holz nach Tönning und in die Marschen, von den Rendsburger Holzkähnen dahin geführt[4]. Der Herzog bezog große Mengen Holz als Hebung aus Törning, doch war dies wohl meist nur Brennholz. Auch hier nahm im 16. Jahrhundert der Waldbestand sehr ab. Ackerflächen oder unfruchtbare Heide trat an seine Stelle. Christian III. (1554) und Friedrich II. (1577) verboten die Erbauung von Holzhäusern, weil dies zur Vernichtung der Wälder führe[5]. Die Marschen bezogen ihren Holzvorrat zum Bau der Häuser und zur Feuerung meist aus Norwegen. Auch das schlechteste und knorrigste Holz bezahlten sie mit hohen Preisen[6]. Auch führte man öfter Steinkohle aus England ein[7]. Zur Verminderung des Holzbestandes trug auch die Holzkohlen- und Glasgewinnung bei. An die Glashütten[8] erinnern noch zahlreiche Namen im Lande: Amt Hütten, Glas-

---

[1] Hbg. St. Cl. II Nr. 15a vol. 4: 1589 Aug. 8.

[2] Ebenda Nr. 16b vol. 5: 1549.

[3] H. Ratjen, Johann Rantzau und Heinrich R. Kiel 1862 S. 6.

[4] Neoc. I 239; Acta A XX 902: 1617; ebenda XXIV Tönninger Hafenregister u. a.

[5] Nach Meiborg 188 wirkte in Wahrheit das Kohlenbrennen viel schlimmer.

[6] Hansen, Petreus 92.

[7] S. Anhang; Steinkohle wurde von hier wieder ausgeführt.

[8] Th. Hach, Überblick über die ehemalige Glasindustrie in und um Lübeck, Zeitschr. d. V. f. lüb. Gesch. VIII 217 ff., bes. 230—32.

koppel usw. Die Glasbereitung war in Schleswig-Holstein recht früh verbreitet, und die Ausfuhr mag namentlich nach Skandinavien gegangen sein, wo dieser Industriezweig erst im 17. Jahrhundert aufkam [1].

Auch sonst waren Industrie und Gewerbe in Schleswig-Holstein reich entwickelt. Das Land dankte dies dem Einfluß Deutschlands, das damals noch das erste Industrieland Europas war. Eigene Mineralschätze fehlen in Schleswig-Holstein. Man bezog aber Kupfer aus Ungarn und Schweden und verarbeitete es hier im Lande, ähnlich wie damals in Danzig diese Produkte des Auslandes im großen verarbeitet wurden [2]. Die Leichtigkeit des Transits und der Reichtum an Holz und Wasserkraft ließen eine starke Industrie erstehen. Als Erste hatten Lübecker Bürger auf holsteinischem Gebiet Kupfermühlen angelegt [3]. Im 16. Jahrhundert sehen wir den holsteinischen Adel ihnen vielfach folgen, besonders unter dem Einfluß Heinrich Rantzaus. In seiner Landesbeschreibung rühmt Rantzau nicht nur den Reichtum des Landes an Mühlen, um Getreide und andere Saatfrüchte zu mahlen, sondern auch an Öl- und Lohmühlen, Goldschlägereien, Eisen- und Kupferhämmern, dazu an Sägemühlen, Schleif-, Papier- und Pulvermühlen [4]. Rantzau selbst ließ auf seinen Gütern 39 Mühlen aller Art errichten, „in patriae emolumentum et incolarum commodum maximum" [5]. Es läßt sich noch heute eine ganze Reihe nachweisen [6].

---

[1] Es ist möglich, daß die Glasmacherkunst auch von Holstein dahin übertragen wurde: 1597 wanderte ein Glasmacher dahin aus und gewann in Bergen Bürgerrecht, Nikolaysen 17.

[2] Flensburger und Eckernförder holten auch Eisen aus Danzig, Simson Nr. 9096, 9569.

[3] Urksaml. IV 378.

[4] M. J. I 2—3.

[5] Lindeberg 98.

[6] Pulvermühlen: Acta A XX 2406: 1581 Jan. 6. Bau einer Pulvermühle bei Domhorst, groß und gut wie die zwischen Kirchsteinbek und Ostersteinbek; Ratjen I 288: 1591 Dez. 18 bei Niendorf; Acta A XX 2417: Schleems 1580 und 1598; Acta A XX 2416: Schiffbek 1593; Acta A XX 2414: Rausdorf im Amt Trittau 1599; M. J. I 36: Arfrade; St. M. X 240: Hinschenfelde; Jahrbb. III 300: Gottorf;

— 31 —

Auch erinnern noch manche Flurnamen an die ehemaligen Mühlen. Ihre volle Zahl läßt sich wohl kaum ermitteln, doch lassen die angeführten Belege die Bedeutung erkennen. Da dem Adel der Bezug der Rohmaterialien und der Absatz der Produkte aber vielfach große Schwierigkeiten machten, verpachtete er die Mühlen und Hämmer an Hamburger und Lübecker, die auch selbst fortfuhren, solche auf holsteinischem Gebiet anzulegen[1]. Die herzoglichen Mühlen waren wie in Trittau und Gottorf wohl meist verpachtet. Im Bereich der Hamburg-Lübecker Transitstraße waren die meisten dieser Betriebe, in Schleswig waren sie ganz selten. Der Zufall hat uns Abschriften von Rechnungen eines solchen Gutsbetriebes mit mehreren Mühlen aufbewahrt. Sie wurden anfangs des 18. Jahrh. von dem Hamburger Schulmanne Richey abgeschrieben aus dem Rechenbuche Jürgen Poorters, des „Schreibers" des Gutes. Diese Rechnungen geben uns ein Bild von solchen Betrieben. Auf dem Gute Hölzernklinken, zwischen Lübeck und Hamburg belegen, gab es schon 1586 einen Kupferhammer, der damals auf sechs Jahre verheuert

---

M. J. I 18 und Eickhoff 76: Wandsbek; Rievesell 245 und 7 und Claeden 730: Flensburg; Acta A XXIII 175 und 403.

Kupfermühlen: St. M. X 240: Amt Trittau hatte 1622 sechs Mühlen; s. a. Acta A XX 2414: 1605 Sept. 13; s. a. Hollenbek, Hornsmühlen, Kupferdamm, Fresenburg, Reinbek, Havighorst, Lüttgensee J. v. Schröders Topographie, leider ohne Zeitangabe; Hölzernklinken und andere bei Poorter; Kanc. Brevb. VII 533 f.: Wulfhagen.

Papiermühlen: St. M. X 240: Trittau 1622; nach v. Schröders Topographie wurde Hohenhof 1606 aus einer Hammermühle zur Papiermühle gemacht; Poorter 466: in Borstel und Umgegend mehrere Papiermühlen; auch in Hölzernklinken; in Hanerau Anlage beabsichtigt; s. a. Acta A XX 3266; Hänel und Seelig 24—25: Bordesholm.

Walkmühlen: bei Oldesloe zwei, Acta A XX 2411 und St. M. X 240.

Lohmühlen: Acta A XX 2411: bei Oldesloe.

Ölmühle: Hänel und Seelig 24—25: bei Bordesholm.

[1] Nach Poorter 385, 2 f. u. 671, 2 wollten sogar Leipziger Kaufleute eine Mühle pachten.

wurde[1]. Es bestanden später drei Kupferhämmer auf dem Hofe, von denen einer verpachtet blieb, während zwei, wie die Rechnungen ausweisen, von 1592 bis 1596 von der Besitzerin des Gutes, Frau Barbara Rantzau, selbst betrieben wurden. Die Hämmer leitete Isaak Soldener, ein Meister aus dem Stolbergischen, der auch einen Anteil am Ertrag der Hämmer besaß. Dazu ließ Frau Barbara 1594 von einem Oldesloer Zimmermann eine Papiermühle von zwei Geschirren errichten, um aus Haderlumpen Papier zu machen, und nahm eine zweite in Aussicht. Auch eine Messingmühle ließ sie errichten[2]. Sie hatte Messingbrenner, Brennerknechte, Messingschaber, Drahtzieher und Drahtschneider, einen „Kroppe Messingslager", Kesselschläger, Kupfer-garmacher und -schläger, Eisenschmiede, Stangenschmiede in Arbeit, dazu Pulvermacher und Salpetersieder für die Herstellung von Pulver, und Meister und Knechte für die Papiermühle[3]. Ferner benutzte sie ihre Bauern zu Fuhren und übernahm in Verträgen gern die Fuhrlast, da sie ihr keine Unkosten brachten. Mit ihrem Personal hatte sie manchen Streit. Manche flohen von Hofe, stahlen usw. Es waren wohl auch nicht die besten Elemente, da man in den Städten diese Betätigung des Adels nicht gern sah, seinen Leuten Schwierigkeiten machte und städtische Meister hinderte, in den Dienst des Adels zu treten. Auch die Bauern fühlten sich durch ungerechte Fuhrlasten bedrückt. Ihr Rohmaterial bezog Frau Barbara aus Lübeck, meist von Markus Mews, einem Großkaufmann, der zeitweilig das Kupferausfuhrmonopol aus Schweden hatte: schwedischen „krohnen" oder molden Kupfer, Osemunt oder Eisen (Stockholmisch Gut oft genannt). Über Lübeck bezog sie auch pommerschen Salpeter, soweit sie ihn nicht selbst herstellen ließ. Dazu kam über Hamburg brihlsche (= aus Brilon?) Galmey, hessische Erde, spanisches Salz, von verschiedenen, auch fremden Kaufleuten geliefert. Das schwarze Moldenkupfer wurde mit Holzkohlen gar gemacht

---

[1] Poorter 395.

[2] Jahrbb. 2, 275.

[3] Nach Unterschriften, doch ist nicht ganz sicher, ob alle zum Hofe gehörten.

und mitunter so verkauft. Meist aber wurde es weiter verarbeitet, geschmiedet und ausgeschlagen, je 10—12 Schiffspfund wurden gleichzeitig verarbeitet[1]. Man stellte „vierkandte blecken kupper", „runde kupper bodemen", ungarische Platten, Kessel, westfälische Kupferbleche und -bodemen her, dazu Eisenblech, Harnischplatten, Schloßblech und ganz dünne Eisenstangen und im Messingwerk Lattuhn, d. h. schwarzes Messing, wie es aus dem Schmelzofen und vom Schneiden kommt, Rollenmessing, Messingdraht, gezogenen Draht. Nur z. T. wurden die Waren im Lande abgesetzt, so in Neumünster; ein Lübecker Kaufmann, Hans Kropp, tat Frau Barbaras wegen den Verlag (Vörlach), d. h. er bezog Waren von ihr und besorgte den Absatz[2] (auch lieferte er dagegen Rohmaterial); das meiste aber lieferte sie Hamburger Kaufleuten. Dabei hat sie ihre Waren offenbar hier wie in Lübeck zollfrei ein- und ausgeführt, wie auch Heinrich Rantzau (1590 Mai 9) dem Hamburger Rat mitteilte, daß er eine Messingmühle in Nütschau habe einrichten lassen, mit der Bitte, alles, was sein Diener dort handeln werde, zollfrei aus- und einpassieren zu lassen[3], was das Geschäft sehr erleichtern mußte. Sonst erfuhr Frau Barbara aber in Hamburg manche Hinderung und hatte besonders zu klagen, daß ihr der Wagemeister der Hamburger Wage den Unterschied von Hamburger und Lübecker Gewicht mit 6 statt mit 3 Pfd. zu ihrem Schaden rechnete und nach Regelung der Sache trotz seines Versprechens keinen Schadenersatz leisten wollte[4]. Auch fernere Märkte suchte sie sich zu erschließen. So schloß sie mit Dirick Heller aus Bremen einen Vertrag, daß dieser ihr fremde und einheimische Kaufleute zuführen solle, die allen Messing, soviel sie her-

---

[1] Poorter S. 378.

[2] Ebenda 536, 2—537.

Die Namen: Molden = schwarzes Mulm Erz bezeichnete silberloses Erz; kruhnen = grün? S. Lazari Erckers Probierbuch. Frankfurt 1673 S. 6 und 34. Auch Kyllkupfer wird oft erwähnt; zu schwed. kyllfarg oder zu deutsch Kiel-Röhre?

[3] Hbg. St. Cl. II Nr. 16a vol. 2.

[4] Poorter 517, 2 f., 520, 2 f.

stellen könnte, kaufen sollten, je zur Hälfte Lattuhnen und Draht. Je 100 Markpfund sollten 20 Tlr. kosten, doch sollte dabei stets der damalige Kupferpreis von $25^1/_2$ Tlr. das Schiffspfund rauhes Kupfer gerechnet werden, so daß der Gewinn 20 Tlr. auf den Zentner Messing blieb. Wenn Heller dies nicht schaffen könnte, sollte Frau Barbara den Vertrag lösen können. Heller sollte den zehnten Teil des Reingewinnes erhalten[1]. Der Tod Hellers machte dies Geschäft zunichte. Im nächsten Jahr schickte sie Warenproben an Messing und Papier an Karl Walrauen, einen Kaufmann zu Middelburg in Zeeland, auf Veranlassung von dessen Vater, erbot sich, diese Waren in beliebiger Menge zu liefern und fragte nach dem Preis, den er ausgeben wollte. Kupferblech, von dem der Vater des Kaufmannes geschrieben hatte, war gerade nicht viel vorrätig. Auch bat sie um Angabe, was er für Büchsenpulver, Harnischblech und dergleichen zu geben bereit sei[2]. Einigen Erfolg hatte sie auch auf diesen fremden Märkten; so verkaufte sie $390^1/_2$ Pfd. Messingdraht und Lattuhn nach Bremen[3]. Eine andere Unternehmung schlug aber fehl. Frau Barbara und ihr Hammermeister Soldener schlossen mit dem Erfurter Kaufmann Rudolf Gebhart einen Vertrag, daß er gegen $^1/_2$ Tlr. Provision das Schiffspfund den Verkauf von Messingwaren und Papier in Amsterdam übernehmen sollte[4]. Gebhart wollte zur Hälfte in bar, halb in Schrotkupfer zahlen. Bei Dominikus von Nutteln in Hamburg wurden die Waren gegen Seegefahr und gegen Verlust bei schlechten Käufern versichert. Nuttelns Faktor in Amsterdam übernahm deshalb die Aufsicht und den Verkauf, wofür noch ein Faktorgeld bezahlt wurde[5]. Gebhart konnte die Waren aber nicht zu dem festgesetzten Preise verkaufen, da sie nicht den holländischen Anforderungen entsprachen: das Papier war zu grob, die Lattuhnen, Rollen und Harnisch und Schloßbleche hatten nicht die in Amster-

---

[1] Poorter 464, 2; 466, 1: 1594 April 20.
[2] Ebenda 493, 2 ff.
[3] Ebenda 527, 2 f.
[4] Ebenda 529, 2 f.
[5] Ebenda 495, 2 f.

dam gebräuchliche Größe und konnten deshalb das Bestimmte nicht bringen, so daß zwei Taler Verlust auf den Zentner von Gebhart in Aussicht gestellt wurden. Die Lattuhnen brauchten nicht erst in Holstein geschabt zu werden, da sie doch noch weiter verarbeitet wurden. Gebhart machte nun, ohne Erfolg, den Vorschlag, ihm persönlich die Waren zu überlassen, wobei man das Versicherungs-, Faktor- und Schabegeld sparen könnte. Auch verlangte er Pulver [1]. Schließlich riet er, die Waren mit $1^1/_2$ Tlr. Verlust auf den Zentner zu verkaufen, was man aber an der Rückfracht und dem Wechselgeld wieder einbringen könnte. Nur das Eisen war gut abgegangen und in weit größeren Mengen noch verkäuflich. $1^1/_2$ Tlr. weniger, als der im Vertrage festgesetzte Preis betrug, wollte ein Kaufmann aus Aachen geben, der auch bereit war, einen Mann nach Holstein zu senden, der die Sachen recht zu schmieden verstände, damit der Preis gehalten werde. Von der sehr kostspieligen Rücksenduug der Waren riet er aber ab [2]. Damit enden die Papiere über diesen Handel.

Wie groß die verarbeiteten Mengen waren, läßt sich nur schlecht feststellen, da nicht alle Rechnungen erhalten sind, während manche dafür auch doppelt abgeschrieben sind. Da diese Rechnungen aber wohl allein stehen, teile ich einiges daraus mit, wenigstens ergibt sich ja die Mindestsumme der Produktion.

1593: Zunächst kam ein Vertrag über 800 Schiffspfund Moldenkupfer nicht zustande [3], doch muß Mews bedeutende Mengen geliefert haben, denn am 23. November 1593 war er noch mit 350 Schiffspfund im Rückstande; außerdem hatte er 56 Schiffspfund gares Kupfer geliefert [4]. Er erhielt wenigstens 6373 Tlr. 15 β bezahlt, wobei das Schiffspfund zu $25^1/_2$ Tlr. gerechnet wurde [5]. Am 4. Dezember versprach er die restlichen

---

[1] Poorter 644—6: 1595 Aug. 30; 647—8: Sept. 6.
[2] Ebenda 641, 2 f.
[3] Ebenda 391 f.
[4] Ebenda 428 f.
[5] Ebenda 443, 2 ff. u. 428 f.

346 Schiffspfund 19$^1/_2$ Lispfund schwedischen Moldenkupfer zu liefern, und zwar sofort 46 Schiffspfund 19$^1/_2$ Lispfund guten schwedischen Kyllkupfer, dann alle 14 Tage 30 Schiffspfund, bis 146 Schiffspfund 19$^1/_2$ Lispfund geliefert seien. Sobald dann die Schiffe aus Schweden ankämen, 100 Schiffspfund schwedischen Kyll- und ebensoviel Moldenkupfer[1]. Mit Joseph Konningk van Prilen schlossen Frau Barbara und Soldener am 17. Juli 1593 einen Vertrag ab über die jährliche Lieferung von 700 Zentnern prilischen Galmei, zu liefern in Hamburg auf der Wage (152 Pfd. = 1 Tlr.)[2]. 1593 wurden verkauft: von Oktober bis Dezember an August Vossenholen in Hamburg 150 Schiffspfund Blechkupfer und bodmen[3]. 20 Schiffspfund gares Kupfer und 100 Schiffspfund Kupfer gingen an andere Hamburger[4]. Ein Vertrag über Lieferung von 200 Schiffspfund garem Kupfer (nach Lübeck) konnte wegen Mangel an Wasser wohl nicht gehalten werden[5].

Auch bei der Anlage einer andern Mühle rechnete man auf jährliche Verarbeitung von 8—900 Schiffspfund Kupfer, so daß diese Zahl vielleicht Durchschnitt gewesen ist[6].

Für die folgenden Jahre sind die Zahlen viel unvollständiger: 1594 a) Kauf von Rohmaterial: Joseph Konningk lieferte Galmei[7], ob die im Vertrage bedungene Menge, ist zweifelhaft, da auch von andern gekauft wurde[8]; 40 Schiffspfund 14 Lispfund Stangenkupfer aus Lübeck; 77 Schiffspfund 12 Markpfund rückständigen Kyllkupfer von Mews[9]. b) Es wurden abgesetzt: 40 Schiffspfund westfälisches Blech[10], 100 Schiffspfund gares Kupfer[11], 14 Ballen Druckpapier[12] und anderes, wofür Geld ausstehen blieb[13].

---

[1] Poorter 428 f.
[2] Ebenda 413, 1 ff.
[3] Ebenda 445, 585 f.
[4] Ebenda 409, 2; 426, 2.
[5] Ebenda 391.
[6] Acta A. XX 274 : 1595 Aug. 8.
[7] Nach Poorter 520 sind 163 Ztr. bezahlt.
[8] Ebenda 519, 2: 31$^1/_2$ Ztr. 28 Markpfund.
[9] Ebenda 475, 454.
[10] — [13] Ebenda 475 f., 456, 458 f., 454.

1595 a) Es wurden gekauft: 72 Schiffspfund 15 Lispfund Kupfer, 20 Last Osemunt, 4 Ztr. 68 Pfd. Salpeter, 160 Ztr. pommerschen Salpeter, alles aus Lübeck, dazu 79 Ztr. Lumpen und 2 Last groben spanischen Salzes aus Hamburg[1]. b) Abgesetzt wurden: Druckpapier für das Werk einer „Teutschen Biblien" in Hamburg, 111 Ringe Messingdraht und 40 Ztr. 24 Pfd. Messingdraht nach Neumünster und Waren an verschiedene Kaufleute ohne bestimmte Angabe[2].

1596 a) Einkauf von 41 Schiffspfund 19½ Lispfund schwedischen Krohnenkupfer; 11 Schiffspfund 6 Lispfund Kupfer; 26½ Last Osemunt, 4 Schiffspfund 10 Lispfund 7 Markpfund westfälisches Blech; 4 Fuder hessische Erde, 10 Faß Galmei, 4 Ztr. 105 Pfd. Salpeter[3]. b) Verkauf von: 121 Schiffspfund 6 Lispfund Stangeneisen; dazu ganz dünne Stangen; 4 Schiffspfund 10 Lispfund Kupfer, 25 Ztr. 7 Lispfund guten Stückmessing, 298 Ries Schreibpapier, ca. 7100 Pfund Büchsenpulver[4].

Die Papiermühle war 1595 gegen 500 Tlr. im ersten und 600 Tlr. die folgenden neun Jahre an zwei Erfurter verheuert worden[5]. Aber auch so blieb der Betrieb Frau Barbara wohl zu groß, sie verpachtete ihn an Hinrich von Nussen gegen jährlich 2000 Tlr.[6]. Die Auseinandersetzung mit Soldener gestaltete sich dabei schwierig, da dieser sein Viertelpart an der Pulver- und Papiermühle forderte, die nach seiner Behauptung 2440 M. getragen hatte, und 1200 Tlr. zum Abtritt forderte[7]. In Oldesloe und Lübeck hatte Frau Barbara damals noch einen Vorrat von unverkauftem Papier und Messing liegen[8]. Obwohl vielfach Geld von Fremden aufgenommen werden mußte, war man mit dem

---

[1] Poorter 497, 499, 367, 527, 491, 539, 540.
[2] Ebenda 501, 673, 531, 483, 495, 527, 536, 584.
[3] Ebenda 546, 512, 2, 563, 568, 2, 563, 514, 2, 435 u. 658, 515.
[4] Ebenda, 568, 2, 512, 514, 2 u. 439, 435, 2, 437, 439, 479 f.
[5] Ebenda 534.
[6] Ebenda 438.
[7] Ebenda 502, 508, 511, 529, 547, 566 ff., 570, 577, 579, 581, 631.
[8] Ebenda 439, 479, 488.

Ertrage zufrieden, denn der Sohn Barbaras plante eine Kupfermühle und Junker Otto Sehestedt eine Papiermühle anzulegen[1].

In Holstein waren noch einige andere industrielle Betriebe, die auch im Ausland bekannt waren. In Segeberg und Neumünster bereitete man Tuch, allerdings wohl meist nur für den Gebrauch des Landes[2]. Auf die Wiederherstellung der Sülze zu Oldesloe verwandte Heinrich Rantzau viele Mühe. Zeitweilig war sie in Betrieb. Auch scheint man die Absicht gehabt zu haben, die Einrichtungen zur Verfeinerung von Baysalz zu benutzen[3]. Obwohl es sich nur um ganz geringe Mengen gehandelt haben kann, erregte es sofort das lebhafte Interesse der lüneburgischen Konkurrenz. Die Stadt Lüneburg fragte bei Lübeck wiederholt an und bat um jährliche Mitteilung, wie groß die „Anzahl Saltzs" sei, „so nun etliche jahr hero auf der Sultzen zu Oldeschloe gekocht, auf E. E. W. Stadt zugeführt und daselbst verzollet worden", erhielt aber von Lübeck nur unbestimmte Antwort[4].

Weitaus bedeutender war die Kalkgewinnung in Helgoland und Segeberg. Ohne große Mühe brachen die Helgoländer Gips oder weiße Kalksteine von der Wittklipp und verkauften sie in die Städte und Lande an der See. In Hamburg ist der Kalk oft nachzuweisen, auch in Schleswig und Dithmarschen wurde er gebraucht[5]. Dieser bequeme Handel endete erst 1711, als der harte Kalkfelsen völlig abgetragen war und die Insel schutzlos vor den Wellen lag[6]. Der Segeberger Kalk ging meist nach

---

[1] Poorter 502, 566.

[2] Lüb. St. Schlesw. u. Holst. Städte vol. III Fasc. 1: 1609 Juni 29 bekennt Hinrich von Femeren, wohnhaft zu Segeberg, Hinrich Alwart 129 M. lüb. schuldig zu sein, zu bezahlen mit Geld oder Laken; Kanc. Brevb. III 518: Auftrag an Heinrich Rantzau, für den König einen Tuchbereiter zu besorgen.

[3] Lüb. St. Holst. Städte betr. vol. II 2: 1578 Mai 4 u. 20.

[4] Lüb. St. vol. I des Lüneburgischen Salzhandels Fasc. VII 3 bis 6: 1608 Aug. 2, 9; 1609 Aug. 3, 7.

[5] Neoc. II 85 u. 87; Zeitschr. XXXVII 99; Koppmann VI 129, 219, 300, 340, 380, 424, 467; VII 275—6; Acta A. XX 3595; Lindemann 100.

[6] Prov. Berr. 1790 S. 21.

Hamburg, das hauptsächlich mit Segeberger Kalk erbaut war. Die ungehinderte Zufuhr war für Hamburg sehr wichtig. Bei Streitigkeiten wurde der Kalk in Segeberg zurückbehalten, wie 1558. Hamburg suchte sich dann die Beamten günstig zu stimmen durch allerlei Geschenke: ad promovendam vecturam calcis heißt es in den Kämmereiregistern[1]. Von Hamburg aus wurde der Kalk oft auch weiter ausgeführt[2]. Hamburg hielt auf der Alster Kalkschiffe, die den Kalk auf dem Kanal holten[3]. Öfter wird Stegen, zeitweilig Endpunkt des Kanals, als Liegeplatz für Kalk genannt[4]. Die Kalkeinnahme gehörte zum Amte Segeberg: „Kalckgeldt ungefehrlich kricht men Jahrliches vann den Hamburgern vor Kalck 700 M.", sagen die Teilungsregister von 1544[5]. Im Anhang sind einige genaue Angaben über den im Hamburger Bauhof vorhandenen oder aus Segeberg bezogenen Kalk angefügt.

Schleswig hatte nur an wenigen Stellen Mühlen und Hämmer. Von Bedeutung war hier aber die Seesalzgewinnung der Friesen an der Westküste, besonders in Wisch im Kirchspiel Klanxbüll[6]. Der größte Teil der Ausbeute wurde außer Landes gebracht, meist nach Jütland und dort gegen Roggen, auch Holz eingetauscht[7]. Nur selten ging friesisches Salz nach Hamburg und weiter nach Westen, wie Emden.

Für Ripen liegen die Einfuhrzahlen für eine Reihe von Jahren vor. Die Friesen mußten hier von jeder dritten Last eine kleine Tonne Salz als Abgabe zahlen, die 1601—2 für 1 M. lüb. gerechnet wurde, später 3 M.

1568—69 brachte dies ungefähr 51 M. dansk und 67 t.

---

[1] Koppmann VII 222, 252, 301.
[2] Ebenda VI 500, VII S. CIII, CXXXV; Zeitschr. f. hbg. Gesch. IX 374.
[3] Koppmann VII S. CLXVII, 9, 249.
[4] Ebenda V 79, VI 90, 129.
[5] N. St. M. VI 241.
[6] Mitt. d. nordfries. Ver. H. 5, 1908—9: Martin Lensch, die Salzgewinnung in Nordfriesland; Kinch II 835.
[7] Hansen, Petreus 91.

1569/70 brachte dies ungefähr 35 M. dansk und 36 t,
1601/2   „   „   „   43 M. lübsch[1].

Im Rechenschaftsjahr 1605 brachten die Friesen 265 Last 5 t Strandsalz ein[2].

Als unter Christian IV. in Dänemark protektionistische Anschauungen zum Durchbruch kamen, errichtete Christian 1621 Dez. 21 in Ripen eine spanische Kompanie, die ganz Westjütland umfaßte und ihre Wirksamkeit auch auf einen Teil von Schleswig erstrecken und die Bewohner der Guiddingharde in ihrer Schifffahrt und ihrem Salzhandel hindern wollte. Dies wurde aber durch ein Mandat des Königs vom 21. Nov. 1624 verboten, da die Verordnung nur das Königreich angehe. Aber die Kompanie erhielt am 6. Jan. 1623 das Alleinrecht, alles friesische Salz aufzukaufen, welches nach Westjütland geführt wurde, und es mit einem Gewinn von 4 β die Tonne wieder zu verkaufen. Der Handel nach Spanien wurde nach einem unglücklich verlaufenen Versuch nicht weiter betrieben, aber vom friesischen Salz hatte die Kompanie eine bequeme Einnahme. Anstatt selbst den Handel in die Hand zu nehmen, erlaubte sie einfach den friesischen Schiffern, das Salz gegen eine Abgabe von 4 β die Tonne zu verkaufen. Sie hatte 1623 eine Einnahme von 238 Dr., 1624 von 339 Dr. und 1625 von 179 Dr. In Varde kamen auf diese Weise in zwei Jahren 91 Dr. ein, in Ringkjoebing dagegen nur 4 Dr. 8 Sk.[3].

In den Städten gab es nur ein Gewerbe, dessen Ausfuhr von Bedeutung war, nämlich die Mälzerei und die damit zusammenhängende und wohl meist gleichzeitig damit getriebene Brauerei. Auch auf dem Lande wurde auf den Gütern und Höfen vielfach gebraut[4]. Die Gutsherren hatten hier die Braugerechtigkeit und lieferten den Krügern das Bier; dazu hatten sie das

---

[1] Kinch II 857—58.
[2] Ebenda II 834.
[3] Ebenda II 291 ff.
[4] Hanssen I 410; Poorter 340; M. J. I 14; Hbg. St. Cl. II Nr. 15 a vol. 2: 1558 Juli 8; Acta A XX 2986: 1617 Aug. 1.

Akziserecht auf fremdes Bier¹, während in den Ämtern Akzise vom Landesherrn erhoben zu sein scheint². Gerste, aus der das Malz gewonnen wird, wurde in ganz Schleswig und in allen Marschen in großer Menge gebaut und vielfach auch ausgeführt. Aus Schleswig führte man sie in der Regel gemälzt aus. Hopfen, der zweite wichtige Bestandteil des Bieres, wurde damals vielfach im Lande angebaut. Es erinnern noch heute daran der auf allen Wällen häufig vorkommende verwilderte Hopfen und zahlreiche Orts- und Flurnamen, die mit Hopfen oder Hummel (humulus) zusammengesetzt sind³). Eine sehr große Menge Hopfen wurde auch aus der Priegnitz⁴, aus Braunschweig⁵ und wohl auch aus Preußen, besonders über Lübeck eingeführt⁶. Trotzdem blühte das Braugewerbe. Es ist dies das einzige städtische Gewerbe außer der Schiffahrt und dem besseren Wirtsgewerbe, für das Rantzau einige Angaben macht: es waren in Itzehoe 40 Brauer, in Oldesloe 60 bei 250 Bürgern, in Rendsburg 25 Brauhäuser bei 206 Häusern, in Wilster 50 Brauer bei 340 Bürgern, in Schleswig 10 Brauer bei 400 Bürgern⁷. Rühmend hebt er besonders das Eckernförder Bier hervor, ehemals Quackeltheis, dann aber nach dem Ausspruch eines durchreisenden Kardinals Cacabella, Kakkebille genannt⁸. Für Husum geben die Akziseregister für einige Jahre Auskunft über die Menge des dort verzapften Husumer Bieres: 1582: 6354 t, 1583: 6207 t, 1584: 5513 t, 1585: 4241 t, 1586: 3365 t⁹. Die Ausfuhr aus den Städten an der Westküste ging nach Westen, besonders nach Holland und

---

¹ St. M. V 633; Matthießen 149. Es scheint nur in den adligen Güterdistrikten gegolten zu haben.

² St. M. X 239.

³ Beispiele für Hopfenhöfe s. Poorter 340, 551, 2f., 559 ff.; Acta A XX 372.

⁴ Acta A XX 3977—4027: Gottorfer Zollregister.

⁵ Z. B. Acta A XX 2986: 1617 Aug. 1.

⁶ Simson 7234.

⁷ M. J. I 14, 23, 40 f., 52; in Hamburg waren 707 Brauer, ebenda 8.

⁸ Ebenda 53.

⁹ Acta A XX 4081.

Emden, und nach Norden[1]. Oldesloe verschiffte viel nach Lübeck und von da weiter[2], das Eckernförder Bier wurde in ganz Schleswig[3] und oft in Dänemark verzapft. In Kopenhagen mußte Kakkebille nach der Akziseordnung von 1549 10 Penn das Maß zahlen[4]. Selbst der König bezog Kakkebille und befahl 1576, daß Peter Mandix von Eckernförde bis auf weiteres nur die alte Akzise bezahlen sollte für alles Bier, das er in Kopenhagen und Malmö einführe[5]. Leider konnte sich die Produktion nicht auf ihrer Höhe halten. Schon 1552 beklagte sich Krempe gegen Hamburg, daß jetzt in drei Jahren nicht so viel Bier zur See nach Westen ausgeführt werde, wie ehedem in einem Jahre[6]. Es war dies aber nur ein lokaler Rückschlag, veranlaßt durch das von Hamburg beanspruchte Stapelrecht auf der Niederelbe. Der König hatte schon 1540 den Krempern zum Ersatz die Freiheit bestätigt, mit Bier die Stör hinaufzufahren[7], er verbot Hamburger Bier in der Umgegend und erlaubte Krempe, frei im Lande Bier zu verkaufen[8]. Gegen Ende des 16. Jahrhunderts ging die Bierbrauerei in den Städten zurück. Auch Rantzau spricht von einer Abnahme, und die oben für Husum mitgeteilten Zahlen belegen es. Die Gründe sind verschiedener Art; besonders aber wirkte die Erhebung einer Akzise schädigend. Die Stände hatten 1524 und öfter das Recht der Akzisefreiheit bestätigt erhalten. Auch Husum, ein nicht ständischer Ort, erhielt 1526 dieselbe Freiheit außer für den Fall, daß eine allgemeine Akzise

---

[1] S. Anhang Emden; Hbg. St. Cl. II Nr. 15 b vol. 1: 1557 März 29; 1552 Juli 18.

[2] Lüb. St. vol. Travestrom.

[3] C. Stat. Slesv. II 281; Claeden I 26; Husumer Akziseregister.

[4] Nielsen IV, II 145. 1 Maß = $1/2$ Kanne oder $1/{444}$ der Korntonne.

[5] Kanc. Brevb. VI 478, 94.

[6] Hbg. St. Cl. II Nr. 15 b vol. 1: 1552 Juli 18 klagt Krempe, daß ein einem Bürger gehöriges, mit Bier nach Westen bestimmtes Schiff den Hamburgern habe zollen müssen.

[7] Acta A XVII 183. Dieser Absatz ist, weil unnötig, nicht mit aufgenommen in C. C. Reg. Hols. III 318.

[8] Ebenda 281—82.

angesetzt würde[1]. Fiskalische Gründe führten im herzoglichen Gebiet trotzdem zur Einführung einer solchen Abgabe von allen ausgezapften Getränken, nur eingebrautes Bier für eigenen Bedarf blieb frei[2]. Die Brauer hatten sofort zu klagen, da man seinen Bedarf einfach vom königlichen Gebiet bezog, so in Husum aus dem aufblühenden Bredstedt. Gesuche um Abstellung, auch auf dem Landtage vorgetragen, hatten erst 1589 Erfolg, nachdem einzelne Landschaften sich vorher freigekauft hatten[3]. Hierauf berief sich der Herzog den Ständen gegenüber[4]. In Husum aber wurde die Akzise erst 1592 wieder aufgehoben[5]. Schon 1603 ward die Akzise auf herzoglichem Gebiet wieder eingeführt[6], diesmal aber in protektionistischer Absicht. 1610 beschwerten sich die Stände über neue Akzisen, die die Städte wohl selbst gewünscht hätten, die aber die Landleute, die dort ihr Bier kauften, bezahlen müßten, und die nur die Brauer in den Städten begünstigten. In der herzoglichen Antwort auf die Beschwerden wird erklärt, die Akzise auf fremdes Bier sei auf Verlangen der Städte eingeführt, solle aber abgeschafft werden[7]. Die Akzise wirkte für die Städte auch nicht allein segensreich. Als in Apenrade 1610 trotz des großen Brandes die Akzise weiter erhoben wurde, mußten die Brauer das Brauen einstellen, da man vom königlichen Gebiet holte. (Also scheint die Akzise nicht auf fremdes Bier beschränkt gewesen zu sein[8].) Deshalb mußte hier die Abgabe bis zum nächsten Kieler Umschlag abgeschafft

---

[1] Beccau 275.
[2] Ebenda 118: 1581 angeordnet.
[3] Ebenda 293, 134; Jargow 78; Heimreich I 425.
[4] Jargow 121.
[5] Beccau 308—309.
[6] Ebenda 320.
[7] Christiani-Hegewisch III 107—108, 414—15.
[8] In Tondern wurde von eignem Bier weniger als von fremdem erhoben; 4 gegen 8 β, Acta A XX 2986: 1609 März 20. Ansetzung einer Akzise, wie zu des Vaters Zeiten gebräuchlich, monatlich von den Krügern zu zahlen; Sept. 6 Abstufung befohlen, 1 t Wein $1/2$ Tlr., 1 t fremdes Bier 8 β, 1 t eignes Bier 4 β.

werden[1]. Nordstrand erkaufte die Abschaffung der Akzise 1611[2]. Es spielten also noch immer starke fiskalische Gründe mit hinein und waren doch wohl ausschlaggebend, da man z. B. auf Helgoland Husumer und Tönninger Bier ebensogut der Akzise unterwarf wie Hamburger, Lübecker, Englisch Bier, Meth und Wein[3]. 1623 vereinigten sich dann König und Herzog zu einem völligen Verbot fremden Bieres mit gleichzeitiger Ansetzung einer Akzise für das in den Städten gebraute Bier. Im Laufe des Jahres wurde dies Mandat noch zweimal renoviert mit dem Befehl, Wein mäßig zu gebrauchen und dem gleichzeitigen Verbot, Post[4] statt Hopfen zu verwenden und Branntwein aus Roggen zu brennen[5]. Der Zweck war, daß das Geld im Lande bleibe, daß die Leute sich befleißigten, gutes Bier zu brauen, um dadurch ihre Nahrung zu bessern[6]. Die Absicht fand bei den Städten und Landschaften starken Widerstand. Die Städte sahen sich um eine Einnahme gebracht, da fremdes Bier oft in Kellern ausgeschenkt wurde, von denen sie ein Pachtgeld bezogen. Die Akzise von eigenem Bier wurde als privilegienwidrig angesehen[7]. Schließlich sah man sich doch gezwungen, das Bierverbot einzuschränken. Der Widerstand der Bevölkerung machte die Durchführung dieser heilsamen Maßnahme unmöglich. Nur in Glückstadt lebte das Prinzip wieder auf, die Stadt erhielt 1627 das Akziserecht auf Hamburger Bier[8].

---

[1] Slesv. Prov. Efterr. II 219.
[2] Heimreich I 432.
[3] Lindemann 124: 1615.
[4] Post oder Porst, myrica gale.
[5] Michelsen und Johannssen 346—47, 359, 370 ff.
[6] Michelsen, D. UB. CLXXXIV 405.
[7] Ebenda und Christiani-Hegewisch III 415. In Dänemark erstrebte man dasselbe; 1622 April 26. erklärte Christian IV., daß das Verbot der Einfuhr fremden Bieres auch für das aus den Herzogtümern kommende gelte, Nye danske Mag. II 158 f.
[8] Als das Gerücht davon ging, erbat und erhielt in Tondern zunächst ein einzelner Kruggerechtigkeit für fremdes Bier, vom Amtmann unterstützt, weil es etwas eintrage, was aber alsbald wieder zurückgezogen werden muste, Acta A XX 2986: 1624 Dez. 26 u. 29, 1625 Febr. 19; dann wurde es allen gegen Akzise gestattet, ebenda 1624

In Husum, dessen Blüte vor allem auf der Mälzerei beruhte, ist der Rückgang am auffälligsten. Zu der schon gestreiften Schädigung durch die Akzise kam hier noch ein anderes: das 1597 ergangene Ausfuhrverbot von Malz nach Emden, dem Hauptbestimmungsort des Husumer Malzes[1]. Dieses aus Gefälligkeit für den ostfriesischen Grafen erlassene Verbot, das den Handel augenblicklich ganz hinderte, was aber wegen eines zweiten allgemeinen Ausfuhrverbotes nicht so gefährlich war, hatte die unerwünschte Folge, daß die Emder selbst die Mälzerei in stärkerem Maße begannen. Die geringe Malzausfuhr Husums in den Jahren 1603—4 zeigt den Erfolg[2]. Das Gewerbe blieb dauernd geschädigt: 1624 berichtet Nordstrand, die Gerste werde in Husum doch nicht gemälzt, sondern ungemälzt von ihnen ausgeführt[3][4]. Sonst gibt es nicht viele Gewerbe, die für die Ausfuhr arbeiteten. Aus Husum wurden oft Kessel usw. ausgeführt, worin wir wohl Arbeiten der dortigen Kupferschmiede zu sehen haben[5]. Nach Ripen wurden von Husum Kannen und „Husumer gods" ausgeführt[6]. Überhaupt war dort entsprechend der großen Einwohnerschaft wohl manches Gewerbe vertreten. Herzog Adolf hatte englische Laken dahin führen und dort umfärben lassen, die dann von Hamburg aus nach Stralsund weiter verschickt waren (1567)[7]. In Flensburg war eine Geschütz- und Glockengießerei, die auch nach Dänemark lieferte. Der Gießer war königlicher Diener und zugleich Arkelei- und Zeugmeister[8]. In Itzehoe wohnte auch ein Glockengießer[9]. Hier waren wohl auch

---

Dez. 31, 1625 Febr. 15, 27 und Acta A XX 864: 1625 April 13, 15; Rendsburg war in Eckernförde akzisefrei auf Rostocker Bier, Acta A XX 2728: 1626 Juni 22.

[1] Zeitschr. XXXVI 203.

[2] 1598 erneuert, Hagedorn II 294, 298; Beccau 147; Hansen, Petreus 236—37.

[3] S. Anhang.

[4] Acta A XX 2326: 1624 Jan. 15.

[5] Hus. Zollisten, Gottorfer Zoll.

[6] Kinch II 834.

[7] Poorter 357, 2.

[8] H. T. V, IV 461; VII, II 140, 142.

[9] Heimat 1900. X 174.

viele Drechsler, Böttcher, Rademacher usw. ansässig. 1613 erhielten sie ein Privileg über die zollfreie Abfuhr ihrer Waren [1]. In allen Städten waren gute Gold- und Silberschmiede, die vielfach nach Dänemark und den Ostseegebieten Waren ausführten [2]. Das schleswig-holsteinische Gewerbe scheint das dänische und nordische im 16. Jahrhundert noch überragt zu haben. Öfter wurden Handwerker dahin berufen [3]. Im einzelnen ist schlecht festzustellen, welche Gewerbe für die Ausfuhr arbeiteten, da bei Zollangaben die Sachen meist als „Kiste", „Tonne" usw. angegeben wurden. Es spricht aber viel dafür, daß die Lage der meisten Gewerbe und Handwerker nicht allzu günstig war und daß außer den genannten nur wenige für die Ausfuhr arbeiteten. Es machte sich hier natürlich auch die Konkurrenz Hamburgs und Lübecks stark fühlbar. Die Regierung dachte deshalb wiederholt an Besserung der Zustände. So waren 1525 auf Befehl des Königs und Herzogs, Friedrich I., in Kiel eine Anzahl von Ämtern oder Zünften aufgehoben worden oder wenigstens waren die Unkosten verringert [4]. Unter Herzog Adolf fanden auch die Gewerbe Förderung. Ihre Lage war und blieb aber ungünstig, so daß Herzog Johann Adolf 1615 ihnen nur durch völlige Aufhebung der Ämter glaubte aufhelfen zu können [5]. Doch bewährte sich auch das nicht [6]. Unter König Christian IV. und Herzog Friedrich III. beginnt dann eine ganz planmäßige Förderung des Gewerbes. Begünstigt wurde dies durch die Einwanderung zahlreicher Holländer, auch portugiesischer Juden, die Unternehmungslust, Geld, Geschicklichkeit und Erfahrung mitbrachten. In Glückstadt wurde 1617 von einem holländischen „Calvinianer" Johannes Albermann eine Sülze angelegt, um das

---

[1] C. C. Reg. Hols. III 623f.

[2] So Schriever von Kiel nach Reval; s. a. Verh. zu Dänemark, Schweden.

[3] Kanc. Brevb. I 43, III 518. Wohl Einfluß der überlegenen deutschen Stadtkultur.

[4] Mitt. f. kieler Stadtgesch. 24 S. 28—29; ebenso in Husum 1526, Beccau 275.

[5] Falck, Kunde des Vaterlands III 378.

[6] Beccau 202, 205. 1634 wurden wieder Zünfte eingeführt.

grobe spanische Salz klein und dem Lüneburger gleich zu machen. Auch manche andere bis dahin unbekannte Gewerbe wurden von den neuen Einwohnern hierher verpflanzt, so eine Zuckerraffinerie durch Gonsalva Lopez, einen portugiesischen Juden, und sonstige technische Fertigkeiten und Einrichtungen, wie ein wunderbarer Webstuhl[1]. Auch mit dem Gottorfer Hofe standen zahlreiche Holländer in Verbindung, die den Hof für ihre Zwecke zu gewinnen suchten, die sich um Privilegien und Monopole bewarben, dem Hof überall die größten Gewinne versprachen und alles mit ihrer Betriebsamkeit erfüllten. Bei Herzog Friedrich III. fanden sie leicht Gehör. Der Herzog hielt glänzend Hof, hatte Dichter und Künstler in seinen Diensten und brauchte deshalb Geld. Das beste Mittel, die eigenen Einkünfte zu steigern, war die Förderung des Wohles der Untertanen. Vieles ist natürlich auch aus wirklichem Anteil an ihrem Wohl geschehen, ohne daß eigene Vorteile zu erwarten waren. 1621 erhielt Wilhelm v. Hoven, Herr v. d. Wedde, vom Herzog das Privileg zur Anlage einer Sülze in Friedrichstadt, um Eiderstedt, Dithmarschen, Stapelholm, Nordstrand mit gutem Salz zu versorgen. Um die Anlage zu ermöglichen, sollte er auf sechs Jahre das Monopol der Salzeinfuhr und des Verkaufes im großen haben. Das Wohl der Untertanen suchte man zu sichern, indem man sich die Aufsicht über den Preis des Salzes vorbehielt. V. d. Wedde wollte spanisches Salz einführen, doch sollte er auf Wunsch der Untertanen auch verpflichtet sein, Lüneburger Salz zu liefern, und zwar zunächst zu dem jetzigen Preise, dann aber mit halbjährlich wechselndem Preise nach Hamburger Notierung[2]. Dem Unternehmer wurde Land angewiesen. Am 28. März 1622 wurde in den genannten Landschaften die Verleihung des Monopols von allen Kanzeln verkündigt und alle Einfuhr, besonders von Lüneburger Salz, untersagt. Aber die Eingesessenen der drei Lande Eiderstedt, Ewerschop und Uthholm wie die Dithmarscher wandten sich dagegen und klagten über die Verletzung ihrer Privilegien der freien Kommerzien (April 14). Der Fürst versprach darauf, die

---

[1] M. J. I 1955 a. 53; Zeitschr. XXXVI 194.
[2] Acta A XX 3130: Juli 10.

Sache, wenn möglich, rückgängig zu machen, und v. d. Wedde erklärte sich auch gegen eine Abfindung in Geld dazu bereit[1]. In demselben Jahre erhielt er ein Monopol auf 12 Jahre, in Eiderstedt allein Mauersteine, Ziegel und Dachpfannen auf holländische und friesländische Art und Kalk brennen zu dürfen. Doch sollte er das Tausend um 1 M. billiger verkaufen, als die dort angebrachten mit der Fracht kosteten. Er hat das Privileg mehrere Jahre hindurch genutzt, bis er es nach heftigen Angriffen von seiten der Stadt, die sich über schlechte Lieferung beklagte und das Monopol überhaupt als gegen die allgemeinen Stadtrechte verstoßend nicht anerkennen wollte, gegen 50 Demat Land aufgab, worauf die Ziegelei frei wurde[2]. Ein anderer Holländer, Adrian v. Huyssen, Herr zu Cleuerkerke wurde zum „Superintendenten über die Narungen oder trafficquen in unsern Fürstentumben" ernannt. Als Generaler Superintendent wurde er 1621 an die Generalstaaten und vereinigten Provinzen abgeschickt, „ex fondamento den brunnen, worauß. S. Durchl. Großm.en und Excell.en Republicque so ein uberflußiges wolfahren und florierende negotie zufließe zu examinieren und zugleich die ursachen nach vorgehender examination gefunden, zu confrontieren, Ob nicht gleiche Ursachen und effecten, in Ihrer Durchl. Fürstl. Gn. als in S. Durchl. Großm.en und Excell.en landen sollen sein und gefunden konnen werden." Huyssen sollte sein Augenmerk auf den Kanalbau richten, da man Ost und Westsee zu verbinden hoffte; er sollte die Münze und alle Gewerbe ansehen und geschickten Arbeitern, wenn sie sich hier niederließen, Privilegien versprechen. Er sollte über den Salzhandel, das Holen des Salzes von den Salzinseln und das Sieden berichten, über Salzschläger, über das Zuchthaus in Amsterdam, über den Heringsfang und stets auch über die Zölle, die darauf liegen. Er sollte sich die Freiheiten der verschiedenen Nationen merken, der Juden zu Hamburg und Amsterdam, die Privilegien der Engländer zu Brügge, Antwerpen, Stade, Middelburg, Hamburg usw., wo

---

[1] Acta A XX 3130: April 5, 17, Mai 22; Pont S. 7, 15.
[2] Ebenda Nov. 23; s. a. Pont. 7f, 14f., Ziegelsteine waren zeitweilig ausgeführt worden, als Ballast, Norske Samlinger I, 634.

sie Residenz hätten. Bei Usselincx, dem bekannten holländischen Kaufmann, der später in schwedischen Dienst trat und hier Kolonialpläne verfolgte, sollte er einen Auszug aus der westindischen Police nehmen und sondieren, ob er diesen Mann nicht für den Dienst des Fürsten gewinnen könnte; ebenso sollte er sich einen Auszug aus dem Octroi der ostindischen Kompanie zu verschaffen suchen. Schließlich sollte er auch auf seiner Reise für den Handel Schleswig-Holsteins nach Westen eifrig wirken. Er erhielt Kredenzbriefe an den Erzbischof von Bremen, den Prinzen von Oranien und an mehrere Städte mit. Hier betonte man besonders die Förderung des Handels und stellte ein Verzeichnis aller Waren auf, die von Schleswig-Holstein nach der Elbe, Weser und weiter nach Westen, nach Holland, Seeland, Frankreich, England, Spanien verschifft werden könnten, von denen die meisten des Landes Frucht seien, während der Rest leicht dahingeschafft werde durch die Lage des Landes an der Ostsee, die nur drei Meilen von der Westsee entfernt sei. Zur Frage der Beteiligung am westindischen Handel ist noch eine Disposition an die „Staaten General" erhalten, in der um Antwort ersucht wird, da nicht allein die Lage der Lande des Herzogs zu solchem Handel anreize, sondern der Herzog auch gerne einigen der vornehmsten und reichsten aus seinem Adel auf ihre ernstliche „requisition" deshalb befriedigende Antwort geben wolle. Man wies besonders auf den Reichtum dieser Adligen hin, die ihre baren Pfennige jährlich zu Kiel auszutun pflegten. Dieser Plan einer Beteiligung hat doch wohl keine Gegenliebe gefunden[1], denn es ist noch der Entwurf einer Police für eine eigene holsteinische Gesellschaft erhalten. Man rechnete dabei darauf, daß die Portugiesen, die sich jetzt in Holland beteiligten, es lieber in Holstein tun würden, weil „der Spanier" nicht so wohl würde erfahren können, daß die Gelder hier gegen ihn gebraucht würden. Auch die Beteiligung Hamburgs war ins Auge gefaßt, der Herzog und seine Verwandten zeichneten

---

[1] Anfangs allerdings machte es in Holland Schwierigkeit, die Gelder für die Kompanie zu beschaffen.

130000 Tlr. Insgesamt waren 333 333 Tlr. vorgesehen. Die Prediger sollten den Plan von der Kanzel herab verkündigen. Man hegte insbesondere die Hoffnung, daß alle Gewerbe des Landes einen großen Aufschwung nehmen würden. Dieser Plan wird in diesen Jahren erwogen sein, eine genaue Datierung fehlt[1].

Die Reise Huyssens hat wohl auch sonst manche Erfahrung gebracht, die später verwirklicht wurde. So versuchte man verschiedentlich eine Kompanie auf den Heringsfang zustande zu bringen. Zuerst richtete Mons. Hensbeeck eine Memorie an den Herzog und bat um den Befehl zur Beförderung solcher Kompanie an Statthalter und Rat zu Friedrichstadt. Auch einige Tönninger sollten herangezogen werden. Der Herzog gab dieser Anregung nach[2], doch kam die Sache nicht zustande. 1626 wurde der Plan durch van de Wedde[3] und auch durch Cornelis Clausen Paitall von Medemblick wieder aufgenommen[4]. Man hoffte auf guten Gewinst, da die Schiffe billig gekauft seien, da das spanische Salz hier billiger sei als in Holland, da dieses wegen des Krieges keinen Handel treiben könnte, da man keine Convoi und Orlogschiffe gegen die Dünkircher brauche, da man frei sei vom holländischen Lastgeld und nicht mit so vielen Lasten beschwert sei. Dazu seien die Lebensmittel hier viel billiger, man könnte einen Monat eher aussegeln und die Ware zu Danzig u. a. viel eher zu Markt bringen und teurer verkaufen, weil der erste Hering sehr begehrt sei[5]. Der Herzog war wieder völlig damit einverstanden; er gab wegen des drohenden Krieges beruhigende Erklärungen ab und versprach, selbst keinen Anlaß

---

[1] Acta A XX 1184.

[2] Ebenda 2764: Memorie door Mons. Hensbeeck; 1624 März 14 Schreiben des Herzogs.

[3] Ebenda 1626 Febr. 2: Er fürchtete, daß die Remonstranten in Holland Freiheit bekämen.

[4] Ebenda 1626 Febr. 21: Paitall (wohl richtiger Pitael) wollte sechs Heringsbuysen zustande bringen. Zunächst wollte man hinter Schottland und Irland Heringe von den Fischern kaufen, im nächsten Jahre aber selbst fischen.

[5] Ebenda 2764: 1626 Considerationes auff die Heringsreederey.

zum Kriege geben zu wollen[1]. Er befahl Statthalter und Assessoren in Friedrichstadt, mit dem Heringsfang zu beginnen[2]; v. d. Wedde und Konsorten erhielten eine Konzession[3]. Ein Octroi auf eine Heringskompanie aber wurde ihnen abgeschlagen[3]. Aber dann hinderte der Krieg die Ausführung.

Überblicken wir im ganzen die ökonomischen Verhältnisse in Schleswig-Holstein, so müssen wir den Beschreibungen aus dieser Zeit zustimmen, die alle den Reichtum des Landes an allen zum Leben notwendigen Dingen preisen. Das einzige, dessen Fehlen Heinrich Rantzau bemerkt, vinum et aromates, wurde reichlich eingeführt. Die Entwicklung des Gewerbes schien zuletzt wirklich aufwärts zu gehen.

---

[1] Acta A XX 1626 Febr. 21.

[2] Ebenda 1627 Juni 22, Handel mit von Schleswig-Holsteinern bei Helgoland gefangenem Hering hat v. d. Wedde nach den Niederlanden getrieben, s. das Promotorialschreiben an die Infantin und Spinola nach Brüssel von 1626 Okt. 24, Acta A XX 3130; Pont S. 11 berichtet von Bauerlaubnis für Heringsfischer und -packer.

[3] Ebenda 1627 Juni 20.

Kapitel III.

Die Träger des Handels.

Im Jahre 1534 reiste ein Stralsunder Bürger durch Holstein auf dem Heerwege nach Dänemark; er fand überall ein tätiges Volk, meinte aber, daß die Städte zugrunde gehen müßten wegen des Eigennutzes des Adels, da dieser ihnen im Handel die schärfste Konkurrenz mache[1]. Dies Urteil gilt für den größten Teil Holsteins und für die südöstlichen Landschaften Schleswigs. Der holsteinische Adel besaß im Lande die politische Macht. Von staatlichen Eingriffen war er in seinem Gebiet fast völlig unabhängig, die Bauern waren fast seine Privatuntertanen. Als die Marktlage der Getreideproduktion im großen günstig geworden war, benutzte er seine Macht und seine wirtschaftliche Überlegenheit, große Güter zu begründen. Zahlreiche Bauernstellen und ganze Dörfer wurden zum Hoffeld geschlagen. Waren die Bauern schon von jeher dem Gerichtsherrn als dem Träger der öffentlichen Gewalt zu Diensten verpflichtet gewesen, so wurde dies jetzt auf die Bewirtschaftung des vergrößerten Gutshofes ausgedehnt. Der Abzug aus dem Dorfe wurde verboten. Die Bauern wurden Leibeigene. Auch sonst kamen dem Adel die billigen Arbeitskräfte zugute. Die Bauern waren zu Fuhren aller Art verpflichtet, sie unterhielten den Marktverkehr der Güter, holten Waren aus Lübeck und Hamburg, führten die Produkte an Schiffsbord[2]. So konnte der Adel äußerst billig produzieren. Für den Verkauf war er sehr unabhängig von den Landstädten, da er direkt mit den Fremden auf ihren Schiffen

---

[1] D. M. 4 R. 6 Bd. S. 170—71.
[2] Hänel und Seelig 25; Matthiessen 154.

in Verbindung treten und seine eigenen Schiffe erreichen konnte, auch wenn er weiter vom Hafen entfernt wohnte. Dazu behielt sich der Adel den Verkauf des von den Bauern gezogenen Großviehes und des von ihnen gebauten Korns vor oder übte wenigstens ein Vorkaufsrecht aus[1]. Auch den Bedarf der Bauern an Korn und Bier deckte oft die Gutswirtschaft. So hatte der Verwalter von Rundhof besondere Konten für das Getreide, das die Bauern des Hofes kauften. Hier verkaufte man auch an Fremde und andere Güter Getreide[2]. Klaus von Ahlefeld zu Gelting, Amtmann von Schwabstedt, ließ die Stiftsleute von seinem Gut Gelting Waren herbeischaffen, die er in seinem Amt zu Borge austat. Er setzte in Stapelholm einen „Kauffmann seiner Wahr" ein[3]. Auf den Gütern konzessionierte der Besitzer die Gewerbe[4]. Diese ausgedehnte Macht des Adels über die Bauern stammt zum Teil erst aus dem 16. Jahrhundert. So berichtet der lübische Chronist Reimer Kock zum Jahre 1517, daß der Bauer dem Edelmann noch nicht alles habe verkaufen müssen, da der Edelmann noch nicht habe Kaufschlagen dürfen[5]. Durch die Erwerbung des Hals- und Handgerichts über die Bauern 1524 hatte er die Macht, seine Ansprüche auszudehnen. Die Gerichtsbarkeit war aber der einzige modus constituendae servitutis ex captivitate über seine Untertanen, den er vorweisen konnte[6]. Eine staatsrechtliche Regelung des Verhältnisses geschah im 16. Jahrhundert nicht, erst 1614 wurde die Leibeigenschaft anerkannt. Dies hatte eine große Verschiedenheit in der Lage der Bauern zur Folge, denn es gab auch Herren, die ihren Untertanen Handel in fremden Ländern gestatteten, wenn auch ganz

---

[1] Hanssen I 441.

[2] Ebenda 410—11.

[3] Mitt. d. nordfries. Ver. I 128. Immerhin ist solcher Kleinverkauf von Waren sicher Ausnahmefall, wenn es nicht auch nur als Konzessionierung aufzufassen ist.

[4] St. M. V 633—34.

[5] Hansen, Beitr. 32, wo noch weitere Belege aufgeführt sind.

[6] A. Gloy, Beitr. zur Gesch. d. Leibeigenschaft in Holstein. Kiel 1901. Wiss. Beil. zum Jahresber. d. Oberrealschule. S. 72.

vereinzelt[1]. Einmal wird erwähnt, daß adlige Bauern auf eigene Faust ohne Erlaubnis ihrer Herren den Versuch machten, ihre Waren zu verschiffen; es waren die Einwohner des fürstlichen Dorfes Sütel und die adligen Bauern von Bürau und Süssen. Der Bischof von Lübeck, Johann Friedrich, hintertrieb es aber sofort, und die Bauern mußten bei ihrem Pfluge bleiben[2]. So hatte der Adel durch alle diese Rechte äußerst günstige Vorbedingungen für den Handel, und er nutzte sie auch aus. Dazu hatte er für seine „eigen zugezogenen" Güter zollfreie Ein- und Ausfuhr, doch nicht für „Kaufmannswaren"[3], d. h. für Waren, die er für den Verkauf an sich gehandelt hatte. Vielfach waren natürlich die kleinen Städte die Vermittler für den Absatz seiner Produkte und für den Bezug von Waren aus den größern Städten[4]. Oft aber nahm er alles selbst in die Hand, und zwar besonders von seinen in den Städten gelegenen Häusern aus. Dies waren große Höfe mit vielen Kellern und Buden, wie man damals kleinere Wohnungen und Häuser bezeichnete, die der Besitzer an Gewerbetreibende und andere Leute weiter vermietete[5].

In Kiel gab es 1572 allein 38 adlige Hausbesitzer[6], die Ruhmor auf Rundhof in Angeln hatten um 1600 in Flensburg 5, in Schleswig und Kiel je ein Haus[7]. Wie in Kiel war es in allen an der Ostsee gelegenen Städten, ebenso in Rendsburg, nur ihrer geringeren Bedeutung entsprechend weniger. Die Stadt Lütjenburg war gar den Rantzaus erbuntertänig[8]. Die Ein-

---

[1] Lüb. St. Durchfuhr betr. vol. III Fasc. 4: 1606 Aug. 15.

[2] H. Scholtzens kurzgefaßte Nachricht von der Stadt Heiligenhafen in Wagrien. 45.

[3] Jensen und Hegewisch, Priv. der schlesw.-holst. Ritterschaft 55, 145, 166.

[4] Z. B. Zeitschrift XXXI 187 f.: Kinder, Plöner Handels- und Geldgeschäfte im 17. Jahrhundert.

[5] Nach Beccau 270 wurde in Husum ein Haus mit Weinkeller (Ausschank), 14 Buden, Hof und Garten verkauft.

[6] F. Vollbehr, Die kieler adeligen Freihäuser. Mitt. d. Ges. f. kieler Stadtgesch. 1, 1877.

[7] Hansen I 456.

[8] M. J. I 31: Agnoscit dominos Ranzovios in Nienhus.

richtungen der Städte, ihre Schiffbrücken und Häfen benutzte der Adel, um seine Waren von hier abzuführen. In Haus und Buden der Freihäuser durfte man alle bürgerlichen Nahrungen und Kaufmannschaften treiben[1]. War der Adel schon durch seine Zollfreiheit, die er oft ungestraft auch auf zusammengekaufte, für den Weiterverkauf bestimmte Güter ausdehnte[2], vor den Bürgern ungemein bevorzugt, so litt der Wohlstand der Städte am meisten dadurch, daß die adligen Häuser meist als Freihäuser von den bürgerlichen Lasten befreit waren, während die Besitzer doch alle Vorteile der Stadt wie die Bürger genossen. Aber auch die Besitzer der nicht befreiten Häuser weigerten sich meistens, die Lasten mitzutragen, und wenn einmal ein Haus an den Adel verkauft war, so beanspruchte und setzte der Besitzer bald die adelige Freiheit seines Hauses durch. Klagen der Bürger bei den Fürsten erreichten zwar leicht ein Mandat: der Adel solle zahlen, da das Haus nicht befreit sei, da der Besitzer Kaufmannschaft treibe gleich den Bürgern. Aber die wiederholten Mandate zeigen ihre geringe Wirkung, und von einer Bestrafung hören wir nie etwas[3]. Schon im 15. Jahrhundert ergingen Verbote, überhaupt an den Adel zu verkaufen[4], ohne Erfolg zu haben. Und der Herzog erteilte in Husum eine adlige Freiheit, obwohl er vorher der Stadt selbst das Privilegium erteilt hatte, daß außer den bestehenden Freihäusern keine neuen hinzugebaut werden sollten[5]. Daß einmal eine Edelfrau das Bürgerrecht gewann, war wohl Ausnahme und ist uns deshalb überliefert[6].

Auch die umwohnenden Adligen kränkten die Städte oft in ihren Rechten, besonders den Hafenrechten, wie sie die Städte

---

[1] Beccau 270.
[2] C. C. Reg. Hols. III 1285 f.: Mandat dagegen.
[3] Vollbehr, a. a. O. 5: A. f. St. u. K. G. III 174.
[4] C. Stat. Slesv. II 473 f.; M. J. IV 1330; Nordalb. Stud. I 95; C. C. Reg. Hols. III 1154; Beccau 298—99; Ratjen II 216; s. a. Kinder, UB. zur Chronik der Stadt Plön 1890 S. 133—35, 144.
[5] Beccau 56 ff., 138—39, 269, 275, 306, 308.
[6] Claeden, Monumenta Flensburgensia II 181 A.

an der Ostsee in ihrer Föhrde ein gutes Stück über die Stadt hinaus besaßen. Sie schifften hier Waren, Korn, Holz, Eisen u. a. ein und aus, legten innerhalb des der Stadt vorbehaltenen Gebietes Brücken an und setzten ihre Ansprüche unter Berufung auf das Herkommen und alte Gewohnheit meist durch[1]. In Itzehoe hat anfangs der Adel noch das Störrecht der Stadt anerkennen müssen, wenigstens erlangte die Stadt königliche Mandate, später aber genoß er wie auch der Landesherr hier freie Schiffahrt[2].

Wie im Handel mit schleswig-holsteinischen Produkten machte der Adel den Städten auch im Auslande Konkurrenz, wieder besonders von seinen Häusern in den Städten aus. Wir finden den schleswig-holsteinischen Adel in allen Ländern handelnd, vom russischen Narwa bis nach Spanien und Italien. Einer spanischen Gesandtschaft gegenüber rühmte Kay Rantzau 1594, daß sein und seiner Genossen Handel ganz Europa umspanne[3]. Groß war des Adels Unternehmungslust; er trieb alle Arten des Handels, vom einfachen Kauf und Wiederverkauf bis zu großen Handelsspekulationen[4]. Vielfach finden wir mehrere Junker gemeinsam Handel treibend[5]; kaum war 1558 eine Verbindung mit England geknüpft, so bildeten der gottorfische Kanzler Adam Tratziger und mehrere Adelsleute eine Kompanie zum Tuchexport aus England[6]. Trotz Verbotes der Fahrt nach Narwa handelte der Adel mit den Russen. Noch vor den Hansestädten schickte Heinrich Rantzau im Jahre 1581 Korn nach Italien, wo diese Jahre Teuerung herrschte[7]. Wurde der Handel

---

[1] K. Rodenberg, Akten zum Hafenprozeß der Stadt Kiel 1899 bis 1904. 1908 Mitt. Ges. f. kieler Stadtgesch. 23 S. 98; Urk.-Samml. I 379—80; Rivesell 174; Acta A XX 1743, 2889.—90.

[2] Zeitschr. VI Reg. 86 Nr. 99; 87 Nr. 103; Hansen, Itzehoe 151.

[3] H. T. V R. 5 Bd. 665.

[4] Hanssen I 456; Sejdelin 819—20.

[5] Siehe Anm. 3.

[6] Stephenson, St. P. of El. 1558—59 S. 34 Nr. 92 und S. 33 Nr. 90.

[7] Bertheau, Aus den Briefwechsel H. Rantzaus 1570—94, Zeitschrift XXII 283—84; nach Naude I 310 Hamburg erst 1590.

gehindert, ein Schiff wegen verbotener Fahrt genommen, oder wurden ihnen andere Verluste zugefügt, so forderten und übten die Adligen Repressalien, indem sie Waren arrestierten, Bürger des betreffenden Landes ergreifen oder Schiffe kapern ließen[1]. Sie handelten mit allen Waren: mit preußischem Korn und Flachs[2], mit russischen Fellen, Zobel und Marder, Kabelgarn und Hanf, das sie nach Westen verkauften[3]; mit dänischen[4] und schwedischen[5] Produkten; dem dänischen Könige bot Hans Blome Tuche, Saien und Parchent an gegen Bezahlung in Häuten, Talg, Butter und andern Kaufmannswaren[6]; ferner mit spanischen[7] und isländischen[8] Waren; Fische und Holz kauften sie in Norwegen und verkauften diese Waren wieder in Lissabon[9]. Vorzüglich mit Hamburg und Lübeck stand der Adel vielfach in engen Beziehungen. Öfter zeigt sich in den Städten auch Neid und Kleinlichkeit. 1558 suchte Hamburg einigen vom Adel den Bezug von Braupfannen zu erschweren[10]. Die Niederlassung in beiden Städten wurde nicht gern gesehen oder gar verboten u. a.[11].

Die Folge dieses geschickten Ausnutzens aller Erwerbsmöglichkeiten war ein ganz ungewöhnlicher Reichtum des Adels. Seine Zusammenkünfte in Kiel zur Zeit des Umschlags waren in Holland und England bekannt und wurden von dort beschickt. In Antwerpen hielten manche ihre Faktoren. Die Könige von Dänemark führten ihre Kriege hauptsächlich mit holsteinischem

---

[1] Simson Nr. 5511—12, 5515, 5590—91, 5598, 8885; Häpke S. 428, Nr. 489; Jargow 77—78.
[2] Sejdelin 819—20 Nr. 795; C. Stat. Sl. II 152—53; Simson 9878.
[3] Kanc. Brevb. III 522—23, 529, 596; s. a. 381, 477, 586.
[4] Z. B. Kanc. Brevb. III 378; IV 264, 438—39, 455, 467—68, 588, 647, V. 18.
[5] Joh. A. Almquist, Konung Gustaf I. Registraturer Bd. 25, S. 108.
[6] Kanc. Brevb. III 518.
[7] Ebenda III 586?; V 277.
[8] Ebenda IV 130, 568; Norske Rigsreg. I 647.
[9] Lüb. Certif. 1576 Dez. 21.
[10] Hbg. St. Cl. II Nr. 15a vol. 2.
[11] Lüb. St. Holstein. Adel vol. V Fasc. II; Hansen Beitr. 95; auch Poorter.

Geld, und es galt als schlimmes Zeichen, wenn sie hier keinen Kredit mehr fanden. Dem lifländischen Ordensmeister wie den Königen von Spanien und England streckten sie Geld vor. Sie nutzten diese Verpflichtungen der Fürsten auch wieder für ihren Handel aus, indem sie mannigfache Lizenzen erlangten. Bekannt sind eigentlich nur ihre Beziehungen zu Fürsten und Städten, aber vielfach liehen sie auch Kaufleuten ihr Geld und beteiligten sich an deren Unternehmen, so in Hamburg, Lübeck, Stettin, wo sie von dem Konkurse des großen Handelshauses der Loitz schwer betroffen wurden. Es war dies in damaliger Zeit eine ganz einzigartige Stellung des Adels, der es auch zuzuschreiben ist, daß hier im Lande bis zu Anfang des 17. Jahrhunderts Juden gar keine Rolle spielten [1].

Die Mitglieder des herzoglichen Hauses nahmen durchaus die gleiche Stellung ein wie der Adel, nur war der Herzog primus inter pares. Die herzoglichen Güter wurden ebenso bewirtschaftet wie die des Adels, allerdings nicht vom Herzoge selbst. Einen besonderen Vorzug besaß der Herzog im Besitz Frieslands. Bis 1572 war Eiderstedt verpflichtet, jährlich dem Herzoge für seine Hofhaltung Hafer zu liefern, „um einen gewissen Kauff", d. h. zu bestimmtem Preise, bis dies 1572 durch eine jährliche Geldzahlung von 1000 M. lüb. abgelöst wurde [2]. In Nordstrand erhielt der Herzog noch später große Abgaben an Hafer, auch erließ er hier, wie es scheint, um sich selbst zu versorgen, ein Ausfuhrverbot; wenigstens hat der Herzog, nachdem er sich selbst hinreichend mit Gerste und Hafer versorgt hat, nichts dagegen, daß jetzt das Verbot aufgehoben werde und die Husumer und andere Fremde Getreide ausführen [3]. Die reichen Abgaben von mehreren Tausend Tonnen sind wahrscheinlich auch

---

[1] Ich kann nur auf einige Quellen hinweisen: Kanc. Brevb. u. a.; J. Pauwels, Antwerpener „Stadsprotocollen", Antw. 1869; St. P. of England; Poorter; Balt. Stud. XI 1. S. 91; Mon. Hist. Dan. II 1. u. a.

[2] Das Eyderstedtische Land-Recht. Tondern 1737 S. 202—03.

[3] Heimreich I 358, 360, 361, 424; Hansen, Petreus 187—88, 192, 196—97, 231—32 z. T. Lieferung an, z. T. Kauf durch den Herzog; Acta A XX 2326.

weiter verkauft worden. Ebenso nur für den eigenen Vorteil sorgend, erließ der Herzog ein Verbot gegen die Ausfuhr von Ochsen aus Friesland. Wie es scheint, hat man dies Mittel billiger Versorgung der eignen Güter mit Grasochsen öfter angewandt; denn in dem einzigen Schriftstück, in dem ein solches Verbot erwähnt wird, erscheint es als nicht weiter auffallend. 1604 waren Peter und Henneke Godbersen, in der Widingharde im Gotteskoog wohnend, wegen Verkaufs von Ochsen in das Gefängnis geworfen. Sie erklärten aber, unschuldig zu sein, denn erst nachdem sie die Ochsen verkauft hätten, sei das Verbot gekommen, „daß keine Ochsen verkauft werden sollten, ehe F. G. so viele Ochsen bekommen hätte, als er begehrete". Auch hätten sie die Ochsen dem Amtmann zweimal angeboten, ohne Bescheid zu erhalten und sie dann aus Futtermangel verkauft. Sie erreichten auch, daß sie gegen Kaution freigelassen wurden[1]. Dies deutet auf einen ziemlich großen Betrieb auf den herzöglichen Gütern hin. — Herzog Adolf von Gottorf trieb besonders eifrig Kaufmannschaft. In Husum hatte er große Besitzungen, ließ hier Waren anbringen und verschiffte sie wieder[2]. Dazu besaß er eigene Schiffe[3]. Der Verwandtschaft mit dem dänischen Könige dankte er manche Ausfuhrerlaubnis aus Dänemark für Hafer[4] und fast Jahr für Jahr für Ochsen[5]. Er ließ mit besonderer Erlaubnis des Königs Island besegeln, „um sich für seine Notdurft zu versorgen". Wie der Adel und auch mit ihm trieb er Handel nach Danzig und Narwa[6]; aus Spanien bezog er Salz. Interessant ist der Plan Herzog Adolfs, sich für Forderungen an den spanischen König durch Übernahme des Lissaboner Pfeffermonopols bezahlt

---

[1] Acta A XX 2866: 1604 Mai 22.

[2] Nordalb. Stud. III 264; Poorter 341: Tuche, Mühlensteine.

[3] Acta A XX 180: 1580 Nov. 18 Kauf eines Schiffes; Stern 38, 50 ff; Kanc. Brevb. V 33, VI 356; Garde, Dansk-norske Soemagts hist. 62, 81 a.

[4] Kanc. Brevb. VI 336, VIII 583; IX 466 u. 468: Erlaubnis für seinen Sohn.

[5] S. Kap. VI.

[6] S. Kap. VII; Kanc. Brevb. III 520: Schweine an den König gesandt.

zu machen. Es zeigt, daß er mit Handelsdingen wohl Bescheid wußte. Leider wurde ihm in Madrid weder dies, noch so manches andere, was er gern zur Entschädigung gehabt hätte, bewilligt; die Schulden blieben unbezahlt, und der Herzog hatte nur noch Kosten dazu[1]. Als Geschäftsunternehmen sind auch z. T. Adolfs Kriegszüge aufzufassen, so war er Pensionär Philipps II. von Spanien und zog unter Herzog Alba gegen die Niederländer zu Felde, wo er als Protestant die Protestanten bekämpfte. Aus diesen Diensten stammte übrigens die oben erwähnte Schuldforderung an den spanischen König. Auch König Friedrich II. und Christian IV. trieben Handel, doch meist von Dänemark aus; im allgemeinen überließen sie in Schleswig-Holstein wohl den Amtmännern die Bewirtschaftung der Güter[2]. Herzog Johann d. Ä.[3], die Königinwitwe Dorothea und die Herzogin Sophie[3] verkauften aber wohl nur die Erträgnisse ihrer Güter. Ein besonders tüchtiger Wirtschafter war Herzog Hans d. J. von Sonderburg, der die Landwirtschaft im größten Maßstabe betrieb. Er hatte weitreichende Verbindungen, schickte Pferde aus seinen Gestüten in fremde Länder, besonders auch nach Wien[4].

Im Anfange des 17. Jahrhunderts änderte sich die Stellung der Fürsten. Indem sie die Erblichkeit einführten, machten sie sich unabhängiger vom Adel. Jetzt konnte gegen einen in Neustadt ansässigen Junker ein gerichtliches Verfahren eingeleitet und bis zur Verurteilung durchgeführt werden, weil dieser sich weigerte, Stadtlasten zu tragen, obwohl er Kaufmannschaft trieb. Ob er sich allerdings bereit fand, die Strafe auch wirklich zu zahlen, ist noch die Frage[5]. 1615 erklärte Herzog Johann Adolf in einem Mandat an die vom Adel in Eckernförde, „daß solche mercimonia adelmäßigen Standespersonen nicht wohl anständig

---

[1] Noodt, Beitr. 363, 369.

[2] S. Kap. VI; Christian IV. beteiligte sich bei Albert Dionysius in Glückstadt, Schlegel, Saml. II 1 47 f.

[3] Kanc. Brevb. III 395, 410; Aarsberetn. III 81, 98—99.

[4] Harms, Herzog Hans d. J. S. 13—14.

[5] Acta A XX 2887: 1599.

und rühmlich" seien, und verbot darum dem Adel und seinen Dienern allen Handel[1]. Befolgt ist dies Mandat schwerlich, und hierauf mag sich das Gravamen der Adligen in und um Eckernförde vom nächsten Landtage beziehen[2]. Auch des Herzogs eigner Sohn, Friedrich III., war ein großer Unternehmer und sah den Handel offenbar nicht für entehrend an[3]. Von jetzt an zeigt sich aber ein bewußteres Fördern städtischen Lebens.

Oft hat man den Vorwurf gegen den deutschen Adel erhoben, als fehle ihm Geschick und Unternehmungslust zum Handel. Dies ist aber mindestens übertrieben. In Schleswig-Holstein hatte der Adel damals das politische wie das ökonomische Übergewicht, wie es vor allem in seinem großen Kapitalreichtum und dessen Verwendung zum Ausdruck kam. Weiter sehen wir ihn nicht nur die Produktion der Waren, sondern auch deren Absatz mit Erfolg in die Hand nehmen. Auch am Auslandshandel beteiligte er sich eifrig.

Vergleichen wir damit die Lage der Städte, so war die der meisten, besonders der holsteinischen, sehr viel ungünstiger[4].

Nur in der Zahl der Schiffe übertrafen sie den Adel, doch dienten städtische Bürger ihm wohl vielfach wieder als Frachtfahrer. Mögen die Städte in der Abfuhr der Landesprodukte in die großen Städte oder das Ausland und sicher in der Vermittlung der ausländischen Waren im Kleinverkauf den Adel übertroffen haben, die Gewinne hieraus waren nicht so groß wie die des Adels, der ja oft Produzent und Händler zugleich war und, wie es scheint, auch öfter große Unternehmungen, besonders große Geldgeschäfte wagte. Schon die Zahl der holsteinischen Städte war zu groß; sie hinderten sich gegenseitig, und nirgends konnten größere Unternehmungen aufkommen. Ihre große Zahl

---

[1] C. Stat. Slesv. II 152—53: Sept. 13.

[2] Ratjen II 332.

[3] Marquard, De iure mercatorum 80; Beispiel s. Norske Rigsreg. IV 709.

[4] Ungeheuren Übermut zeigt auch die Behandlung der Städte durch den Adel. Man lese hierüber Stern, dessen chronicon Kiliense trag. cur. auf jeder Seite Beispiele liefert.

in kleinem Umkreise ist darum auch das bedeutendste, was Heinrich Rantzau an ihnen zu loben weiß. Dazu kam die starke Konkurrenz Hamburgs und Lübecks. Eigenen Seehandel betrieben Kiel, Rendsburg, die Städte der Elbmarschen und in geringerem Maße Neustadt, Heiligenhafen und Burg. Kieler, Kremper und Oldesloer Bürger hatten öfter mit Hamburgern und Lübeckern Maskopei (Kompanie) und hatten Anteil an deren Schiffen[1]. Segeberg, Lütjenburg und Oldenburg haben schwerlich im Auslande gehandelt.

Im einzelnen die Bedeutung der Städte im Handel anzugeben, ist sehr schwer, da zu wenig Zahlen vorliegen. Einen Anhalt bieten die in Kapitel IV mitgeteilten Zahlen über den Besitz an Schiffen seitens der einzelnen Städte; doch sind hier Schiffe ganz verschiedener Größe zusammengerechnet. Kiel hatte trotz der großen Zahl der dort ansässigen Adligen ziemliche Bedeutung. Die Stadt scheint um 1600 gegenüber der Zeit von 1500 in günstigerer Lage zu sein. Der Umschlag führte alljährlich einen großen Teil des holsteinischen Adels und auch geldsuchende Fremde in die Stadt, was für Gold- und Silberschmiede, Tuchhändler u. a. stets Verdienst brachte. Die Kaufleute lieferten mitunter sogar bis nach Dänemark. Um 1600 finden wir die Stadt in lebhaftem Verkehr auch mit entfernten Ostseeplätzen, mit Danzig, Reval und mit schwedischen Häfen. Rendsburgs Bedeutung war wohl noch größer; sie beruhte auf dem Transit, dem Eiderhandel, dem Handel mit Holz, Holzkohlen, Holzwaren und Korn in Norderdithmarschen, wo sie z. B. in Schülp den Sommer über einen Markt mit derlei Waren hielten, und in Eiderstedt, wohin nach Ausweis der Tönninger Hafenregister zahlreiche Rendsburger Holzböte kamen. Holland und Hamburg waren im Westen ihre Hauptmärkte, woher sie viele Waren bezogen, die sie meist erst auf der Eider in ihre Schiffe umluden[2]; auch im Osten hatten sie vielfach gute Ver-

---

[1] Nach Sundzollreg. I 188, 200: Kiel; M. J. I 11, Sundzollreg. I 140, 152: Krempe; ebenda 152: Rendsburg bei Danzigern; ebenda 92, 96, 100, 104, 108, 112, 116: Oldesloe bei Lübeckern an je 1—3 Schiffen s. a. 156.

[2] Rendsb. St. IV 20. 1.

bindungen. Krempe war bis um 1600 eine sehr blühende Stadt, bis es durch die Versandung der Au völlig zurückging. Zahlreiche Verschönerungen der Stadt, Geschenke an die Fürsten bezeugen den Wohlstand. Er beruhte auf dem Handel mit dem Korn der Marschen, der Schiffahrt bis nach Archangel und Spanien und dem Transit. Um 1600 kam auch Wilster empor. Itzehoe war nicht unbedeutend, aber zwei Drittel seines heutigen Gebietes waren adliger und klösterlicher Besitz, wo ebenso städtische Gewerbe getrieben wurden. Während der niederländischen Wirren lagen Handel und Gewerbe sehr darnieder, doch war um 1620 eine erfreuliche Zunahme der Bürger zu verzeichnen. Der ganze Handel der Elbmarschen wurde im 16. Jahrhundert zeitweilig durch das von Hamburg beanspruchte ius restringendi sehr gestört[1]. Neustadt, Heiligenhafen und Burg hatten nur einen geringen Teil der Abfuhr der Produkte ihrer Umgebung inne, waren sonst aber ohne alles kaufmännische Leben. Auch Oldenburg machte einigemal den Versuch, selbständig Seehandel zu treiben und wollte sich dabei des Heiligenhafener Hafens bedienen, fand dort aber heftigen Widerstand, in dem Heiligenhafen sich wohl auf ein Privileg berief, daß keine Fremden im Lande Oldenburg sollten Handel treiben dürfen (1491 April 19). Oldenburg machte aber ein Privileg vom Jahre 1534 wegen der Schiffahrt in Heiligenhafen geltend und wies auch auf frühere Streitfälle hin. Es erlangte auch den Befehl zur Freigabe eines festgehaltenen Kornschiffs[2].

In Schleswig war die Lage der meisten Städte besser als in Holstein. Der Adel hatte hier nur im Südosten, in Schwansen und in einem großen Teil Angelns große Güter zu gründen vermocht, und auf Alsen und im Sundewitt hatte Herzog Hans d. J. einen großen Gutsbezirk geschaffen. Sonst aber blieben an der ganzen Ostküste überall freie Bauern erhalten. Die Städte besaßen für diese Gegenden den Marktzwang, während in Holstein nur Kiel und Wilster für ein kleines Gebiet dies Recht besaßen[3].

---

[1] S. Kap. VII S. 211.
[2] Acta B XVI 6 Nr. 16; über Lütjenburg vgl. oben.
[3] Urksaml. IV 60 f.; C. C. Reg. Hols. III 395.

Nach Flensburg war so das ganze Amt Flensburg pflichtig, das sich damals noch bis an die Nordsee erstreckte und Bredstedt mitumfaßte; auch Alsen, Sundewitt und Aeroe gehörten zu seinem Handelsbezirk. Mit großem Eifer wachte die Stadt über ihrem Recht. Die einzelnen Harden waren je zwei Bürgern zur Beaufsichtigung anvertraut[1]. Es kam aber in diesem Gebiet, von der jüngeren königlichen Linie begünstigt, Sonderburg auf, das ihr Schwierigkeiten in den Weg legte und Waren festhielt, so daß der König öfter einschärfen mußte, sie in ihrem freien Handel nicht zu stören[2]. 1573 hatte der König aber Bedenken, den Bewohnern von Alsen und Aeroe zu erlauben, ihr Korn u. a. in Flensburg oder Fünen zu verkaufen und befahl zu untersuchen, ob dies nicht gegen die Privilegien einiger Kaufstädte verstoße[3]. Im folgenden Jahre erhielt dann Aeroeskjoebing von Herzog Hans d. J. Stadtrecht und Privilegien[4] und 1589 erließ Herzog Hans ein Mandat gegen die Vorkäuferei auf Alsen und befahl, alles auf den Markt nach Sonderburg zu bringen[5]. So wurde hier Flensburgs Marktrecht sehr eingeschränkt, es blieb aber für das Amt bestehen. Der Handel des Landgebiets war für Flensburg zwar die Grundlage, seine Bedeutung beruhte aber ebensosehr auf dem Zwischenhandel zwischen fremden Ländern. Es vermittelte vielfach zwischen Deutschland, Dänemark und Schweden und nahm hier eine ähnliche Stellung ein wie die deutschen Seestädte, Lübeck, Wismar, Stralsund. Wie gegen diese richtete Gustav Wasa auch gegen Flensburg seine Bemühungen, den Zwischenhandel auszuschalten. Besonders in Norwegen nahm Flensburg, unterstützt von dem Könige, eine bedeutende Stellung ein. Seine Ein- und Ausfuhr hatte 1620 ein Gewicht von 11 000 Zentnern, doch kamen viele Waren gar nicht auf die Wage; vielfach liefen sie mit ihren Waren die Stadt gar nicht

---

[1] C. Stat. Slesv. II 277; Sejdelin I 692.
[2] Sejdelin II 346—347, 367; Claeden, Mon. Flensb. II 154.
[3] Kanc. Brevb. V 233.
[4] Stemann, Gesch. d. öffentl. u. priv. Rechts d. Herz. Schleswig III 268—269.
[5] C. Stat. Slesv. III 2, 190.

an[1]. Überdies stammt die Angabe aus der Zeit, wo Flensburg schon darnieder lag. Unter Christian IV. hörten die Vergünstigungen in Norwegen auf, auch zog Christian zahlreiche große Handelshäuser in das von ihm begünstigte Kopenhagen. Vorher aber war die Stadt neben Aalborg und Helsingör die bedeutendste Handelsstadt in Dänemark, und sie scheint auch diese Städte überragt zu haben. Schleswig, die alte Hauptstadt des Landes, war seit der Versperrung der Schleimündung durch Erich von Pommern ohne große Bedeutung für den Handel. Es lebten hier zwar noch Schiffer, doch beschränkte sich ihre Fahrt auf die Ostsee. Nur vereinzelt (4 mal bis 1627) beteiligten sie sich an der Sundfahrt. Eine gute Einnahmequelle für die Stadt war wohl der Gottorfer Hof, dessen Bedürfnisse zu befriedigen eine der Hauptbeschäftigungen bildete. Das Landgebiet der Stadt war nicht groß, dazu mälzte und braute man in Angeln auf dem Lande auch, ja die Stadt hatte sogar über Kornhandel der Hausleute zu klagen[2]. Daher kamen hier schon 1618, bevor noch der deutsche Krieg allgemein den Wohlstand vernichtete, zahlreiche Konkurse vor[3]. Ebenso war Hadersleben eine ansehnliche Stadt. Sie hatte das Marktrecht für das Amt[4]. Hier war die Residenz Herzog Johanns d. Ä., der die Stadt sehr begünstigte und z. B. 1570 das Projekt einer Kaufmannsgilde erwog, die wohl für den Seehandel bestimmt war[5]. Später begünstigte die häufige Anwesenheit der Könige hier das Gewerbe. Auch die Befreiung vom Sundzoll dankte man der Zugehörigkeit zum königlichen Anteil. Eckernförde trieb auch Seehandel und verführte sein Bier bis nach Dänemark. Apenrade war von den an der Ostküste belegenen Städten die unbedeutendste. Es besaß zwar seit 1533 das Privileg des Marktrechtes im Amte, hatte aber oft über Vorkäufer zu klagen, die die Waren an andere Örter brachten und bat daher 1606 Dez. 5 flehentlich um Bestätigung

---

[1] Heimat 14, 159; Simson 9334.
[2] Z. B. Acta A XX: 1624 Nov. 8 erwähnt.
[3] Waitz, Schleswig-Holsteins Geschichte II 671.
[4] C. Stat. Slesv. II 275.
[5] Falck, Kunde des Vaterlandes III 277.

des Privilegs Christians III. Trotz der erlangten Konfirmation blieben die Streitigkeiten mit den Amtseinwohnern bestehen. Besonders klagte die Stadt über das Dorf Warnitz, auf der Straße nach Sonderburg belegen, wo etliche Bauern mit Ochsen und Vieh handelten, einige auch Kaufmannschaft trieben (1617). Es erging schließlich ein Hofgerichtsurteil, daß die Amtseinwohner für sich zu ihrer eignen Notdurft kaufen und verkaufen, aber nicht handeln dürften, doch sollten sich die Amtsuntertanen acht Tage nach Lichtmeß bis auf Kliplefmarkt des Ochsenkaufens enthalten, sonst aber die Freiheit haben[1]. Der Seehandel der Stadt war unbedeutend. Es gingen stets nur einzelne Schiffe durch den Sund, zuletzt 1588. In der erwähnten Supplik an den Herzog von 1606 klagt die Stadt über den schlechten Zustand der Schiffbrücke und bittet um Holz zu ihrer Wiederherstellung. Sie hofft, daß der Herzog an die Stadt denken werde, wenn er hier Korn ausschiffe oder Waren wie Zimmerholz, Kalk und dergleichen wieder einführen lasse, wie früher geschehen sei und noch geschehen könne. Also eine wenig glänzende Lage.

Der Westen Schleswigs zeigt eine besondere Entwicklung. Hier gab es keinen Adel außer wenigen geadelten Bauern und einige rantzauische Besitzungen. An alten Städten waren hier nur Tondern und Ripen. Tondern hatte aber seit der Eindeichung des Vorlandes (1554) und der Verschlammung der Widau seinen Seehandel zum größten Teil verloren. Es mußte nun Hoyer und Ruttebüll als Häfen gebrauchen. Seine Marktprivilegien sicherten ihm die weitere Existenz. Bedeutender war Ripen, zwar dänisch, aber eine Enklave im schleswigschen Gebiet. Ripens Hafen taugte zwar auch nicht viel und sein Seehandel war nicht bedeutend. Es blieb aber stets der Markt für einen großen Teil Nordfrieslands. Über diesen Handel war es zu Streitigkeiten gekommen. Herzog Hans klagte, daß die Riper seinen Untertanen den Weg zur Schiffbrücke versperrt hätten, wo sie bis dahin Salz u. a. von den Friesen gekauft hatten,

---

[1] Alles in Acta A XX 2684.

welche zum größten Teil des Herzogs eigene Untertanen wären. Zugleich brachte er die Beschwerden Tonderns und Hadersleben vor, daß die Riper in diesen Ämtern Vorkauf trieben zum Nachteil der mit Marktrecht ausgestatteten Städte. Er verbot darauf seinen Untertanen, dort zu kaufen, und der König seinerseits, ihnen Holz, Fische, Korn u. a., was sie hier zu kaufen pflegten, abzulassen. Am schlimmsten geschädigt wurde Ripen durch den Streit, so daß der König sich bereit erklärte zu erlauben, daß des Herzogs Untertanen dort Lebensmittel kauften, wenn der Herzog seinen Untertanen erlauben wollte, dort zu verkaufen. Darauf wurde der Handel dann wieder erlaubt[1]. 1575—76 fanden dann erneute Verhandlungen statt, infolge deren es zum Koldinger Rezeß vom 24. Jan. 1576 kam. Ripen und die südlichen Harden erhielten gleicherweise das Recht der freien Schiffahrt; Ripen erhielt das Recht der Kaufmannschaft in den fürstlichen Ämtern, die eigentlich den beiden dortigen Städten vorbehalten war; die Untertanen der Ämter durften auch die Wochenmärkte in Ripen benutzen, dagegen erhielten Hadersleben und Tondern und die Amtsuntertanen die Kaufmannschaft zu Ripen, Kolding und sonst im Reiche, in den freien Märkten Schlachtvieh, Pferde und andere Waren zu kaufen und wie von alters her zu handeln[2].

Als die Marktverhältnisse im Westen Europas Getreideproduktion im großen für den Markt ermöglichten, trat auch in den Marschen eine starke Zusammenballung des Grundbesitzes ein. Die Träger waren die reichen Bauern, die die ärmeren auskauften. Sie nahmen dann auch die Abfuhr und den Verkauf im Auslande selbst in die Hand. Friesland hatte seit alten Zeiten das Recht der freien Kaufmannschaft besessen, das aber nach dem Aufstand zugunsten Gerhards von Oldenburg gegen Christian I. nicht wieder bestätigt wurde[3]. Die bis dahin zollfreien Marschen wurden 1480 einem Zoll unterworfen, der zu Husum und später für Nordstrand dort

---

[1] Kinch, Ribe. II 166 ff., 842; HT. IV R. 6 Bd., 392, 416; Kanc. Brevb. III 357; Secher I 236.

[2] St. M. V 451.

[3] Heimreich I 318, 320; Hansen, Petreus 119, 120.

vom Landschreiber erhoben wurde[1]. Dies ist wohl die Hauptfolge des Verlustes der freien Kaufmannschaft. Dazu sollte die Nichtbestätigung der alten Freiheit ein Verbot, mit Fremden zu handeln bedeuten, und brachte für Husum ein gewisses Marktrecht, oder wenigstens wegen des dortigen Zolls den häufigen zwangsweisen Besuch der Friesen mit sich. Auf bäuerlicher Grundlage erwuchs hier Husum wieder, das schon vor dem Aufstand durch seinen Handel bedeutend und den Hamburgern ein Dorn im Auge gewesen war. Es blieb ein ländlicher Ort, der unter dem Hardesgerichte stand; doch hob es sich schnell wieder zu bedeutender Blüte und wurde einer Stadt gleich geachtet. Trotz seiner Beteiligung am Aufstande hatte es bald die Gunst der Fürsten wieder erlangt. Seine glänzendste Periode war unter Herzog Adolf; dann nahm sein Wohlstand ab. Krieg, Akzise, die Vernichtung des Handels mit Emden, das Aufkommen Tönnings und Friedrichstadts sind die Hauptursachen.

Aber auch in den rein ländlichen Bezirken findet sich trotz des Verlustes der Kaufmannschaft wieder Schiffahrt und Handel. So erscheinen in den Sundzollregistern öfter Schiffer aus friesischen Gegenden, und Schiffahrt und Handel gingen damals Hand in Hand, da der Schiffer meist auch handelte. Außerdem war eine Kontrolle bei der zerrissenen Küstengestaltung völlig ausgeschlossen. Aus dem Jahre 1540 ist eine Klageschrift Ripens erhalten, daß manche Bauern in den nächsten Harden südlich der Stadt mit eignen Schiffen Ochsen und Korn nach Holland ausführten[2] (also nahm Ripen hier wohl eine Art Marktrecht in Anspruch). 1576 erhielten Röm, die Hvidding- und Kalslundharde das Recht der freien „Sigillation und Kaufmannschaft", das sie schon lange beansprucht und geübt hatten, ausdrücklich bestätigt[3]. Ebenso hatte Tondern gegen das Aufstreben des bäuerlichen Handels in den umliegenden Harden zu kämpfen. 1530 bestätigte Friedrich I. Tonderns Recht an der „privativen Handlung" mit den umliegenden Harden, der Hoyer-, Loh-,

---

[1] Beccau 46; Michelsen, Nordfriesland 267—268. Heimreich I 415.
[2] Kinch, Ribe II 21.
[3] St. M. V 445—446.

Schlux-, Widing- und Tonderharde[1], ein Recht, das aber fortdauernd übertreten wurde. 1553 erging ein Urteil Herzog Johanns zwischen Tondern und der Hoyerharde wegen übertretener Stadtprivilegien „in Ansehung der Handlung"[2]. 1594 schifften die Bauern im Amt Tondern regelmäßig neben Adel und Bürgern Ochsen nach Holland aus und umgingen den Zoll[3]. 1617 klagte Tondern über den Handel der Fremden in der Harde[4], 1622 über die Ausfuhr von Korn und den Verkauf an Fremde seitens der Amtsuntertanen[5]. 1624 wurde den Eingesessenen von Tofftum in der Widingharde ihre Bitte, Korn an Schiffsbord bringen zu dürfen, abgeschlagen, aber die Ausfuhr nach Husum erlaubt[6]. In demselben Jahre dankte Tondern für den Erlaß eines Kornausfuhrverbots, klagte aber, daß viele trotzdem gegen der Stadt Privilegien handelten, und erlangte auch eine Bestätigung des Verbots[7].

1572 erhielt auch Eiderstedt das Recht der freien Kommerzien[8], Nordstrand dasselbe 1589[9]. Auf Nordstrand wurden 1607 bei Röhrbecker Siel sogar zwei gefreite Märkte eingerichtet[10], auch erhielt die Insel 1623 zwei Kranen[11]. In der Landschaft Stapelholm hatte sich noch eine alte Handelsgewöhnung erhalten. Jeden Herbst wurde in gemeinsamer Versammlung mit den fremden Schiffern und Kaufleuten nach deren Ankunft der Preis festgesetzt, den alles stapelholmische Getreide gelten sollte und um den die Kaufleute dann die ganze Ernte übernahmen. 1613 Okt. 23 klagte nun die Landschaft, daß jetzt

---

[1] Nordalb. Stud. V 118; Allen S. 141.
[2] A. f. St. u. K. G. I 254.
[3] Acta A XX 2866.
[4] Ebenda 2986: Aug. 1.
[5] Ebenda 2579: Nov. 10. Die Stadt erhielt auch ein Verbot bewilligt.
[6] Ebenda 1624: April 9.
[7] Ebenda 1624: Febr. 20.
[8] Ebenda 3130.
[9] Heimreich I 423.
[10] Ebenda 431.
[11] C. Stat. Slesv. I 548.

häufig Vorkauf geschehe, besonders bei der Armut, die das Geld doch nötig habe, und daß das Korn dann 2, 3, ja bis 4 β weniger gelte, während es früher 3 M. und mehr die Tonne gegolten habe. Die Landschaft erreichte auch ein Mandat gegen den Vorkauf (29 Okt.), und der alte Brauch wurde weiter geübt. Schließlich durchbrachen die Stapelholmer selbst die Sitte. Nachdem 1623 die Bevollmächtigten der Landschaft mit Johann Pincier, Bürger von Hamburg, einen Vertrag abgeschlossen hatten, daß dieser alle Gerste erhalten solle, die dort käuflich sei, und dieser schon vier Schiffe voll fortgeführt hatte, waren andere Schiffer angekommen, Leute von Delve, Tönning und auch ein Bremer und hatten 6 β mehr geboten. Diesen wurde zwar vom Landvogt zu Süderstapel verboten, zu laden, aber heimlich erlaubte er doch, daß zwölf Schiffe geladen würden, und ließ sie gegen Zoll passieren. Auf seine Beschwerde erreichte Pincier beim Herzog nur ein Mandat (Sept. 17), daß der große Kornkauf gelten solle, aber nur für die, die ihn abgeschlossen hätten. Die andern dürften ihr Korn an die Leute auf der Eider so teuer verkaufen, wie sie könnten. Zugleich befahl der Herzog, Obacht zu geben, daß keine monopolische Handlung entstehe[1]. Im nächsten Jahr beschwerten sich Bürgermeister und Rat der Stadt Schleswig beim Herzog, daß durch einige Stapelholmer, die alles Getreide aufkauften und mit Lübeckern in Maskopei seien, das Korn und die Gerste sehr verteuert werde. Man hätte ihnen zwar Korn angeboten, aber zu 8 M. statt 6 M. Einkaufspreis, und mit der Drohung, es sonst nach Lübeck zu bringen. Schleswig richtete darum die Bitte an den Herzog, daß ihm Korn billiger abgelassen werde. Auf nochmalige Bitte erging ein Verbot an den Händler, bis auf weiteren Befehl Korn aus Stapelholm auszuschiffen. 1627 wurde demselben Händler, der auch wohl wieder die ganze Ernte an sich gebracht hatte, befohlen, 1000 To. Gerste billig an Schleswig und ebenso Eckernförde Gerste zu liefern[2].

---

[1] Acta A XX 1923.
[2] Ebenda 1923; Heimat XI 18—19.

Auch in Dithmarschen herrschte völlige Freiheit der Kaufmannschaft. Nach der Unterwerfung 1559 hatte das Land zwar manche Freiheit verloren, seine Zollfreiheit in Holstein war angetastet worden (doch wurde dies wieder abgestellt), seine Städte waren zu Flecken herabgesunken. Aber die freie Kaufmannschaft blieb ihm. Das Land hatte gute Märkte. Weit bekannt war Heide, wo die meisten Märkte abgehalten und „Kaufmannsgewerbe und Kommerzien" getrieben wurden, so daß man weithin keinen solchen Markt fand, außer in den Hansestädten[1]. Aber auch Meldorf, Wöhrden, Büsum, Wesselburen, Lunden, Hennstedt, Tellingstedt, Burg, Brunsbüttel und andere größere Orte trieben eifrig Handel.

Norderdithmarschen erhielt 1612 Okt. 5 (1619 und 1624 bestätigt) ausdrücklich das Recht der freien Kommerzien[2]. Ob damit nur die Erlangung einer Geldsumme vom Herzog erstrebt wurde, oder ob wirklich auch hier eine Konzentration des Handels beabsichtigt war, läßt sich nicht entscheiden. Süderdithmarschen berief sich übrigens einmal darauf, daß freier Handel und Wandel schon 1559 versprochen sei[3]). Eine Bitte der Meldorfer Kaufleute, ein Amt bilden zu dürfen mit Verbot fremden Hausierhandels wurde vom Könige abgeschlagen[4]), so daß dieser von der Bevorzugung der Städte nichts gehalten zu haben scheint.

Hier mag auch das wahrscheinlich von Dithmarschern besiedelte Fehmarn erwähnt werden. Auf Fehmarn hatten die Bauern das Recht des Handels mit Fremden und das der eignen Schiffahrt, Holz außer Landes zu kaufen und Getreide auszuführen. Die Stadt Burg hatte nur einen zweitägigen Vorkauf von Fremden, die im neuen Tief anlegten und einen gewissen Vorkauf für das von den Bauern gezogene[5]. 1557 und 1597

---

[1] M. J. I 47; Neoc. I 245; Michelsen, D. UB. CLVII 373; M. J. I 68; Neoc. I 222.

[2] Michelsen, D. UB. CLXXXII 401, s. a. CLXXX 399.

[3] Acta A XX 863: 1617 Sept. 16.

[4] Neoc. II 402.

[5] Urksamml. III 2, 30—32, 47; C. Stat. Slesv. I, 701—4; Acta A XX 2696: 1557 Sept. 19 Festsetzung des Verhältnisses; 1558 Okt. 10 u. 1589 Juli 5 konfirmiert.

entstanden Streitigkeiten darüber. Burg wollte die Landschaft hindern. Aber „Commerzia, Handell und Wandell und sonderlich was einer zu eigener Notdurft braucht" blieben frei[1]. Die Bauern nutzten die Freiheit sehr aus und trieben großen Handel. Dabei übernahmen sich manche, gerieten in Konkurs und rissen Verwandte und Freunde, die für sie Bürge gesagt hatten, mit in das Unglück[2].

Solcher Handel und Wandel der Dörfer und Bauern war aber nicht nach dem Willen der herzoglichen Regierung. Sie wollte den Handel eines größeren Gebietes an einem Ort konzentrieren, wo man hoffen konnte, daß dessen Bewohner den Anteil der Ausländischen am Handel, die in ländlichen Gebieten leichter Fuß fassen konnten und tatsächlich dort einen großen Teil des Handels innehatten, niederdrücken würden, und wo durch den Zusammenfluß vieler Menschen auch manche Gewerbe zu entstehen versprachen. Wenn die Regierung den Landschaften freie Kommerzien gewährte, so geschah es aus Geldnot, indem die Landschaften so zur Hergabe einer größeren Summe Geldes bewogen werden konnten[3]. Wo die Regierung es aber vermochte, suchte sie städtischen Handel zu begünstigen. So wurde Husum 1582 mit dem Weichbildrecht begnadet; der Gerichtsverwalter sollte eifrig Sorge tragen, Handel und Gewerbe zu befördern, damit fremde Kaufleute hier Verbindungen anknüpften und namentlich die Niederländer von der Niederlassung nicht abgeschreckt würden; der Warentransport in der Stadt wurde geregelt; Fremden wurde bei liquiden oder sofort liquide gemachten Forderungen das Gastrecht zugestanden, nach dem der Beklagte verurteilt wurde, den Kläger innerhalb dreier Tage zu befriedigen oder sichere Bürgschaft zu stellen, widrigenfalls er mit Haft belegt wurde[4]. Gleichzeitig mit dieser Gerichtsordnung wurde eine Reformations- und Polizeiordnung erlassen, deren zweiter Teil Anordnungen über Handel und Gewerbe enthält. Alle

---

[1] Vgl. Note 5 S. 71.
[2] Meiborg 10.
[3] Nicht als Grund angegeben, Heimreich I 349.
[4] Beccau 99 ff.

Privilegien wurden bestätigt, wucherische Kontrakte verboten; zwei freie achttägige Jahrmärkte wurden angesetzt, zu denen auch böse Schuldner freies Geleit erhielten; Transitfreiheit wurde allen gewährt, die Husum dasselbe gestatteten; die Wochenmärkte wurden geordnet und das Recht der Fremden, hier zu verkaufen, festgesetzt; es wurde eine Akzise eingerichtet; Maß und Gewicht sollten nach Normalmaßen reguliert werden, für größere Mengen aber eine neu einzurichtende Stadtwage das Monopol erhalten. Weiter ergingen Bestimmungen über Tonnen- und Bakenwesen und einzelne Handwerke. Besonders die Brauer und Mälzer erhielten Bestimmungen; die Pelzer und Gerber erhielten das Vorkaufsrecht auf Schaf- und Lammfelle im ganzen fürstlichen Gebiet, und den Hausleuten ward verboten, solche an fremde Aufkäufer zu verhandeln[1]. Außerdem wurde der Gebrauch des Wisbyer Seerechts bestätigt[2].

Bald aber erließ der Herzog auf Husums Bitte eine neue Resolution und Erweiterung, in der er betreffs der Wage versprach, daß die Lieferung alles Getreides, das den Husumern und dem fremden Kaufmanne verkauft werde, zu Husum auf der Schiffbrücke geschehen solle, auch wenn der Kauf in den umliegenden Landen und Harden zustande gekommen wäre. Der Fürst wollte einem jeden, der Korn kaufen wolle, den Kauf frei lassen an allen Orten; aber damit Niederlage und Stapel zu Husum sei, so sollte alle Lieferung dort geschehen; was dorthin käme, sollte umgemessen und Maßgeld davon gegeben werden, und zwar sowohl von dem zu Lande als dem zu Wasser anlangenden Korn[3]. Spricht hier auch der Wunsch, die Erhaltung der Wage sicherzustellen, sehr stark mit, die Begünstigung der Stadt vor dem Lande ist wider dessen Privilegien, da dem Lande nur der Schein freien Handels blieb. Wie weit das Bestreben des Fürsten aber zur Ausführung kam und in welchen Landesteilen, ob etwa auch Nordstrand, Husums Hauptbezugs-

---

[1] Beccau 117 ff.
[2] Ebenda 121.
[3] Ebenda 125 ff., 290 ff.; dazu Bestimmungen über das Gastrecht, das nur bei Gegenseitigkeit gewährt werden sollte, über die Niederlassung Fremder u. a.

gebiet, dazu gehörte, wissen wir nicht. Nordstrand erkaufte jedenfalls später (1589) wieder das Recht des freien Handels, erhielt auch Krane; sonst war die Umgegend der Stadt nicht so groß, da Eiderstedt nicht gemeint sein kann und da im Norden königliches Gebiet nahe angrenzte. Ich erinnere hier auch daran, daß später mit den Getreideausfuhrverboten wahrscheinlich dasselbe wie hier bezweckt wurde, nämlich die Städte zu Stapelplätzen zu machen[1]. 1603 wurde Husum dann mit dem Namen und der Gerechtigkeit einer Stadt begabt, „zur vermehrung der frembden Handler wie dann auch Fortsetzung der außländischen Commercien" und mit Konfirmation aller Freiheiten und Neuordnung einiger Bestimmungen über Schuldsachen[2]. 1608 erhielt Husum dann das Stadtrecht verliehen[3].

Gegen Ende des 16. Jahrhunderts erhoben sich noch weitere bäuerliche Gemeinden zu städtischer Geltung, so Garding und namentlich Tönning. Beide Orte wurden 1590 zu Städten erhoben und mit einem Stadtrecht ausgestattet. Um trotz des Eiderstedter Privilegs der freien Kommerzien den eiderstedtischen Handel hier zu konzentrieren, sollten hier Stadtwagen angelegt werden[4]. Gleichzeitig erging ein Verbot, in Eiderstedt Wagen zu halten außer den erlaubten, so daß alle Waren zunächst in die Städte geführt werden mußten[5]. 1608 wurde befohlen, daß in ganz Eiderstedt alles, was über 40 Pfund wog, hier gewogen werden müsse. Es sind also Übertretungen vorgekommen[6]. Bitten anderer Ortschaften um Aufhebung des Wagezwangs und Anlegung eigener Wagen wurden abgewiesen[7]. Die Pläne einiger reicher Eingesessener Tönnings und Gardings gingen weiter. Sie wollten den beiden Städten den Alleinhandel der

---

[1] S. Kap. II.

[2] Beccau 316.

[3] C. Stat. Slesv. II 555 ff.

[4] Schon 1553 eine Wage erwähnt, Heimreich I 344; Garding erhielt 1575 schon einmal ein Wageprivileg, Prov. Berr. 1792 VI 227.

[5] Acta A XX 877: 1597 Mai 28 u. Juni 21; C. Stat. Slesv. III 2, 117.

[6] C. Stat. Slesv. I 233.

[7] Zeitschr. XX 268; Acta A XX 869: 1619 Mai 8.

Landschaft verschaffen und die Landbewohner gänzlich davon ausschließen. Jeder Handel der Eingesessenen mit fremden Kaufleuten in den Städten und umgekehrt sollte verboten und keine Kaufmannsware sollte zu Schiff verfahren werden, sondern alles in die Städte geführt und dort den Bürgern allein verkauft werden. Sie wollten den Fremden den Verkehr im Lande untersagen. Die Landschaft berief sich aber auf die 1572 erteilte Freiheit der Kommerzien, und der Prozeß wurde 1597 Februar 24 zu ungunsten der Städte entschieden[1]. Den Stapelholmer Handel suchte man ebenso in Süderstapel zu konzentrieren (1613 Oktober 30), doch sprechen hier wohl noch andere Gründe mit[2].

Zu der Erhebung bestehender ländlicher Orte zu Städten kam die Gründung ganz neuer Städte. Christian IV. gründete Glückstadt, vornehmlich um Anteil am Elbhandel zu gewinnen und Hamburg Konkurrenz zu machen. Zugleich sollte es Stützpunkt für weitere Erwerbungen des Königs sein. Die Stadt erhielt einen guten Hafen und viele Privilegien, deren wichtigstes in völliger Religionsfreiheit bestand. Besonders portugiesische Juden ließen sich hier nieder, die unternehmendsten Bürger der neuen Stadt, die gleich anfangs den größten Teil des Handels in ihre Hand bekamen[3].

Auch im gottorfischen Landesteil wurde eine neue Stadt gegründet. Herzog Friedrich III. entschloß sich zur Aufnahme der in Holland nicht geduldeten Remonstranten und gab ihnen am 21. Okt. 1620 ein Privileg zur Anlage einer neuen Stadt bei Koldenbüttel. Auch die Mennoniten und Katholiken erhielten hier später das Recht zur Niederlassung[4]. Ohne formelle Er-

---

[1] Prov. Berr. 1799 VI 220—22; C. Stat. Slesv. I 221.

[2] J. A. Bolten, Beschreibung und Nachrichten von der im Herzogthum Schleswig belegenen Landschaft Stapelholm. 1777 S. 194.

[3] Fundationsbrief 1617 März 22 s. C. C. Reg. Hols. III 17, 113, 118, 119; M. J. I 1959a; Detlefsen II 182—83, 186—87; Zeitschrift XXXVI 192; M. J. I 1955.

[4] C. Stat. Slesv. III 1 587 f.; 594: Mennoniten 1623 und Katholiken 1625; G. Brandt, Histoire abregé de la Réformation des Pais-Bas. 1726 Bd. 2, 330—31; Christiani-Hegewisch III 136: Bolten 266 f. u. a.

laubnis hielten sich hier auch Juden auf[1]. Muß man auch der Toleranz des Herzogs, die sich weit über das sonst im Zeitalter der Religionskriege übliche Maß erhob, volle Bewunderung zollen, entscheidend war für ihn der Gedanke an die Wohlfahrt seiner Lande. Eine Gruppe unternehmender Holländer aus der Umgebung des Herzogs, die aus weltlichen, nicht religiösen Interessen ihr Vaterland verlassen hatten, spielte bei der Gründung eine ebenso wichtige Rolle wie die Remonstranten[2]. Die neue Stadt, „Friedrichstadt" nach dem Herzog genannt, erhielt reiche Privilegien, darunter als eins der wichtigsten Zoll- und Hafengeldfreiheit auf zwanzig Jahre im ganzen herzoglichen Gebiet für alle, die hier Bürgerrecht gewannen[3]. Die Bebauung begann 1621[4]. Christian IV. scheint diese Gründung nicht günstig angesehen zu haben. Es entstand das Gerücht, er habe die Häuser niederreißen lassen, wohl um Glückstadt indirekt aufzuhelfen[5]. Da jeder, der nur mit geringen Unkosten die Bürgerschaft gewonnen hatte, zollfrei war, nutzten viele Schiffer dies aus, zahlten die Gebühr, handelten im ganzen Herzogtum zollfrei, ohne sich aber wirklich niederzulassen[6]. Auch Husum wurde mannigfach durch Aufkauf u. a. seitens der neuen Untertanen geschädigt[7], so daß die Gründung nicht nur zum Wohle des Landes war. Da die Remonstranten bald im Mutterlande Duldung erlangten, wurde der Zuzug überhaupt nicht so groß, wie man erwartet hatte.

Unmittelbar auf der Grenze holsteinischen Gebietes erwuchsen der Stadt Hamburg in dieser Zeit Konkurrenten in Ottensen und Altona. In beiden Orten war das Handwerk die wichtigste Nahrung; doch trieb Altona auch Schiffahrt, durch den Sund und nach Spanien. In Hamburg verbot man 1605

---

[1] Im Vertrage mit Spanien von 1627 wurde eine Beteiligung von Juden am spanischen Handel verboten, Acta A XX 2760.

[2] Pont 3 f.; Carstensen 9 f.

[3] C. Stat. Slesv. III 1, 584; 583: Schiffbau.

[4] Ebenda 575 f.

[5] Acta A XX 1184: 1622 Febr. 10.

[6] Jahrbb. III 300 f.

[7] Acta A XX 2810; C. Stat. Slesv. II 709 f.

die Ausfuhr von mehr als jährlich 200 Ochsenhäuten nach Altona, um den Ort niederzuhalten; von der Kanzel herab wurde den Hamburgern untersagt, dort arbeiten zu lassen[2]. Altona wurde 1604 zum Flecken erhoben und 1616 schon ein Städtlein genannt. Die Juden erhielten hier einen Schutzbrief, auch Katholiken und christliche Sekten fanden hier Zuflucht[2]. Auch der holsteinische Adel erwies sich fremden Konfessionen gastfrei. Menno Simonis selbst fand auf einem holsteinischen Gut Aufnahme, und um 1600 wurde Wandsbek von einem Rantzau zum Freihafen für Juden gemacht[3].

Zahlreiche Pläne zur Gründung von Städten sind auch gar nicht zur Ausführung gekommen. Als erster wird Herzog Adolf genannt, der um 1570 den Plan gehabt haben soll, bei Billenhusen oder Bullenhusen an der Elbe, auf einem Stück Landes, auf das er damals Anspruch machte, „eine Stadt zum Horne, namens Billenhausen", einen Flecken oder ein Städtlein für Brauer und andere Kaufmannschaft treibende Leute zu erbauen. Er soll von Kaiser Maximilian II. ein Privilegium darüber erlangt haben, das er dem Hamburger Rat abschriftlich übersandte, doch soll der Plan in Vergessenheit geraten sein und später mit der Regelung von andern Streitigkeiten wegen des Hammerbrookes ganz beseitigt sein[4].

Dann tauchen solche Pläne in Verbindung mit den Eindeichungswerken an der schleswigschen Westküste öfter auf. Für die Bottschloter Gegend erhielten am 24. Juli 1615 Rotger van der Horst und Simon Mathers aus Emden und Witze Nittens aus Groningen eine Begnadigung zur Eindeichung, worin ihnen auch freier Handel, Erlaubnis, Städte oder Flecken, aber keine Festungen anzulegen, zugestanden wurde; doch fanden diese

---

[1] Nucleus recessuum.

[2] Nordalb. Stud. V 136; Ehrenberg, Altona unter schauenb. Herrschaft.

[3] Eickhoff 141.

[4] J. M. Lappenberg, Die Elbkarte des Melchior Lorichs vom Jahre 1568. Hamburg 1847 S. 32; H. G. Neddermeyer, Zur Statistik und Topographie der Freien und Hansestadt Hamburg und deren Gebietes. Hamburg 1847 S. 106, 118.

keine Teilnehmer. Dasselbe Projekt wurde noch weiter verfolgt, doch auch ohne Erfolg[1]. Christian IV. unternahm mit großen Kosten „das Bredstedter Werk", eine großartige Eindeichung, wo auf dem gewonnenen Lande dann auch eine Schiffahrt und Niederlage eingerichtet werden sollte. Der König besuchte das Werk selbst oft; zahlreiche Erwähnungen in seinen Briefen und Tagebüchern zeigen sein Interesse. Aber das Werk mißlang wegen des reißenden Stromes, auch war das Land wohl noch nicht reif, eingedeicht zu werden[2]. Auf fürstlichem Gebiet erstrebte der ehemalige Bürgermeister von Medemblick in Holland, Cornelius Clausen Pietall in der Rutebüller Gegend eine Stadtgründung; auch dies war ein großartiges Projekt, es sollte auch ein Kanal gebaut werden; doch wurde aus der ganzen Sache nichts[3].

Den heimischen Kaufleuten und Händlern machten die Fremden starke Konkurrenz. Sie waren den Städten gegenüber aber im Nachteil durch das den meisten Städten zustehende Privilegium über zollfreie Ein- und Ausfuhr der eigenen Waren[4]. Weiter wurde der Handel der Fremden durch besondere, direkt gegen sie gerichtete Privilegien der Städte sehr beschränkt. Außer den schon erwähnten Marktrechten besonders der schleswigschen Städte, die den Handel aller Nichtbürger im Landgebiet ausschlossen, galten in fast allen Städten die Beschränkungen des Gästehandels, wie sie das Mittelalter ausgebildet hatte. Der

---

[1] Zeitschr. XXVI 7, 9—10.
[2] Prov. Berr. 1793 VI 295—96: Heimreich 448.
[3] Zeitschr. XXVI 17—18.
[4] C. Stat. Slesv. II 450: Hadersleben; ebenda 417: Apenrade; s. a. Acta A XX 866: Apenrade und auch das Kirchspiel Loith waren dort zollfrei; Urksamml. IV 21 und C. Stat. Slesv. II 208, 213: Flensburg; Zeitschr. XXXVIII 374—75: Tondern; C. Stat. Slesv. II 21: Schleswig; Beccau 265 f. 285: Husum; ebenda 70 A. Beccaus Annahme des Verlustes der Zollfreiheit ist urkundlich doch nicht gestützt; Reg. u. Urk. I 260 u. C. Const. Reg. Hols. III 519: Itzehoe; ebenda III 1263 ff.: Heiligenhafen; Kinder, UB. zur Chronik der Stadt Plön S. 82.
Doch waren Hamburg und Lübeck in Holstein zollfrei.

Handel zwischen Gast und Gast in der Stadt war untersagt, d. h. dem Bürger der Stadt sollte der Zwischenhandel erhalten bleiben. Dies richtete sich besonders auch gegen den Aufkauf von Landesprodukten durch die Fremden von den Bauern. Der Verkauf von Waren, welche die Fremden anbrachten, war auf größere Mengen beschränkt. Sie durften nur ganze oder höchstens halbe Laken, nicht aber ellenweise verkaufen, Hopfen nur in ganzen Drömpt, andere Waren bei ganzen und halben Schiffspfunden und ganzen Tonnen. Die Zeit, während der ein Fremder seine Waren feilhaben durfte, war dazu auf einige Tage beschränkt[1]. In einzelnen Punkten sind diese Bestimmungen verschieden gefaßt und von verschiedener Strenge. In Flensburg wurde sogar der Preis der Waren der Fremden von einem Ausschuß der Bürger festgesetzt[2]. Das Ziel ist aber immer dasselbe. Eine Ausnahme machten nur die großen Jahrmärkte und z. T. die Wochenmärkte[3], wo der Handel zwischen fremden Krämern und Landleuten wenigstens mit den meisten Waren freigegeben war. Nur in wenigen Fällen gelang es den Fürsten, für ihre eignen Untertanen in den Städten einige Befreiung vom Gästerecht durchzusetzen; so für Eiderstedt und Nordstrand in Husum[4], und für Norderdithmarschen in Tönning[5], wo die Befreiung vorher schon umgekehrt bestand. Das Streben, den Handel der Fremden einzuschränken, führte in Husum sogar zur Aufhebung des einen der beiden Jahrmärkte (1598 Jan. 26). Die Stadt sah sich aber in ihren Erwartungen getäuscht, die Bauern blieben aus

---

[1] C. Stat. Slesv. II 371—72, 418, 419, 430—31; ebenda 190, 279 und Sejdelin 838—39; ebenda 42, 63—64, 68; ebenda 465; C. C. Reg. Hols. III 394 f., 1201; Prov. Berr. 1792 VI 226—27; Zeitschr. VIII Beil. 88; Beccau 118—19, 137, 266—67, 299 ff.; Verbot der Ausfuhr durch Fremde, Zeitschr. VI 90—91; Vorkaufsrecht der heimischen Schuster auf Häute, Heimat II 53—54. In Holstein galt allgemein das Lübecker Stadtrecht, dessen Tit. VI hier in Betracht kommt, C. C. Reg. Hols. III 55.

[2] C. Stat. Slesv. II 274.

[3] Beccau 126.

[4] Heimreich I 423—25; das Eyderstedt. Landrecht 203.

[5] Michelsen, D. UB. CLVI 370.

und suchten andere Märkte auf, so daß auf die Bitte der Stadt der Markt wieder eingeführt wurde (1602 März 8)[1].

Der Handel der Fremden war aber völlig frei im Verkehr mit dem Adel, mit den Bauern auf Fehmarn, in den nördlichen Harden der Westküste, auf den Friesischen Inseln, in Eiderstedt und Dithmarschen. Nur die Schiffer und die Reichen konnten hier den Verkauf der Waren ins Ausland wirklich selbst in die Hand nehmen, für die andern hatte das Recht der freien Kommerzien nur die Bedeutung, daß sie mit den Fremden ungestört handeln konnten. An den Kaufmann in den Städten des eigenen Landes verkaufte der kleine Mann lieber nicht, da dieser nur einen weitern Zwischenhändler bildete; denn die Husumer usw. waren in ihren Absatzgebieten oft, wie in Hamburg und Emden, wieder gezwungen, an weitere Zwischenhändler und nicht direkt an den Konsumenten, oder auch zu festgesetztem Preis zu verkaufen. Da für den Fremden diese Beschränkungen in seiner Heimat fortfielen, konnte er wohl oft einen höheren Preis zahlen. Die Fremden, die an Schleswig-Holsteins Küsten Handel trieben, waren aus Hamburg, Stade, Buxtehude, Bremen; dazu aus Emden und Holland an der Westküste, aus Lübeck, Wismar, Rostock in den Ostseestädten. Andere Fremde werden nur ausnahmsweise genannt: Engländer[2], Schotten[3], Norweger[4], ja Spanier[5], Dänen, Schweden und Livländer[6]. Dabei hatten die einzelnen Fremden ganz bestimmte Einflußgebiete. Zunächst beherrschten Hamburg und Lübeck einen großen Teil Holsteins. Aber auch mit der schleswigschen Westküste stand Hamburg in lebhafter Verbindung, wie Lübeck mit der Ostküste. In Lübecks Einflußzone, auf der Halbinsel Oldenburg und Fehmarn machte sich im 16. Jahrhundert in zunehmendem Maße das Eindringen der Holländer bemerkbar, wie es die Sundzollisten zeigen. Was aus diesen Gegenden direkt durch den Sund ging, wurde meist auf holländi-

---

[1] Rendsb. St. IV 12, 1.
[2] Acta A XX 2238: 1623 März 14 u. a.
[3] Mitt. f. kieler Stadtgesch. XVIII 89.
[4—6] Lindeberg 221, 225, wo in Gedichten ihr Verkehr mit schlesw.-holst. Häfen besungen wird. Sonst kaum Beispiele.

schen Schiffen durchgeführt. Lübeck sah sich sogar veranlaßt, beim Reichstage gegen diese Konkurrenz Beschwerde einzulegen. Die Wismarer waren 1558 in Flensburg als Nebenbuhler gefürchtet; eine Bestimmung der Polizeiordnung spricht von Fremden aus Wismar oder woher sie sonst sein mögen[1]. An der Westküste blühte der Handel der nordwestdeutschen Städte. Husum wurde von Emdern sehr häufig aufgesucht, in Tönning nahmen im Käsehandel die Bremer den ersten Platz ein. Nordstrand trieb selbst nur wenig Handel, es bildete das eigentliche Handelsgebiet Husums. Aber Einäscherungen der Stadt und andere Unfälle hatten sofort das Eindringen der fremden Kaufleute zur Folge, die sich dann im Herbst in alle Siele und Häfen des Landes einschlichen.

---

[1] Sejdelin 839.

Kapitel IV.
Die schleswig-holsteinische Seeschiffahrt.

Im 15. Jahrhundert beschränkte sich die Schiffahrt der schleswig-holsteinischen Ostseestädte fast ganz auf die Ostsee. An der Nordseeküste trieben schon Dithmarschen und Tondern Seeschiffahrt; Husum erreichte schon eine Blütezeit; Anfänge eiderstedtischer Schiffahrt zeigen sich. Mit der steigenden Ausfuhr von Landesprodukten und aus dem Bedürfnis, auch deren rechtzeitige Abfuhr sicherzustellen, entwickelte sich die vorhandene Schiffahrt, neue Kreise traten in sie ein. Vornehmlich sind dies die Bewohner der Halligen an der Westküste Schleswigs, die sich, schon längst Küstenschiffahrt treibend, um sich mit Holz, Korn u. a. zu versorgen, jetzt zu weiterer Fahrt entschlossen. Eine andere Grundlage bot die Fischerei. Von ihr ging die Schiffahrt der Einwohner von Helgoland und Röm aus, wo der kümmerliche Ackerbau die Bewohner nicht nähren konnte. In den Marschen übernahmen zahlreiche Bauern selbst die Abfuhr ihrer Erzeugnisse.

Dazu kam im 16. und 17. Jahrhundert öfter Übersiedelung von größeren Scharen fremder, besonders niederländischer Schiffer, die während des Kampfes zwischen Spanien und den Niederlanden unter dem Schutz der neutralen schleswig-holsteinischen Flagge ihr Gewerbe weiter zu treiben suchten. So stieg noch während des nordischen siebenjährigen Krieges die Zahl der den Sund passierenden schleswig-holsteinischen Schiffe von 12 im Jahre 1568 auf 62 im Jahre 1569 und 84 im Jahre 1574, nachdem allerdings 1562 schon 23 und 1563 19 schleswig-holsteinische Schiffe hindurchgegangen waren [1]. Diese Steigerung

---
[1] Sundzollreg. I.

ist zum großen Teile auf die Einwanderung von Holländern zurückzuführen, die ihr Vaterland wegen des Ausbruchs der Feindseligkeiten mit Spanien verließen und sich in den Elbmarschen, in Eiderstedt, Husum usw. niederließen [1]. Doch ist an diesem Aufschnellen auch die heimische Schiffahrt beteiligt, die während des Krieges eine sehr lohnende Beschäftigung in der Proviantzufuhr für das dänische Heer in Schonen gefunden hatte. Flensburger und Husumer kauften damals in allen Ostseehäfen Proviant auf und erlangten dafür Ausfuhrerlaubnis für sonst verbotene dänische Waren. Flensburgs Schiffahrt stieg nach dem Kriege bedeutend: durch den Sund gingen 1569 11 mal Flensburger Schiffe, 1574 aber 34 mal [2]. Nach 1616, als Emden in die holländischen Wirren hineingezogen wurde, übersiedelten viele Emder Schiffer nach Schleswig-Holstein, wieder um die Vorteile der neutralen Flagge zu gewinnen. So wanderten in einem einzigen Jahre 16 Emder Schiffer mit ihren Familien und Schiffen nach Glückstadt aus [3]. Auch die Tönninger Schiffahrt nahm in diesen Jahren erheblich zu, meist durch Zuwanderung aus Holland [4]. 1615 waren hier beheimatet über 22 Schiffe von 3—10 Lasten, 26 von 12—30 Lasten, die zusammen ca. 500 Lasten groß waren, dazu noch 3 Raasegel, Schiffe von größerer Lastenzahl. 1624 aber: 13 Schiffe von 3—12 Lasten, 41 von 12—30 Lasten, von zusammen ca. 820 Lasten Tragfähigkeit, wozu wieder 3 Raasegel kamen [5]. Von den Bewohnern der „neuen Friedrichstadt" waren viele Reeder oder Schiffer, meist aus den Niederlanden gebürtig. Sie brachten bei ihrer Niederlassung eine ganze Flotte mit. Allein nach den erhaltenen Akten, Treuverpflichtungen, Seepässen und Verpflichtungen bei deren Erteilung waren es 18 Schiffe von zusammen 1544—1600 Lasten [6]. Über die Zahl

---

[1] Secher I 404; s. a. Zeitschr. XX 268.
[2] Sundzollreg. I.
[3] Hagedorn II 497, 503.
[4] Prov. Berr. 1792 II 163, 165; C. Stat. Slesv. I 239, 241.
[5] Acta A XXIV Beil. z. Eiderst. Landrechnung. Da aus den Namen der Schiffer gewonnen, nicht ganz zuverlässig.
[6] Acta A XX 2762.

der schleswig-holsteinischen Schiffe in den neunziger Jahren des 16. Jahrhunderts macht Heinrich Rantzau einige Mitteilungen. Es hatten danach: Krempe 19 Schiffe, Heiligenhafen 18, Kiel ungefähr 20, Rendsburg 70, Wilster 26, Flensburg 200, Hadersleben 20, Fehmarn 50 [1]. Rantzau hat dabei Schiffe jeder Größe mitgezählt. Sicher ist nur ein kleiner Teil der Schiffe zur Seeschiffahrt benutzt worden. Bei Krempe hebt er ausdrücklich den Besitz eines Schiffes von 90 Lasten, mit dem man nach Lissabon und Venedig fahre, hervor [2], die andern dienten zur Fahrt auf der Elbe oder die Stör aufwärts nach Kellinghusen. 1613 berichten die Kremper selbst, daß ihre und der Nachbarn Schiffe allermeist nach Hamburg führen, um dort das Getreide an die großen seefahrenden Schiffe auszulöschen, daneben nach Bremen und Holland [3]. Doch besaßen sie auch damals wenigstens ein großes Schiff von 90 Lasten. Ebenso diente der größte Teil der Fehmarer Schiffe dem Verkehr mit den nahen hansischen und schleswig-holsteinischen Städten, weniger zur weiteren Fahrt [4]. Die Rendsburger Schiffe waren zum großen Teil „Holzböte"; sie brachten Holz und Roggen von der Geest in die Marschen und übernahmen aus Holland oder Hamburg kommende Waren in Tönning von den Seeschiffen, um sie nach Rendsburg zurückzuführen [5].

Aus andern Quellen können noch einige Mitteilungen über die Anzahl der Schiffe hinzugefügt werden. Folgende Zahlen über die den Sund passierenden schleswig-holsteinischen Schiffe, wobei mehrmalige Passagen nur einmal gerechnet sind, belegen für manche Städte wenigstens, daß sie überhaupt Seeschiffahrt trieben; doch entsprechen die Zahlen nicht ganz der wirklichen

---

[1] M. J. I. S. 11, 33, 38, 40, 41, 55, 56, 75.

[2] M. J. I 11. Rantzaus statistische Angaben scheinen auf den besten Quellen zu beruhen, die ihm als Vizekönig des Landes ja auch leicht zur Verfügung standen; das obenerwähnte große Schiff z. B. läßt sich auch sonst nachweisen.

[3] Hbg. St. Cl. VII Lit. Eb. Nr. 3, vol. 5.

[4] M. J. I 75.

[5] Neoc. I 239; Rendsb. St. IV 20. 1.

Bedeutung der Städte, da alle westlichen und alle gottorfischen Schiffe seltener die Sundfahrt machten[1].

Ort	Jahr					
	1565	1575	1585	1595	1605	1615
Eiderstedt	—	1	—	—	—	1
Husum	1	6	2	2	1	—
Tondern	—	1	—	—	—	—
Lunden	—	—	—	1	—	—
Föhr	—	2	—	1	—	—
Röm	—	—	—	—	3	2
Itzehoe	—	1	—	—	—	—
Krempe	—	1	—	—	—	—
Stör	—	1	1	—	—	—
Wilster	—	1	—	—	—	—
Fürstlich	—	2	—	—	1	—
Fehmarn	—	—	—	—	—	1
Neustadt	—	—	1	—	—	—
Kiel	—	—	2	—	—	—
Apenrade	—	—	1	—	—	—
Eckernförde	—	2	2	—	1	2
Flensburg	—	17	47	20	26	9
Hadersleben	—	—	1	1	1	—
Sonderburg	—	2	2	1	6	1
Zusammen:	1	37	59	26	39	16

Husum hatte zeitweilig 40 große Seeschiffe in Besitz, außer den kleinen Schiffen; doch konnten sie sie wegen zweifachen Krieges dann nicht mehr ausreedern, sondern mußten sie verkaufen, so daß dann fremde Schiffer eindrangen[2]. Mitunter hatten Schleswig-Holsteiner Anteil an fremden Schiffen[3].

Für die adligen und fürstlichen Schiffe fehlen bestimmte Zahlen. Wir finden sie in den Sundzollisten oft angeführt.

[1] Sundzollreg. II.
[2] Laß 66.
[3] Sundzollreg. I 52, 116, 168, 172, 176, 192: Flensburg; 120, 156: Husum; 28, 76, 108, 112, 164, 168: Dithmarschen; 148, 152: Hadersleben; 140, 152: Krempe; 152: Rendsburg; 188, 200: Kiel; 92, 96, 100, 104, 108 112, 116: Oldesloe; 144, 156: ohne Ort.

Sonst erscheinen als Besitzer von Schiffen: Moritz Rantzau[1], Kay Rantzau[2], Junker Peter Rantzau[3], Hinrich Rantzau[4], Lorentz von Buchwald[5]. Des Herzogs Schiffe lagen meist in Kiel[6]. Der Adel und der Herzog befrachteten aber wohl meist fremde Schiffe. Kleinere Fahrzeuge, Ewer, Schuten und Prahme, waren auf vielen Gütern zu finden[7].

Für die bäuerliche Schiffahrt liegen uns nur bei Fehmarn Angaben vor. In den Elbmarschen trieben Dörfer wie Beidenfleth, Krefeld, Herzhorn[8], St. Margareten, Rothenmeer u. a. Schiffahrt. Doch wies Friedrich II. 1580 einen Vorschlag, daß die Bauern in der Kremper Marsch sich selbst Roggen aus Dänemark holen möchten, um die Fracht zu sparen, zurück, weil sie nicht sonderliche Seefahrt brauchten und keine Schiffe zu schicken hätten[9]. In Dithmarschen war Seeschiffahrt seit alters her verbreitet. In Wesselburen, Neuenkirchen, Meldorf, Lunden, Büsum, Brunsbüttel, Wöhrden, Norddeich usw.[10], dazu in den Eiderdörfern Delve, Tilen, Hennstedt[11] fanden sich Seeschiffe. Selbst Heide, weit von einem Hafen entfernt, hielt Schiffe[12]. In Eiderstedt besaßen außer Tönning und Garding, die ja auch bis gegen Ende des 16. Jahrhunderts Dörfer waren, Oldenswort und Koldenbüttel Seeschiffe, ebenso in der Nähe Husums die Dörfer Ostenfeld und Rödemis. Aus Nordfriesland beteiligten sich zahlreiche Schiffer an der Sundfahrt, Leute aus Oland, Ockholm, Bredstedt,

---

[1] Kanc. Brevb. III 381.
[2] Poorter 573.
[3] Hbg. St.' Schifferbücher.
[4] Schriever.
[5] Lüb. St. Certif. 1576 Dez. 21.
[6] Stern 38, 50 ff. u. a.
[7] Z. B. UB. I 409; Acta A XVII 1894; XX 2890: 1622 Nov. 11.
[8] Zeitschr. XXXIII 27. Bis zur Erbauung Glückstadts waren hier recht lebhafter Handel und Schiffahrt zu Hause.
[9] Kanc. Brevb. VII 189.
[10] Sundzollreg. I 395.
[11] Acta A XX 2238.
[12] Sundzollreg. I 395; Acta A XX 2238: 1623 März 7 Bitte um Ausfuhrerlaubnis.

Emmerleff, Ballum, Dagebüll, Föhr, Nordstrand, Röm[1]. Auch sonst erscheinen vielfach friesische Orte, so im Verkehr mit Emden. An der Sundfahrt beteiligten sich die meisten erst gegen Ende des 16. Jahrhunderts. Auf dem reichen Nordstrand wurde wenig Schiffahrt getrieben; Husumer und Fremde verschifften seine Produkte. Sylt besaß um 1600 über 20 Fischerewer, die es aber bis 1611 alle bis auf 4 durch Unfälle verlor[2]. An weiteren Fahrten beteiligten sich die Sylter nicht.

Einen Anhalt für die Zahl der friesischen Schiffer liefert auch der Verkehr in Ripen. Hier liefen 1605 56 Friesen mit Salz ein[3].

Die Marschbauern hielten die Schiffe, um von dem Erscheinen fremder Käufer unabhängig zu sein und die Ausfuhr ihres Kornes sicherzustellen. Dazu kam die Notwendigkeit, sich mit Holz zu versorgen, das man aus Ripen, Husum, ja oft aus Norwegen holte. Öfter teilten sich mehrere Bauern in ein Schiff[4]. Von ihren Fahrten, besonders nach Holland, brachten sie außer Waren auch manche Sitten, Gewohnheiten und Fertigkeiten mit.

Die schleswig-holsteinische Seeschifflotte war sicher damals im Norden eine der bedeutendsten. Zum Vergleich mögen die Zahlen für die Kopenhagener Flotte herangezogen werden; im Jahre 1635, nachdem die Stadt unter Christian IV. einen großen Aufschwung genommen hatte, betrug die Zahl aller dort beheimateten Schiffe, Schuten eingeschlossen, 88[5], während es in Flensburg zu Rantzaus Zeit 200 waren.

Die Schiffer waren in den Städten wohl meist in Ämtern und daneben in besonderen Gesellschaften vereinigt. In Flensburg gab es ein Schiffergelag, eine Genossenschaft mit gewissen sozialen Zwecken und besonders zur Wahrung von Schiffahrtsinteressen. In ihrem Gebäude befand sich eine Art Seehandels-

---

[1] Sundzollreg. I 395.
[2] Hansen, Die Insel Sylt, F. A. IV 601.
[3] Kinch II 834; s. a. 848.
[4] Zeitschr. XXXIII 27; Heimat XI 126.
[5] Nielsen IV 204.

börse, wo der Kauf und Verkauf von Schiffen und Waren abgeschlossen wurde, oft durch Auktion, was auf zahlreiche Beteiligung hindeutet; sie besorgte die Ballastbeschaffung; sie hielt unter sich Gericht in allen Schiffahrtssachen und bildete auch das Schiedsgericht bei Streitigkeiten mit Fremden[1]. In Sonderburg bestand eine ähnliche Gesellschaft, die erst im 16. Jahrhundert entstand[2]. Husum erhielt 1582 den Gebrauch des Wisbyer Seerechts bestätigt. Damit verbunden war ein Seegericht, von dem nur an die Landesregierung appelliert werden konnte. Das Gericht selbst war die Appellationsinstanz für die Inseln. Auch Tönning gebrauchte das Wisbyer Seerecht neben dem dänischen, das sonst in Schleswig galt, und neben dem Hamburger[3]. In Tönning bestand auch eine Vereinigung der Schiffer, die 1622—24 ein eigenes Haus zu bauen beabsichtigte[4].

In Burg a. F. konstituierte sich 1599 das Schifferamt; 1616 erging für Burg eine Schifferordnung, und es entstand eine Schiffergesellschaft[5].

Für die Bedürfnisse der Schiffahrt sorgte man durch gute Bebakung[6] und Anlage und Verbesserung von Häfen[7]. Der Schiffbau stand an mehreren Orten in Blüte, öfter wurden für den dänischen König große Kriegsschiffe in Schleswig-Holstein gebaut[8].

---

[1] H. U. Molsen, Das Flensburger Schiffergelag. Ein Beitrag zur Stadtgeschichte. Fl. 1904. S. 7, 11, 15.

[2] P. E. Döring, Das Schiffergelag in Sonderburg, Zeitschr. XXVI 415, 426.

[3] A. f. St. u. K. G. IV 43—44; Beccau 121—22.

[4] Acta A XX 3016.

[5] G. Hanssen, Hist.-stat. Darstellung der Insel Fehmarn. 1832. S. 255—56.

[6] S. die Karten in Aurigarius, Spieghel der Zeevaert. 1583; Beccau Anhang u. a.

[7] Prov. Berr. 1792 S. 51; Neoc. II 303; M. J. I 1364; J. H. Schlegel, Samml. z. dän. Geschichte, Münzkenntnis usw. II Bd. I 60; dazu Glückstadt und Friedrichstadt; Acta A XX 2325 usw.

[8] E. Baasch, Beitr. z. Gesch. d. deutschen Seeschiffbaues und der Schiffbaupolitik. 1899 S. 99—102; 129—131. Nyerup 130; Suhm, Nye Saml. II 93. Detlefsen II 177—78, 181; M. J. I 1951; Bricka

Den Übergang von hier gebauten Schiffen in das Eigentum Fremder suchte man zu hindern, indem man den Verkauf nur erlaubte, wenn die Schiffe eine bestimmte Reihe von Jahren in schleswig-holsteinischem Besitz gewesen waren,

Für Flensburg wurde dies 1566 Sept. 30 befohlen, für das ganze Land wurde dies 1623 festgesetzt. 1623 wurde die Sperrfrist auf 14 Jahre angesetzt, nach Baasch die längste in Deutschland in Gültigkeit gewesene [1]. Weiter suchte man die Schiffahrt des Landes durch Bevorzugung der Einheimischen bei Zoll und Hafengeldabgaben zu heben [2].

Trotzdem machten fremde Schiffer den heimischen sehr starke Konkurrenz, und was über den Handel der Fremden in Schleswig-Holstein bemerkt ist, könnte hier wiederholt werden, da der Haupthandel in der Abfuhr zur See bestand. In einzelnen Gegenden drängten Fremde die eigene Schiffahrt fast ganz zurück, so die Emder seit 1587 im Verkehr zwischen Emden und den Elbmarschen, womit zugleich ein Rückgang der Sundfahrten verbunden war. Über den Verkehr in einem Hafen und besonders über das Verhältnis von Fremden und Einheimischen bei der Ausfuhr aus ihm liegen für Tönning Zahlen vor [3]. Die Zahl der aus dem Tönninger Hafen ausfahrenden Schiffe betrug

in den Jahren	1615	1617	1624
1. Seeschiffe	320	396	347
2. Rendsburger Schiffe und Holzböte	120	103	115
3. Tieler u. a. Torfböte, auch „binnen und buten Landes Ewere"	508	590	436
zusammen Schiffe	948	1089	898

og Fridericia I 77ff., 174, 210; Acta A XX 4365: Schiffbauer erwähnt.

[1] Baasch, a. a. O. 99, 131. Friedrichstadt blieb davon befreit, s. C. Stat. Slesv. III 1, 589.

[2] Tönninger wurden bevorzugt; 1622 Nov. 17 Mandat, daß Holländer, die sich in Friedrichstadt oder Tönning niederlassen, vom Hafengeld frei sein sollen, Acta A XX 868.

[3] Acta A XXIV Beil. z. Eiderstedter Landrechnung.

Zur Ergänzung folgen für eine längere Reihe von Jahren die Einnahmen an Schiff- und Hafengeld in Eiderstedt, die auch ein Bild des Verkehrs geben:

Es waren

1615: 1825 Tal 17 β 3 Pf. (1821 Tal. steht an and. Stelle).

1616 in Tönning:	1180 Tal.	28 β	6 Pf.
in den anderen Häfen:	875 „	25 „	6 „
zus.	2062 Tal.	17 β	6 Pf.
1617 in Tönning:	1438 Tal.	19 β	6 Pf.
in den anderen Häfen:	690 „	13 „	6 „
zus.	2129 Tal.	1 β	
1618 in Tönning:	1281 Tal.	6 β	9 Pf.
in den anderen Häfen:	735 „	30 „	6 „
zus.	2017 Tal.	5 β	3 Pf.

1619: 2200 Tal.   1623: 1709 Tal. 13 β 3 Pf.
1620: 2400 Tal.   1625: 1210 Tal. 3 β 9 Pf.
1621: 2400 Tal.   1626: 1622 Tal. 21 β 9 Pf.
1622: 2302 Tal. 12 β 6 Pf.   1627 ist kein Hafenregister eingeliefert.

1624 in Tönning:	1572 Tal.	7 β	9 Pf.
in den anderen Häfen:	401 „	16 „	6 „
zus.	1973 Tal.	24 β	3 Pf.

Insgesamt liefen die Tönninger 1615 mit ca. 2400 Lasten, wovon 1800 Lasten auf Seeschiffe entfallen, Ausländer mit ca. 1400 Lasten, andere Eiderstedter und Landesuntertanen mit ca. 1900 Lasten aus, die letzten meist leer, da sie zur Hauptsache Waren in kleinen Schiffen brachten, die in Tönning auf größere umgeladen wurden. 1624 liefen

Töninger Seeschiffe mit ca.	3380	Lasten,
Tönninger kleine Schiffe mit ca.	300	„
ausländische Seeschiffe mit ca.	2400	„
schleswig-holsteinische Schiffe mit ca.	225	„
„ „ kleine Schiffe mit ca.	1750	„

aus. (Die Lastenzahl kann nicht genau angegeben werden, da statt deren oft nur das bezahlte Hafengeld angegeben ist, das für Schiffe verschiedener Größe dasselbe war.)

Die am Schluß gegebenen Tabellen über die Ausfuhrmengen aus Tönning und Eiderstedt liefern auch Aufschluß über das Verhältnis von Einheimischen und Fremden in der Ausfuhr der Waren aus Tönning. (Für die übrigen Häfen konnte ich es nicht geben, da hier bei den Schiffern meist die Herkunft nicht bezeichnet ist, da auch die Verlader öfter statt der Schiffer genannt sind.) Die Tönninger sind weit stärker als die Fremden an der Abfuhr der Waren beteiligt; dies Verhältnis verschiebt sich von 1615 bis 1624 noch zu ihren Gunsten, dank ihrer Bevorzugung beim Hafengeld und dank der Ausfuhrverbote. Über den Verkehr schleswig-holsteinischer Schiffe in einem fremden Hafen geben die Tabellen über Emden Auskunft. Bei der Einfuhr aus Schleswig-Holstein sind Emder Schiffer stärker beteiligt als die schleswig-holsteinischen (Emden war damals schon einer der ersten Reedereiplätze); doch verschiebt sich das Verhältnis dann etwas zugunsten dieser[1].

Die schleswig-holsteinische Schiffahrt beschränkte sich nicht auf die Abfuhr der Produkte des eigenen Landes, sie drang auch in den Verkehr zwischen fremden Ländern ein. Frachtschiffahrt wurde für viele ihre Nahrung. So geschah der gesamte Verkehr von schleswig-holsteinischen Schiffen durch den Sund fast ausschließlich in fremdem Dienst[2]. Die Produktion des Landes selbst ging nur zum geringsten Teile durch den Sund; nur aus Südostholstein kamen größere Mengen Getreides, und in dessen Abfuhr herrschten Fremde vor. Im Durchschnitt gingen in den Jahren 1574—1627 8,4 aus Schleswig-Holstein kommende, westwärtsfahrende Schiffe durch den Sund. Vorher schwankte die Zahl sehr; 1558 ist das Land zuerst mit 5, 1560 und 1562—69 sodann mit 12, 11, 0, 2, 0, 1, 0, 0 von dort kommenden Schiffen vertreten. Mehr als Durchschnitt zeigen die Jahre: 1582—84,

---

[1] S. Anhang.
[2] D. Schäfer, Die Sundzollisten, Hans. Geschbll. 1908. Bd. XIV 1ff.

1589, 1594—97, 1607—8, 1611, 1614—27, und zwar bis zu 18 Stück. Bis 1569 waren nur 2 Schleswig-Holsteiner an der Abfuhr beteiligt, aber 17 Holländer, 4 Friesländer, 2 Ostfriesen, 7 Hamburger, 3 Lübecker und 1 Stralsunder. In der Zeit von 1574—90 haben die Schleswig-Holsteiner fast ausschließlich das Geschäft in Händen gehabt, nur wenige andere Schiffer konkurrierten[1]. Nach 1590 zeigen die Schleswig-Holsteiner aber eine auffällige Abnahme. Siebenmal erscheinen gar keine; meist sind es nur 1—4 Schiffe, nur einmal je 5, 6 und 7, und das in den Jahren, die gerade bedeutend über den Durchschnitt hinausragen. Der Durchschnitt der schleswig-holsteinischen, von dort kommenden Schiffe betrug nur 3 in der Zeit von 1574 bis 1627. Seit 1588 machten sich steigend Lübecker bemerkbar, die übrigens auch vielfach von ihrer Stadt aus holsteinisches Getreide hindurchführten, das dann in den Listen als von Lübecker Herkunft erscheint[2]. Doch setzte ihr Anteil auch öfter aus. Der Grund liegt in der immer stärkeren Konkurrenz der Holländer, besonders Amsterdams, Enkhuizens, Hoorns und Vlielands. Nachdem sie schon Ende der achtziger Jahre öfter erschienen, 1590—92 noch einmal ausgeblieben waren (wohl durch Lübeck bedroht), kamen sie seit 1593 in immer stärkeren, nur zweimal aussetzenden Scharen, in der Zeit von 1607 bis 1627 durchschnittlich 6 Schiffe, rechnet man die Friesländer und Zeeländer ein, fast 9 Schiffe stark. Außerdem erschienen 11 mal Hamburger, 3 mal Dänen, 3 mal Nordwestdeutsche, 3 mal Ostfriesen, 2 mal Wismarer, 2 mal Rostocker, 4 mal Stralsunder, 1 mal Engländer. Ladehäfen waren vornehmlich Fehmarn und Heiligenhafen; seit 1624 tritt Neustadt (jährlich 6—9 Schiffe) stark in den Vordergrund. Aus dem Gutsbezirk Haffkrug kam 1602 und 1611 zuerst ein Schiff; von 1614—27, mit Ausnahme von 1625, kamen regelmäßig Schiffe von dort, je 1—6, durchschnittlich 3. Außerdem werden an Ladehäfen genannt: Flens-

---

[1] Durchschnittlich 5 schleswig-holsteinische Schiffe, 1582 zeigte mit 18 die höchste Zahl; an fremden 1 Däne, 2 Hamburger, 4 Lübecker, 1 Stralsunder, 9 Holländer, 2 Friesländer.

[2] Z. B. Simson 6234.

burg 1595, 1615 (2 Schiffe), 1622, 1626; Sonderburg 1608, 1622, Eckernförde 1609—10 (je 2 Schiffe), Holstein ohne nähere Angabe 1588, 1613, 1616, 1621, Bronneberg(?) in Holstein 1599, Schmool 1610, Weißhausen (Witthusen) 1616, 1623. Es sind dies stets nur die Ladestellen der fremden Schiffe; die schleswig-holsteinischen kamen stets vom Heimathafen, nur 1576 ist Eckernförde und 1591 Fehmarn für eins von ihnen Herkunftshafen. Auch bei der Fahrt nach Osten ist die Abfuhr schleswig-holsteinischer Produkte gering. Nur selten erscheinen unsere Häfen als Herkunftsort fremder Schiffe [1]. Häufiger kommen schleswig-holsteinische Schiffe von dort, aber meist ohne Ladung.

Von den durch den Sund und Belt gehenden Schiffen erhob der dänische König eine beträchtliche Abgabe, die während des nordischen siebenjährigen Krieges 1567 und dann wieder 1611 während des Kalmarkrieges erhöht wurde. Die Schleswig-Holsteiner genossen eine gewisse Ermäßigung, durch die ihre Frachtfahrt begünstigt wurde. Zunächst scheinen sie den Dänen gleichgestellt gewesen zu sein. 1561 Aug. 9 erhielten sodann die Zöllner in Helsingör und Nyborg Befehl, die Untertanen von Herzog Hans und Adolf von Holstein gleich andern Fremden zu behandeln, und am 16. Aug. erging an den Zöllner zu Helsingör der Befehl, er solle fortfahren, wie er begonnen habe, und von den Untertanen der beiden Herzöge einen Rosennobel von jedem mit Sand beladenen Schiffe und zwei Rosennobel von geladenen Schiffen und nicht mehr nehmen [2]. 1562 wurden sie sodann den andern nicht privilegierten Fremden gleichgestellt [3]. Während des siebenjährigen Krieges erhielten holsteinische Kaper vereinzelt Zollfreiheit für ihren Handel, die aber mißbraucht wurde und starke Beschränkungen zur Folge

---

[1] So Brunsbüttel 1614, 1616, Dithmarschen 1586, Glückstadt 1623—27, Itzehoe 1619, Krempe 1600, 1617—18, 1621, Wilster 1624, Helgoland 1597, Husum 1593, 1597, 1613, Tondern 1616.

[2] Secher I 169—70; Kanc. Brevb. III 62, 65.

[3] Kanc. Brevb. III 149.

hatte¹. Nach der Einführung des Lastgeldes erging für die Leute aus dem Lande Holstein und Dithmarschen eine neue Verordnung, daß der Zöllner einstweilen von der Erhebung des Zoll- und Lastgeldes absehen, von ihnen aber schriftliche Verpflichtungen nehmen möge, daß sie zahlen wollten, wenn es verlangt würde. Ebenso sollte es mit den Niederländern gehalten werden, die sich in den Fürstentümern niederließen und mit Seebriefen von den Fürsten oder Bürgermeistern und Räten der Städte kämen; Seebriefe der Vögte und Lehnsleute sollten aber nicht gelten. Des Königs eigene Untertanen in den Fürstentümern und die dort sich ansiedelnden Niederländer sollten ganz frei passieren und weder Zoll noch Lastpfennige bezahlen². Nach dem Kriege hörte diese Vergünstigung für die herzoglichen Untertanen aber auf. Sogar Herzog Adolf mußte von seinen Schiffen Zoll zahlen und, wohl wegen Schmuggelversuchs, Lastpfennige sogar dreimal soviel wie andere Fremde³. Mit Herzog Adolfs Dienern kam es noch einmal zu einem Zwischenfall. Der Herzog hatte Zollfreiheit erlangt für zwei Schiffe, nach Spanien und Island. Bei der Fahrt durch den Sund hatten sich seine Schiffer erst durch Schüsse gezwungen beim Zöllner angegeben. Der König billigte das Verhalten des Zöllners durchaus⁴. Im königlichen Teil erhielt zunächst nur Flensburg auf seine Bitte ausdrücklich das Privileg, nicht mehr zahlen zu sollen, als es vorher Brauch gewesen war, und den dänischen Reichsuntertanen gleichgestellt zu werden. Die Flensburger mußten aber Zertifikate ihrer Bürgermeister und Ratsherren beibringen, daß es ihr eigenes Gut sei. Fremdes Gut, das sie durchführten, sollte als solches angegeben und behandelt werden⁵. Diese Zollfreiheit wurde auf die übrigen Untertanen des Königs in den Herzogtümern ausgedehnt und auch auf die seines Bruders, Herzog

---

¹ Secher I 283. Silvester Francke weigerte sich lange, im Sund das Segel zu reffen, bis er es büßen mußte.
² Secher 1 404; Kanc. Brevb. IV 474 f.
³ Kanc. Brevb. V 33.
⁴ Ebenda VI 356.
⁵ Secher I 485 f.

Johanns des Jüngern. Vielfach fuhren aber auch gottorfische Untertanen aus Schleswig-Holstein, Dithmarschen und den unter die Herzogtümer gehörenden Inseln, die noch besonders genannt werden, zollfrei durch den Sund, unter dem Schein, aus königlichem Gebiet zu sein. Deshalb erließ der König eine Verordnung, die die Freiheit von Zoll und Lastpfennigen auf seine und seines Bruders Untertanen im Herzogtum beschränkte, soweit diese genügende Zertifikate von den Bürgermeistern und Räten, oder wenn sie nicht in Kaufstädten wohnten, von den Lehnsmännern beibringen könnten, daß sie königliche oder sonderburgische Untertanen seien[1]. Diese Bevorzugung wurde von Flensburg, Sonderburg und Röm, das z. T. reichsdänisch war, aufs glücklichste ausgenutzt. Deren Schiffe überwiegen unter den aus Schleswig-Holstein stammenden. 1611 sah sich Christian IV. für Kriegszwecke zu neuerlicher Erhöhung des Sundzolls gezwungen. Doch behielt man die gute Einnahme auch nach Friedensschluß weiter bei. Unglücklicherweise wurde die Abgabe auch auf die bisher zollfreien Schleswig-Holsteiner ausgedehnt, was für diese verhängnisvolle Folgen hatte[2].

Betrachten wir jetzt die Sundfahrt der schleswig-holsteinischen Schiffer etwas genauer, und zwar zunächst die Fahrt von West nach Ost. Die Zahl ihrer Durchläufe blieb bis 1568 stets unter 10, außer 1562, wo es 12 waren[3]. Sie stieg infolge der Einwanderung 1569 plötzlich auf 30, hob sich in den siebziger Jahren fast auf 50, betrug 1581—82 63 und 64, erreichte 1583 den höchsten Punkt mit 82 Durchläufen; sie fiel dann wieder ruckweise auf 5 im Jahre 1590, erreichte 1597 mit 38 und 1608 mit 59 Durchläufen noch einmal Höhepunkte, schwankte sonst zwischen 7 und 23[4]. Die Zunahme in den siebziger und

---

[1] Secher II 240 f.; Kanc. Brevb. VII 445.
[2] Secher III 323.
[3] 1557 4 Durchläufe, 1558 0, 1560 3, 1562—68 12, 8, 1, 1, 2, 4, 8.
[4] Von 1574 an ist die Zahl der Durchläufe 44, 40, 32, 47, 38, 33, 48, 63, 64, 82; von 1584 an 60, 62, 36, 38, 14, 15, 5; von 1591 an 12, 8, 15, 23, 21, 23, 38, 34, 29, 18, 10, 24, 21, 20, 33, 43, 46, 59; von 1609 an 25, 22, 11, 8, 10, 13, 19, 14, 13, 15, 17, 12, 16, 7, 23, 11, 13, 13, 14.

achtziger Jahren erklärt sich durch das Blühen des norwegischen Handels, die von 1597 und 1608 durch Mißwachs in vielen westlichen Ländern. Anfangs überwogen die mit Ballast beladenen Schiffe, wurden aber seit dem Aufkommen der Norwegenfahrt von den beladenen erreicht und sanken allmählich auf eine geringe Zahl herab. Mit dem Ende der Blüte der Norwegenfahrt 1587 überwogen zum erstenmal wieder die mit Ballast geladenen, was seitdem oft geschah, am stärksten 1597, 1607—08. Der wichtigste Herkunftsort war Norwegen. Nachdem es zuerst 1562 mit 1 Schiff erschienen war, hob es sich von 1566 von 1 auf 26 im Jahre 1577, betrug die nächsten Jahre 21, 30, 43, 55, 57, 76, 46, 56, sank 1586 auf 22, 1587 auf 5, und betrug in der Folgezeit nie wieder über 10, setzte auch oft aus. 1563, 1575 und 1577 wird Ny Lödöse genannt, 1603 und 1620 das Weiße Meer, 1622 und 1627 (mit 2 Schiffen) Rußland. An Zahl ist sodann die Herkunft aus Dänemark und besonders aus der Heimat die wichtigste, doch nicht an Wert der Ladung. 1557—69 werden 9 Schiffe von dort genannt, von 1574—1627 durchschnittlich 6, aus der Heimat durchschnittlich 4. Bedeutend war die Zahl besonders 1574, 1587, 1597, 1598, 1602, 1608, 1610, 1618 und 1619 mit 10—21 Durchfahrten. Ziemlich regelmäßig kamen aus Hamburg Schiffe. Meist waren es unter 10; auch setzte es öfter aus; größer war die Zahl 1598—1608 mit 20, 9, 4, 3, 5, 2, 8, 13, 11, 11, 20 Schiffen; später sank die Zahl auf 1—5 jährlich, außer 1627 mit 6 Schiffen. An Wert der Ladung werden in erster Linie die von Holland kommenden stehen. Bis 1568 kamen 14 Schiffe von dort; 1569 zeigt bezeichnenderweise die Höchstzahl mit 19; 1574—78 waren es noch 7, 5, 7, 9, 5 Schiffe; dann drängte die Konkurrenz der Holländer selbst sie auf 1—4 Schiffe zurück, ja fünfmal fehlen sie ganz; eine Belebung zeigt sich 1603—08 [5, 2, 4, 2, 7, 15], bis 1627 waren es nur noch 18 Schiffe zusammen. Stete Verbindung, besonders 1594—1615, bestand auch mit Schottland, von wo bis zu 15 Stück kamen[1]. In

---

[1] Beginn 1562—63 mit 3 und 1 Schiffe; 1569—93 zusammen 8 Schiffe; 1594—1617 70 Schiffe; 1621 1 Schiff.

derselben Zeit war der Verkehr mit England häufiger, doch betrug er nur ca. die Hälfte des schottischen[1]. Einige Schiffe jährlich kamen auch von Nordwestdeutschland, nur 1607 über 5 (nämlich 8); seit 1610 hörte dieser Verkehr fast ganz auf. Frankreich war 15 mal vertreten, besonders 1603—09 mit je 1—2 Schiffen. Portugal erschien in großen Zwischenräumen mit 1—4 Schiffen; von 1598—1610 war der Verkehr mit 1—2 Schiffen ziemlich regelmäßig; insgesamt war es 18 mal vertreten mit 28 Schiffen. Aus Spanien kamen nur 1623 2 Schiffe. 1613 und 1626 wird Schweden genannt.

Ähnliche Schwankungen zeigt die Fahrt von Ost nach West. Es waren 1557 1 Schiff, 1560—68 3, 11, 11, 1, 1, 2, 0, 4 Schiffe. Der große Stoß setzt auch hier 1569 ein mit 32 Schiffen. Der erste Höhepunkt war hier 1574 mit 40 Schiffen, doch sank die Zahl 1579 auf 9. Weitere Höhepunkte mit dazwischen liegenden Tiefen waren 1583 mit 33, 1587 mit 36, 1597—98 mit 49 und 44, 1605—08 mit 53, 56, 63 und 71 Schiffen. Sodann sank es auf 31 im Jahre 1609 und 8—27 Schiffen in den nächsten Jahren[2].

Der bedeutendste Ausgangspunkt für die schleswig-holsteinische Schiffahrt war hier Danzig. Hier zeigte sich besonders, daß die Frachtschiffahrt zwischen zwei fremden Ländern stets ein unsicheres Geschäft ist. Der fremde Schiffer ist stets auf das Wohlwollen des Landesherrn angewiesen und hat unter allen Wechselfällen, Schwankungen in der Produktion des Landes und Krieg, schwerer zu leiden als der heimische. Die recht bedeutende Schiffahrt von dort mußte 1577 während der Belagerung der Stadt eingestellt werden, ruhte auch 1579 wegen Streites der Stadt mit Dänemark und zeigt auch weiter ein recht bedeutendes Schwanken, das nur durch die Produktions-

---

[1] Beginn 1565, zusammen 52 Schiffe.
[2] 1574—1587 waren es 40, 29, 27, 28, 24, 9, 11, 20, 29, 33, 20, 14, 18, 36 Schiffe; von 1588—1608 11, 18, 5, 8, 8, 16, 30, 26, 32, 49, 44, 31, 15, 9, 25, 26, 22, 53, 56, 63, 71 Schiffe; von 1609—1627 31, 23, 19, 11, 10, 18, 20, 16, 12, 18, 23, 16, 10, 10, 27, 13, 14, 22, 8 Schiffe.

menge zu erklären ist. Da die Abfuhr von Danzig $^1/_2$—$^2/_3$ und mehr des ganzen Verkehrs von Ost nach West ausmacht, liegt hier der Hauptgrund für das oben erwähnte Schwanken[1]. Über die Abfuhr aus Schleswig-Holstein durch dort beheimatete Schiffe ist oben gehandelt worden. Bei Dänemark war 8 die höchste Zahl, 5—6 erscheinen öfter. Wichtig war Königsberg, von wo meist einige Schiffe kamen; am meisten waren es während Danzigs Belagerung, nämlich 7. Alle andern Städte und Länder sind ohne größere Bedeutung. Von Lübeck kamen regelmäßiger 1574—81 und 1600—1607 schleswig-holsteinische Schiffe, nie mehr als 3.

In 18 Jahren kamen Schiffe aus Mecklenburg, in 6 aus Pommern, in 14 aus Stralsund, in 18 aus Stettin, in 10 aus Westpreußen, in 7 aus Kurland, in 3 aus Livland, in 17 aus Riga, in 12 aus Schweden, in 2 aus Finnland; es waren nur einmal 4 Schiffe aus Schweden, bei allen andern weniger. Aus der Ostsee wurden Massenwaren ausgeführt, eingeführt wurden Wertwaren oder es wurde Ballast geladen. Daher ist bei der Fahrt nach Westen die Zahl der beladenen Schiffe weit höher als bei der umgekehrten Fahrt. Von 1574—1627 waren 16 mal alle Schiffe beladen· auf der Fahrt westwärts.

Wir wenden uns jetzt den einzelnen Städten und deren Anteil an der Sundfahrt zu und betrachten zunächst die an der Ostküste gelegenen und da wieder die königlichen Anteils. Weit überragt alle andern Orte des Landes Flensburg. 1539 lief zuerst eins seiner Schiffe durch den Sund. In allmählichem Ansteigen, mit einigen Unterbrechungen, wurden es 1569 11, 1574 34, 1583 78, dem Höhepunkt. Zehn Jahre darauf waren es nur noch 7. Dieser Wechsel wiederholt sich dann öfter. Seitdem Christian IV. 1611 die Schleswig-Holsteiner dem Sundzoll

---

[1] Von Danzig kamen 1557 1 Schiff; 1558 0; 1560 3; von 1562— 1568 7, 2, 1, 1, 1, 0, 2 Schiffe; 1569 22 Schiffe; von 1574 an 23, 21, 16, 0, 12, 0, 3, 5, 7, 7, 5, 7, 11, 23, 2, 9, 0, 1, 4, 13, 16, 15, 15, 41, 38, 22, 6, 5, 18, 20, 12, 42, 50, 54, 57, 21, 13, 1, 5, 7, 15, 14, 10. 8, 12, 16, 6, 4, 2, 8, 4, 0, 9, 0.

unterworfen hatte, konnte sich der Anteil der Stadt nicht wieder erholen; er hob sich nicht mehr über 20 [1]. Ebenso wurde Sonderburgs und Haderslebens Schiffahrt dadurch betroffen, und die vorher sehr zahlreichen Durchfahrten der Schiffer von Röm hörten mit einem Schlage fast ganz auf. Die Schiffahrt der herzoglichen Untertanen, die vor Erteilung der Zollprivilegien die der königlichen übertroffen, dann aber in ihrem Stande verharrt hatte, blieb auch ferner, wie sie war. Hadersleben, königlichen Anteils, erscheint 1577, 1579—82, 1584—85, 1592, 1594—95, 1597—1600, 1603, 1605—07, 1609 und zuletzt 1611 mit zusammen höchstens 4 Durchfahrten. Heiligenhafen, auch königlich, trat 1563 zuerst auf, dann noch 1568, 1579—80, 1582—83 mit höchstens 2 Durchläufen. Sonderburg, der jüngeren königlichen Linie gehörig, erschien zuerst 1568, setzte dann, allerdings mit einigen Unterbrechungen, mit jährlich 1—2 Durchfahrten ein, die 1583 auf 9 stiegen. Die Jahre 1590—1601 zeigten häufiges Aussetzen, dann stieg der Verkehr allmählich auf 15 Durchfahrten 1608, kam darauf aber nicht mehr über 3 hinaus. Im Durchschnitt gingen 1574—1627 2,5 Sonderburger Schiffe durch den Sund. Das herzogliche Gebiet der Ostküste steht nicht so günstig da. Kläglich war hier Apenrade; 1578 1580—81, 1583—85, 1588 erschien es mit je einer Durchfahrt. Es sind auch manche Klagen über den schlechten Stand der Stadt erhalten. Schleswig erschien nur 1580, 1582, 1602 und 1624, doch fehlte es ja am Hafen. Eckernförde zeigte 1575— 78, 1581—86, 1593—94, 1615, 1617, 1619, 1624—25 höchstens 6mal seine Flagge; der Durchschnit betrug noch nicht 1 im

---

[1] Im einzelnen waren es 1539 7, 1540 1, 1542 3, 1545 1, 1547 4, 1560 3, 1562 4, 1563 3, 1566 2, 1567 3, 1568 5, 1569 4 ostwärts, 7 westwärts; von 1574 an, getrennt nach Ost- und Westfahrt 18—16, 16—9, 14—9, 26—10, 18—6, 26—5, 38—4, 53—6, 48—17, 59—19, 45— 12, 52—9, 23—10, 12—11, 9—5, 8—12, 5—5, 6—5, 4—4, 4—3, 15—22, 14—20, 17—23, 17—27, 20—29, 11—12, 5—4, 5—3, 3—7, 6—11, 8—9, 24—37, 20—29, 28—39, 15—22, 9—11, 6—6, 2—5, 0—2, 5—4, 6—9, 9—11, 2—3, 3—1, 0—3, 4—8, 6—10, 9—4, 4—6, 0—6, 2—3, 1—3, 3— 11, 12—6.

Jahr. Kieler zeigten sich 1583—85, 1587, 1596—98, 1604, 1606—13 (Höhepunkt 6 Durchfahrten), 1616, 1621, 1625—26. Neustädter gingen 1585, 1588—89, 1599, 1601, 1609 höchstens mit 4 Schiffen hindurch. Fehmarn, wo meist Burg genannt ist, mit 1—2 Fahrten, 1580 aber Albersdorf und 1581 Petersdorf genannt werden, erschien 1569, 1574, 1580—82, 1584, 1586, 1611—12, 1614—16. Gelting, wohl das adlige Gut, zeigte 1577—78 1 und 3 Durchläufe.

An der Westküste war 1557—58 Mögeltondern, damals zu Ripen gehörend, mit je 2 Fahrten vertreten; 1608 ging noch einmal ein Schiff von dort ostwärts. Erst später erschienen andere königliche Orte. Helgoland 1569, 1576, 1580, 1587, 1600, 1608—10, 1612, 1623 mit der Höchstzahl von 8 Durchfahrten. Itzehoe 1569, 1574—76, 1584, 1587, 1591—93, 1608, 1613, 1616 mit der Höchstzahl von 8 Fahrten. Wilster 1569, 1575—79, 1581, 1588—89, 1597 mit höchstens 13 Fahrten. Krempe 1574—77, 1596, 1622, 1627 mit der Höchstzahl 5. Von der Stör, besonders Beidenfleth, erschienen 1574—75, 1577, 1580, 1582—85, 1587, 1589, 1606 Schiffe in der Höchstzahl von 6. Glückstadt erschien 1623 zuerst mit 11 Durchfahrten in jeder Richtung, was aber in den folgenden Jahren auf 2—2, 3—1, 2—2 Fahrten sank. Eine bedeutende Zahl zeigt die kleine, arme Insel Röm. Nachdem 1593 die erste Fahrt gemacht war, hob es sich auf 45 Durchläufe im Jahre 1608, verschwand nach 1611 aber fast ganz[1]. Halb königlich, halb herzoglich war Föhr, das 1569, 1574—77, 1580, 1595, 1600 erschien. Die frühesten Durchfahrten überhaupt sind von dem herzoglichen Husum bezeugt, das 1536 zuerst erschien und dann fast regelmäßig. Die öfter erreichte Höchstzahl war 15, die Durchschnittszahl betrug ca. 3. Eiderstedt zeigte sich zuerst 1569, sodann 1575—78, 1583—84, 1586—88, 1593—94, 1596—1600, 1602, 1608, 1612—13, 1615—26 mit bis zu 5 Durchfahrten. Der bedeutendste Ort

---

[1] Im einzelnen waren es 1593 2 westwärts; 1597—1600 3 ostwärts — 3 westwärts, 7—5, 6—7, 2—2; 1602—1612 12—11, 8—9, 7—6, 4—4, 12—14, 6—6, 23—22, 5—4, 6—5, 1—1, 1—0; 1614—1616 2—3, 3—3, 1—2; 1618 und 1626 noch einmal zusammen 3 Durchläufe.

des Landes, Tönning, erschien gesondert 1581—82, 1586—87, 1592, 1594, 1597—1600, 1603—04, 1606—08, 1615—26 mit der Höchstzahl von 11 Durchfahrten im Jahre 1618. Dithmarschen begann 1562—64, erschien weiter 1569, 1574, 1576—82, 1584, 1586—87, 1593, 1595—98, 1600—01, 1609—10, 1617—26 mit bis zu 13 Durchläufen. Fürstliche und adlige Schiffe gingen 1568—69, 1575—78, 1581, 1583, 1587, 1589, 1591, 1593, 1594, 1597, 1599—1601, 1604—05, 1607—08, 1619, 1626 je 1—2mal hindurch. Vereinzelt werden noch genannt: das königliche Süderdithmarschen 1574 und 1578, Nordstrand (herzoglich) 1569, 1578 und 1601, Westermarsch 1574, Holstein ohne weitere Angabe 1574, Oland 1598—1600, Emmerleff 1600, Oldenswort 1603, Dagebüll 1604, Ockholm 1609, Kappel 1623, Bredstedt 1624.

Übrigens erschöpfen die Sundzollisten die schleswig-holsteinische Frachtschiffahrt aus der Ostsee in die Nordsee und umgekehrt keinesfalls. So erhielten 1576 in Lübeck acht schleswig-holsteinische Schiffer Zertifikate nach Westen, aber nur einer erscheint in den Listen als von Lübeck kommend. Die übrigen mögen vorher noch andere Häfen aufgesucht haben, wahrscheinlich aber sind sie durch den Belt gegangen. Der Belt wurde auch sonst von ihnen häufig benutzt[1], wie die großen Differenzen bei der West- und Ostfahrt bezeugen. Auch auf der verbotenen Fahrt durch den Middelfartsund wurden sie ertappt[2]. Auch überall sonst traten schleswig-holsteinische Schiffer als Frachtfahrer zwischen fremden Häfen auf. In der Ostsee zwischen Danzig und Wiborg[3], Elbing und Lübeck, Lübeck und Schweden[4], zwischen dänischen und andern Ostseehäfen[5]; noch stärker ist dieser Verkehr in der Nordsee und im Atlantischen Ozean bis

---

[1] Sundzollreg. II 44—45.

[2] Kanc. Brevb. V 344.

[3] Simson 270, Nr. 3638.

[4] In Lübeck wurden an Zertifikaten für schleswig-holsteinische Schiffer ausgestellt 1575: 3, 1576: 7, 1577: 6, 1578: 1, stets für weite Fahrten.

[5] Kanc. Brevb. VI 431 u. a.

nach Spanien hinunter. So laufen in Emden schleswig-holsteinische Schiffe aus Norwegen, Spanien, Stade und Hamburg kommend ein[1], besonders 1599 aus Spanien[2]. Sie nutzten dabei wohl auch die Möglichkeit aus, im Sommer im Norden zu schiffen, während sie im Winter die südliche Fahrt trieben. Die Hauptsache aber blieb doch wohl stets die Abfuhr eigner Produkte. Nur in Flensburg und Röm überwog die Frachtfahrt in fremdem Dienst. Als Beispiel für die Verbindung von Abfuhr eigner Produkte und Frachtfahrt mag der Vertrag des Junkers Kay Rantzau zur Hanerau mit Carsten Lawrentzen, dem Schiffer zu Husum, angeführt werden. Rantzau hatte 1597, als die Schiffahrt in Husum sehr darniederlag, dort ein Schiff gekauft. Ein Viertelpart davon überließ er dem genannten Schiffer. Der Schiffer sollte mit allerlei Waren, was, wohin und zu welcher Zeit der Junker bestimmte, fahren. Es wurden dann die Frachten festgesetzt: von Husum bis Hanerau, von Husum oder Hanerau auf die Ems oder das Vlie und von da wieder zu Haus; von Hanerau nach Ripen; nach dem Strande oder auf die Elbe; von Hanerau nach Hamburg und wieder zu Haus; schließlich wurden durchgehende Reisen festgesetzt: von Hanerau in das Vlie, aus dem Vlie nach Norwegen und von dort wieder nach Hanerau, oder andere solche Reisen[3]. Es wurde also vornehmlich die Abfuhr heimischer Produkte und der Verkehr des Heimatshafens mit fremden Orten beabsichtigt, erst in zweiter Linie Verkehr zwischen fremden Häfen.

Mannigfachen Schaden taten in dieser Zeit die Freibeuter. Vielfach nahmen sie Schiffe, ja man fürchtete ihren Einfall ins Land[4]. Auch bei den Landeseinwohnern war die alte Verbindung von Schiffahrt und Seeraub nicht ganz geschwunden. Vielfach fanden die Piraten bei der Küstenbevölkerung noch Unterschlupf, besonders

---

[1] S. Anhang.
[2] Hagedorn II 405.
[3] Poorter 573, 2 f.
[4] Nehlsen, Dithm. Gesch. 527: 1599; Acta A XX 1202: 1611 Juni 29 Befehl, sich gegen die Dünkircher zu rüsten; Neoc. II 275; Laß 58; Simson 442 Nr. 5711; M. J. I 1898: Krempe gegen Seeräuber.

in Dithmarschen[1]. Noch 1550 hat sich Dithmarschen in einem Vertrage mit den Städten verpflichtet, Frieden zu halten[2]. Die Landesbewohner selbst trieben besonders während des siebenjährigen Krieges sehr häufig Kaperei[3]. Sie standen in dänischen Diensten und fügten auch Neutralen, wie den Hansestädten, vielen Schaden zu[4]. Dithmarscher und Friesen kaperten selbst, der Adel rüstete Kaper aus[5]. Einer der bekanntesten Kaper, Sylvester Francke, der später in dänischen Diensten ein bedeutendes Kommando hatte, war von Moritz Rantzau, Amtmann auf Gottorf, ausgerüstet[6]. Auch nach dem Friedensschluß trieben diese Freibeuter ihr Gewerbe weiter[7]. Von ihnen, wie von fremden Kapern[7] hatte das Land zu leiden. Später hören wir dann nichts mehr von schleswig-holsteinischer Kaperei. Desto mehr hatte dann aber des Landes Schiffahrt von fremden Kapern zu leiden, da fast fortwährend irgendwo Krieg war. So kaperten während des siebenjährigen Krieges die Schweden manches Schiff weg[8]. Auch jeder folgende Krieg schädigte die Schiffahrt des Landes, obwohl es neutral war. Die Geusen nahmen vielfach schleswig-holsteinische Schiffe[9], obgleich Wilhelm von Oranien gewünscht und befohlen hatte, die Neutralen und Freunde zu schonen. Dasselbe geschah während der Kriege zwischen Russen und Schweden und Polen[10]. Mit besonderem Eifer gaben sich auch die Engländer während ihres Kampfes gegen Spanien dem

---

[1] Koppmann VI 226, 562, VII 30; Simson 205 Nr. 2841.

[2] Archiv des Ver. f. Gesch. und Altert. d. Herz. Bremen und Verden III 55.

[3] Höhlbaum I 439; Neoc. II 85—87: Dithm. als Seeräuber.

[4] Mitt. aus d. Köln. St. XVIII 10.

[5] St. P. of El. 1563 S. 523, 532; 1564—65 S. 219, 295, 935; O. Blümcke, Pommern während des nord. siebenjähr Krieges. 1890 S. 401; H. T. IV. R. 6 Bd. 414 f.

[6] Kanc. Brevb. III 381; H. G. Garde, Den dansk-norske Soemagts historie 1535—1700. 1861 S. 72a, 84—85, 88—89.

[7] Kinch, Ribe II 140—41, 838.

[8] Hagedorn I 136—37; Mitt. aus d. Köln. St. Bd. VI, H. XVII 94.

[9] Hagedorn I 280, 312—13, 360; Johs. van Vloten I 328; II S. LXX; Heimreich II 26.

[10] Select Pleas II 28—29; Simson Nr. 8899, 8911.

einträglichen Geschäft der Verfolgung und Kaperei gegen die meist ganz unschuldigen Neutralen hin[1]. Die Dünkircher nahmen jede Prise, die sich bot[2].

Ein Rest aus den barbarischen Zeiten, da der Fremde für rechtlos und schutzlos galt, war das schleswig-holsteinische Strandrecht, das selbst gegen Nachbarn und die eignen Landsleute keine Schonung kannte. Der Fürst und die Finder waren beide am Gewinne beteiligt. Oft herrschte zwischen königlichen und fürstlichen Untertanen erbitterter Streit über die Beute[3]. Erst spätere Zeiten milderten das harte Recht.

Mut und Unternehmungslust fehlten den schleswig-holsteinischen Schiffern nicht. Während im Nordseeverkehr im allgemeinen noch die Küstenschiffahrt im Schutze des vorgelagerten Inselkranzes überwog, ein Weg, den die Emder auf ihrer Fahrt nach Husum in der Regel wählten, fuhren die Husumer mit großen Schiffen durch das offene Meer nach Ostfriesland[4]. Föhrer, Nordstrander, Husumer und Tonderner kauften oft verbrauchte Emder Schiffe und wagten sich mit diesen, auf ihrer Ladung schwimmenden Kästen hinaus[5]. Alle neuen Handelszweige, oft gefahrdrohend, neue und weite Wege fordernd, suchten sie alsbald auszunutzen. Frühzeitig beteiligten sie sich an der Fahrt nördlich von Bergen[6] und „bawen Norwegen" nach dem Weißen Meer[7]. Nach Italien sandten sie vor den Hansestädten Korn zu Schiff.[8] So sehen wir, wie sich die schleswig-holsteinische Seeschiffahrt im 16. und 17. Jahrhundert kräftig entwickelte; sie drang in ganz neue Gebiete ein und nahm an Umfang zu. Die Pläne gingen noch

---

[1] Macray 47 App. S. 24; Dasent IX 337; XIX 45—46; Kanc. Brevb. IX 510—11, 816; N. D. M. IV 3, 176.

[2] Acta A XX 278: 1627 Dez. 1.

[3] Neoc. II 335, 376, 404 f; Simson 282, 284 ff., 296; Michelsen, D. UB. 171—72, 259, 271; F. A. IV 597—600; Prov. Berr. 1798 IV 320—22 u. a.

[4] Hagedorn, Hans. Gesch. Bl. 1909 XVI 395.

[5] Ebenda 425.

[6] Norske Rigsreg II 6.

[7] Mitt. f. hbg. Gesch. XX Jahrg. 1900 VII 291.

[8] Zeitschr. XXII 282; Naudé I 30.

viel weiter. Hier dachte man auch an Teilnahme am außereuropäischen Handel nach Ost- und Westindien[1]. Flensburg beteiligte sich mit 3000 Talern an der dänischen ostindischen Kompanie. Dies ist der einzige Beleg für wirkliche Beteiligung an so weitreichenden Unternehmungen[2].

Es ist auch einmal der Versuch gemacht worden, die Seemacht Schleswig-Holsteins für das deutsche Reich auszunutzen. Der Pfalzgraf Georg Hans von Veldenz hatte als erster auf die Notwendigkeit hingewiesen, daß das Reich zur See mächtig werde. Er schlug die Gründung einer Reichsadmiralschaft vor; er bemühte sich sehr lebhaft um das Projekt, arbeitete auf den Reichstagen dafür, trat in Verbindung mit den Seestädten und beabsichtigte vor allem seine Ernennung zu diesem Posten, um eine auskömmliche Stellung zu erlangen, da seine sonstigen Einkünfte nicht sehr bedeutend waren. Der Reichstag ging auch zunächst auf die Sache ein. Er ordnete für den ober- und niedersächsischen Kreis eine Besichtigung der Küsten wegen des Admiralswerkes an. Es begünstigte den Plan, daß sich damals zahlreiche Seeräuber und Kaper, die seit dem Stettiner Frieden beschäftigungslos waren, in der Nordsee festsetzten, so daß eine Seepolizei notwendig wurde. Herzog Adolf schrieb darum als Oberster des niedersächsischen Kreises auf den 11. Juni 1571 einen Kreistag nach Lübeck aus. Hamburg und Bremen, deren Erscheinen wegen ihrer Seemacht von besonderer Bedeutung war, erschienen gar nicht. Herzog Adolf war durch seinen Kanzler Tratziger vertreten. Er fand aber bei Lübeck wenig Entgegenkommen. Lübeck hatte viele Bedenken (Brief v. 26. Juni). Es erkannte die Wichtigkeit des Werkes zwar voll an, meinte aber, es lasse sich wenig dabei tun, da schon die vielen andern Königreiche an der West- und Ostsee sich das nicht so ohne weiteres gefallen lassen würden; im Reich herrsche Streit, und man könne des guten Willens der Benachbarten bei Sturm und den Gefahren der Seefahrt nicht entbehren. Der Nutzen, den

---

[1] S. Kap. II; Schleswig-Holsteiner im Dienst der ostindischen Kompanie, Acta A XX 27.

[2] Claeden, Mon. Flensb. II 174.

man sich davon versprach, Wiedererlangung der Stapel- und Gewerbgerechtigkeiten in andern Ländern, könne auch auf andere Weise erreicht werden. Auch seien zwei Flotten nötig, auf Nord- und Ostsee, was sehr kostspielig sei. Man möge daher lieber Verständigung mit den Nachbarn suchen. Überhaupt müsse man den Anlaß, die Seeräuberfrage, vorsichtig behandeln, damit nicht unter den Ständen selbst Streit entstehe. Es warnt besonders davor, die russischen Freibeuter als Feinde zu betrachten, da diese nur ausgerüstet seien, um die See offen zu halten. Um die Sache dann möglichst aufzuschieben, schlug Lübeck vor, auch den obersächsischen Kreis um Bericht zu bitten[1]. In einem Schreiben an Herzog Julius von Braunschweig setzt Lübeck deutlicher die Gründe seiner Abneigung auseinander: das Unternehmen, das scheinbar gegen die Seeräuber gerichtet sei, solle in Wirklichkeit den Interessen der spanischen Politik gegen die Niederlande dienen. Neue Schreiben Herzog Adolfs wegen der Reichsadmiralschaft vom 18. und 22. Juli beantwortete Lübeck damit, daß es noch einmal eine Kopie seines Schreibens übersandte, da ihm der Empfang noch nicht mitgeteilt sei, und bemerkte im übrigen, daß es den Bedenken der andern Stände nicht habe vorgreifen wollen[1]. Wie weit Lübecks Abneigung damals schon durch die Furcht, seinen nächsten Nachbarn, Herzog Adolf, mit der Würde bekleidet und zu Seegewalt emporsteigen zu sehen, bestimmt war, läßt sich nicht entscheiden. Des Herzogs eifriges Drängen deutet aber darauf hin, daß er selbst schon solchen Plan hegte. Seinem Ehrgeiz bot sich hier eine glänzende Aussicht. Da er auf Spaniens Unterstützung rechnen zu können glaubte — kämpfte er doch in diesen Jahren unter Alba gegen die Niederländer —, und da er den Kaiser, dessen Politik er auch stets unterstützt hatte, leicht für sich gewinnen zu können hoffte, versprach seine Bewerbung in der Tat Erfolg. Einen bedeutenden Schritt zum Ziele tat er durch das Bedenken des niedersächsischen und burgundischen Kreises, die auf einem Tage zu Groningen über das Admirals-

---

[1] Lüb. St. Commercium liberum I 5.

werk berieten. Abgeordnete waren Gasp. Robles de Billy für den burgundischen, Adam Tratziger, Herzog Adolfs Kanzler, für den niedersächsischen Kreis und Viktor Knipping für Westfalen; diese drei sind auch die einzigen Unterzeichner des Bedenkens. Unter den zur Abwehr der Seeräuberei vorgeschlagenen Maßnahmen ist für uns die wichtigste, daß „eine gelegene person furstlichs oder herrnstands, deren gebiet die Ost- und Westsee berurte" des „obristen Admirals bevelch" fürnehmen sollte. Im übrigen sollte ein Verbot ergehen, die Räuber aufzunehmen; Kommissare sollten darüber wachen; Oraniens Bestallungen sollten ungültig sein; es sollten Schiffe ausgerüstet werden u. a.[2]. Beim Reichstage in Frankfurt fand der Groninger Abschied wenig Entgegenkommen; man wies auf die großen Unkosten, die Neuheit der Sache hin; man wünschte alle häfenbesitzenden Stände zu hören; man fürchtete auch, im Auslande Feinde zu erwecken, und hielt es für bedenklich, einem Manne solche Macht in die Hand zu geben. Man riet schließlich, mit dem Haus Burgund zu verhandeln, daß etliche Schiffe von dort ausgesandt würden. Pfalzgraf Georg Hans war ebensowenig damit zufrieden, daß ein anderer ernannt wurde. Er suchte eine Kandidatur Adolfs besonders durch den Hinweis zu stören, daß zu den Aufgaben eines Admirals auch das Vorgehen gegen Dänemark wegen des Sundzolls gehöre[2]. Herzog Alba aber verfolgte den Plan weiter und empfahl Adolf dem spanischen Könige. In Spanien zögerte man aber doch, den Plan Albas zu begünstigen, da man glaubte, daß die Untertanen des Reiches an der Nordseeküste, die ja alle Ketzer wären, doch nicht aufhören würden, die Piraten und Geächteten aus den vereinigten Provinzen zu unterstützen und sich schwerlich dazu verstehen würden, Kosten aufzubringen, um die Provinzen mit vereinten Kräften niederzuwerfen[3]. Man sieht

---

[1] Mitt. a. d. Stadtarchiv von Köln, herausgeg. von K. Höhlbaum. Heft XVIII Bd. VI. 1889. Die Admiralsakten von Pfalzgraf Georg Hans, Graf zu Veldenz, bes. S. 16 ff., 21.

[2] Ebenda 36 f.

[3] Cornelii Hoynck van Papendrecht, Analecta Belgica. Haga Comitum 1743. Bd. I 661—62.

hier deutlich die Zwecke Spaniens. Im Reich erwog man den Plan noch einige Jahre weiter, noch 1579 beschloß man zu Speyer, daß „hoch von nöten seyn wil, dem Römischen Reiche einen Admiral zu ordnen, der das Reich zu seiner vorigen Gerechtigkeit wiederum bringe und wider alle Neuerung beschirmen müge"[1]. Dabei aber blieb es. In die Wirklichkeit wurde der Plan nicht übergeführt. Ob Adolfs Kandidatur nach der ablehnenden Haltung Spaniens weiter verfolgt wurde, ist fraglich. Als Kreisoberster hat er noch weiter gegen die Seeräuber gewirkt[2].

---

[1] Marquard, De iure mercatorum II. cap. III § 91 S. 206.
[2] Lüb. St. Commercium liberum vol. I Nr. 5.

Kapitel V.
Der Transithandel.

Der Transithandel ist der älteste Handel Schleswig-Holsteins, von dem wir Genaueres wissen. Vom 8. bis um die Mitte des 12. Jahrhunderts ging der Hauptverkehr zwischen Nord- und Ostseeländern über Schleswig. Auch nachher blieb ein bedeutender Handel an dieser Stelle, bis die Schlei von Erich dem Pommern durch versenkte Steinschiffe gesperrt wurde. In dieser frühesten Zeit reichte der Verkehr nach Westen bis Holland, nach Osten umfaßte er das ganze Gebiet der Ostsee. Aber seit der Befriedung der Slawenküste wandte sich der Verkehr mehr und mehr der im innersten Winkel der Ostsee und am meisten in der großen Fahrtrichtung der Schiffe gelegenen Straße über Hamburg und Lübeck zu und wurde der Grund zur Blüte dieser Städte. Daneben kamen andere Wege auf, deren bedeutendste von Lübeck zur Stör .und von Kiel über Flemhude zur Eidermündung führten. Alle Waren, um die es sich bei diesem Verkehr handelt, sind wertvolle Waren, die nur wenig Raum einnehmen und leicht umzuladen sind: von Osten brachte man Pelzwerk und Felle, Wachs, Bernstein u. a., von Westen besonders Salz, Tuche, Wein. Seit dem Ende des 14. Jahrhunderts begann aber ein stärkerer Handel mit Massengütern, vor allem mit Getreide, mit Holz und andern Produkten der östlichen Wälder und trat allmählich an die erste Stelle. Als Rückfracht diente französisches und seit dem 16. Jahrhundert portugisisches und spanisches Salz. Im Laufe des 16. Jahrhunderts nahm dieser Handel einen gewaltigen Aufschwung, zumal da auch in England und der iberischen Halbinsel die eigene Kornproduktion nicht mehr ausreichte. Die Träger dieses neuen

Verkehrs waren die Holländer, deren Not zuerst den Anlaß gegeben hatte. Zugleich änderte sich die Art des Handels, indem die Küstenschiffahrt und der Landtransit ihre Bedeutung verloren. Die Fahrt durch den Sund begann, die bald für alle Massengüter fast auschließlich gewählt wurde. Die Fahrt durch den Sund war weiter; oft gingen lange Wochen mit Kreuzen gegen die Nordwestwinde verloren und dazu drohten die Sande an Jütlands hafenloser Westküste, deren Gefahren uns Reisende des 16. Jahrhunderts lebhaft ausmalen. Auch von räuberischen Anwohnern drohte viele Gefahr. Noch 1619 mußten trügerische Feuer verboten werden, durch die man Schiffe auf Sandbänke lockte, um sie auszuplündern[1]. Für den Handel mit Wertwaren blieb darum der Landtransit durchaus daneben gebräuchlich.

1. Lübeck-Hamburg.

Die Straße zwischen Lübeck und Hamburg, durch holsteinisches Gebiet gehend, war die belebteste. Von Lübeck wurden die Waren zu Schiff nach Oldesloe geführt und dann auf Wagen weiterbefördert und umgekehrt[2]. Auch die ganze Fahrt machte man zu Wagen. Ein andrer Weg führte über Trittau. Oldesloe und Trittau waren holsteinische Zollstellen[3]. An Waren wurden hauptsächlich Wachs, Werg, Flachs, Kupfer, Eisen, Pulver, Holz, Heringe, Hopfen, Danziger Kisten, Segeltuch, Galmey, Met, Tran, Teer, Leinwand, Laken, Wein durchgeführt. Es war fast alles Hamburger und Lübecker Eigentum. Hamburger und Lübecker Bürgergut war zollfrei, außer Laken, Wachs und Werg; das erklärt schon allein, weshalb die meisten Güter als ihr Eigentum deklariert hindurchgingen. Die Wichtigkeit der Straße für die Städte erhellt schon aus den vielen Ausgaben für Absendung der Stadtsoldaten zu ihrer Sicherung[4]. Holsteiner bezogen aus Lübeck rohes Kupfer, Salpeter, Eisen, welches sie dann verarbeiteten und über Hamburg weiter ver-

---

[1] D. Schäfer V 735.
[2] M. J. I 23.
[3] Ebenda 17.
[4] Koppmann: Jährlich unter reisae dominorum et satellitum.

sandten[1], und benutzten die Straße wohl auch für Korn- und Weindurchfuhr[2].

Obwohl Hamburg und Lübeck vermöge ihrer allgemeinen Zollfreiheit in Holstein auch hier frei waren, außer für Wachs, Werg und Laken und außer der Zahlung von Trankgeld, soweit sie Geleit forderten[3], waren die Einnahmen bedeutend: in dem Anschlag für die Landesteilung 1543 wird Oldesloe in einer Handschrift mit ca. 600 M.[4], in einer andern mit ca. 900 M. und der Zoll zu Trittau mit ca. 600 M.[5] angesetzt. 1622 betrug die Zolleinnahme im Amt Trittau 214 Rtlr. 34 β [6].

Eine Abnahme erfuhr der Verkehr zwischen 1570—80, als Hamburg neue Zölle einführte[7], und später, als Lübeck[8], gestützt auf sein Stapelrecht und eine Kaufmannsordnung vom 28. August 1607, die Durchfuhr zu hindern suchte, die es nach langem Streit allein Hamburg mit Einschränkungen wieder zugestand[9]. Schon 1544—45 hatte Lübeck den Holsteinern die Durchfuhr von Lebensmitteln während einer Teuerung verboten, was aber wohl nur eine augenblickliche Maßnahme war; auch mögen die Drohungen des Adels, bei Verweigerung der Durchfuhr jeden Verkehr Holsteins mit Lübeck zu unterbinden, Erfolg gehabt haben[10]. 1552 hatten sich die dänischen Städte über die Hinderung der Durchfuhr ihres Korns und ihrer Waren neben andern Belästigungen beklagt[11]. Verhandlungen führten dann zu vorläufigen Versprechungen der hanseatischen Gesandten, daß den dänischen Untertanen, wenn sie ihre Waren in den Städten nicht

---

[1] S. o. Ausfuhrgewerbe.
[2] Laursen, Tractater I 640 Art. 27 u. 28.
[3] Lüb. St. Von der lüb. Zollfr. in Holstein vol. II Fasc. IV.
[4] N. St. M. VI 243.
[5] Ebenda 248.
[6] St. ˙M. X 239.
[7] S. Transithandel 2: Lübeck-Stör.
[8] Hans. Geschbll. XIII 112 f; Hansen, Beitr. 101 f.
[9] Ebenda 121 f.
[10] Lüb. St. Holsatica vol. VII 1: 1544 April 11, Nov. 6; 1545 April 3, 28, Okt. 31, Nov. 6, 11.
[11] Laursen, Tractater I 629.

verkaufen könnten, auch die Abfuhr zu Lande freistehen sollte[1]. Die endgültige Regelung geschah erst durch den Odenseschen Rezeß vom 25. Juli 1560, worin den Untertanen des Reiches Dänemark in den wendischen und Hansestädten „ihre handtierung und frey ein und ausfuhr" zugestanden wurde, und wenn sie nicht verkauften, sollten sie „mit denselben zurück, wo es ihnen geliebt, sigeln" dürfen, alles inhalts der Privilegien. Für Wein und Hamburger Bier wurde in Art. 27 und 28 besondere Durchfuhrfreiheit in Lübeck bestimmt[2]. Man hatte offenbar die Durchfuhr vollkommen freistellen wollen, was die Städte dann hintertrieben oder verklausuliert ausgedrückt hatten. Mochten sie zunächst, wenn wir den spätern Klagen der Holsten Glauben schenken wollen, den Dänen und Holsten Freiheit der Durchfuhr gestattet haben, so konnte der Lübecker Rat doch, ohne den Wortlaut des Vertrages zu verletzen, als er die Blüte der Stadt schwinden sah und den Bürgern wenigstens den Durchfuhrhandel sichern wollte, die Durchfuhr auf Oldesloe und Hamburg und zum holsteinischen Adel durch Nichtbürger hindern, denn im Vertrage ist vom Rücksegeln die Rede. Zuerst hat der Rat diesen Standpunkt in Verhandlungen von 1600 betont[3]. Wo schon vorher im 16. Jahrhundert die Durchfuhr erschwert wurde, ist es schwerlich schon um des Prinzips wegen geschehen, sondern durch besondere Umstände, Teurung oder Krieg, zu erklären. Die erhaltenen Schreiben um Durchfuhrerlaubnis stammen alle aus solchen Jahren, so daß nicht zu ersehen ist, ob die Durchfuhrerlaubnis stets an eine besondere Bitte geknüpft war[4]. In den spätern Streitigkeiten berufen sich die Holsten auf die alte Gewohnheit und führen manche Fälle an, für die solche Schreiben nicht erhalten sind.

Nach 1600 aber untersagte der Rat prinzipiell allen Fremden die Durchfuhr und berief sich dabei auf den Odenseschen

---

[1] Laursen, Tractater I 659—60; Häpke S. 519 ff.

[2] Laursen, Tractater I 640.

[3] Hansen, Beitr. 102a.

[4] Lüb. St. Holst. Adel vol. III 21: 1563 Aug. 8, 1585 Dez. 20; Poorter S. 545—46 Nr. 351.

Rezeß, in dem die Stapelgerechtigkeit der Stadt festgelegt sei. Man verbot es sogar dem regierenden Herzog und andern Mitgliedern des herzoglichen Hauses, Güter durchzuführen. Auf holsteinischer Seite berief man sich auf das alte Herkommen der freien Durch-, Zu- und Abfuhr, aber ohne Erfolg[1]. In der neuen Kaufmannsordnung von 1607 wurde dann die Durchfuhr für alle von Dänen eingeführten Waren verboten[2]. Zunächst war die Durchfuhr gehindert[3]. Man benutzte jetzt, wie z. B. Herzog Hans d. J., Neustadt als Ab- und Zufuhrhafen. Später wurde die Ordnung nicht so strenge durchgeführt, so daß die Holsteiner den Handel weiter treiben konnten, soweit sie ein besonderes Privileg hatten wie Oldesloe (das allerdings nur auf zollfreie Korn- und Viktualienausfuhr zu eignem Bedarf lautete, aber zu großem Unterschleif von den Kaufleuten ausgenutzt wurde) oder von den Fürsten Briefe erlangten, daß es deren Gut sei[4]. Doch bei Teurung hielt man das Verbot auch gegen die Fürsten aufrecht, obwohl Christian IV. die eigenmächtigen Festsetzungen der

---

[1] Lüb. St. Von der Holst. Zollfreiheit in Lüb. Fasc. I 3: 1603 Sept. 4.; Lüb. St. vol. Holz: 1605 ein langer Streit zwischen Lübeck und Herzog Hans d. J., dem 250 eichene Dielen und 200 Einhölzer in der Herrenwiek arrestiert waren und dem Lübeck künftig kein Malz mehr durchgestatten wollte, das er mit eben dem Schiffe in großen Mengen heimlich durchgeführt habe. Herzog Johann beruft sich 1605 Sept. 17. auf die Durchfuhr von Korn und Lüneburger Salz durch das Kloster, auf Friedrichs II. und seine eigene häufige Durchfuhr von Holz, Malz und Korn „gar offt, auch woll die Trave auffwerts biß an Reinefelde unvorhindert getrieben"; ebenda vol. Durchfuhr betr. III. Fasc. IV: 1606 Aug. 15. Durchfuhr von Elenshäuten im Werte von über 1000 Tlr. gefordert. Lübeck bestreitet, daß je freie Durchfuhr gewesen sei.

[2] Hans. Geschbll. XIII 115 f.; Marquard, De iure merc. I Kap. XVII § 38—39 S. 159.

[3] Lüb. St. vol. Holz: 1609 Febr. 3; Von d. Holst. Zollfr. in Lüb. Fasc. I 4: 1608 Nov. 12, 1609 Aug. 3.

[4] So führte Oldesloe vom 11. Febr. 1619—11. Febr. 1620 527 Lasten Korn durch, 5—6 mal mehr als sie gebrauchten, dazu der Adel 200 Lasten, Lüb. St. Von der Holst. Zollfr. in L. Fasc. II; ebenda Fasc. I Nr. 6 auf fürstl. Bittschreiben 200 Mühlensteine durchpassiert u. a.

Bürgerschaft über die Durchfuhr, die auf die Verträge mit Dänemark keine Rücksicht nahmen, nicht anerkennen wollte, und obwohl er drohte, ihnen die Zufuhr aus Holstein zu unterbinden. Herzog Friedrich III. hinderte man 1623 an der Durchfuhr von Korn aus Mecklenburg, wogegen er nach der Ernte den Einwohnern von Fehmarn befahl, ihr Korn nicht nach Lübeck zu führen, bis es sich füge[1].

Der Zoll zu Oldesloe und Trittau war eine Quelle steten Streites zwischen den Städten und dem Herzogtum. Um zweierlei vor allem handelte es sich dabei, 1. ob diese Abgabe der Städte ein Zoll oder nur ein Weg- oder Geleitsgeld sei, 2. um Maßnahmen gegen den häufigen Unterschleif. Herzog Adolf erklärte die Abgabe gleich im ersten Jahre seiner Regierung für einen Zoll und wollte sie nicht als Geleitsgeld ansehen wie die Städte. Wer Geleit fordere, sei verpflichtet, an die Reiter ein Trankgeld zu geben[2]. 1548 stritt man wieder. Es war Schmuggel vorgekommen, Herzog Adolf hatte Gegenmaßregeln ergriffen und wollte den ledigen Kaufgesellen in den Städten keine Vergünstigung zugestehen, sondern nur den verheirateten, seßhaften Bürgern. Lübeck suchte in Augsburg beim Reichstag Mandate gegen ihn zu erwirken[3]. Trotzdem fanden auch zwischen den beiden Parteien Verhandlungen statt. Heinrich Rantzau überschickte Lübeck die Beschwerden: man verlangte von holsteinischer Seite vom Kaufmann einen Zettel mit seinem Vor- und Zunamen und angehängtem Siegel, dazu genaue Angabe, ob es Bürgergüter seien, ob die Güter von Lübeck, Hamburg, Bremen oder Buxtehude seien; man verlangte, daß die Zettel mit den Waren zugleich anlangen sollten; denn die Fuhrleute wüßten oft nicht, ob es Bürgergut sei, und gäben oft erst nach Jahren Auskunft. Andern als Bürgern wollte man die Freiheit nicht zugestehen, namentlich den Knechten nicht. Auch klagte man, daß die Kaufleute Knechtsgut unter ihrem Namen durchschickten. Laken sollten nach Gewicht und nur, wenn sie weniger als ein

---

[1] Hansen, Beitr. 104a.
[2] Lüb. St. Von d. lüb. Zollfr. in Holst: 1544 Nov. 3.
[3] Ebenda vol. II Fasc. IV: April 21.

Verndeel wögen, nach Zahl verzollt werden. Ungepfändetes Gut solle nicht durchgelassen werden. Schließlich klagte man über viele Beleidigungen. Den Forderungen der Lübecker wollte man keineswegs nachgeben[1]. Neue Verhandlungen fanden 1550 statt; es wurden dieselben Forderungen gestellt. Hamburg war aber sehr bedenklich, darauf einzugehen[2]. In der Regel wurden dann den Fuhrleuten Zettel mitgegeben. 1558 aber klagte Moritz Rantzau, Amtmann von Trittau, wieder über leichtfertiges Umgehen mit den Zetteln; es würden nur sehr wenig Zettel gezeigt. Hamburg überschickte dies Schreiben an Lübeck mit der Bitte um gemeinsames Vorgehen. Namentlich wußte man nicht, was mit den Faktorgütern geschehen solle[3]. Die Zettel wurden dann wohl schließlich zugestanden, wenigstens in der Tat gezeigt[4]; aber es geschah noch immer viel Unterschleif[5]. 1571 führte auf des Herzogs Befehl der Amtmann von Trittau und Reinbeck in beiden Ämtern auf allen Straßen nach Hamburg einen Holzzoll oder auch Stätte- oder Weggeld genannt, ein und errichtete Schlagbäume zu seiner bessern Erhebung. Hamburg klagte beim Kaiser über den großen, hohen, unleidlichen Zoll, der aber gar nicht so hoch war. Es fürchtete wohl mehr die Folgerungen, die der Herzog ziehen möchte, wenn er diese von ihm selbst Weggeld genannte Abgabe einmal durchgedrückt hatte. Die Stadt erwirkte auch auf dem Hansetage eine Eingabe an den Kaiser. Herzog Adolf erklärte sein Vorgehen mit der übergroßen Holzausfuhr aus Hamburg und der Verbesserung des Weges, weshalb alle andern Benutzer außer Hamburg mit diesem Wegegeld zufrieden seien; speziell Hamburgs Klagen über neue Zölle seien sehr ungerechtfertigt, da die Stadt damit vorangegangen sei. Der Kaiser aber erkannte die Gründe nicht an und verbot alle Neuerung. Der Herzog kümmerte sich nicht darum. Noch

---

[1] Lüb. St. V. d. lüb. Zollfr. in Holst. I Fasc. II; Falck, Kunde des Vaterlandes III 304.
[2] Lüb. St. ebenda.
[3] Ebenda 1558 März 24.
[4] Abdruck S. 99.
[5] Acta A XX 178.

1575 auf dem Wahltag und 1576 auf dem Reichstage zu Regensburg protestierte Hamburg. Schließlich scheint die Stadt sich aber mit der Tatsache abgefunden und das Wegegeld als nötig anerkannt und bezahlt zu haben [1]. Öfter erstrebten die Herzöge das Zugeständnis, daß alle zollfreien Waren von einem mit dem Stadtsiegel gesiegelten Freizettel begleitet sein sollten, konnten dies aber wegen des gemeinsamen Widerstandes Hamburgs und Lübecks nicht erreichen [2]. Auch sonst kamen zahlreiche Streitigkeiten und Unregelmäßigkeiten vor; die Holsteiner suchten aus den Zöllen möglichst viel herauszuschlagen und forderten von den Städten unter allerlei Vorwänden Zoll und Abgaben [3]. Wurden Schleswig-Holsteiner in Hamburg über das Gewöhnliche beschwert, so drohte man holsteinischerseits mit Zollerhöhung zu Oldesloe und Trittau [4]. Doch war den Herzögen ein reger Verkehr auf der Straße von zu großer Wichtigkeit, als daß sie ihn ernstlich gestört hätten; sie erkundigten sich bei Abflauen des Verkehrs nach den Gründen, sorgten für Sicherheit der Waren gegen Diebstähle der Fuhrleute [5] und sicherten die Straße durch Reiter in unruhigen Zeiten [6], da die Kaufleute sonst oft die Stecknitzfahrt wählten.

2. Lübeck-Stör.

Lübeck ist auch die eine Isthmusstadt für den Verkehr, der zur Störmündung hinuntergeht. Diese Straße wurde schon im 13. Jahrhundert benutzt. Von Lübeck wurden die Waren zunächst auf der Trave von den „Bötern" bis Oldesloe geführt, wo sie auf dem Kran umgeladen und verzollt werden mußten. Vielfach verkürzten die Böter aber den Zoll, indem sie zu Mois-

---

[1] S. den Abdruck S. XXVI f., S. 98 f., Höhlbaum II 393, 443; Hbg. St. Cl. II Nr. 12 vol. 1. Hamburg hatte aber seine Zollfreiheit bestätigt erhalten.
[2] Lüb. St. Von der lüb. Zollfr. in Holst. I Fasc. 2, II Fasc. 4: 1574, 1599 und Acta A XX 178.
[3] Lüb. St. ebenda vol. II Fasc. IV.
[4] Hbg. St. Cl. VII Lit. Eb. Nr. 3 vol. 7: 1586.
[5] C. C. Reg. Hols. I 928—29.
[6] Acta A XX 897.

ling auf der Steinfelder Heide anlegten, hier ausbooteten und die Waren den Fuhrleuten aus dem Amt Segeberg übergaben[1]. Von Oldesloe oder Moisling wurden die Waren nach Kellinghusen gebracht und dann in Kähnen weiterbefördert[2]. Auch die Fahrt zu Wasser bis Arpsdorf und von dort zu Lande an die Trave bei Segeberg und weiter nach Lübeck; ferner aus der Stör in die Bramau nach Bramstedt und weiter nach Oldesloe werden genannt[3]. Dazu führte von Itzehoe nach Lübeck die „Vetrade" über Ösau und Bramstedt, auf der Fettvieh aus der Marsch nach Lübeck getrieben wurde. Eine Störung erlitt der Verkehr, als die Hamburger ihre Stapelgerechtigkeit auch für die untere Elbe geltend machten. Sie hinderten sogar Lübeck an der Abfuhr seiner Waren aus der Stör[4]. Mit Einschränkungen ging der Verkehr weiter[5], zog sich aber zum größten Teil nach Hamburg. Als Hamburg dann seine Zölle erhöhte, kehrte man vielfach wieder zur alten Straße zurück. Nachdem Lübeck schon früher Laken aus Emden über Itzehoe bezogen hatte, kam es 1586 zum Streit, weil die Lübecker den Itzehoer Zoll von 338 Emder Laken verfahren hatten. Die Holsten hatten damals mancherlei Beschwerden gegen Lübeck, besonders wegen neuer Auflagen auf Oldesloer Salz, wegen Schwierigkeiten und neuen Zolls gegen Oldesloer und andere Untertanen und wegen Unterschleifs mit falschen Zertifikaten beim Durchführen von Waren durch Holstein. Als nun die Lübecker die Laken ohne Zoll, Brücken- und Waggeld durch Itzehoe zu führen suchten, wurden die Laken wieder zurückgeholt und mit Beschlag belegt. Heinrich

---

[1] Lüb. St. Von der lüb. Zollfr. in Holst. I Fasc. 2.

[2] St. M. VIII 3; M. J. I 11.

[3] Hansen, Itzehoe 25; Acta A XVII 183, XX 897: 1606 Mai 9.

[4] Mitt. d. Ver. f. Lüb. Gesch. III 1887—88 S. 56: Einige Lasten Bier nach Westen.

[5] Lüb. St. vol. Vom Straßenraub in vorigen Zeiten: 1566 Raub zwischen Lübeck und Wilster; Lüb. St. Zertifikate: 1579 März 27 für schipper Volkert Frese von der Elbe nach Island und zurück nach England oder in die Schwinge oder Stör; die Bemerkungen Lambert Alardi über Livländische Getreideausfuhr u. a. deuten auf Beziehungen, M. J. I 1900, 1910, 1921.

Rantzau verlangte 4 β Zoll vom Laken; Lübeck berief sich auf seine Zollfreiheit in ganz Holstein, wies auch auf seinen guten Glauben hin, da man dem Itzehoer Rat ein Bekenntnis über die Durchfuhr ausgestellt habe und die Zöllnersfrau in Abwesenheit ihres Mannes nach der Gebühr ohne Erfolg gefragt habe; man versprach auch, da man den Hafen bequem gefunden habe, von jetzt an nicht nur mit Laken, sondern auch mit groben Waren, die nicht viel Unkosten tragen könnten, den Hafen zu benutzen. Vom dänischen Könige erhielt Lübeck auf seinen Bericht hin auch eine Anerkennung seiner Zollfreiheit. Friedrich II. forderte den Statthalter auf, wenn der Lübecker Bericht richtig sei, sie mit Zoll zu verschonen. Lübeck versprach noch einmal eine eifrige Benutzung des Hafens. Hiermit war Rantzau auch sehr einverstanden, wollte mit Fahren u. a. gern behilflich sein, verlangte aber auch weiterhin Zahlung des alten Zolls, der dann nur zu Itzehoe und nicht zu Segeberg zu zahlen sei. Schließlich zahlte der Lübecker Rat den Zoll, um die Laken loszubekommen. Man verwahrte sich aber feierlich vor einem kaiserlichen Notar gegen jedes Präjudiz und schob alles auf den Haß des Statthalters. Später wies man wieder vor einem kaiserlichen Notar alle Gegengründe Rantzaus zurück[1]. Wie die Sache dann ausgelaufen ist, ist mir nicht bekannt. Man muß sich aber geeinigt haben, denn in der Folgezeit war hier ein sehr lebhafter Verkehr. Als man 1615 eine strenge Untersuchung einleitete, weil die Lübecker Böter den Zoll zu Oldesloe durch Ausladen bei Moisling verfahren hatten, erklärten die Älterleute der Böter, daß sie schon seit 30 Jahren für Bürger und fremde Kaufleute Kaufmannsgut dorthin gefahren und nie von einem Zoll auf der Heide dort gehört hätten. Am 21. April bezeugten eine Anzahl Böter vor den Wetteherren, daß sie schon je 30, 24, 24, 22, 22, 16, 16, 11, 5, 3 Jahre ohne Hinderung Güter dahin geführt hätten, daß nie jemand Zoll gefordert und die Waren jederzeit, wenn sie zu Steinfelderhude geliefert, von dannen nach Sege-

---

[1] Lüb. St. Von der lüb. Zollfr. in Holstein vol. II 1: Schreiben vom 4. Aug. bis 30. Dez.

burg, Kellinghusen, Itzehoe, Krempe und Wilster, der Kaufmannsgelegenheit nach, geführt worden seien. Am 29. April berichtete Lübeck dies und bat, es bei der alten Freiheit zu belassen. Nach der Mitteilung Hoffenstedes, des Zöllners zu Oldesloe, waren an dieser Stelle jährlich 20 und mehr Schiffe, nach der Marschgegend bestimmt, ausgeladen[1]. Man führte von der Stör Pulver, Eisen, Erz und Stahl aus[2], alles über Lübeck von Schweden oder andern Ostseeländern kommend; die Holsteiner bezogen für sich Getreide auf diesem Wege, daneben wurden Flachs, Wachs, Talg, Butter, Teer, Tran usw.[3] aus den Ostseeländern durchgeführt. Auch mit lübschen Waren, namentlich Weißbrot, wurden die Marschen überschwemmt, so daß die dortigen Städte ein königliches Mandat dagegen erwirkten[4]. Umgekehrt ging Lüneburger Salz u. a. die Stör hinauf[5].

Eine besondere Schwierigkeit erwuchs diesem Verkehr aus dem Störprivileg Itzehoes und der daraus abgeleiteten Stapelgerechtigkeit. Lübeck benutzte deshalb die Wagenfuhr schon unterhalb Itzehoes. Krempe hatte 1271 das Privilegium erhalten, Lüneburger Salz die Stör über Itzehoe aufwärts zu führen und Korn und Holz frei zurückzuführen[6]. In Verhandlungen vom Jahre 1540 erhielten sie das Recht, Bausalz oder gebranntes Salz oder was sie nötig hätten[7], von oben zu holen und Bier aufwärts zu führen, besonders auch freie Abfuhr von Holz gegen Zertifikate des Rates[8]. Dies wurde anerkannt, so daß Krempe

---

[1] Lüb. St. Von der lüb. Zollfr. in Holst. II 1.
[2] M. J. I 1945a: Explosion eines mit Pulver, Eisen und Erz geladenen Schiffes bei Ivenfleth, durch das viele andere Schiffe beschädigt wurden.
[3] Acta A XVII 183: Klage Itzehoes über Wilsters Handel mit diesen Waren.
[4] C. C. Reg. Hols. III 400.
[5] Hansen, Itzehoe 35.
[6] C. C. Reg. Hols. III 275f.
[7] „buwsoldt oder barensoldt oder wadt she bedarven".
[8] Ebenda 317f.

die Stör gleich Itzehoe gebrauchen konnte[1]. Als Krempe um 1600 sehr zurückging, erwuchs Wilster zum Rivalen Itzehoes. Es heißt 1610, daß es „auff ein mercklich zugenommen"[2]. An dem Handel nach Lübeck war Wilster schon länger beteiligt. Es erhielt aber erst nach längerem Streit 1607 den freien Holztransport auf der Stör für den eigenen Bedarf[3] und 1609 die freie Schiffahrt von Käse oberhalb Itzehoes[4], nachdem die Wilsterer Käsehändler darauf hingewiesen hatten, daß der Käsehandel von Wilster nach Lübeck zur Zeit, da Itzehoe sein Privileg erhalten hatte, noch nicht im Schwange gewesen sei, sondern erst 40 bis 50 Jahre alt sei und daher nicht in das Privileg gehöre[5]. Itzehoes Bitte, die Freiheit der Wilsterer auf vierkantiges Bauholz und Käse zu beschränken, hatte Erfolg[6]. Für andere Waren mußten die Wilsterer die Wagenfuhr um Itzehoe herum benutzen. Ihrem Ersuchen, ihnen wegen schlechter Wege die Fahrt auf der Stör für die in Lübeck und den benachbarten Fürstentümern gekauften Waren zu gestatten, wurde nicht nachgegeben[7]. Obwohl Christian IV. 1620 das Itzehoer Privileg bestätigte, verlieh er auch an Glückstadt Befreiungen vom Störrecht. Zeitweilig machte Itzehoe das Stapelrecht auch gegen die Herzöge geltend[8], gestand aber schließlich diesen und dem Adel freie Abfuhr zu[9].

---

[1] St. M. VIII 3. Krempe berichtet, daß es vor 1627 Handel mit Bier, Malz, Gerste, Hafergrütze u. a. in Kähnen nach Kellinghusen und Lübeck getrieben habe.

[2] Acta A XVII 183 Nov. 3.

[3] Zeitschr. VIII Beil. 97 Nr. 202—4.

[4] Ebenda S. 97; 1620 Aug. 4 wird beides bestätigt, ebenda S. 100.

[5] Zeitschr. XX 268.

[6] Acta A XVII 183: 1618 Sept. 24, 1618 Aug. 9 Klage Itzehoes über Wilsters mißbräuchliche Benutzung der Stör.

[7] C. C. Reg. Hols. III 122.

[8] Zeitschr. VI Reg. S. 91 Nr. 122: Herzogin Sophie will 300 Faden Brennholz von Neumünster nach Hamburg führen; 1561 Okt. 17 Sophie bietet 130 Faden Ellernholz dem Rat zum Kauf an zu 1 M. lüb. oder verlangt freie Durchfuhr, ebenda Nr. 125; ebenda 92 Nr. 130—31.

[9] Hansen, Itzehoe 151; Noodt, Beitr. 582.

Hier mag erwähnt werden, daß wahrscheinlich ein stärkerer Transit von Heiligenhafen nach Wedel ging. Nach Heiligenhafen führte die Fähre von Roedby auf Laaland, durch die hauptsächlich Rinder, Pferde und Getreide importiert wurde[1]. Vielfach mögen die Dänen nach Wedel oder Hamburg bestimmte Ochsen hier angeschifft haben, um die hohen Landzölle zu vermeiden.

3. Lübeck-Dithmarschen.

Lebhaft befahren wurde auch die Straße von Lübeck nach Dithmarschen, über Segeberg, Neumünster führend, von wo die „lübsche Trade" über die Zollstelle Hanerau nach Dithmarschen ging. Nur diese eine Straße verband Dithmarschen mit Holstein. Wie es scheint, ging hier ein regelmäßiger Wochenwagen, wie man es heute nennt; so wurden 1546 Dithmarschern 430 M. in Gut und Geld vom Lübecker „vorelwagen" abgenommen[2].

In den Jahren vor der letzten Fehde wurde hier vielfach von den Holsten Dithmarscher und Lübecker Gut geraubt oder angehalten[3]; auch über Zollbeschwerung hatten die Dithmarscher zu klagen[4]. Von 1559 bis 1577 trieb in Dithmarschen niemand größeren Handel als Joachim Thießen aus Lübeck, bis ihm wegen falschen Verdachts der Handel untersagt wurde. Thießen rechnet in seiner Schadenforderung, daß er jährlich in Dithmarschen verkauft habe: 250 Drompt Hopfen, 1½ Lasten Leinsaat, 6 Schiffspfund schwedisch Stangeneisen, 1 Zentner Stahl, 30 Stück feinen grauen Pelzbesatz[5], 20 Grau-

---

[1] M. J. I 33. Der hier bezahlte Zoll ist nicht als „Einfuhrzoll" anzusehen, sondern als Hilfszoll des Gottorfer Zolls. Einen Einfuhrzoll gab es nicht. — Die erste Fährordnung, Kanc. Brevb. II 128.

[2] Michelsen, D. UB. 120, 123. Genannt sind Laken, Kramware, Hopfen.

[3] Hans. Geschbll 1896 S. 47; Michelsen, D. UB. 120, 123, 177; Lüb. St. Von der lüb. Zollfr. in Holstein vol. II 1551 Febr. 2; 1544; Lüb. St. Landschaft Dithmarschen: 1552.

[4] Michelsen, D. UB. LXXXVIII 178.

[5] Grawerks Bremels.

pelzmützen[1], 20 Decker Stippethuder[2], 20 Decker rotgegerbtes Juchtenleder[3]. Dazu kaufte er dort Roggen, Weizen, Gerste und Hafer; er handelte auch mit preußischen Kisten, Fässern und Tellern, frischer Bäckerware, Walnüssen, rigischer Butter, Goldfellen usw., englischen, lindischen[4], hardewiker, gottingischen und garlefischen[5] Laken und Silberwaren. Also ein Handel, der so ziemlich alles umfaßt. In Heide besaß er eigene Häuser, hielt einen Schneider dort usw.[6]. Eigentlicher Transit war es nur insoweit, als „Want" (Stoffe) z. T. über Dithmarschen nach Lübeck ging[7] und als Thießen das Geld, daß er für die von Osten eingebrachten Waren eingenommen hatte, z. T. zum Ankauf von Korn für den Export verwandte.

Zu Hanerau hatten seit 1474 alle Fremden Zoll zu zahlen. Dithmarscher und Lübecker waren hier wie überall in Holstein frei von neuen Zöllen. Trotzdem wurden die Dithmarscher hier von den Rantzaus, die während dieser Zeit meist mit Gut und Zoll belehnt waren, vielfach widerrechtlich mit Zoll belegt[8]. Auch von den Lübeckern forderten sie Zoll. Ein Lübecker Buchführer erklärte den Zoll „uff der detmarschen straß beim Hause Hanrow" für den schwersten Zoll im ganzen Lande zu Holstein[9].

4. Eider-Ostsee.

Seit der Sperrung der Schlei durch Erich von Pommern war diese älteste Transitstraße des Landes verödet. Sie belebte sich wieder mehr, nachdem Königin Dorothea Rendsburg 1481 die Freiheit erteilt hatte, in Eckernförde und Kiel „to erem egen

---

[1] Grawerks Hulhen.
[2] Bedeutung unklar, von stippen = punktieren, sprenkeln oder eintauchen?
[3] Rodtlasch.
[4] Wohl lündisch von lugdunum = Leyden.
[5] Gardeleben?
[6] Lüb. St. Landschaft Dithmarschen.
[7] Hans. Geschbll. 1896 S. 47.
[8] S. Kap. VI.
[9] Lüb. St. Von der lüb. Zollfr. in Holstein I IV.

Behove" [zu eigner Notdurft] zu kaufen und umgekehrt[1] (d. h. die Marktrechte wurden aufgehoben). Hieraus entwickelte sich ein lebhafter Transithandel, indem man auch den Handel mit Waren zu der eigenen Notdurft rechnete. Es entstanden aber zwischen den 3 Städten Irrungen, durch die die Zu- und Abfuhr der Waren aus der Ostsee nach der Nordsee und umgekehrt merklich verhindert wurde, indem dem einheimischen als auch dem fremden Kaufmann die freie Durchfuhr nach ihm gelegenen Orten verwehrt wurde. Die verschiedene politische Zugehörigkeit der Städte erschwerte natürlich einen Ausgleich sehr. Zur Abstellung der Beschwerden versammelten sich 1574 die Räte der Herzöge und Abgeordnete der Städte. Kiel und Rendsburg erklärten sofort, daß zwischen ihnen über Zu- uad Abfuhr des Getreides und andrer Waren kein Zwiespalt bestehe, und die Räte waren damit zufrieden. Rendsburg beklagte sich aber über Eckernförde, daß, wenn Rendsburger Kaufleute in Dänemark, Fehmarn und andern der Ostsee anbelegenen Landen und Orten Korn kauften und vor Eckernförde anschifften, ihnen geweigert würde, wie von alters her gebräuchlich gewesen sei, gegen gebührliches Brückengeld das Korn auszuführen und mit der Landfuhr nach Rendsburg zu bringen und ihrer Gelegenheit nach weiter zu verhandeln. Eckernförde brachte ein entgegenstehendes Privileg vor, doch besagte es etwas anderes. Rendsburg erbot sich nun, den vor ihrer Brücke auf der Eider von Westen her ankommenden Kaufmann, er komme, woher er wolle, „gegen alte Pflicht und Costum auf den Kiel und Eckernförde" passieren zu lassen. Die Räte entschieden, daß Kiel und Eckernförde sich ebenso verhalten sollten, mit allem, was aus der Ostsee komme, und daß die drei Städte gegeneinander alle „Freundlich-Friedfertigkeit hieführo" erzeigen sollten. Käme aber jemand aus Dänemark, Pommern, Fehmarn u. a. in den Hafen mit dem Vorhaben, sein Gut nicht durchzuführen, sondern dort zu verkaufen, so müsse die Erlaubnis dazu von dem betreffenden

---

[1] C. C. Reg. Hols. III 991.

Landesherrn erbeten werden[1]. Den Hauptnutzen von dieser Ordnung hatte Rendsburg, wie ja schon daraus hervorgeht, daß sie auf ihren Antrag eingeführt wurde. Die Stadt fand weiterhin in Kiel keinen Widerstand[2]. Kiel seinerseits beteiligte sich auch am Eiderhandel[3]. Auch Eckernförde benutzte den Transit, sandte Korn nach Westen und bezog Wein und andere Waren wieder von dort[4], hatte auch Ehrgeiz und Tatkraft, konnte aber nicht gegen die Größe und die guten Verbindungen Rendsburgs aufkommen. Von Eckernförde gingen daher viele Störungen des Handels aus[5], da die Durchfuhr „unsern Bürgern unnd einwohnern mehr zu ihrem mercklichen Schaden den fromben geschicht". Auch Rendsburg ging wohl mitunter über die Bestimmungen des Abschiedes hinaus und suchte in Eckernförde angeschiffte Waren ohne Erlaubnis dort zu verkaufen[6]. In einem Schreiben sind die Klagen Rendsburgs formuliert: erstlich hindere Eckernförde gegen das Privileg von 1481 den Handel der Rendsburger mit Fremden in ihrem Hafen, auch wenn diese die gewöhnlichen Liegetage, wo den Eckernfördern der Kauf vorbehalten war, gehalten hätten; zweitens wollten die Eckernförder ihnen, wenn sie die Waren nicht sofort mit der Wagenfuhr fortschaffen könnten, die Aufstapelung [Uffsalderung]

---

[1] C. C. Reg. Hols. III 991.

[2] Acta A XX 2738: 1624 Sept. 30.

[3] Ebenda 901: 1623 März 29. Zollordnung für Kiel in Süderstapel. Schriever.

[4] 1621 während eines Kornausfuhrverbots kaufen fremde Schiffer in Rendsburg 200 t Roggen von „denen von Eckernförde", Rendsb. St. IV 7. 1a; 1622 Dez. 17 Bürgermeister und Rat zu Eckernförde an den Herzog, klagen über Zollerhöhung zu Süderstapel von 4 β auf 2 M. 4 β die Last und bitten um alten Zoll und Freiheit für die dort konsumierten Waren, Acta A XX 901; 1622 Sept. 30 Rendsburg hat den Eckernfördern „allewege und zwar noch verschienen Jahre etliche hundert tonnen Roggen, Wein u. a." ungehindert passieren lassen, Acta A XX 2728.

[5] Rendsb. St. IV 18. 1: 1596 März Gerste aus Kallundborg in Seeland.

[6] Ebenda 1620: Sept. 22 wurden etzliche Last Salz dort ange-angebracht und verkauft.

der Kaufmannswaren weder bei Eckernförder Bürgern, noch in ihren eigenen dortigen Häusern oder Speichern gestatten; drittens hinderten die Eckernförder ihre eigenen Mitbürger, mit den Rendsburgern auf Lieferung zu handeln; wenn ein Eckernförder die ihnen auf Lieferung versprochenen Kaufmannsgüter anschiffe, so nähme sie jeder ungestraft fort, der seinen Vorteil darin sähe; schließlich sei der Zoll gegen den Abschied von 1574 auf das Achtfache erhöht (früher habe er 1 β, 1 M., 1 Rtlr. betragen)[1]. Die Klagen der Stadt fanden bei Christian IV. Gehör; er richtete an den Herzog die Bitte, dafür zu sorgen, daß der jetzt über 30 Jahre bestehende Abschied von 1574 weiter beachtet werde, und bat besonders, daß Rendsburg der Kauf von Fremden und die Aufschüttung ihres in Dänemark, Pommern uud Mecklenburg auf Lieferung gekauften Getreides, wie von alters her gebräuchlich, nicht gehindert werde. Besonders führt er Klage über den gewaltsamen Arrest auf Erbsen, die man, obwohl sie von Rendsburg schon nach Tönning weiter verkauft gewesen seien[1], in Eckernförde unter die Bürger verteilt habe. Hielt der Herzog die Stadt auch wohl zur Versöhnlichkeit an, der Neid der Eckernförder führte noch öfter Störungen des Handels herbei[2]. Den direkten Transit, daß die Rendsburger „nebenst uns auß

---

[1] Rendsb. St. IV 18. 1: Beide undatiert.

[2] Ebenda: 1615 Aug. 8 Rendsburg klagt über Arrest auf Korn, das von einem Danziger Schiffer in Eckernförde gekauft ist. Eckernförde verbittet sich Aug. 15 solchen Vorkauf an der Schiffbrücke, die drei Liegetage seien für die Armut, dann kämen erst die Eckernförder Bürger und nicht die Rendsburger, direkter Transit sei frei; 1616 April 10 von Rostocker Schiffern auf Lieferung gekaufter Roggen ist arrestiert, Rendsburg weist auf viele frühere Beispiele hin, daß es erlaubt sei, warnt Eckernförde vor Arrest von Schiffen und Gütern im königl. Gebiet und erhält 1700 t frei; 1621 Mai 12 Akzise auf Rostocker Bier in Eckernförde; Acta A XX 2728: 1624 Sept. 30 250 t Gerste nach Lübeck ist arrestiert, Okt. 1 Mandat; Rendsb. St. IV 18. 1: 1625 Nov. 14 Gerste aufzuschütten für diesmal erlaubt; Acta A XX 2728: 1626 Juni 16 Rendsburg klagt über Akzise auf Rostocker Bier, das ihre Bürger dort anbringen; Juni 22 Mandat, von den Rendsburgern auf fremdes Bier nur Brückengeld zu fordern.

und ein schiffen und das ihrige über Sehe und Sandt wagen", wollten sie aber nicht hindern.

Schon 1574 beteiligten sich außer den drei Städten auch Fremde am Transit. So bezogen weiterhin Eiderstedt, Dithmarschen und Stapelholm Waren, zunächst von Rendsburg[1], beteiligten sich dann auch am Transit[2], ebenso der Adel[3]. Einen großen Aufschwung nahm die Zahl der Fremden, als der Sundzoll unter Christian IV. wiederum erhöht worden war. Holländer, Hamburger und „Leute aus anderen Städten" liefen, um den Sundzoll zu vermeiden, mit ihrem in Dänemark u. a. gekauften Korn Eckernförde an und führten es dann weiter über Rendsburg in die Westsee. Den gesteigerten Verkehr machte sich der Herzog zunutze, indem er 1614 den Zoll zu Süderstapel erhöhte[4]. In der Zollrolle werden aufgeführt: Getreide, Asche, Nüsse, Borke, „1 Tonne ruhm"[5], Wolle, Wachs, Kupfer, Messing, Stangeneisen, Osemunt, Blei, Wandt, alle Sorten Laken, Tafelite mit Leinwand oder mit „Knuppels" (d. h. Spitzen, oft speziell geklöppelte Spitze), Hopfen, Fische, Ziegel, Feldsteine, Wagenräder; an Getränken, so aus dem Lande geführt wurden: Wein, Met, Branntwein, Eimbeckisch Bier, Mumme und dgl.[6]. Man versuchte den Zoll auch auf Norderdithmarschen auszudehnen,

---

[1] Neoc. II 324.

[2] Rendsb. St. IV 18. 1: 1616 April 10; Acta A XX 901: „Worunter dan etliche Dithmarschen sich solcher Handelungk unnd Maschopey mitgebrauchen" 1614; Norderdithmarschen bezahlte auch nach 1614 für seine Notdurft nur den alten Zoll.

[3] 1615 Sept. 13 Bertram Rantzau hat in die 2000 t Roggen von Danzig u. a. bringen lassen und an Claus Antoni in Tönning bei 400 t verkauft. Ebenso machen es die Schreiber beim Adel auf den Höfen uud in Eckernförde zum großen Schaden der Stadt, so daß sie zusammen über 3000 t von Danzig bringen ließen. Mandat dagegen, C. St. Sl. II 152—53.

[4] „Des Hern Landvoigts Adolff Voigtten bericht, worumb Anno 1614 den 14 Martii der Zoll zu Süderstapell vorhoget worden", Acta A XX 901.

[5] Ruhm = rôm Sahne oder = Rum? Oder ist an Rumenia = Wein von Romania zu denken?

[6] Acta A XX 901.

doch wurde es für den eignen Bedarf, aber nicht für Kaufmannswaren, bei dem alten Erbzoll belassen[1]. Dasselbe Privileg erhielt Süderdithmarschen[2]. Auch Rendsburg erlangte die Herabsetzung auf den früheren Stand mit geringem Aufschlage, doch wurde ihnen auf das strengste verboten, fremdes Korn als eigenes durchzuschmuggeln[3]. Als dies doch geschehen war, sah der Herzog noch einmal darüber hinweg und befahl dem Landvogt zu Stapelholm, die Rendsburger wieder nur mit dem alten, ermäßigten Zoll zu belegen[4]. Spätere Klagen über den Zoll wurden damit erledigt, daß Dithmarschen und Rendsburg beim alten Zoll zu belassen seien, außer der Steigerung der Münze[5]. Auf die Klagen Eiderstedts und Tönnings wurden diese den Dithmarschern gleichgestellt[6]. Merklichen Schaden an Zoll tat dann die Zollfreiheit Friedrichstadts[7].

5. Husum-Flensburg, Ockholm-Flensburg, Husum-Eckernförde.

Husum hatte schon im 15. Jahrhundert durch seinen Transithandel den Neid Hamburgs hervorgerufen, wie man berichtet. Nur gegen das Versprechen, Husum zu zerstören, war Hamburg dem von seinem Bruder Gerhard arg bedrängten Christian I. zu Hilfe gezogen. Das Äußerste war noch glücklich abgewandt, doch bedeutete der Verlust der Privilegien einen schweren Schlag für die Stadt. Im 16. Jahrhundert stand Husum wieder in lebhaftem Transitverkehr mit Flensburg[8]. Es bezog alle Ostseewaren, besonders Getreide (meist aus Danzig, dem größten Getreidehandelsplatz des Ostens), über Flensburg. Dieses benutzte

---

[1] Michelsen, D. UB CLXXVII 397; Neoc. II 388.
[2] Acta A XX 863: 1614 Dez. 3.
[3] C. C. Reg. Hols. III 998—99.
[4] Rendsb. St. IV 20. 1: 1615 März 14.
[5] Rendsb. St. IV 20. 1, Acta A XX 901: 1618 Aug. 20.
[6] Acta A XX 901: 1619 April 4; 1623 April 17, Okt. 10, 22; 1624 März 23; Acta A XX 887: 1622 Juli 18.
[7] Jahrbb. III 300—301.
[8] Sejdelin 684—86, 704.

wieder Husum als Hafen für alle westlichen Länder[1]. Das aufstrebende Husum erregte aber den Neid Flensburgs. Die Flensburger erlangten durch die Polizeiordnung von 1558 (1566 September 30 durch königliches Mandat bestätigt) das Recht, daß alle fremden Schiffe, die an der Schiffbrücke anlegten, an die Bürger verkaufen oder nach neun Tagen wieder absegeln mußten[2]. Ausnahmen geschahen nur zugunsten Husums in einzelnen Fällen. Schon 1564 scheinen darüber Streitigkeiten zwischen den Städten entstanden zu sein; Husum hat wohl schon mit Repressalien geantwortet[3]. Doch ist die Sache wieder beigelegt. Eingriffe Husums in die Marktrechte Flensburgs in der Nordergoesharde 1572—73 führten zu einem neuen Verbot der Durchfuhr in Flensburg. Auf ein Fürschreiben Herzog Adolfs wurde von Flensburg geantwortet, man gestatte Husum keine Gerechtigkeit, die es mit Trotzen und Pochen habe erzwingen wollen, und werde es nicht tun außer auf ausdrücklichen Befehl der drei Landesherren. Husum gestattete Flensburg auch weiterhin die Malzausfuhr und versuchte selbst die Durchfuhr in Flensburg. Erst als dies wiederum verweigert wurde, drohte der Herzog mit einer Beschwerde beim König und Repressalien in Husum. Ein Vermittlungsversuch Heinrich Rantzaus, des königlichen Statthalters, zu Rendsburg im Juni 1575 hatte keinen Erfolg, da nur Husum erschien, Flensburg aber in dieser Sache ohne den Willen des Königs, dessen besonderes Wohlwollen die Stadt genoß, sich auf nichts einlassen wollte. Auch hinderte es nach wie vor die Durchfuhr, obwohl Rantzau den Husumern zu Rendsburg die freie Durchfuhr bis zu deren rechtlicher Hinderung

---

[1] Ich folge hier z. gr. T. Wolff, Zeitschr. IV 103 ff.

[2] Beccau 91.

[3] Flensburg hatte dem Könige 20000 Rtlr. vorgestreckt und richtete Bitten an ihn: 3. „Ward die Vorschrifft Königl. promittieret, an die Herzogin in Schleswig wegen der gehinderten Handlung und Zufuhr, NB. denen Gesandten werden die Kopeien dieserhalb mitgegeben". 4. ward Königl. versprochen, alle Punkte, welche die Stadt der fremden Schiffe halber, mit der Handlung von Fremden und wann solche dem König zugeschickt werden, zu konfirmieren, Claeden, Mon. Flensb. II 153.

zugesagt hatte. Auf Herzog Adolfs Verwendung hin richtete der Statthalter ein neues Schreiben an Flensburg. Hier hielt man dafür, daß die Bewilligung der freien Durchfuhr der Stadt zum äußersten Schaden gereichen würde, gestattete Husum aber für diesmal die Durchfuhr, doch ohne Präjudiz, und sandte sofort den Bürgermeister und zwei Senatoren an den König, um ein Mandat gegen die Durchfuhr der Husumer zu erlangen. Husum begann jetzt den Rechtsstreit und erlangte eine Zitation des Statthalters vom 31. März 1576. Flensburg verteidigte sich beim König und fand sich in diesem nicht getäuscht. Der König schleppte die Sache hin und setzte keinen Gerichtstag an. Am 2. März 1578 erlangte Husum eine neue Zitation vom Herzog Johann zum Landsgerichtstag nach Kiel, „wegen der Durchfuhr des Korns und aller Kauffmannswaren"[1]. Gleichzeitig gingen sie mit Zöllen und Auflagen gegen die Flensburger vor, indem sie ihnen die freie Handlung mit den Fremden auf ihrem Markte gegen alte Gewohnheit gänzlich abschlugen und den Hafen für die Anfuhr der Flensburger Güter und Waren aus den Niederlanden und andern Orten gänzlich sperrten[2]. Der Flensburger Rat und die 24 Männer beschlossen wieder, sich an den König zu halten, „daß mit J. K. M. gnädigster Bewilligung in solcher Sache möge verfahren werden". Sie erlangten auch ein Promotorialschreiben an Statthalter und Räte, und durch Dekret der gesamten Regierung wurde die Sache an die Statthalter und die königlichen Räte zur Erkenntnis in erster Instanz verwiesen. Die bisherigen Zitationen wurden annulliert[3]. Der Rechtsstreit ging weiter, 1583 Februar 28 erging zu Kiel ein Abschied der Räte an Husum, daß dieses seine Klagen vor den königlichen Räten zu Flensburg als Richtern erster Instanz vorbringen solle,

---

[1] J. H. a. Seelen, Memorabilium Flensburgensium Historicorum, ecclesiasticorum, juridico-politicorum, literariorum Sylloge. Lüb. 1752 S. 167.

[2] Aus Flensburgs Vorzeit. Heft I. 1887 S. 98; Seelen, a. a. O. 167.

[3] Seelen, a. a. O. 167.

und daß dann der sich beschwert fühlende Teil an das Schleswiger Landgericht appellieren könne [1].

Die Flensburger hatten, nachdem ihnen der Husumer Hafen versperrt war, ihre Schiffe den Lauf auf Ockholmer Siel nehmen lassen und den Hafen für ihre Kaufmannschaft ganz bequem gefunden, so daß sie ihn weiter zu benutzen gedachten. Sie baten deshalb den König um Besserung der dahin führenden Wege und Brücken, um Erbauung eines Krans u. a. und erlangten die Bewilligung ihrer Wünsche. Unter dem 7. Oktober 1579 [2] erließ der König einen offenen Brief, in dem er dem Amtmann von Flensburg, Peter Rantzau, befahl, den Weg von Flensburg über Rumke, Wiehekrug, Sillerup, Joldelund, Lütjenholm, Mönkebüll, Langenhorner Windmühle nach der Horner Kirche, der bis dahin schon eine gewöhnliche Landstraße gewesen war, aber teilweise durch sumpfiges Gelände führte, zu bessern und von der Kirche durch die Marsch bis an den alten Ockholmer Deich einen Weg aufwerfen zu lassen, von wo der Deich bis zum Ockholmer Siel den Weg bilden sollte. Zugleich befahl er den Bau von Brücke und Kran. Einen Zoll behielt er sich vor. Dann begann der Bau auf Kosten der Flensburger. Sie bestellten einen Senator zum Regiersmann des Werkes, „weil er in der Landessprache erfahren war" [3]. Der neue Hafen war erst wenige Jahre in Betrieb genommen [4], als schon Ausbesserungen notwendig wurden. Da der Rat auf Vorstellung des Amtmanns sich nicht dazu verstehen wollte, mußte er das Werk dem Könige überlassen und bat nur, daß die Flensburger Bürger in den Zollabgaben vor Fremden bevorzugt werden möchten [5]. Doch erlangte der Hafen nie größere Bedeutung [6]. Auch Husum fand einen andern Weg über die Halbinsel, um seinen Transithandel aufrecht zu erhalten. In der neuen Polizeiordnung von 1582 wurde die

---

[1] Ratjen II 305—306.
[2] Aus Flensburgs Vorzeit. S. 99—100; M. J. I 58.
[3] Seelen, a. a. O. 165 a.
[4] Kanc. Brevb. VII 267.
[5] Seelen, a. a. O. 166.
[6] H. Rantzau erwähnt ihn noch.

Durchfuhr einheitlich geregelt. Jedem sollte die freie Ab- und Durchfuhr aller Art Waren durch Husum freistehen gegen Erlegung der üblichen Abgaben an Zoll, Tonnen und Bakengeldern, doch wurde dies nur denen gewährt, die Husum die gleiche Freiheit zugestanden. Für die see- und landwärts eingebrachten Güter erhielt Husum ein zweitägiges Vorkaufsrecht; doch wurde es ausdrücklich auf die nicht zur bloßen Durchfuhr bestimmten Waren eingeschränkt. Wegen der von der Ostsee kommenden Waren sollte es zwischen Husum und Eckernförde gleich und billig gehalten werden[1]. Noch im gleichen Jahre versprach der Herzog auf Husums Bitte in einer Sache mit Eckernförde, Husum zum förderlichsten handeln und rechten zu lassen[2], was sich auch wohl auf die Durchfuhr bezieht. Eine Verbindung zwischen beiden Städten bestand schon nach einer Husumer Beliebung von 1552 über die Böttcher, in der auch Bestimmungen über die Bänderzahl von Kakebillertonnen (Eckernförder Bier) getroffen werden[3]. Jetzt hob sich der Verkehr zwischen beiden Städten bedeutend. Aus den Husumer Akziseregistern[4] bekommen wir einen Einblick in einen Teil dieses Verkehrs. Es wurden verbraucht in Husum:

Jahr	Kakebille	Prussing (Preußisches Bier)	Lubesch (Lübecker Bier)	Rostocker Bier
1582	500 Tonnen	—	—	—
1583	523 ,,	4 Vaß	—	—
1584	496 ,,	4 ,,	7 Tonnen	1 Tonne
1585	489 ,,	1½ ,,	28 ,,	3 Tonnen
1586	399 ,,	½ ,,	24 ,,	28 ,,
1598[5]	544 ,,	—	—	—

[1] Beccau 96, 117—18.
[2] Ebenda 128, 293.
[3] Ebenda 78.
[4] Acta A XX 4086; s. a. Beccau 139: Raubmord an einem Bremer Kaufmann in der Nähe des Hollingstedter Holzes auf der Straße nach Eckernförde.
[5] Von Mittfasten bis zum 27. März.

Husum genoß auch fernerhin das Wohlwollen seiner Fürsten und erlangte 1592 die Aufhebung der „Impost, so vor dieser Zeit von den Weinen, die zu Husum angeschiffet und durchgeführt worden, gegeben sein"[1].

Das eigene Interesse Flensburgs und Husums führte dann zu einer Aussöhnung, die ja durch gegenseitige Gestattung der Durchfuhr leicht zu erreichen war. So erscheinen in den Husumer Zollregistern aus den achtziger Jahren öfter Flensburger Bürger als Zollzahler, und ebenso kommen in Husumer Gerichtsprotokollen aus dieser Zeit Flensburger vor: Boye thor Wettring, Claus thor Schmedens Volmachtiger (Vertreter, Prokurist), Lorentz Laßing und andere[2]. Heinrich Rantzau rühmt in seiner Landesbeschreibung den Husumer Hafen, wohin aus Holland, Seeland, England, Schottland u. a. mannigfache Waren gebracht würden, die von hier nach dem nur fünf Meilen entfernten Flensburg abgeführt und so aus der Westsee in die Ostsee überführt würden[3]. Dieser Verkehr fand sogar dichterische Verherrlichung bei Lindeberg[4] und Zacharias Wieding[5]. 1624 bestand zwischen beiden Städten regelmäßiger Verkehr durch Wochenwagen, durch die sich die Brauer zu Husum mit Malz aus Flensburg versorgen konnten[6]. In diesem Jahre fand der Verkehr noch einmal eine Störung durch Flensburg, so daß Herzog Friedrich III. bestimmte, wofern die Flensburger Husum die freie An- und Abschiffung, auch Durchfuhr der Waren verweigerten, solle ihnen dies auch zu Husum nicht gestattet werden[7]. Das Mandat hatte den gewünschten Erfolg.

---

[1] Beccau 309.

[2] Acta A XX 4364: 1584.

[3] M. J. I 56.

[4] Hypotypos. 225 über Husum:
   Et licet haud cedat Flensburgo, quò sua crebrò,
   Transportare solet, vendere quae statuit.

[5] Hushemis Hamburgae, velut est Flensburga Lubecae aemula, Zeitschr. IV 74; das Werk ist mir nicht zugänglich.

[6] Acta A XX 2810: 1624 vor dem 15. Okt. und 1623 vor dem 15. März ging von Flensburg die Fülle Malz nach Husum; 1623 vor dem 29. Aug.

[7] Beccau 97.

6. Andere Transitwege.

Außer den vor allem dem eigentlichen Transit dienenden Straßen gab es noch eine Reihe von Wegen von Küste zu Küste, die weniger belebt waren und mehr nur der Versorgung einzelner schleswig-holsteinischer Städte mit Waren aus dem jenseitigen Meere dienten. Hin und wieder geschieht auch jetzt noch Schleswigs Erwähnung; doch war dieser Verkehr ohne Bedeutung und diente meist nur der Versorgung des Gottorper Hofes[1]. Zu Hollingstedt befand sich ein Zoll, durch den viele Waren geführt wurden[2].

Zwischen Gelting und Schwabstedt mußten die Stiftsleute auf Befehl des Amtmanns, Claus von Ahlefeld, Waren hin- und herfahren[3].

Tondern hatte natürlich Beziehungen zu Flensburg[4], mehr aber zu Apenrade. Es bezog z. B. Rostocker Bier von Apenrade[5]. Als 1610 Apenrade abgebrannt war, verfehlte der Tonderer Magistrat nicht, eine kleine Geldsumme zu senden. Er begleitete sie mit dem Ausdruck seiner Hoffnung, daß sie auch fürder ihre lieben Nachbarn sein und bleiben würden und den Tonderschen Bürgern, wie bisher geschehen, mit der Ausschiffung günstige Förderung erzeigen würden[6]. Es kam aber trotzdem zu Streitigkeiten; der Rat zu Apenrade arrestierte 1620 vier Tonderanern ihre Schiffe und fügte ihnen einen Schaden von 2600 M. zu. Auf die Klage Tonderns um Aufrechterhaltung seiner Gerechtigkeit des Ein- und Ausschiffens bat aber Apenrade den Herzog

---

[1] Michelsen und Johannssen 258; Acta A XX 2810: 1624 Juni 17. Ein Husumer frachtet für zwei Schleswiger sein Schiff mit Roggen; St. M. X 635; die Erinnerung an den alten Transit lebte, M. J. I 49—50; in dem Begleitschreiben zum Oktroi für Friedrichstadt wird die Möglichkeit des Transits gerühmt, Pont 44.

[2] Jahrbb. III 301.

[3] Mitt. d. nordfries. Ver. I 128.

[4] Sejdelin 663—64.

[5] Acta A XX 2986: 1625 Febr. 20.

[6] Slesvigske Provindsialefterretninger udg. af C. Juel og Fr. Knudsen. 2 Bd. 1862 S. 224.

um Schutz seiner Privilegien und Abweisung dieser Bitte wegen Verteurung der Waren durch den Vorkauf usw. Der Herzog entschied aber unter dem 20. Februar 1621, daß Tondern im ruhigen Besitz zu lassen sei, besonders da es umgekehrt Apenrade dasselbe Recht zugestehen wolle, bis in petitorio etwas anderes ausgeführt oder eine andere Verordnung gemacht sei. Tondern sollte aber das gewöhnliche Zoll- und Brückengeld zahlen und den Apenrader Schiffern und Fuhrleuten, wenn sie ihrer mächtig werden könnten, Fracht und Fuhrlohn vor Fremden gönnen[1].

Von Ripen führte eine Landstraße nach Hadersleben, an der zu Toftlund der Propst den Zoll erhob[2]. Sie wurde auch zu Transit benutzt: so ging Hamburger Bier auf diesem Wege nach Assens und weiter nach Nyborg[3]. Auch die große Abfuhr von Ochsen aus Dänemark nach Holland zu Schiff, die südlich von Ripen bei Wedstedgaard stattfand, geschah zum Teil auf herzoglichem Gebiet. Die schwierigen gerichtlichen Verhältnisse wurden 1576 durch den Koldinger Rezeß geregelt[4].

Ein lebhafterer Transit berührte schleswigsches Gebiet auf der Straße von Ripen nach Kolding. Hier beteiligten sich Haderslebener Schiffe an der Ab- und Anfuhr, besonders nach Danzig. Auch Flensburger lieferten zeitweilig große Mengen von Flachs und Hanf nach Kolding[5].

Welche Bedeutung die Transitwege für die Abfuhr der Produkte Schleswig-Holsteins selbst hatten, sieht man aus den Sundzollregistern. Die Zahl der aus Schleswig-Holstein kommenden Schiffe ist stets sehr klein, sie geht nicht über 18 hinaus; Durchschnittszahl sind 8 Schiffe. Auch nach den Warenlisten ist die Ausfuhr durch den Sund nicht groß gewesen. Was an Schiffen und Waren erscheint, kommt fast ausschließlich aus Fehmarn und Wagrien, und auch aus diesem Gebiet ging der größte Teil

---

[1] Zeitschr. XXXIX 196—97.
[2] J. v. Schröder, Topographie.
[3] Secher I 171—72.: 12 β Zoll die Tonne Hamburger Bier angeordnet u. ebenda II 127; Kanc. Brevb. II 364, VI 579.
[4] St. M. V 443 ff.
[5] Kinch, Ribe II 818—19.

der Produktion nach Lübeck oder über Eckernförde und die Eider nach Westen, während alle andern Teile des Landes fast gar nicht vertreten sind. Man zog also allgemein den Transitweg vor. Doch mögen immerhin noch mehr Waren um Jütland herum gegangen sein, weil viele Schleswig-Holsteiner weit bequemer durch den Belt fahren konnten; wie denn öfter die Flensburger weit mehr Freischeine für die Fahrt nach Nordnorwegen erhielten, als nachher Schiffe in den Sundzollisten erscheinen, obwohl sie die Scheine sicher ausgenutzt haben werden, da die Fahrt sehr gewinnbringend war. Außerdem bleiben von den sechs zur Veröffentlichung gekommenen Jahren der Warenlisten vier weit unter dem Durchschnitt der Schiffszahl.

7. Kanalpläne.

Die hauptsächlichste Schwierigkeit fand der Transit in der stets notwendigen Landfuhr, den damals oft ganz unzulänglichen Wegen und dem teuren doppelten Umladen. Man hat deshalb schon damals viele Kanalprojekte erwogen. Alle allerdings erstrebten wohl nichts anderes als die Vermeidung der schlechten Landstraßen durch eine „Fahrt" von geringer Tiefe, nach dem Beispiel des im 14. Jahrhundert erbauten Stecknitzkanals. Am 14. März 1525 schloß Friedrich I. mit Hamburg und Lübeck zu Segeberg einen Vertrag ab über die Anlage eines Kanals zwischen der Alster und der Beste, einem Nebenfluß der Trave. Der König behielt sich vor, daß seine Zölle zu Segeberg, Trittau und Oldesloe, auch binnen Hamburg gezahlt werden sollten, wie sie bisher zu Wagen verzollt waren. Hamburgs und Lübecks Rechte an Alster und Trave blieben ebenfalls vorbehalten. Die Zahl der Schiffe für die neue Fahrt sollte bei allen gleich sein usw[1]. Schon Ende 1528 kamen die ersten Schiffe in Hamburg auf dem neuen Graben an[2]. Von Holsteinern hielten die Oldesloer[3] und

---

[1] Laursen, Tractater I 27 ff.

[2] Lappenberg, Histor. Bericht. 28 ff.; Koppmann, Bd. VII S. LXXIV ff., CLXVI ff.; dazu Eintragungen unter den einzelnen Jahren; Mitt. f. Lüb. Gesch. IX 99.

[3] Lüb. St. Travestrohm vol. III: 1592 Juli 10.

einige Adlige[1] Schiffe auf der Fahrt: „dat also van der Zeitt an die Schepe aff gekhamen und darenttkegen die Böte geföret, damit die Kauffmansguetere weil die Grave zwischen Hamborch und Oldenschlohe gedempfet, desto schleuniger gefordert warden", heißt es in einem Bericht der Oldesloer Böter. Die Schleusenrechnungen waren bis zum Hamburger Brande von 1842 noch vorhanden, teilweise bis 1599 reichend[2]. Aber schon 1543 wurde die Fahrt durch Streitigkeiten mit dem Adel gehindert, der die Überschwemmung seiner Wiesen durch die Stauschleusen nicht dulden wollte. Noch 1546 wurden viele Faden Holz von Lübeck nach Hamburg auf Holzschiffen geführt, doch hörte die Fahrt damit fast ganz auf. Eine neue Erschwerung brachte 1547 die widerrechtliche Forderung von „Stedegeld" durch Tonnies von Holle, den Amtmann von Trittau.

Verhandlungen waren vergebens[3]. Eine Instandsetzung einer beschädigten Schleuse wurde vom Adel verhindert, und der Kanal als ganzer ist seit 1550 nie wieder befahrbar gewesen. Soweit er erhalten blieb, benutzte man ihn zur Abfuhr der holsteinischen Produkte, besonders gingen so Segeberger Kalk[4], Holz, Torf u. a. nach Hamburg. So konnte man bis 1557 bis Stegen fahren, bis 1584 ging die Fahrt bis Fuhlsbüttel. Noch im Jahre 1570 beschloß der Hamburger Rat, den Zoll eines jeden Schiffes von 13 β 6 Pf. auf 18 β zu erhöhen, weil die Schleusen kostspielig zu unterhalten seien und die Schiffe neuerdings größer würden. Kurz vor dem Dreißigjährigen Kriege unterhielten die Besitzer von Jersbek und Borstel noch ein Fahrzeug auf der Alster auf gemeinsame Kosten, bis der Krieg die Güter ruinierte und die Fahrt in Vergessenheit geriet[5]. Eine Bitte um Wiederbelebung der ganzen Fahrt wurde 1609 und 1610 von der

---

[1] Gudme, Ist der Oldesloer Kanal zu berücksichtigen? 1821 S. 77 ff. u. 82.

[2] Koppmann, Bd. VII S. LXXVI.

[3] Ratjen, Zeitschr. V 610, Hbg. St. Cl. II Nr. 18a, vol. I Pars I: 1549 März 12.

[4] Koppmann, Bd. VII S. CLXVII.

[5] Gudme, a. a. O. 82.

Hamburger Bürgerschaft an den Senat gerichtet. Dieser versprach aber nur, das Projekt im Auge zu behalten, wies aber darauf hin, daß große Schwierigkeiten der Ausführung entgegenständen, besonders die Unmöglichkeit, das Wasser auf der Scheitelhöhe zu halten, und das Verhältnis zum Adel, und dabei blieb es[1].

Von Zeit zu Zeit tauchten immer wieder neue Pläne auf, Ost- und Westsee durch einen Kanal zu verbinden und so den ganzen Ostseehandel durch Schleswig-Holstein zu leiten. Schon Christian III. soll den Plan verfolgt haben, Ripen mit dem nahen Hadersleben oder auch Kolding zu verbinden[2]. Ich möchte aber Kinchs Vermutung folgen, daß hier Verwechslung mit einem kleinen Kanal zwischen Ripen und Gram vorliegt, da der König doch Sund und beide Belte beherrschte und durch das Unternehmen nur seinen Sundzoll schädigen konnte. Außerdem bot Ripen keinen guten Hafen dar[3]. Doch muß auch ein Kanal bis Gram dem Transit förderlich gewesen sein.

Sodann nahm Herzog Adolf den Gedanken auf. Außer der Sorge für die Wohlfahrt seiner Untertanen mochte ihn die Aussicht auf reiche Einkünfte locken, wie sie dem dänischen Könige der Sundzoll bot. Er war öfter in Holland gewesen und hatte dort selbst den Nutzen von Kanälen kennen gelernt. Er entschloß sich, mit seinem Bruder, Herzog Johann d. Ä., zwischen Kiel und der Eider, mit Benutzung etlicher Seen und Auen, einen Kanal anzulegen. Der Graben sollte 2000 Ruten lang werden. Da die Eider an sich gut fahrbar und sehr belebt war, schien der Plan wohl durchführbar. Am 10. August 1571[4] wandte sich Herzog Adolf an den Kaiser. Er setzte ihm den Vorteil auseinander, den davon besonders die niederburgundischen Lande haben würden, da alle Waren, die von Osten nach Westen und von Westen nach Osten geschifft würden, aus Rußland,

---

[1] Nucleus Recessuum, „Alsterfahrt".

[2] Terpager, Ripae 14—15.

[3] Kinch, Ribe II 39—40; Beseke, Der Nordostseekanal. S. 3 spricht von militärischen Gründen u. a.!

[4] Jahrbb. X 273—75.

Livland, Polen, Preußen, Pommern, Mecklenburg „und bis anhero" durch den Sund oder Belt geschifft werden müßten und ebenso die Waren aus Spanien, Frankreich, England, Irland, Schottland, Island, Niederburgundien, Friesland. Die jetzige Fahrt gehe um Skagen („Schagerhorn") unter Norwegen herum und sei nicht allein ein ganz weiter Umweg, sondern man müsse auch wegen der Biegung und Umfahrt mancherlei Wind haben und erleide viele Versäumnis und Unkosten an Proviant und Besoldung durch das erzwungene Stilliegen. Dazu drohten hier Klippen, Sände und andere Ungelegenheiten. Die neue Fahrt werde man ohne alle Gefahr und Abenteuer aufs längste in drei Tagen machen können. Schließlich bat er den Kaiser um Bestätigung und Aufnahme der Kauf- und Schiffleute in kaiserlichen Schutz. Maximilian II. antwortete unter dem 18. September aus Wien wohlwollend. Er sei dem Unternehmen geneigt, er zweifele auch nicht an der Möglichkeit, wolle aber zunächst Bericht einziehen. Unter dem gleichen Datum hatte er sich an den Herzog von Alba, die Herzöge von Pommern, an Lübeck gewandt, teilte ihnen das Vorhaben Adolfs mit und forderte nähern Bericht, bevor er etwas bewillige[1]. Dieser Plan Herzog Adolfs steht offenbar in Verbindung mit seinen Absichten zur Erlangung der Reichsadmiralschaft.

Leider ist uns über das Ende des Planes nichts bekannt. Vielleicht hatte man die technischen Schwierigkeiten unterschätzt; vielleicht mochten auch die Nachbarn bei Adolfs unternehmendem Sinn eine Verstärkung seiner Stellung fürchten und diesem Plan widersprechen wie dem zur Errichtung der Admiralschaft. Noch von einem andern Kanalplan Herzog Adolfs wird uns berichtet. Er hatte vorgehabt, die Treene in die Husumer Au zu leiten, dann einen Stapel zu Hollingstedt anzulegen, damit die Waren von Schleswig oder Eckernförde nach Hollingstedt zu Wagen, von da aber nach Husum in Böten oder kleinen Schiffen gebracht würden[2]. Auf andere Pläne deutet die Karte hin, die

---

[1] Abschriftlich erhalten, Acta A XXVI 1 Nr. 2.
[2] Danckwerth 139 Sp. 1: er scheint an eine Überleitung des nördlichen, 1570 zugeschütteten Armes der Treene zu denken; Scheel,

als „Typus Chersonesi Cimbrici" im Anhang zu Heinrich Rantzaus Landesbeschreibung bei Westphalen gedruckt ist. Nach Geerz[1] liegt dieser Karte wohl die Arbeit des Professors Jordanus zugrunde, eines Zeitgenossen Rantzaus, der die Karte wohl auch auf dessen Wunsch verfertigte. Wir sehen hier die Eider durch die Treene mit Flensburg und ebenso Eider und Elbe verbunden. Ebenso ist der Alster-Beste-Kanal auf der Karte bezeichnet. Leider ist uns gar nicht bekannt, welche Mittel man zur Durchführung dieser Pläne ergriffen hat, und wie weit man in den Vorbereitungen gekommen ist.

Auch die königliche Linie trat mit Kanalplänen hervor. Das Verhältnis zum Gottorper Hofe blieb nicht immer freundschaftlich, und Christian IV. mochte fürchten, daß die Gottorper ihm zuvorkämen und zugleich der Sundzolleinnahme einen Schlag versetzten. So betrieb er denn unter dem Einfluß Cornelius Clausen Pitaels, Bürgermeisters zu Medemblick, den Bau eines Kanals von Ballum bis Apenrade von 11 Fuß Tiefe[2]. Bei Ballum reicht das Lister Tief nahe an die Küste. „Item van Rijm tot Silt oft List een mijl, daer tusschen gaet dat schoonste Diep in op gheheel Jutlandt van viif ende ses vadem met leech water"[6]. Ebenso bildet Apenrade einen guten Hafen. Pitael beabsichtigte auch in der Rutebüller Gegend eine Stadt zu gründen und zugleich einen Kanal zu bauen[4].

Prov. Berr. 1793 VI 298, spricht von dem Plan, die obern Zweige oder Bäche der Husumer Au in die Treene zu leiten und dann zu Hollingstedt den Stapel zu errichten. — Der Plan Adolfs, zwischen Husum und der Ostsee einen beständigen Handel und Nahrung zu errichten, wird in einer Husumer Bittschrift von 1643 erwähnt, Mitt. des nordfries. Ver. IV 1906—1907 S. 30.

[1] F. Geerz, Geschichte der geographischen Vermessungen und der Landkarten Nordalbingiens. 1869 S. 23.

[2] Danckwerth 3 und Prov. Berr. 1793 IV 47.

[3] Aurigarius [Waghenaer], Spieghel der Zeevart 44.

[4] Zeitschr. XXVI 18.

Kapitel VI.
Der nord-südliche Transit, insbesondere der Ochsenhandel.

Bedeutender noch als der Transithandel zwischen West- und Ostsee ist der zwischen Dänemark und Deutschland. Die rechte alte Landstraße aus dem Reiche Dänemark nach Deutschland, zugleich die Heerstraße, ging von Kolding aus und führte, die Föhrden möglichst nahe an ihrem Ende zu berühren strebend, wo die Städte lagen, die Flüsse an der Quelle überschreitend, westlich von Hadersleben, über Tollstede, an Apenrade und Flensburg vorbei auf Gottorf zu, wo der ganze Verkehr durch den Osterkalegat oder Wieglesdor, das einzige Tor des alten Dannewerk, hindurch mußte, führte durch Kropp, überschritt die Eider bei Rendsburg, ging dann über Neumünster, Bramstedt nach Hamburg[1]. Ein Nebenweg führte von Neumünster durch die Segeberger und Harxheide nach Hamburg. Ein bedeutender Teil des Verkehrs ging von Bramstedt nach Wedel und dann weiter über Stade und Buxtehude durch Hannover und Westfalen nach Holland. Zeitweilig, nach Errichtung der dänischen Zollgrenze an der Königsau, ging der Verkehr von Kolding erst nach Ripen und von da über Eckwadt, Tollstede, Paulskrog, Bau, an Flensburg vorbei und dann weiter nach Holstein. An der alten Heerstraße lagen die Hauptzollstätten des Landes, Gottorf und Rendsburg, deren Ertrag eine der größten Bareinnahmen der Fürsten bildete. König und Herzöge teilten sie zu gleichen Teilen und bestritten auch gemeinsame Regierungs-

---

[1] Siehe die Karten bei Danckwerth und Geerz. Im einzelnen siehe Acta A XX 866: 1621 März 21; XX 1923.

ausgaben aus dieser Kasse. Daneben gab es auf dem ganzen Wege kleinere Zollstellen, wohl meist Drei-Pfennig-Zölle, die zur Unterhaltung von Brücken usw. dienten, nur im Nebenamte von Pastoren usw. verwaltet wurden und dem Fürsten wenig einbrachten. Uns erscheint diese, im Mittelalter allgemeine Art der Zollerhebung mitten im Lande an einer einzigen Straße seltsam. Damals aber bestand der Wegezwang. Es war die einzige erlaubte Straße; jeder mußte diesen Weg wählen, um den Zoll zu bezahlen, auch wenn er nähere Wege ziehen konnte. In früherer Zeit bestand auch ein gewisser natürlicher Zwang: außer diesem einen gebahnten Wege gab es kaum andere. Ringsum starrte das Land von ungangbaren Wäldern und Sümpfen. Im 16. Jahrhundert erst kamen daneben auch andere Wege auf. Der Verkehr überhaupt nahm zu, der Zoll stieg, so daß es lohnend wurde, den Zoll zu umgehen. So wurden auf dem Dithmarscher Land- und Rechtstag zu Rendsburg 1562 durch die Zöllner von Gottorf und Rendsburg Klagen über das Vorbeitreiben durch Dithmarscher vorgebracht. Es wurde verabschiedet, daß künftig jeder, der Ochsen, Pferde, Schweine, Schafe und dergleichen über die Eider durch Fockbeck durchtriebe oder auch über die Schlei, für das, was er nicht an den beiden Zollstellen verzollt habe, an seinem Gut solle gestraft werden[1]. Schließlich sah man sich gezwungen, auch zu Missunde, der schmalsten Stelle der Schlei, einen Zoll anzusetzen, der seit 1576 zu belegen ist[2], aber erst 1607 als Hauptzoll eingerichtet wurde[3]. Die Unterschleife hörten aber nicht auf, wie Klagen über das Viehdurchtreiben durch Hollingstedt und bei Missunde zeigen[4]. Auch suchte man den Zoll zu umgehen, indem man die Ochsen

---

[1] Michelsen, D. UB. CXXI 273.

[2] Acta A XX 2061.

[3] Ebenda 862: März 14.

[4] 1596 Febr. 16 Verbot des Viehdurchtreibens durch Hollingstedt, Acta A XX 879; Klage über Unterschleif mit auf die Mast getriebenen Ochsen und Schweinen von 1604; 1605 Febr. 7: 454 Schweine sind durch den (Wester-) Kalegat getrieben. Der Westerkalegat war der zweite, im 16. Jahrhundert eröffnete Durchgang durch das Dannewerk, ebenda; Acta A XX 862.

von Gottorf über Eckernförde trieb oder dänische Ochsen zu Eckernförde ausschiffte. Der Herzog richtete hier aber eine private Zollstelle ein und befahl, daß das vom Kaufmann durchgetriebene Vieh hier als Kaufmannsware verzollt werden sollte, ungeachtet es von denen von Adel „zugezogen" sei, wofür der Adel zollfrei war. Es sollte alles Vieh, das aus Eckernförde ausgetrieben werde, unter welchem Schein es auch geschehe, dort verzollt werden außer dem für die Küchennotdurft bestimmten. Auch wenn zu Gottorf gezollt sei, müsse man hier wieder zollen. Weil trotzdem aus Dänemark angeschiffte Ochsen vielfach dem Zoll vorbeigetrieben wurden, mußte eine Zollkate bei „Thomastags" errichtet werden[1]. Von Lübeckern und vom Adel wurde Klage über den neuen Zoll erhoben[2], sie nutzten die Mehrzahl der Zölle aber mitunter zu dem Versuch, sich bei Betrug herauszureden[3]. Weitere Zölle südlich von Rendsburg waren Neumünster, Bramstedt und Segeberg. Hier zahlte man den halben Zoll[4], doch waren Holsten, Lübecker und Hamburger frei, außer wenn sie an den Hauptzollstellen nicht gezollt hatten. Diese Kontrolle war der Hauptzweck. Die Einnahme war nicht sehr groß. Gegen die Privilegien suchte man den Zoll auch auf Zollfreie auszudehnen, so 1573 auf Hamburger Knochenhauer zu Neumünster[5], dann auch auf Holsteiner, so daß sich der Landtag 1610 über die neuen Zölle zu Segeberg, Bramstedt u. a. beklagte, worauf versprochen wurde, sie abzustellen[6]. Als 1614 die Zölle allgemein erhöht waren, kamen wieder von Lübeckern Klagen, daß sie hier mit Zoll beschwert würden. Ein Lübecker berichtete, daß auch die Holsteiner Zollzettel zeigen müßten, weil sich die Sächsischen oft für Holsteiner ausgegeben hätten.

---

[1] Acta A XX 867.

[2] Lüb. St. Lüb. Zollfr. in Holstein vol. II: 1616 Febr. 10; Acta A XX 889: 1618 März 5 u. 10.

[3] Acta A XX 889: 1618 März 19; 1619 März 4 u. 9.

[4] Michelsen und Johannssen 268: 1605 Febr. 20 Verordnung und Aufrichtung einer Zollnebenrolle.

[5] Acta A XX 889; Hbg. St. Cl. II Nr. 12 vol. 1: Juni 10.

[6] Christiani-Hegewisch III 107—08, 415.

Der Herzog allerdings behauptete, daß Lübecker und Eingesessene gleichviel zahlten, Lübeck beharrte aber auf seiner Freiheit[1]. Der Zoll zu Bramstedt wurde von Christian IV. errichtet, ohne den Herzog zu fragen. Dieser verlangte aber, daß die Zollgefälle zu Bramstedt als eines Annexes von Gottorf mit diesem auf eine Rechnung gebracht würden[2]. Auch bei dem Dorfe Braak [Bragke] war eine Zollstelle, wo man nach der Zollrolle zollen mußte; doch gingen 1619 die Ochsenhändler oft durch die Segeberger Heide und umgingen den Zoll[3].

Eine westliche Landstraße führte von Ripen über Bredebro, Tondern, Leck, Soholm, Husum, stets am Rande der Geest hinführend, dann die Eider in der Nähe von Friedrichstadt überschreitend, durch Dithmarschen über Lunden, Albersdorf, Hanerau nach Itzehoe und Hamburg. Anstatt diesen Weg zu wählen, durchzog man auch oft Dithmarschen und setzte bei Brunsbüttel über die Elbe nach Freiburg[4]. Für den Transitverkehr war dieser Weg ohne große Bedeutung. Bis 1559 war der Durchzug durch Dithmarschen schwierig, und sogar für Nordstrand ging der rechte Weg durch den Gottorfer Zoll. Zunächst benutzten nur Dithmarscher und Eiderstedter den Weg zum Bezug von Magervieh aus Nordschleswig und Dänemark. Das erklärt die Wichtigkeit der Frage für Dithmarschen, ob sie in Husum zollfrei seien. Nach der Schlacht bei Hemmingstedt nahmen die Dithmarscher einseitig ein Verbot in ihr Landrecht auf, hier Zoll zu zahlen[5]. Sie erhielten es auch 1523 von Friedrich I. bestätigt[6]. In den Streitigkeiten mit den Holsten vor Eroberung des Landes legten die Herzöge ihnen auf diesem Wege manche Schwierigkeiten in den Weg; man forderte in Husum Zoll und hielt ihnen im Frühjahr 1557 in Husum Ochsen an wegen Vertreibens des Zolls[7]. Die

---

[1] Lüb. St. Lüb. Zollfr. in Holstein vol. II: 1614 Juli 9; Sept. 7, 21; 1615 Sept. 6, Dez. 4; 1616 Febr. 10; Acta A XX 890.

[2] Acta A XX 862: 1606 Dez. 3; 1607 März 14.

[3] Ebenda 899: 1619 März 20.

[4] Hansen, Petreus 255.

[5] Landes Boke tho Detmerschen. 1539 Art. 242 u. 3.

[6] Neoc. I 553.

[7] Michelsen, D. UB. LXXXVII 172.

fetten Ochsen gingen aus Dithmarschen nach Hamburg, für dessen Ochsenmarkt diese Zufuhr sehr wichtig war. Darum verwandte sich Hamburg, als wegen Streitigkeiten Dithmarschens mit der Wilstermarsch im Herbst 1550 Dithmarscher Ochsen in Breitenburg angehalten waren, mit mehreren Schreiben beim Amtmann von Steinburg gegen eine Verhinderung seines Ochsenmarktes zum großen Schaden der Stadt[1]. Im Herbst 1556 wurden die Dithmarscher von neuem beschwert, es wurden drei Dithmarschern 110 Ochsen genommen. Hamburg verwandte sich wieder für sie, erhielt aber vom Amtmann die Antwort, er wisse nichts davon[2]. Dithmarschen schrieb an den König und suchte die Vermittlung Herzog Johanns[3]. Doch wußte dieser nichts von Beschwerden und neuen Zöllen. Nach der Eroberung des Landes nahm der Verkehr einen Aufschwung. Die Nordstrander usw. benutzten die Straße, ihre Ochsen an fremde Örter zu bringen, und trieben so an den gewöhnlichen Zollstätten, Gottorf und Rendsburg, vorbei. Es wurde deshalb 1565 Febr. 1 auch für dies Vieh ein Zoll in der Höhe des Gottorfer angesetzt, der dem Landschreiber von Nordstrand zu zahlen war[4]. Nachdem dann unter fürstlicher Herrschaft die Wege in Dithmarschen gebessert und neue Wege geschlagen waren, wurde der westliche Weg noch mehr besucht. Der östliche Weg bot mehr Bequemlichkeit, blieb auch der Hauptweg; hier aber konnte man besser hoffen, den Zoll zu umgehen. So umgingen die Eiderstedter den tonderschen Zoll, wo alle, die nicht auf der östlichen Heerstraße nach Ripen handelten, zollen mußten, indem sie sich über Lügumkloster und Haistrup [Haystorff] auf der östlichen Straße hielten und in Haistrup den kleinen, Drei-Pfennig-Zoll bezahlten, als ob sie nach Flensburg treiben wollten, schließlich aber doch nach Husum gingen[5]. Ein Schmuggler, Albrecht Friese,

---

[1] Hbg. St. Cl. II Nr. 15a vol. 2: Verschiedene Schreiben vom Herbst 1550 u. 51.

[2] Ebenda Cl. II Nr. 16a vol. 2: 1556 Okt. 1.

[3] Michelsen, D. UB. LXXXVII 165—66, LXXXVIII 177: 1557 Dez. 26.

[4] Acta A XX 2325; Heimreich I 417.

[5] Acta A XX 902: Juni 23, 27.

wurde wegen solchen Unterschleifs sogar gehenkt, während andere glimpflicher davonkamen. Der zweite große Zoll auf der Straße, zu Husum, wurde auch oft umgangen. Dithmarschen verlor hier 1559 seine eigenmächtig dekretierte Zollfreiheit. Zeitweilig hatte der Zöllner dann von allen Dithmarschern den gewöhnlichen Zoll nach der Rolle gefordert. Die Dithmarscher hatten aber nur den halben Zoll zahlen wollen, weil sie „Schatt und Schulde" geben müßten nach altem Herkommen! Schließlich hatte man von den fürstlichen Untertanen nur den halben Zoll genommen. Die königlichen Süderdithmarscher aber mußten den ganzen Zoll, für jedes Rind 4 β 8 Pf. geben, da sie ihre Forderung nicht beweisen konnten. Da der Zöllner sie aber nicht kannte, zahlten sie oft doch nur den halben Zoll, unter dem Schein, fürstliche Untertanen zu sein[1]. Nach 1614 waren sie aber schärfer angefaßt; sie klagten, daß sie jetzt gegen früher den doppelten Zoll zahlen müßten. Zahlreiche Bittschriften um Gleichstellung mit den Norderdithmarschern bei diesem Zoll wurden barsch abgefertigt[2]. Bei der Koldenbüttler Fähre, wo seit 1587 März 13 Cornelius v. d. Lohe die Fährgerechtigkeit besaß, nach dem die Fähre auch „bi v. d. Lohen Hus" genannt wurde, bestand ein Hilfszoll[3]. 1589 wurden die drei Eiderstede von diesem ihren Privilegien zuwiderlaufenden Zoll befreit[4], 1611 wurde ihnen die Zollfreiheit für Vieh, das sie selbst austreiben ließen oder Fremden verkauften, bestätigt[4]. Dithmarschen war nach den alten Verträgen von den Eiderzöllen, auf- und abwärts, frei gewesen. 1506 nahmen sie in das Landrecht ein Verbot alles Zollzahlens auch in Eiderstedt auf[5]; wurde dies 1523 auch nicht ausdrücklich mit bestätigt, so mag es immerhin in der Bestätigung der alten Zollfreiheit mit enthalten

---

[1] Acta A XX 863: 1614 Dez. 8 Bericht des Zöllners an Augusta.
[2] Ebenda 863: 1614 Dez. 1, 3; 1615 März 12, 22; Juni 26 Vorschrift Christians IV.
[3] Acta A XX 1815.
[4] Ebenda; Prov. Berr. 1791 I 27—28; Heimreich I 425.
[5] Acta A XX 1815; Prov. Berr. 1792 H. VI 231 A.
[6] S. oben.

gewesen sein. 1546 kam es dann zu Streitigkeiten über das Hoheitsrecht an der Eider und zu Zollstreitigkeiten an der Eider, besonders in Schwabstedt, ebenso 1557[1]. Nach 1559 waren wenigstens die Norderdithmarscher hier zollfrei, wenn sie in Husum gezollt hatten; die Süderdithmarscher behaupteten hier das gleiche, doch wurde es nicht anerkannt. 1603 Nov. 17 wurde eingeschärft, daß Pferde usw., die von Tondern, Kliplef, Osterfeld, Winnert kamen, in Husum zollen sollten, und wenn sie keinen Zollzettel hätten, auch in Koldenbüttel. In betreff des Viehs, das von Flensburg und dem übrigen Osten nach Eiderstedt auf die Weide getrieben wurde, wurde bestimmt, daß es Zettel von Gottorf vorweisen sollte; Fremde, die in Eiderstedt kein Land hatten, sollten dann den halben Zoll zahlen; die Eiderstedter sollten zollfrei sein, wenn sie in Gottorf gezollt hätten[2]. Der Koldenbüttler Zoll wurde aber schließlich von allen erhoben und so dem Husumer gleichgesetzt. Im September 1610 erging der Befehl, von allen Pferden, Rindern und andern lebenden Waren Zoll zu nehmen. Doch wurde der Zoll viel umgangen[3]. Die Dithmarscher und Eiderstedter weigerten sich aber, den Zoll zu zahlen und behaupteten, es gelte nur von Brabantern und Franzosen u. a., so daß der Zöllner nicht wußte, wie er sich verhalten sollte, zumal da die aus dem Strande kommenden dort so schon 4 β von jedem Pferd zahlen mußten und dann hier noch 2 β 4 Pf., obwohl der Fürst sonst von jedem Pferde nur 2 β 4 Pf. erhielt[4]. Am 1. September 1612 wurde für alle, die ohne Husumer Zettel betroffen wurden, der Zoll auf 7 β für Ochsen, Kühe oder Pferde festgesetzt, für Leute mit Husumer Zetteln auf 2 β 4 Pf. Gleichzeitig erließ der Herzog eine nach dem damaligen Münzwert geänderte Zollrolle für die Fähre[5]. Die herzoglichen Untertanen und später

---

[1] Michelsen, D. UB. LXXV 120, 124; LXXVII 128, 130; LXXXVII 172, 175, 180.

[2] Acta A XX 1815.

[3] Ebenda 1611 März 27.

[4] Ebenda 1612 Aug. 4.

[5] Ebenda. Die Rolle enthält Sätze für: Vieh, Korn, Pack Laken Englisch, Sack Hopfen, Pipe Öl, Zentner Glas, Cartenstein, Oxhoft

auch die königlichen aus Dithmarschen wurden aber schließlich von dem Zoll befreit[1]. Der Fürst und seine Räte waren hier wie zu Treia, wo ein kleiner Nebenzoll war, zollfrei[2]. Auch Eiderstedt erhielt auf Bitten des Stallers Hermann Hoyer 1617 seine Zollfreiheit auf Pferde wieder, nachdem sie längere Zeit verloren war, weil sich die Pferdehändler lange schweren Betrug erlaubt hatten[3]. Hier mag erwähnt werden, daß Süderdithmarschen 1614 Dez. 3 für die Ausfuhr des Viehs [„Beester"] aus Tönning nach Dithmarschen, die vorher frei gewesen war, für eigne Notdurft Freiheit erhielt, während Kaufmannsgut zollen und Hafengeld geben mußte. Die fürstlichen Untertanen wurden ebenso behandelt[4]. Die Heider Kaufleute klagten, daß ihnen die Überfahrt bei Koldenbüttel sehr erschwert werde, wenn sie von Husum mit ihren Waren kämen; sie baten deshalb, Reimersbode benutzen zu dürfen, das ihnen näher liege, wo sie auch eine alte Gerechtigkeit hätten[5]. Auch hier mag Schmuggel beabsichtigt gewesen sein.

Der Zoll für den Verkehr zwischen Eider und Elbe war zu Hanerau. Er war meist mit dem Gut Hanerau den Rantzaus

---

und Pinson trocken Gut, Oxhoft Allaun, Vaß mit Waid und Krapp [Weede und Rode], Wein, Branntwein, Eimbeckisch Bier, Säge Blei, Tonne Öl, Rolle Blei, Stahl, Zinn, Wage Glas, Faß Mumme, Preussing, Met, Tonne Hamburger Bier, Husumer Bier, Essig, Honig, Butter, Seife, Talg, Kuchen-(Kuh?)fett, Tran, Fleisch, Aal, Osemunt, Nüsse, Teer, Trockengut, Lüneburger und friesisch Salz, Englisch und Outhenstein(?) Laken, Norder Dosin (Dosin = Dutzend, ist Tuch von Norden gemeint?), Brüggisch, Holländisch, Leidisch, Hoornisch Laken, Kirsei (grobes gekreuztes Wollenzeug), Kamlink (s. a. Neoc. I 156 = Kamlot, Kameelhaarstoff?), Hardewijker Tuch, Stück Wobbe, bunte [vormahlet] Laken, 100 Ellen Leinwand, Drompt Hopfen, Korb Rosinen, Korb Feigen, Fische, Felle, gewöhnliche Tafelite, Tafelite mit Spitzen [Knuppels], 1000 Astrack (d. h. Estrich, besonders Fliesen, Ziegel, auch wohl Kalkstein) Sack Brasilholz, Englisch Tonnen.

[1] Acta A XX 1612 Dez. 5, 1613 April 21.
[2] Ebenda 1616 März 13.
[3] Prov. Berr. 1790 Heft VI 232.
[4] Acta A XX 863: 1614 Dez. 3.
[5] Ebenda 1815: 1604 Juli.

verlehnt: „My höret de Toll van de Elve bet an de Eyder" sagte einer von ihnen[1]. Dithmarschen war hier als an einem neuen, 1474 eingerichteten Zoll zollfrei. Die Leute aus Nordstrand, Stapelholm, Husumerharde usw. und alle Fremden waren aber zollpflichtig[2]. Nach 1559 fehlte es nicht an Versuchen, die Dithmarscher auch dem Zoll zu unterwerfen. Neben dem Übermut der Rantzaus war wohl auch der Unterschleif der Dithmarscher mit daran schuld, da sie, besonders im Anfange des 17. Jahrhunderts, oft Eiderstedter u. a. Vieh kauften, das sie dann einige Zeit behielten und dann als eigenes Gut zollfrei austrieben[3]. Dithmarschens Zollfreiheit wurde aber stets anerkannt[4]. 1577 hatte Dithmarschen, um den Belästigungen zu entgehen, die Erlaubnis erhalten, durch das Kirchspiel Schenefeld neben der Hohenhörn einen neuen, zweiten Weg in das Holsteinische anzulegen, den sie allein benutzen sollten. Auch hier sollten sie zollfrei sein[5]. Ebenso erhielten die Eingesessenen des Kirchspiels Schenefeld die Benutzung des Weges freigestellt[6]. Da auch Fremde den Weg zogen, fühlten sich die Rantzaus sehr benachteiligt. Sie versuchten deshalb den Weg durch Schlagbäume und Blockhäuser zu kontrollieren, legten auch wohl verdächtigen Dithmarschern Zoll auf. Diese wollten sich das aber keineswegs gefallen lassen; das einzige, wozu sie sich verstanden, war, daß sie Namen und Waren ansagten. Aber Tag und Nacht behielten sie freien Durchzug und weigerten sich auch, Zettel vom Pastor zu bringen, weil Rantzau „erst eine Plicht, hernach den Tolle damit sochte"[7]. So arbeiteten auf dieser Straße die Schmuggler Hand in Hand, um das Vieh aus

---

[1] Viethen 437.

[2] Michelsen, D. UB. CLXV 382; M. J. I 43; Viethen 442.

[3] Michelsen, D. UB. CLXVI 381—82; Gloy 59.

[4] Michelsen, D. UB. CXXXIII 297 ff.; Falck, Kunde des Vaterlandes III 283; Neoc. II 280, 379; Michelsen, D. UB. CLXVI 381—82.

[5] C. C. Reg. Hols. II 835—37; Michelsen, D. UB. CLVI 369—70, CLXIV—V 381—82. Viethen 441—42; Acta A XX 893; Neoc. II 398—99.

[6] Viethen 441.

[7] Neoc. II 399.

dem Lande herauszubringen. Ein letzter Zoll war dann übrigens noch zu Itzehoe[1], [2].

Es gingen den Weg jährlich nicht mehr als einige Tausend Stück Vieh. Die Zahlen schwanken natürlich. Aus Eiderstedt betrug die jährliche Ausfuhr nach einer Angabe von 1617 „etzliche Tausend"[3]. Aus Nordstrand wurden jährlich 600 Ochsen im Herbst ausgeführt[4]. Im übrigen vergleiche man die Husumer Zollisten im Anhang.

Auch auf einem dritten Wege gingen die Ochsen außer Landes, auf dem Seewege. Dieser war hauptsächlich bis ca. 1590 im Schwange; es waren damals jährlich 10000 und mehr Ochsen von Jütland nach Holland geschifft worden[5]. Damals war der Weg aber abgekommen, wohl wegen Beunruhigung der See, wie man schon 1557 wegen Unsicherheit der Seehäfen den westlichen Ochsenweg gewählt hatte[6]. Ganz aber ist der Weg nie abgekommen und im 17. Jahrhundert wieder zu großer Bedeutung gelangt. Die meisten dieser Ochsen stammten auch aus Jütland. Ihre Einschiffung fand auf der Hvidding Nakke innerhalb des alten Riper Tiefs südlich von Manö, teils auch an der Küste nördlich vom Auausfluß statt. Später aber war es hier verboten worden. Die schleswigschen Bauern südlich Ripens und Schiffer von Röm beteiligten sich an der Abfuhr[7].

Auch im Amte Tondern wurden jährlich im Frühjahr viele Hundert Ochsen zu Schiff nach Holland ausgeführt. Adel, Bürger (z. B. aus Flensburg) und Bauern beteiligten sich daran und umgingen dadurch den Landzoll. Bürger und Bauern waren verpflichtet, von jedem Stück Vieh 4 β zu zollen; sie

---

[1] N. St. M. VI 244; Michelsen, D. UB. LXXXVII 165 f.

[2] In Pinneberg gab es Zoll und Wagegeld, von dem Dithmarschen 1553 auf immer durch Hergabe von 110 Tlrn. zum Bau einer Steinstraße durch Elmshorn frei wurde, Michelsen, D. UB. LXXXIV 161 f.

[3] Acta A XX 2762.

[4] Hansen, Petreus 87.

[5] Acta A X 397: 1603.

[6] Michelsen, D. UB. LXXXVII 171.

[7] Kinch, Ribe II 21, 138, 146, 257, 825 ff.; Danckwerth 54.

taten es meist, da sie zu leicht zur Verantwortung gezogen werden konnten. Der Adel glaubte aber zollfrei zu sein, und als Dietrich Blome, der Amtmann von Tondern, dies nur von eigen gezogenem Vieh zugestehen wollte, trieben sie ihre Ochsen aus dem fürstlichen Amte nach Ballum Birk und schifften hier auf Peter Rantzaus Grunde aus. Als der Amtmann den Carsten Rosenkranz deshalb wegen Zollunterschleifs zur Rechenschaft ziehen wollte, berief sich dieser auf seine adlige Freiheit, obwohl es Kaufmannsgut gewesen war, und wies auf Otto von Qualen, Sifert v. d. Wisch und Otto Magnusen hin, die dieselbe Freiheit genossen hätten. Als des Herzogs Befehl zu zahlen vergeblich gewesen war, wurde ihm der Prozeß gemacht. Rosenkranz leistete dem ersten Urteil aber keine Folge, so daß der Amtmann um einen neuen Prozeß bitten mußte. Ob er auf die weitern gerichtlichen Schritte reagierte, weiß ich nicht[1]. In diesen Jahren machte sich trotz des Prozesses noch eine Reihe anderer desselben Vergehens schuldig. Auch von Föhr wurden Ochsen zu Schiff nach Friesland u. a. ausgeführt. Die herzoglichen Untertanen waren hier von Zoll frei, und auch den Einwohnern des königlichen Teils mußte dies zugestanden werden, nachdem die Einsetzung eines Zöllners und Warnungen vergeblich gewesen waren[2].

Die Ochsen wurden meist nach Hoorn in Holland geschifft. Diese Stadt hatte schon 1389 ein Privileg erhalten, daß die Dänen ihren Markt mit ihren Ochsen und Pferden hier besuchen möchten. Es sollte nur die äußerst geringe Abgabe von einem halben Stüver erhoben werden und nicht mehr, um den Markt in Aufnahme zu bringen[3]. Schon im 16. Jahrhundert ist dann auch das schnell aufblühende Amsterdam an diesem Handel beteiligt. 1563 waren Amsterdam und Hoorn in Streit geraten über die Abgabe von den einkommenden Ochsen und die Kaufmannschaft, die die Dänen und andere nach Hoorn mit ihren Schiffen zu Markt brachten

---

[1] Acta A XX 2866: 1594 Aug. 4 ff.
[2] Secher II 25, 98; Kanc. Brevb. VI 99, 386 f.
[3] D. Velius, Chroniick van Hoorn. Tot Hoorn 1648. S. 11.

und womit sie in das Vlie oder das Maasdiep einliefen[1] Im Jahre 1605 verlor Hoorn dann seinen Markt für die dänischen Ochsen, der dort die ganze Zeit, schon vom ersten Beginn der Stadt an, gewesen war. Er wurde ihnen von Enkhuizen abgewonnen, das ihn dann zunächst innehatte[2].

Die wichtigste Ware, die den Ost-Weg passierte, waren die Ochsen. Sie gaben dem Weg auch den Namen, der noch heute gebräuchlich ist: Ochsenweg. Die Zahl der durchpassierenden Ochsen hat Anfang des 16. Jahrhunderts jährlich wohl schon 10—20000 betragen[3], hob sich 1547 auf 33000, 1567 auf 47000 Stück, erreichte ihren Höchststand wohl 1611—12, wo 52000 Ochsen durchgingen[4]. Gegen 50000 waren es öfter[5]; doch machte die Zahl große Schwankungen durch und ging bis auf 20000 zurück. Der Anhang bietet für eine Reihe von Jahren die genauen Zahlen und gibt zur Ergänzung auch die Zolleinnahme, die zunächst allein von der Zahl der durchgeführten Ochsen und weniger von der der durchgeführten Pferde abhängig ist, so daß sie schon ein klares Bild von dem Steigen und Fallen gibt. Alle andern durchgeführten Waren mußten weniger Zoll geben und hatten auf die Einnahme im ganzen keinen Einfluß.

Bei weitem der größte Teil der Ochsen kam aus Dänemark, und da wieder aus Jütland. Der Ochsenhandel entwickelte sich im Laufe des 16. Jahrhunderts zu Dänemarks bedeutendstem Auslandshandel[5]. Seine größte Wichtigkeit bestand darin, daß er viel Bargeld brachte. Es handelt sich dabei um den Verkauf von mageren und fetten Ochsen im Frühjahr und Herbst. Das

---

[1] Luzac, Hollands Rijkdom. III. Bijlage N. S. 52 und 61.

[2] Velius a. a. O. 284.

[3] N. Ellinger-Bang, Dansk Studehandel i 2den Halvdel af det 16de Aarhundrede. H. T. 7. R. 1. Bd. 328ff. Die dänische Ausfuhr aus Ripen betrug 1504: 3448 Stück, 1508: 13200, 1509: 4754, 1511: 5683, 1519: 11458, aus Kolding 1509: 2754, 1511: 2114, 1519: 6480, aus Jütland 1509: 7805, 1511: 7802, 1519: 17938. Wozu noch die Inseln kommen, ebenda S. 348.

[4] Acta A XX 3978ff.

[5] M. J. I 59; Suhm, Saml. til den danske Hist. 1782 II 2, 115.

Streben in Dänemark ging nun dahin, dem Lande einen möglichst großen Gewinn zu verschaffen; einen Gewinn, den Adel und König wiederum, die die politische Macht besaßen, durch gesetzliche Bestimmungen in ihre Tasche zu lenken suchten. Es war allgemeine Regel, daß jeder nur eigenes Futter verfuttern durfte; aber König und Adel wurde es gestattet, Ochsen, die fett gemacht werden sollten, auch bei ihren Dienern, d. h. ihren Bauern, einzustellen. Die Bürger konnten bei König und Adel stallen, aber nicht bei Bauern; doch durften sie die von Bauern und Priestern aufgestallten Ochsen kaufen, da diese nicht selbst ausführen durften. Der Handel mit den Fremden war dem König, dem Adel und den Bürgern vorbehalten. 1575 wurde der Kauf auf dem Lande überhaupt allen verboten außer dem König und Adel. Diese konnten so die Mastung im großen betreiben. Nur Ripen erhielt ein besonderes Privileg. Zweitens verbot man völlig die Ausfuhr von Grasochsen, d. h. magern Ochsen, um die Preise im Lande zu halten und um den ganzen Gewinn der Aufzucht und Mastung dem Lande zu erhalten (1551 Juli 27). Dazu wurde die Ausfuhr von Salzfleisch völlig verboten. Alle diese Bestimmungen erschwerten den Handel der Fremden ungemein. Dazu kam ein recht hoher Ausfuhrzoll, so daß die ausländischen Käufer fast ganz fortblieben. Man ließ die Dänen das Risiko des Zolls tragen und kaufte das Vieh auf Märkten, die den Verbrauchsgebieten näher lagen, wo man also auch besser über die Preise in andern Gegenden Bescheid wußte. Mit den niederländischen Wirren wurde der ganze Handel gestört. Niemand wollte die Ochsen kaufen, und wer sie ausführte, erlitt Verluste. Deshalb wurde zunächst der Zoll herabgesetzt (1573), und man sah sich schließlich gezwungen, alle gesetzlichen Einschränkungen des Handels aufzuheben (1583). Als sich die Lage in Holland besserte, wurden 1588 die Ausfuhrverbote für Magerochsen und Salzfleisch erneuert, und 1604 wurden wieder die Verbote über das Aufkaufen erlassen.

  Die Verbote riefen zahlreiche Schmuggeleien hervor, bei denen man meist auch die Hilfe und den Zwischenhandel der Schleswig-Holsteiner brauchte. Mandate dagegen haben immer nur zeitweise geholfen, mußten daher öfter wiederholt werden [1]. Ripen war ein Hauptsitz des Schmuggels. Hierher, in die zu Dänemark gehörende Stadt, die aber ganz von schleswigschem Gebiet umgeben war, trieb man die Ochsen zollfrei. Die Bürger trieben sie dann weiter ins Ausland, unter dem Scheine, daß sie im Schleswigschen nur aufstallten. Friedrich II. verbot 1559 diese Art der Ausfuhr [2], doch wurde Ripen im nächsten Jahr die Aufstallung in der Hviddingharde erlaubt [3]. Mit dem Wiederaufleben der Einschränkungen wurde 1602 auch dies wieder verboten; doch wurde es bald wieder rückgängig gemacht und dort bei des Königs und des Kapitels Bauern zu stallen erlaubt [3].

Die Bauern hatten andere Schliche. Unter dem Schein, Ochsen als Mitgift zu bekommen, führten sie viele Ochsen aus [4]. Von Langeland schaffte man die Ochsen erst ohne Zoll nach Aeroe und schmuggelte sie dann nach Schleswig [5]. Vielfach gaben auch Dänen ihr Vieh in Schleswig auf Futter; wenn dann ein Verbot kam, mußte ihnen meist die Ausfuhr gewährt werden, da sie das Futter auch bezahlen mußten, wenn sie kein Vieh schickten [6]. Trotz aller Erschwerungen blieben die Schleswig-Holsteiner stark am Handel beteiligt, ja sie hatten vielleicht noch mehr Vorteil davon, wie man z. B. ihre Hilfe beim Schmuggel brauchte. Doch war es ebenso beim ehrlichen Handel. Vielfach erhielten Herzog Adolf, Herzog Johann d. Ä. und d. J. und die verwitwete Königin trotz der Verbote Erlaubnis, Gras- und Futterochsen zu eigenem Bedarf zollfrei auszuführen [7]. Sie kauften sie dort auf den Märkten ein. Herzog

---

[1] Secher I 172, 491 f., 321, 441, 551 f.; Kanc. Brevb. IV 571, V 460, IX 157; Secher, Saml. af Domme II 525 ff.

[2] Secher I 50 f.; Kanc. Brevb. II 266.

[3] Kinch 823 f. Secher III 145.

[4] Kanc. Brevb. II 337.

[5] Ebenda IX 154.

[6] Ebenda VI 13; IX 100 f., 277, 410, 684. Schon der Heuverkauf war sehr lohnend, Acta A XX 1923.

[7] D. M. IV R. I 140, II 172; Kanc. Brevb. I 75, 339, II 126, 199, 446, III 71, IV 413, V 333, 522, VI 227, 699, VII 93; weiter nach Sachsen, R. H. D. H. 6175 und Kanc. Brevb. II 339, IV 434.

Adolf erhielt fast alljährlich einige Hundert ausgestattet. Öfter wurde die Erlaubnis auch mißbraucht, so daß der König einschärfen mußte, die Ochsen an einer Stelle auszuführen und den Freibrief dann zurückzugeben; ja die Königin verspricht einmal ausdrücklich, keinen Unterschleif mit fremden Ochsen zu begehen. Ebenso der Adel. Dieser besaß öfter zu beiden Seiten der Grenze Güter und brauchte den Vorwand, Ochsen in Schleswig auf Futter geben zu wollen [1]. Auch mußte sich der König die schleswig-holsteinischen Adeligen gewogen halten, schon allein wegen ihrer Geldmittel. Deshalb gestattete man z. B. 1588 vielen von ihnen, Männern vom Rat und andern, die Ausfuhr vieler Ochsen, die sie nach ihrer Behauptung gekauft hatten, bevor sie von dem Ausfuhrverbot gehört hätten. Man war allerdings im dänischen Rate zweifelhaft gewesen, ob man es bewilligen sollte, da das Verbot der Grasochsenausfuhr zugunsten der Reichseinwohner erlassen sei. Die Reichsräte beklagten sich, daß der holsteinische Adel mit diesem Ochsenhandel den Bauern vielfach Eintrag täte, und fürchteten, daß manche vom Adel, was sie sonst stets als eine besondere Begnadigung erhalten hätten, für ihr Recht ansehen wollten. Dazu sprachen noch andere Gründe gegen solche Ausnahmen. Aber damit die Holsten besser am Könige hingen, glaubte man ihnen nachgeben zu müssen [2].

Auch die Bürger nahmen lebhaften Anteil an dem Ochsenhandel, besonders Flensburg und Hadersleben [3], die zum königlichen Anteil gehörten. In Flensburg trafen die Wege von Ripen und Kolding zusammen. Die Flensburger selbst waren die ersten Händler [4]; sie kauften auf den dänischen Inseln und

---

Auch der König selbst ließ in Holstein Ochsenaufzucht betreiben, Kanc. Brevb. VII 389, VIII 150, 176, 199a, 325, 626.

[1] Kanc. Brevb. I 319, II 33, 132, 304, IV 59, V 538, 598, VI 62, 473, 478, 618, VII 84, 278, VIII 775, IX 202—03, 253—54, 517, worunter oft Erlaubnis zu zollfreier Ausfuhr; N. A. Heinzes Kielisches Magazin II 179—80: Trotz Verbotes hat ein Adliger Ochsen ausgeführt; er erhält für diesmal nachträgliche Erlaubnis.

[2] Kanc. Brevb. IX 100 f.

[3] Ebenda 815; Secher, Saml. af Domme II 525—27.

[4] D. M. IV R. 6. Bd. S. 245; Kanc. Brevb. III 52, IX 316, 852.

in Jütland Ochsen auf und genossen auch dabei die Unterstützung des Königs[1]. In Flensburg war das Hauptquartier aller dänischen und nordischen Ochsenhändler. Für die Schleswig-Holsteiner war auch auf dem langen Wege durch das Land mannigfache Gelegenheit geboten, von den Dänen zu kaufen. Zahlreiche Tiere blieben oft schon aus Futtermangel liegen und wurden von den Händlern um ein billiges losgeschlagen. Zahlreiche Zwischenmärkte in Schleswig-Holstein dienten dem Verkauf: Hadersleben, Flensburg, Rendsburg, Neumünster, Bramstedt, Itzehoe, Elmshorn, Ütersen[2]. An der Westseite waren Tondern, Kliplef, Leck Märkte für die Schluxharde[3]; sie mögen auch von den Dänen besucht sein. Der Zwischenhandel muß recht bedeutend gewesen sein, da der dänische König mitunter die Ausfuhr nur unter der Bedingung gestattete, daß man nicht schon in Holstein verkaufe, sondern erst an der Elbe an die fremden Händler[4].

An der Elbe, bei Wedel, war der Hauptmarkt[5]. Dahin wurden auch alle vorher verkauften Ochsen getrieben und hier abgeliefert. Bei Wedel und Blankenese, beide in der Grafschaft Pinneberg gelegen, waren die Hauptfähren über die Elbe. Die Leute von Altona, Neumühlen, Fischerboden, Ottensen und Nienstedten durften Reisende nur übersetzen, wenn sie vorher in Blankenese Fahrgeld gezahlt hatten. Gegen Ende des 15. Jahrhunderts und noch später war Haseldorf die Überfahrtsstelle gewesen[6], und noch Heinrich Rantzau erinnerte sich dessen. Um die Mitte des 16. Jahrhunderts erscheint dann Wedel. Doch hatte der

---

[1] Secher, Forordn. III 156 f.

[2] Acta A X 398: 1614 März 2; XX 889: 1618 März 5; M. J. I 10, 14. Auf den Itzehoer Markt wurden zu Rantzaus Zeit oft 3000 Ochsen und 3000 Pferde getrieben.

[3] Acta A XX 902.

[4] Kanc. Brevb. IX 461.

[5] R. Ehrenberg, Aus der Vorzeit von Blankenese und der benachbarten Ortschaften Wedel, Dockhuden, Nienstedten und Flottbek. Hamburg 1897 S. 20 f. und Acta A X 170, 397—98, auf denen auch Ehrenbergs Buch beruht, sind Quellen für den Schluß des Kapitels.

[6] Mitt. f. Hbg. Gesch. IX 111.

Markt zunächst noch um seine Existenz zu kämpfen. Infolge der Vertreibung Christians II. waren zwischen Dänemark und den Niederlanden, den Hauptabnehmern der Ochsen, Streitigkeiten entstanden, die zum Kriege und zu völligem Verbot der Schiffahrt führten. Dazu machte Hamburg auf der Elbe sein Stapelrecht geltend, das sich auch gegen die Abfuhr von Ochsen aus diesen Gegenden richtete. Es glaubte besonders seinen eigenen Ochsenmarkt dadurch geschädigt. Kurz nach Abschluß des Speyerer Friedens (1544) zwischen Kaiser und Dänemark, wo der Handel wieder freigegeben wurde, war noch einmal einem Antwerper Kaufmann ein Schiff mit Ochsen auf der Elbe festgenommen. Der Kaiser wandte sich beschwerdeführend an Hamburg. Hier war man sich aber keines solchen Überfalls bewußt, und der Geschädigte selbst erklärte, daß Johann Rantzaus Auslieger ihm sein Schiff genommen hätten. Hamburg bat verschiedentlich Rantzau um Darstellung der Sache, da es nicht zur Verantwortung gezogen werden wolle [1]. Wir ersehen hieraus aber, daß auch Hamburg in diesen Jahren die Ochsenabfuhr gehindert sehen wollte; wäre dies nicht bekannt gewesen, hätte sich der Kaiser schwerlich an die Stadt gewandt, und die in den Kämmereirechnungen erscheinenden Posten „in Wedel et ad prohibendam traductionem boum" müssen wenigstens damals noch zur Hinderung der Abfuhr verwandt sein [2]. Aus demselben Jahre ist noch ein Schreiben Hamburgs an Hans Barner, den pinnebergischen Drosten, vorhanden. Die Hamburger erinnerten ihn daran, daß man zu dieser Zeit binnen ihrer Stadt den gewöhnlichen Ochsenmarkt zu halten pflege, und daß man keine Ochsen vorbeigestatte, daß auch der König von Dänemark wegen der gefährlichen Zeiten die Ochsen nur dorthin passieren lasse. Sie beklagten sich, daß der Drost trotz alledem etliche zu Wedel übergestatte und dort Zoll empfange, was ihnen an ihrer hergebrachten Gerechtigkeit nachteilig und zum höchsten beschwerlich sei. Sie forderten, daß er keine Ochsen weiter

---

[1] Hbg. St. Cl. II Nr. 15a vol. 2: 1545 Aug. 7, Sept. 2.
[2] Koppmann VI 158, VII 184.

passieren und nur in ihrer Stadt Markt halten lasse. Sonst würden sie verursacht, über ihrer Gerechtigkeit zu halten und solch Vorbeischiffen und Ausgestatten zu hindern, was sie lieber nicht täten[1]. Der Drost antwortete am 10. Oktober, es hätten nur Ritter und Junker aus Holstein und Dänemark vor Erlaß des Verbotes und mit ausdrücklicher königlicher Erlaubnis an der Elbe ihr Gut verhandelt und ohne Befehl könnte er den Paß nicht hindern. Im übrigen wollte er ein gutes Aufsehen über den Hamburger Zoll daselbst haben; er glaubte aber nicht, daß noch mehr Ochsen kommen würden, bat aber auch, in Hamburg rechtes Aufsehen zu haben[2].

1553 fand dann ungehinderter Ochsenmarkt zu Wedel statt. So klagte ein Hamburger Bürger über die Beschwerungen, die den Ochsenkäufern im schauenburgischen Gebiet aufgelegt würden, und dasselbe tat das Kölner Drittel (Dordendeel) der Hanse. Der Graf wies ihre Klagen aber zurück. Er und seine Vorfahren hätten die Fähre mit großen Kosten erhalten. Von den Privilegien der Kaufleute, die in der Kirche zu Wedel verbrannt sein sollten, wisse er nichts, und auch die allerältesten Leute könnten sich an keinen Brand der Kirche erinnern. Er versprach aber den Bau neuer Prahme zur Beförderung des Handels[3]. Man fürchtete in diesem Jahre Belästigungen durch einige Hofleute[4]. Der Markt war damals schon weit bekannt: Bürger von Emmerich streckten zu Antwerpen einem Hamburger Geld vor, damit dessen Vater es ihnen auf nächstkommendem „Wedellmarkt" zu Danke

---

[1] Hbg. St. Cl. II Nr. 15a vol. 2: 1545 Okt. 7. Der gewöhnliche Wedeler Markt wurde im Frühjahr gehalten, dies bezeugt Furcht vor Herbstmarkt. Aber nach dem von Hamburg beanspruchten ius restringendi war jede Abschiffung widerrechtlich.

[2] Ebenda Nr. 16b vol. 4. Die Erhebung des Zolls spricht allerdings dafür, daß Hamburg mit Fähre und Markt wenigstens im Frühjahr einverstanden war. Die Ausgaben der Stadt ad prohib. traductionem könnten zu seinem Schutz bestimmt sein. Daß der Kaiser aber an Hamburg schrieb, deutet doch darauf hin, daß Hamburg wenigstens vor nicht langer Zeit noch gegen die Abfuhr war.

[3] Höhlbaum I 65, 68, 371, 376; ebenso Klage Osnabrüggs.

[4] Hbg. St. Cl. II Nr. 16b vol. 5.

wieder entrichte[1]. Hamburg sah sich in diesen Jahren oft veranlaßt, seine Stadtsoldaten nach Pinneberg, Bramstedt, Wedel zu entsenden, um dort Bekanntmachungen anzuschlagen u. a.[2]. Bis zum Einbruch des Dreißigjährigen Krieges nahm der Markt einen großen Aufschwung, besonders von 1590 an. Vorher hatte die Zahl der Ochsen nur 16—20000 betragen, jetzt belief sie sich in guten Jahren (1603) bis auf 30000 und hob sich nach einer allerdings nicht ganz zuverlässigen Nachricht im Jahre 1613 auf gegen 40000. Erst seit 1625 nahm die Ausfuhr aus Dänemark wieder ab. Die Gründe für den großen Aufschwung waren die Beruhigung in den Niederlanden und das Abkommen des Seetransportes.

In Wedel trafen die Händler aus Dänemark und Holstein zusammen mit den westerschen und deutschen Händlern. Weil Wedel die Stapelgerechtigkeit beanspruchte, fand auch die Ablieferung der vorher verkauften Ochsen hier statt. Von den Fährkosten bezahlten die Dänen und Holsten die eine Hälfte, die Käufer die andere. Der Markt begann am 25. März und dauerte in früherer Zeit 3—4 Wochen; später aber fand der Umschlag in wenigen Tagen statt. So sollen 1613 in 12 Tagen fast 40000 Ochsen übergesetzt sein. Doch wurden hier alle Tiere drei Tage zum Verkauf gestellt und dann erst übergeschifft. Die Händler bevorzugten Wedel, vornehmlich weil sie hier bedeutende Freiheiten hatten. Sie bildeten eine zusammengehörige Genossenschaft. Alle Streitigkeiten wurden in erster Instanz von den Händlern selbst durch besonders gewählte Schiedsrichter entschieden. Der Graf mischte sich nicht ein und verwies, auch wenn er angerufen wurde, die Sachen zunächst an dies Gericht, daß sie sich gütlich einigten. Das Gericht und alle gemeinsamen Angelegenheiten der Händler wurden unter freiem Himmel vor dem Roland entschieden, „auf der Gassen unter dem blauen Himmel". Die Häupter und Prinzipalochsenhändler führten die Verhandlungen mit den Beamten des Grafen, doch mußten die andern

---

[1] Mitt. f. hbg. Gesch. IX 1886, S. 109 A.
[2] S. Koppmann jährlich.

ihre Zustimmung erteilen. Schon 1554 werden die „gemene Koplude" genannt. Die Händler aus den verschiedenen Gegenden bildeten dabei besondere Vereinigungen, allerdings ohne festes Band. In Flensburg war das Hauptquartier der Händler aus dem Reiche Dänemark und den Fürstentümern, doch versammelten sie sich auch einmal in Viborg. Die andern Hauptorte waren Utrecht für Holland, Antwerpen für Brabant, Arnheim für Geldern. Vielleicht gab es auch eine Gemeinschaft der münsterschen Händler. Dazu kamen Händler aus Jülich, Kleve, Oldenburg und Deutschland. Hamburg hatte darin seine Bedeutung, daß hier die Faktoren wohnten, auf die der Käufer den Verkäufer anwies (Wechselverkehr)[1]. Die Dänen und Holsten besaßen besondere Vorrechte. Wenn sie mit ihrem Vieh weiter wollten, hatten sie in früheren Zeiten das Privileg, daß ihre Ochsen, nachdem sie drei Tage zu Markt gestanden hatten, vor denen der Westerschen übergeschifft werden mußten, da die andern meist schon für die Weide gekauft hatten, während die Dänen aber noch andere Märkte, wie Zwolle und Münster, aufsuchen mußten. Die Westerschen hatten dies Vorrecht meist gern gesehen, damit sie erführen, wie es mit dem Kauf auf den Märkten stehe und ob sie lieber in Wedel oder jenseits der Elbe kaufen sollten. In den niederländischen Wirren war dies aber durch Nachlässigkeit der jüngern Kaufleute in Vergessenheit geraten. Der holsteinische Adel hatte freie Landstraße durch das gräfliche Gebiet. Alle diese Rechte vom Stapelrecht des Grafen an waren nur Gewohnheitsrechte und konnten durch keine Urkunden erwiesen werden.

Bei der großen Zahl der angetriebenen Ochsen und der immer kürzeren Zeit, auf die sich das Übersetzen zusammendrängte, genügten die Einrichtungen für die Überfahrt nicht mehr. Fortdauernd klagte man über die geringe Anzahl der Prahme, obwohl die Fährleute von der Lühe halfen und auch bei Blankenese zahlreiche Tiere übergesetzt wurden[2]. Weitern

---

[1] Jahrbb. IV 35—37.
[2] Die erste Klage stammt von 1590.

Anlaß zu Klagen boten Auflagen des Grafen, wie sie durch Steigerung der Münze und neue Einrichtungen nötig wurden, und die ungenügende Zahl der Fahrten der vorhandenen Fährprahme. Diese Mißstände, dazu Übervorteilung durch die Wedeler beim Heu- und Getreidekauf, für den diese das Monopol beanspruchten[1] und erhielten, Mißbräuche im Trinkgeldwesen und Bevorzugung der Deutschen und Niederländer bewirkten schließlich, daß die Dänen und Holsten andere Wege suchten. Der Graf allerdings hielt die Ochsenhändler für verpflichtet, die alte Straße zu ziehen, vor Ütersen mit ihrem Vieh anzukommen, wo die Händler ihre Tiere über die Brücke zählen lassen mußten, von wo sie nach Wedel zu Markt und dann über die Elbe sollten. Von hier aus wollte er dann auch Zettel auf den Zollenspieker, die Fähre bei Bergedorf, ausschreiben lassen gegen Zahlung des Zolls und Fährgeldes, d. h. er hielt sein Stapelrecht aufrecht. Dieser neue Weg ging mit Vermeidung schauenburgischen Gebietes über Ulzburg, durch die Harxheide, durch Poppenbüttel und das Amt Tremsbüttel auf den Zollenspieker zu. Schon 1556 wird der Weg erwähnt, als die Hamburger ihn zu verlegen suchten, wohl um ihren Zoll zu Wedel zu schützen oder um ihr Marktrecht aufrechtzuerhalten[2]. Später aber begünstigte Hamburg den Weg, da die Einkünfte des Zollenspiekers zum Amt Bergedorf gehörten und Hamburg und Lübeck allein zukamen. Der Amtmann von Bergedorf ließ deshalb in Bramstedt und Wedel jährlich Zettel anschlagen über die Beschaffenheit der Fähren usw.[3]. Holsteiner sind damals auch diesen neuen Weg gezogen, doch gingen sie bald ausschließlich wieder über Wedel. Hamburgern, Lüneburgern, Braunschweigern, Magdeburgern lag der Weg bequemer, und gegen Zoll und Fährgeld wurde er ihnen auch vom Grafen gestattet. Hamburg hatte hier besondere Freiheiten[4]. 1572 wird der Weg wieder erwähnt;

---

[1] S. z. B. Koppmann VII 162.
[2] Koppmann VII 66.
[3] Mitt. f. hbg. Gesch. IX 1886, S. 113—14.
[4] Gallois I 392.

damals fürchtete der Erzbischof von Bremen von diesem Wege eine ernstliche Gefährdung seiner Zolleinnahmen in Stade, Buxtehude, Vörde. Dann aber war der Weg außer von den Kaufleuten aus den genannten vier Städten wieder verlassen worden. 1602 aber gingen wegen der Streitigkeiten wieder etliche Tausend Ochsen der Dänen und Holsten durch die Harxheide. Im folgenden Jahre fanden darum in Wedel Verhandlungen statt. Die Händler brachten ihre Beschwerden vor, wollten sich die Freiheit, den Weg zu gehen, wie es ihre Vorfahren seit 70 oder 80 Jahren getan hätten, zwar nicht nehmen lassen, erklärten aber, doch lieber in der Grafschaft überschiffen zu wollen. Christian IV. unterstützte sie in ihren Forderungen und verlangte besonders das alte Recht der früheren Überfahrt vor den Walen und Holländern. Auch Buxtehude, das sich durch den neuen Weg beeinträchtigt fühlte, brachte die Gravamina vor, bat um bessere Ordnung, die man vor allem den Dänen und Holsten mitteilen solle (1603 Nov. 12). Der Graf erließ schließlich eine neue Fährordnung (1604?), in der er ihnen in einigen Punkten nachgab. Doch ging der Streit noch einige Jahre weiter, bis der Graf nach Einmischung Dänemarks nachgab (1605). Auch die Niederländer kamen 1606 mit Beschwerden, besonders wegen zu langsamer Überfahrt. Da der Zollenspieker Tag und Nacht bereit lag, gingen hier öfter Ochsen über. Der Erzbischof und Buxtehude klagten; aber gräflicherseits wies man darauf hin, daß die 3000 Ochsen, die hier 1608 übergesetzt waren, in Wedel Zoll und Fährgeld bezahlt hätten, so daß man nichts tun könnte. Als 1610 der Graf den Zoll erhöhen wollte, kam es deshalb und wegen anderer Benachteiligungen der Händler wieder zum Streit. Es ging damals das Gerücht, Christian IV. wolle den Markt auf sein Gebiet verlegen und habe den Händlern einen Platz zwischen Bramstedt und Hamburg anweisen lassen. Hamburg sorgte schon vor und ließ im Zollenspieker neue Prahme bauen; es hoffte auf großen Zuspruch, da dort nur ein äußerst geringes [„liederliches"] Fährgeld erhoben werde und da kein Zoll auf dem ganzen Wege sei. Es machten auch viele Händler Umwege. 1611 fanden aber Verhandlungen vor dem Roland statt, wo die Händler auch versprachen, dazubleiben, aber elf Gravamina übergaben.

1612 wurde Friede geschlossen; aber nicht alle Punkte wurden den Händlern bewilligt und der Weg nach dem Zollenspieker nur bei Wind und Wetter gestattet. Da der Graf aber trotzdem Umwege fürchtete, bestellte er den Kornschreiber von Barmstedt, um in der Heide Zoll und Fährgeld zu erheben und ließ die Wege durch die Heide versperren. Die Händler gingen darum zum Teil weiter östlich, durch Tremsbüttel, die meisten aber doch über Wedel. Der Graf schloß jetzt (1612 Juli 14) mit dem Erzbischof einen Vertrag ab, worin sie sich verpflichteten, keinen andern als den Leuten aus den vier Städten den Weg durch die Heide zu gestatten. Etliche Händler aber wandten sich an Christian IV. und erlangten ein Schreiben an den Grafen mit der Beschwerde, daß dieser neuen Zoll einrichte und alte Wege versperre. Der Graf wies das ab, die Händler hätten 1612 versprochen, die Straße nicht zu ziehen, und die zwölf Personen, die sich beschwert hätten, seien dort nicht mit Gewalt gehindert worden. Schließlich wollte er den Weg gegen Zoll und Fährgeld gestatten. Christian IV. wollte diesen Zoll aber keineswegs zugestehen. Er ließ ein Patent über einen Markt zu Bramstedt drucken, für den er freies Geleit und keine Zollerhöhung versprach, worauf der Hamburger Rat schon alles für den Empfang der Händler vorbereitete. Der Amtmann des Königs, Pentz, geleitete einzelne Händler mit bewaffneter Mannschaft durch die Heide, riß das schauenburgische Zollbrett nieder und mißhandelte gräfliche Beamte und Untertanen. Schließlich kam es aber im Oktober 1615 zu Verhandlungen in Krempe[1]. Auf schauenburgischer Seite war man im Zweifel, wie man sich verhalten solle. Es war natürlich unmöglich, gegen Christian IV. ohne Hilfe etwas auszurichten. Auch war die Rechtsfrage sehr unsicher, denn in petitorio zu agieren, schien dem Grafen präjudizierlich zu sein, da der titulus paedagii oder vectigalis schwerlich zu beweisen sei, in possessorio sich zu fundieren aber

---

[1] Okt. 23 und 24.

große Schwierigkeiten habe, obwohl man sonst vielfach von den „stattlichen Keyserlichen Privilegien" und dem Besitz „ultra tempus immemoriale" sprach. Schließlich wurde den Gesandten die Vollmacht gegeben, sie sollten zu erreichen suchen, was sie könnten; auf die Errichtung des Zollbrettes wollte man schon verzichten, wenn man nur den Zoll bekäme, und manche andere Richtlinien wurden ihnen gegeben, alle voll Nachgiebigkeit. Die Verhandlungen gestalteten sich dann besonders schwierig durch das Verhalten des holsteinischen Statthalters, der z. B. auch ein königliches Handschreiben nicht anerkennen wollte, wenn es nicht in der holsteinischen Kanzlei gefertigt sei, der den König nicht verpflichtet hielt, den Grafen in seinen Rechten zu schützen, wie es die Gräflichen aus den Verträgen herauslasen. Nachdem man anfangs auf holsteinischer Seite überhaupt keinen Zoll in der Harxheide und auch keine possessio hatte zugestehen wollen, kam man schließlich überein, daß in der Harxheide zwar kein Zollbrett, aber ein andres Brett — mit dem schauenburgischen Wappen — aufgehängt werden solle, aber jährlich nur drei Wochen lang, vom 21. März bis zum 11. April, mit der Aufschrift, daß man hier von jedem Ochsen zur Erhaltung der Prahme 1 β lüb. Fährgeld gäbe. Die Inländischen vom Adel sollten von Zoll und Fährgeld freibleiben; in Wedel sollte beides in alter Höhe erhoben werden. Außer dieser Zeit von drei Wochen sollte hier kein Zoll erhoben werden. Dieser Beschluß wurde dann am 15. November 1615 von Christian IV. und am 29. November 1615 vom Grafen Ernst bestätigt. Hamburg und Lübeck, denen von gräflicher Seite vorgeworfen wurde, die Händler aufgestachelt zu haben, sahen sich in ihrer Hoffnung getäuscht, daß jetzt alle Ochsen über den Zollenspieker gehen würden. Die Zahl der dort übergesetzten Ochsen betrug 1621: nur 1854, 1623: 2596, 1624: 7751, 1629: 2845 Stück[1]. Wedel erlangte also seine alte Bedeutung wieder, doch wurde der Handel noch öfter gestört. Wegen Streites mit Hamburg weigerte sich Christian IV. 1620, von Kolding aus Pässe auf Hamburg auszustellen[2]. 1622 erhoben

---

[1] Mitt. f. hbg. Gesch. IX 114.
[2] Fleischfresser S. 12.

die dänischen, holsteinischen, erzstift- und stadtbremischen, oldenburgischen und niederländischen Händler über Zollerhöhung Klage; sie drohten wieder mit Beschwerde bei Christian IV.[1]. Der König erließ am 21. Dezember 1625 einen Königsbrief, daß den brabantischen, klevischen, münsterschen und andern Kaufleuten erlaubt sein sollte, wie bisher mit den Dänen an der Elbe zu handeln[2]. Was die spezielle Veranlassung zu diesem Schreiben war und ob der König bis dahin längere Jahre den Handel nicht dulden wollte, ist ungewiß.

Außer den Ochsen wurden auch große Mengen von Pferden, besonders aus Nordschleswig und Dänemark, ausgeführt[3]. An Landesprodukten sonst noch Schweine, Speck, Wolle usw. In umgekehrter Richtung erhielten die schleswig-holsteinischen Städte, Jütland und Fühnen auf diesem Wege viele Waren aus Deutschland. Eine der wichtigsten war der Hopfen, der aus der Priegnitz, der Gegend von Grabow, Perleberg usw. kam. Es scheint, daß zeitweilig auch Butter von diesen Leuten mitgeführt wurde. Außerdem kamen Laken durch, wohl meist aus Hamburg und Lübeck, wo man sie von größern Kaufleuten bezog, Leinen (damals war flämisches und schlesisches Leinen neben eignem im Gebrauch; in Husum z. B. war ein Leineweberamt), und Kesselwaren; daneben allerlei Tonnengut, Tonnen, Fässer, Kisten, Körbe, Laden, deren Inhalt nie angegeben ist, da nach Stückzahl oder auch nach der Schwere verzollt wurde. Teils waren dies wohl Kolonialwaren aus Hamburg, teils deutsche Industriewaren, Bücher usw.

Für einige Jahre sind auch die Herkunftsorte der Durchführenden genannt. Am häufigsten erscheinen die Flensburger, entsprechend ihrer vorwaltenden Handelsstellung in Schleswig und großen Teilen Dänemarks. Sie führten außer sehr großen Ochsentransporten, Pferde, Bergerfisch, schleswigsche und dänische Landesprodukte südwärts, während sie Laken und Tonnenwaren vom Süden holten. Es folgen sodann die Hamburger (um 1590

---

[1] Acta A X 398.
[2] Kinch, Ribe 2, 828.
[3] Z. B. Kanc. Brevb. IV 575.

besonders der Kaufmann Rowilde), dann Lübeck, Rendsburg und Neumünster. Die letzten beiden Orte standen dabei meist im Dienst anderer. Neumünster, Kreuzpunkt der Straße Lübeck-Dithmarschen und des Ochsenweges, wird ausdrücklich als Wohnsitz vieler Frachtfuhrleute genannt[1]. Es gab hier im 17. Jahrhundert besondere Kirchspielsgebräuche, alte Rechtsgewohnheiten, ursprünglich plattdeutsch abgefaßt und offenbar aus alter Zeit stammend, die besondere Bestimmungen über Fuhrleuten anvertrautes oder bei ihnen hinterlegtes Gut enthielten[2]. Auch jütische Kaufleute führten mitunter Laken usw. mit zurück, doch haben die genannten Städte darin weitaus das Übergewicht. Im übrigen verweise ich für diesen Verkehr auf die Zollisten im Anhang. Leider kann ich nur einige Jahre bieten. Eine genauere Durcharbeitung würde noch vieles Wichtige bringen, uns aber gerade über viele Einzelfragen im Stich lassen, weil die Angaben zu wenig ausführlich sind.

Heute sind die alten Ochsenwege verödet. Die Heide hat an vielen Stellen gesiegt, und von dem ehemals so belebten, breit ausgefahrenen Wege ist kaum etwas nachgeblieben. Nur einsame Krüge erinnern noch an die Zeit. Aber neben ihnen laufen jetzt die zwei wichtigsten Eisenbahnlinien des Landes hin, die fast genau die alte Richtung einhalten.

---

[1] Danckwerth 192 Sp. 2.
[2] Joh. C. H. Dreyers Sammlung vermischter Abhandlungen. II. 1756 S. 1080—81, 1107.

Kapitel VII.
Das Verhältnis zu den einzelnen Ländern.
1. Hamburg und Lübeck.

Hamburg und Lübeck gehören eigentlich beide zum holsteinischen Territorium. Doch haben beide eine eigene Entwicklung genommen. Lübeck hat sich schon früh losgelöst. Hamburg stand im 16. Jahrhundert tatsächlich schon ebenso unabhängig da; aber rechtlich war seine Stellung noch unentschieden und bot so den Herzogen Anlaß zu politischen und wirtschaftlichen Hoffnungen. Da beide Städte jedenfalls jeglicher Einmischung von holsteinischer Seite in ihre inneren Angelegenheiten entzogen waren, sind sie hier als Ausland zu behandeln.

Ihre Stellung im Lande war eine sehr bedeutende; in Holstein hatten sie den Vorrang, fast das Monopol. Ein Teil des Landes war ihr eigentliches Handelsgebiet, Ausgangspunkt und Grundlage ihrer Blüte. Lübeck beherrschte den Handel des Landgebietes zwischen Lübeck, Travemünde, Eutin, Segeberg, Oldesloe und Mölln[1]; (doch hatte Segeberg selbst schon nähere Beziehungen zu Hamburg). Da hier vielfach Güter des Bistums Lübeck und der geistlichen Stiftungen der Stadt lagen, da sich auch die Lübecker Patrizier hier vielfach ankauften oder durch Erwerb von Renten und Gewährung von Darlehen an die Bauern der Gegend sich den Bezug der Landesprodukte sicherten, stand dies Gebiet in der engsten Beziehung zur Stadt. Darüber hinaus war ihr Einfluß auf der Halbinsel Oldenburg und auf Fehmarn sehr groß. Die kleinen Städte hier führten, was ihnen

---

[1] Hansen, Beitr. 3.

an Waren zufloß, nach Lübeck, von wo es dann weiter ausgeführt wurde. Lübeck beanspruchte in einem großen Teil dieses Gebietes die Marktgerechtigkeit. Wie weit sich dieser Anspruch erstreckte, ist nie bestimmt ausgesprochen worden. Nur für das eigentlich lübische Gebiet wurde der Anspruch auch durchgesetzt. Darüber hinaus beanspruchten die Lübecker Bäcker und Brauer, daß die Halbinsel Oldenburg und Fehmarn in Lübeck marktpflichtig sein sollten und nicht mit Fremden handeln dürften[1]. Fehmarn war ein ziemlich sicherer Markt, so daß die Lübecker Genossenschaftsorganisation der Rot- und Weißbrauer ihren Mitgliedern verbieten konnte, nach Fehmarn zu fahren, um dort Gerste zu kaufen. Als die Brauer sich dann aber verbanden, den Leuten von Fehmarn die Gerste, die sie nach Lübeck schifften, nicht gegen einen bestimmten Preis abzukaufen, bevor nicht die Älterleute oder der Ausschuß der Brauer „einen gemeinen stehenden Kauf" auf die fehmarnsche Gerste gemacht hätten, und als diese den Preis erst festsetzten, wenn die meiste Gerste schon nach Lübeck gebracht war, so daß sie geben konnten, was sie wollten, forderten die Fehmarer Abstellung und drohten, die Gerste sonst anderweitig zu verhandeln und die Zinsen mit Geld zu bezahlen[2]. Tatsächlich wurde dann vielfach Gerste nach Kiel und Eckernförde und von da auch weiter nach Rendsburg geführt. Die Bewohner begannen auch eigene Seefahrt. Auch Fremde drangen ein. Gegen Ende des 16. Jahrhunderts klagte Lübeck auf den Tagsatzungen der Hanse und auf den Reichstagen, daß alles Korn aus der Umgegend fortgeführt werde. Früher hätten die Bewohner von Fehmarn und Oldenburg alles Korn nach Lübeck gebracht, jetzt werde es vielfach von Fremden, besonders Holländern, fortgeführt[3]. Eine bedeutende Stellung nahmen Lübecker Kaufleute, dank der alten politischen Verbindung, auch in Dithmarschen ein[4].

---

[1] Hansen, Beitr. 34 f., bes. d. Anm.
[2] Ebenda 79; Lüb. St. vol. Landschaft Fehmarn.
[3] Naudé 52.
[4] S. Lüb. St. Landschaft Dithmarschen: Von 1559 bis 1578 war ein Lübecker dort der bedeutendste Händler.

Lübeck suchte sich der Holsten guten Willen zu erhalten, indem es ihnen Zollfreiheiten und Handelsvorteile gewährte. Dithmarschen, die fürstliche Hofhaltung und Güter, der Adel und viele Städte waren zollfrei, sie zahlten nur 4 Pf. Marktzoll. Neustadt, Heiligenhafen, Oldenburg, Segeberg, Oldesloe, Itzehoe, Wilster, Krempe, Plön, Lütjenburg, Preetz, Kiel, Neumünster, Rendsburg, Eckernförde, Schleswig und Flensburg waren frei vom Pfundzoll[1]. Umgekehrt besaß Lübeck in Holstein Zollfreiheit[2].

Lübeck bezog aus Schleswig-Holstein alle Landesprodukte, besonders Korn. Umgekehrt versorgte es das Land mit vielen Ostseewaren. Dietrich Blome berichtete 1544, daß alle Schmiede im ganzen Land, deren es wohl 400 gäbe, ihren Osemunt aus Lübeck bezögen. Die Kupfer- und Eisenhämmer auf holsteinischem Gebiet wurden meist von dort versorgt. Auch Husum bezog Kupfer von Lübeck. Sonst werden Leinsaat, Pottasche, Flachs, Wachs, Pelze, Leder, Nüsse, finnische und rigische Butter, dazu Erzeugnisse des Handwerks, gefärbte Tücher, Silberwaren, Bäckerwaren, Pulver usw. genannt[3]. Herzog Johann d. J. pflegte hier vielerlei zu seiner Hofhaltung einzukaufen, obwohl man es nach seiner eigenen Aussage in Flensburg u. a. ebensogut bekommen könnte[4].

Das Verhältnis zu Lübeck war nicht immer freundschaftlich. Vornehmlich mit Oldesloe, das in Lübeck lebhaften Handel mit Fremden trieb, auch oft Anteil an Lübecker Schiffen besaß, gab es viele Irrungen. Schon 1577, dann in den achtziger und besonders seit den neunziger Jahren hörten die Störungen nicht auf. Oldesloe klagte über Hinderung der Schiffahrt mit eignem und fremdem Gut auf der Trave, die man Oldesloe gar nicht zugestehen, sondern den Lübecker Bötern vorbehalten wollte, auch über Beschwerung mit Akzise. Man hinderte sie, mit

---

[1] Hansen, Beitr. 42—43 u. Anm.

[2] Vgl. Kap. V.

[3] Schmidt, Zur Agrargesch. a. a. O. 105 und viele Belege im Lüb. St.

[4] Lüb. St. vol. Holz: 1605 Sept. 17.

ihren Böten an den Orten anzulegen, wo sie ihr Korn und Malz einzunehmen pflegten; ja man wollte ihnen überhaupt nicht zugestehen, daß sie je das Recht der Schiffahrt gehabt hätten. Besonders wollte man ihnen nur den Kauf zu eigner Notdurft zugestehen, aber nicht für den Weiterverkauf, so daß die Oldesloer ihre Existenz gefährdet glaubten. Der Streit wurde zeitweilig beigelegt, lebte aber immer wieder auf, wie 1620, wo man wieder besonders den kommerzierenden Bürgern den Kauf in Lübeck untersagen wollte. Das Erschwerende war, daß es sich bei diesem Streit gleichzeitig um die Hoheit auf dem Travestrom handelte, so daß selbst Dinge wie das Auffinden eines Toten und seine Bestattung neuen Anlaß gaben. Noch 1667 war der Streit nicht beendet[1]. Eine weitere Quelle des Streites war die Zollfreiheit Lübecks in Holstein, die vielfach nicht anerkannt wurde, und die man oft wenigstens einzuschränken versuchte. Besonders geschah dies an der Transitstraße nach Hamburg und auf dem Ochsenweg, dann auch in Itzehoe, Plön, Haffkrug, Ahrensbök[2], während andererseits auch die Holsten öfter über neue Beschwerungen klagten[3]. Herzog Adolf machte auch einen Versuch, den zweiten Weg zwischen Hamburg und Lübeck in seinen Besitz zu bringen. Er erwarb von Herzog Franz d. J. von Sachsen-Lauenburg den Zoll zu Lauenburg, die beiden Höfe und Ämter zu Tremsbüttel und Steinhorst in Pfandbesitz und das Recht, die Pfandschaft Mölln cum pertinentiis, die in Lübecks Pfandbesitz gekommen war, loskündigen zu dürfen. Die Stadt nahm den Pfandschilling aber nicht an; es kam zum Prozeß, der erst 1683 rechtsgiltig entschieden wurde[4]. Die Streitigkeiten über die Ausdehnung des Stapelrechts seit 1600 sind schon beim Transithandel dargestellt. Sie bilden nur einen Abschnitt in dem fortwährend gereizten Verhältnis zu Christian IV. Im Verlaufe des Streites scheint einmal ein Handelsverbot,

---

[1] Seestern-Pauly I 57 ff.; Acta A XVII 1894; Lüb. St. vol. Travestrom.

[2] S. Kap. V, VI; Lüb. St. Von der lüb. Zollfr. in Holstein.

[3] Ebenda vol. II Fasc. 1: 1586 Juli 16.

[4] Quellens. II 2 S. 6; Falck, Kunde des Vaterl. III 104 f. u. a.

wenigstens in Dänemark zur Durchführung gekommen zu sein[1]. Sonst lassen sich im schleswig-holsteinischen Handel keine Folgen aufzeigen. Auch mit dem Adel hatte die Stadt manche Zwistigkeiten. 1544 klagte Dietrich Blome, daß man ihm und seinem Gesinde keinen Osemunt aus der Stadt ausgestatten wolle, obwohl dort doch sonst Christen und Türken, Dänische und Deutsche, alle die da Geld hätten, handeln dürften. Er drohte, seinen Bauern, die das ganze Jahr hindurch Fleisch, Fisch, Ochsen, Kühe, Schweine, Schafe, Hühner, Eier, Holz und Kohlen in die Stadt brächten, den Handel zu untersagen[2]. Noch öfter wurde der Lübecker Handel in Holstein vom Adel durch Arrest auf Wagen und Güter gestört; die Ursachen waren verschieden: Entlaufen von Leibeigenen, Mißverständnisse bei Einkäufen in der Stadt, säumige Schuldner u. a., was dann Hin- und Widerschreiben und langwierige Prozesse zur Folge hatte[3].

Hamburg war der natürliche Ausfuhrhafen für Stormarn. Hier in den südlichen Ämtern des Landes herrschte sein Handel. Von hier bezog es Holz und Kohlen, Vieh, Korn usw. und versorgte das Land auch wieder mit allem. Im 15. Jahrhundert muß Hamburgs Handel ziemlich unbeschränkt in ganz Holstein bis nach Rendsburg hinauf vorgewaltet haben. 1493 konnte die Stadt ihren Bürgern verbieten, den Landleuten entgegenzugehen und zwischen Hamburg und Rendsburg auf der Landstraße Eßwaren, Ochsen, Schafe, Lämmer oder Schweine aufzukaufen. Sicher ist das Verbot ergangen, um den Vorkauf und dadurch die Verteuerung der Waren zu hindern. Zugleich aber zeigt es, daß Hamburg hier damals keinen andern zu fürchten hatte, sondern wünschte, daß die Landleute die Waren selbst in die Stadt brächten, da sie dann für Zehrkosten und Einkäufe erfahrungsgemäß einen großen Teil des Erlöses in der Stadt ließen, der sonst den holsteinischen Städten zugute kam[4]. Im 16. Jahrhundert finde ich dies Verbot nicht erneuert. Man

---

[1] Hansen, Beitr. 30.
[2] Lüb. St. Holsat. VII 1: 1544 Febr. 1.
[3] Ebenda Vom Adel in Holst. III 15—16.
[4] Lünig, Pars spec. IV Cont. T. I 963.

wurde unabhängiger von den Städten. Jetzt mag die Linie Segeberg—Kaltenkirchen im allgemeinen die Nordgrenze von Hamburgs vorwaltendem Einfluß bezeichnen. Der nördlich gelegene Teil Holsteins bevorzugte die Abfuhr die Stör hinab, wodurch man wenigstens nicht mehr allein auf Hamburg angewiesen blieb. In den Gebieten der Unterelbe, in Pinneberg, der Kremper- und Wilstermarsch und an der Südküste Dithmarschens beanspruchte Hamburg das Stapelrecht und vermochte es auch bis 1580 durchzusetzen. Auch nach Verlust dieses Rechtes bestand ein sehr lebhafter Verkehr zwischen den Marschen und Hamburg. Das Korn wurde auch ferner allermeist von den Kremper, Itzehoer und Wilsterer Schiffen nach Hamburg auf die Rede gebracht und hier an die Seeschiffe abgegeben; vielfach holte man Waren aus Hamburg. Einzelne Schiffer haben die Zwischenfahrt nach Hamburg zu ihrem Gewerbe gemacht[1]. Weiter stand Hamburg mit der ganzen Westküste in enger Verbindung. Lunden, Tönning, Husum hatten regelmäßig zwischenfahrende Schiffer, die Korn brachten und Waren holten[2]. Auch nahmen holsteinische Schiffer in Hamburg Geld auf und verpflichteten sich dann, Korn wieder zu liefern[3]. In Stapelholm kauften mitunter Hamburger die ganze Ernte auf[4]. Zu Lande kamen aus Dithmarschen zum großen Hamburger Herbstmarkt viele fette Ochsen[5]. Auch Hamburger Händler kauften hier vielfach ein. Nach einem Bericht der Stadt waren ihre Bürger von dem Ochsenzoll in Eiderstedt, d. h. wohl von der Zollerhöhung auf der Koldenbüttler Fähre, befreit worden. Vergeblich aber war ihre Bitte um Aufhebung des Eiderstedter Hafengeldes[6]. Wie schon erwähnt, bezogen die schleswigschen Städte auf der östlichen Heerstraße aus

---

[1] Hbg. St. Cl. VII Lit Eb Nr. 3 vol. 5; 1616 klagt der Hamburger Rat über allzu starke Anfuhr von Fleisch aus Itzehoe, Hansen, Itzehoe 152.

[2] Acta A XX 2238; Hbg. St. Schifferbücher.

[3] Acta A XX 2238: 1623 März 14.

[4] Ebenda XX 1923.

[5] S. Ochsenhandel; bes. Acta A XX 2238: 1623 Okt. 4.

[6] Acta A XX 868: 1614 Mai 12.

Hamburg sehr viel Tonnengut, Laken usw. Von dort kamen auch alle Spezereiwaren, wie der Rat jährlich dem Herzog Reis und Mandeln zum Geschenk sandte. In ganz Holstein und Schleswig trank man Hamburger Bier[1]. Die Hamburger Handwerker setzten viel in Holstein ab[2]. Dithmarscher, der König und der Adel kauften Geschütze und Kugeln, Braupfannen usw. hier[3].

Zahlreiche Schreiben über Zahlungsverweigerungen, säumige Schuldner, Fürschreiben von mächtigen Adligen, dem König, dem Herzog oder dem Senat in solchen Angelegenheiten, die noch heute in den Archiven aufbewahrt werden, bezeugen die enge Verbindung.

Seit die Herzöge im 16. Jahrhundert dem Handel des Landes ihre besondere Fürsorge zuwandten, mußten sie dem Verhältnis zu Hamburg besondere Aufmerksamkeit schenken. Man konnte noch hoffen, die aufstrebende Stadt wieder enger mit dem Lande zu verbinden. Das Hoheitsrecht war noch nicht aufgegeben. Man stritt noch um die Huldigungspflicht und die Form, in der man die Herzöge anerkennen sollte. Während des ganzen 16. Jahrhunderts hing der Prozeß hierüber am Reichskammergericht. Kamen andere Streitigkeiten hinzu, so wurde diese Sache bei deren Erledigung ausgeschieden. Schon 1570 hatten Maximilian II. und die deutschen Stände auf dem Reichstag zu Augsburg durch Dekret Hamburgs Reichsunmittelbarkeit anerkannt[4]; 1618 wurde dasselbe vom Reichskammergericht ausgesprochen, doch wurde auch diese Entscheidung vom holsteinischen Hause noch nicht als endgültig angesehen und es ist noch zu weiterem Streit gekommen. Es wird auch berichtet, daß man sich mit den friedlichen Mitteln, die Stadt wieder unter

---

[1] C. C. Reg. Hols. III 127 ff.; A. L. J. Michelsen, Sammlung altdithmarscher Rechtsquellen 242; Michelsen, D. UB. 359; Zeitschr. XXXVI; Acta A XX 2986; ebenda 4081; Hbg. St. Cl. II Lit. Eb Nr. 8 vol. 2; ebenda Cl. II Nr. 15b vol. 1: 1557.

[2] Ebenda 1561 Sept. 1; ebenda 1571 Mai 18 u. a.

[3] Ebenda Cl. II Nr. 15a vol. 2: 1558 Juli 8; ebenda Cl. II Nr. 16a vol. 2: 1566 April 30; 1573 Dez. 5; Michelsen, D. UB. 271 u. a.

[4] Lünig, Pars spec. IV Contin. Th. I pag. 965.

die fürstliche Hoheit zu beugen, nicht begnügen wollte, wie ja in dieser Zeit öfter Fürsten ihre Städte wieder mit Gewalt zu unterwerfen suchten. Dem Herzog Adolf wurden von den Hamburgern mehrere solcher Pläne nachgesagt, ohne daß wir wirklich Schritte, die er dazu getan hätte, nachweisen könnten. Man hörte aber sogar im Auslande davon und fürchtete hier für die Freiheit der Elbfahrt und des Elbhandels[1]. Vor allem aber ging das Streben der Fürsten dahin, den Handel des eigenen Landes zu entwickeln. Man mußte darum den Einfluß und Handel Hamburgs im holsteinischen Gebiet einzuschränken und den Einwohnern Freiheit und Möglichkeit zu eignem Handel zu verschaffen suchen. Nachdem Hamburg schon einmal durch den Steinburger Vertrag mit Christian I. (1465) auf bestimmte Zeit das Recht alleinigen Handels mit den Elbmarschen unter Ausschluß aller Fremden und unter Verbot der Abfuhr durch die Eingesessenen, außer nach Hamburg innegehabt und auf Verlangen der Bürgerschaft schon im 15. Jahrhundert die Ausfuhr aus den Marschen tatsächlich gehindert hatte, nachdem dann aber eine Periode ungestörten Handels mit Fremden gefolgt war, hatte Hamburg nach 1508, als es im Kampfe der Hanse gegen Dänemark die Neutralität bewahrt und sich dadurch den König verpflichtet hatte, jedes holsteinische Schiff gezwungen, das Getreide in Hamburg zu stapeln[2]. Es berief sich dabei auf die Stapelgerechtigkeit von 1482, die aber hiervon nichts enthält und nichts enthalten konnte, auf das viele Jahrhunderte währende Besitztum, erworben durch Schutz gegen Seeräuberei und auf seine Verpflichtung, eine Kornteuerung zu verhindern, wozu alles Korn erst in Hamburg angeboten werden müßte, damit hier ein Vorrat gesammelt werde, der bei Mißwachs und Teuerung auf die umliegenden Länder wieder verteilt werden könnte. Eine besondere Erschwerung bestand noch darin, daß die Holsten das

---

[1] St. P. of El. 1561—62 S. 420, 514.
[2] Hagedorn I 56—57; Naudé 40, 42; s. a. Neoc. I 403, wo als erstes Jahr der Hinderung schon 1431 erscheint, Naudé nennt 1458; Hbg. St. Cl. II Nr. 16b vol. 5: 1545 Febr. 13; ebenda 15a vol. 2: 1550 April 4; Lünig. Pars. spec. IV Cont. VIII Abt. 461 f.

Getreide in der Stadt nicht frei verkaufen durften, sondern es zu dem Preise abgeben mußten, wie er von Bürgermeistern und drei Männern bestimmt war.

Nachdem man die Hinderung der Kornabfuhr lange geduldet hatte, fanden 1550 zu Segeberg im Beisein König Christians III. Verhandlungen statt, ohne doch zu einem Ergebnis zu führen[1]. 1552 hatte Hamburg wieder von einem Kremper, der Bier westwärts ausführen wollte, Zoll gefordert und ihn schließlich gepfändet. Krempe forderte Rückgabe des gepfändeten Gutes und freie Passage wie von alters her[2]. Aber Hamburg ließ die Abfuhr weiter hindern. Neue Verhandlungen im folgenden Jahre zu Ütersen mit dem Könige waren wieder erfolglos[3]. 1555 nahmen die Hamburger wieder einige Schiffe, die nach Holland sollten, brachten sie nach Hamburg, konfiszierten das Gut und hielten die Schiffe über ein halbes Jahr fest. Christian III. schickte sofort Gesandte nach Hamburg und verlangte die Privilegien zu sehen, sonst werde er den Zwang nicht dulden. Hamburg berief sich dagegen auf das Alter des Besitzes, was Christian aber nicht anerkannte. Er forderte für die Marsch die Freiheit und drohte mit Gewalt, doch war er noch zu Verhandlungen bereit. Ein Vorschlag, daß Itzehoe, die Kremper- und Wilstermarsch und die an der Elbe wohnenden Adligen das Recht haben sollten, jährlich 7—8 Schiffsladungen Korn auszuführen, wurde von Hamburg abgelehnt. Kornausfuhr sei nur gestattet, wenn der Kauf in Hamburg angeboten und dort abgelehnt sei[4]. Nachdem noch einige Schreiben gewechselt waren, hatte die Langmut des Königs ihr Ende erreicht; er hob die meisten Privilegien Hamburgs in Bergen auf. Hamburg führte beim Kaiser Beschwerde, übte aber das Recht weiter, besonders auf Drängen der Bürgerschaft[5]. Sogar Herzog Adolf, der mit

---

[1] Beispiele: Hbg. St. Cl. 15a vol. 2: 1550 April 4; ebenda 16b vol 5: 1545 Febr. 13. J. F. Noodt, Samml. 87.

[2] Hbg. St. Cl. II Nr. 15b vol. I 1552 Juli 18.

[3] Noodt S. 88; Koppmann VI 513, 564.

[4] Laursen II 12 ff.

[5] Krag og Stephanius I 379—80; Chytraeus 492; Koppmann VII 65, 92; Lünig, P. spec. IV. Cont. VIII Abt. 1000 f. Beispiele: Hbg.

seinen Räten nach Antwerpen fahren wollte, wurde angehalten. Nur durch große Geschenke konnte man seine Versöhnung erlangen[1]. Da Christian III. die Sache sehr milde behandelte, blieb es unter seiner Regierung unentschieden. Der neue unternehmungslustige Regent, Friedrich II., nahm den Streit wieder auf. Als 1561 ein ostfriesisches Schiff mit Dithmarscher Getreide auf Dithmarscher Grund gekapert war, ließ er auf Heinrich Rantzaus Rat, Repressalien zu üben, 40 Hamburger Schiffe in seinen Reichen festnehmen. Herzog Adolf und Herzog Johann d. Ä. schlossen sich ihm an. Adolf ließ zu Kiel zwei Hamburger Schiffe festsetzen. Vielfache Verhandlungen waren ohne Erfolg. Der König, im Bewußtsein des stolzen Sieges über Dithmarschen, dachte daran, „denn langen spieß an die handt zu nehmen", Hamburg mit Gewalt zu unterwerfen und es dann gleich zu behalten. Er wollte auch bei Brunsbüttel an der Elbe ein Bollwerk erbauen[2]. Johann Rantzau, der die alte Holstenpolitik der Freundschaft mit Hamburg vertrat, war der ganze Handel zuwider; er riet zum Frieden. Auch die Königinwitwe Dorothea, die Herzöge Hans und Adolf wie Kurfürst August von Sachsen interzedierten, und selbst Heinrich Rantzau war dagegen, Gewalt anzuwenden[3]. Der König ließ sich dadurch schließlich zum Nachgeben bewegen. Durch einen Vertrag vom 4. Mai 1562 zu Kopenhagen versöhnte er sich mit der Stadt gegen Zahlung von 10 000 Reichstalern. Der Streit um Hamburgs Recht auf die Elbe sollte später durch Schiedsrichter beigelegt oder auch vor dem Reichskammergericht ausgetragen werden. Den Geschädigten sollte Hamburg Ersatz gewähren[4]. Der nordische siebenjährige

---

St. Cl. II Nr. 16a vol. 2: 1557 Jan. 28; 1558 März 16; 1559 Nov. 18; ebenda Nr. 16b vol. 4: 1560 März 17. Koppmann VII 242.

[1] Koppmann VII 92 f.

[2] Arch. f. sächs. Gesch. v. Wachsmuth und Weber II 383; St. P. of El. 1561—62 S. 420 und 514; Lind, Soemagtshistorie 16; Koppmann VII 358.

[3] Acta A X 321: 1561 Nov. 18.

[4] Resen 72; Koppmann VII 369 f., 386 f.; ebenda 308 f., 311, 322, 356 f., 385: Vermittlungsversuche und Gesandtschaften wegen des Streites.

Krieg hinderte zunächst die rechtliche Entscheidung, und Hamburg fuhr fort, sein Recht auszuüben[1]. 1565 wurde wieder ein Schiff aufgebracht. Die Bewohner der Marschen wandten sich an den König. Heinrich Rantzau verhandelte, doch ohne amtlichen Auftrag, mit den Hamburgern. Diese beriefen sich aber darauf, daß ihnen dies Recht 1562 vorbehalten sei, und wiesen darauf hin, daß auch ihren Bürgern während der Teuerung die Ausfuhr untersagt sei. Wegen des Krieges wünschten die holsteinischen Räte keinen Streit mit Hamburg, und es blieb dabei. 1568 waren dann alle Einwohner der Marschen übereingekommen, auf gemeinsame Kosten ein Schiff auszurüsten, um zu erproben, wie Hamburg sich jetzt verhalten werde. Als auch dies genommen wurde, bewilligten der Statthalter und der Amtmann von Krempe, Klaus Rantzau, weil gerade Frieden mit Schweden in Aussicht stand, die Festnahme aller hamburgischen Güter und Waren auf dem Markt zu Itzehoe, Fastelabend 1569, die insgesamt den Wert des abgeführten Schiffes zehnfach übertrafen. Da der Krieg mit Schweden aber von neuem ausbrach, wurde der Arrest wieder aufgehoben, Hamburg bezahlte das Schiff und gestattete für dieses Jahr die Ausfuhr[2].

Als dann 1573 wieder einige Schiffe aus der Kremper- und Wilstermarsch, die aus der Stör auf die Elbe wollten, von den Hamburgern abgeführt waren, nahm Friedrich II. die Sache ernsthaft auf. Er suchte sich zunächst mit den Nachbarn, gegen die Hamburg dasselbe Recht geltend machte, ins Einvernehmen zu setzen. Am 30. Juni 1573 kamen zu Buxtehude die Abgesandten Friedrichs II., des Erzbischofs Heinrich von Bremen, der Herzöge Otto und Wilhelm d. J. von Braunschweig-Lüneburg und Adolf von Schleswig-Holstein zusammen und stellten fest, daß mit Hamburg kein Friede zu halten sei, und beschlossen eine neue Zusammenkunft zu Itzehoe, wo man über ein Verkehrsverbot gegen Hamburg beraten wollte, wozu Ham-

---

[1] Hbg. St. Cl. II 16b vol. 4: 1565 Aug. 8; ebenda vol. 2: 1569 April 8.

[2] Laursen II 464.

burg selbst den Weg gewiesen habe[1]. Zu Itzehoe beschloß man auch am 3. Aug., jede Zufuhr an Viktualien nach Hamburg und ebenso die Abfuhr von dort, besonders des Bieres, zu verbieten; doch bekam der Vertrag nicht die Billigung der Fürsten[2]. Jetzt ging Friedrich II. allein vor. Er ließ alle Hamburger Schiffe in seinen Reichen festnehmen, hielt sie sechs Jahre lang zurück und verbot allen Verkehr Hamburgs in seinen Reichen. Auch in Schleswig-Holstein wurde dies durchgeführt. Hamburger Bürger, die zum Jahrmarkt nach Itzehoe wollten, wurden angehalten. Doch dauerte das Verkehrsverbot hier wohl nicht allzulange; schon aus demselben Jahr stammt ein Fürschreiben Heinrich Rantzaus an die Stadt. Vielleicht ist es gar nicht überall durchgeführt worden[3].

Hamburg rief die Vermittlung der deutschen Kurfürsten und Fürsten, des Kaisers an, erlangte Zitationen und Mandate des Reichskammergerichts, rief dadurch aber nur um so stärkeren Unwillen des Königs hervor[4]. Verhandlungen zwischen den beiden Parteien in den Jahren 1574, 1575, 1578 scheiterten an der großen Entschädigungssumme, die der König forderte[5]. Unter Vermittlung Sachsens und Mecklenburgs kam dann am 5. Juli 1579 der Vertrag von Flensburg zustande, durch den sich Hamburg vor allem zur Zahlung von 100000 Tlrn. verpflichtete. Für beide Teile wurde freie Abfahrt, außer für Gerste und Malz, die bis auf den 10. April 1580 verboten sein sollte, ausgemacht. Die Frage der arrestierten Güter wurde geordnet; Hamburgs Behandlung in Bergen und im Sund wurde geregelt, und schließlich sollten im folgenden Jahre zu Kiel endgültige Verhand-

---

[1] Laursen II 313 ff.
[2] Ebenda 316 ff.
[3] Chytraeus 618; Kanc. Brevb. V 415, 431 u. a.; Hbg. St. Cl. II Nr. 15a vol. 2: 1574 Aug. 13 Klage Hamburgs über Anhaltung von Bürgern. Die Stadt fragt an, ob ihr die Jahrmärkte zu Itzehoe, Wilster, Krempe nicht freistehen; ebenda Nr. 16a vol. 2: Fürschreiben von 1574 Aug. 22, ebenso von 1576.
[4] Lünig, P. spec. IV. Contin. T. I 1004.
[5] Laursen II 463 ff.; Chytraeus 618—19, 660.

lungen stattfinden[1]. — Zu den Verhandlungen im Jahre 1580 erhielten die Hamburger Gesandten nur Vollmacht, über die Abfuhr des Getreides und über nichts anderes zu verhandeln. Sie wiesen auf ihren uralten Besitz hin, der allen Anwohnern, wie noch in diesem Jahre, nur nützlich sei und oft Teuerung abgewandt habe. Gegen Stade hätte die Stadt den Besitz vor dem Reichskammergericht bewiesen. Sie beriefen sich auch auf ein Schreiben Friedrichs I. von 1514, und 1562 und 1579 sei ihnen ihr Recht ausdrücklich reserviert worden. Die Holsteiner beanspruchten dagegen das Eigentum und die Oberhoheit über den Elbstrom als Teil der Regalien und bewiesen die Ausübung der Herrschaft durch ein Hamburger Schreiben an König Friedrich I. von 1524 mit der Bitte um Hinderung der übermäßigen Abfuhr. Die Dithmarscher hätten den Hamburgern stets das Recht bestritten; zudem stehe den Herzögen die Zollhoheit über Getreide usw. auf dem Flusse zu. Die Elbe sei ein öffentlicher Fluß, den jeder gegen Zoll benutzen könnte, so daß auch den königlichen und herzoglichen Untertanen die Fahrt freistehe. Hamburg habe kein besonderes Privileg, es habe nur tatsächlich das Recht auszuüben gesucht, worin es aber wiederholt Einspruch erfahren habe. Die Hamburger wiesen alle diese Punkte zurück, stützten sich für das Recht der Abfuhr und deren Hinderung, das allein zur Verhandlung stände, auf das Stapelprivileg und den Vorbehalt des Rechtes im Jahre 1562 und 1579. Vermittlungsvorschläge Sachsens und Mecklenburgs wurden nicht angenommen. Die Sache blieb in der Schwebe. Beide Parteien wollten die Vermittlungsvorschläge nach Hause berichten, dort solle man sich zum 1. Januar erklären; dann solle entweder eine Vereinbarung stattfinden oder die Sache solle an die Schiedsrichter zur rechtlichen Erkenntnis zurückgehen. Die Verträge von 1562 und 1579 sollten mit allen Klauseln so lange in Gültigkeit bleiben[2]. Doch wurde keins von beiden ausgeführt, und

---

[1] Laursen 480 ff.; weiteres in den Kanc. Brevb., bes. über die Ermäßigung der Zahlung.

[2] Chytraeus 668 ff.

die Sache blieb unentschieden. Tatsächlich aber waren jetzt dem Handel der Marschen keine Schranken mehr gezogen; endlich konnte sich ihr eigner Auslandshandel wieder frei entwickeln.

Das Streben der Fürsten begnügte sich nicht damit, die dem Handel der eigenen Untertanen entgegenstehenden Hindernisse hinwegzuräumen, sie suchten auch Anteil am Handel der Städte zu gewinnen, wenigstens durch Zollforderungen. Die Streitigkeiten um den Transitzoll sind schon dargestellt. Verschiedentlich bemühten sich die Herzöge auch um Erlangung eines Elbzolls. 1562 wandte man sich an den Kaiser; 1565 suchte Herzog Adolf die Fürsprache Philipps von Hessen dafür zu gewinnen; doch forderte ihn dieser auf, selbst zu bitten; 1576 richtete man dieselbe Bitte an den Kaiser auf dem Reichstag zu Regensburg, doch stets vergeblich. Hamburg hob dagegen die Beschwerung des eigenen Handels, ja des ganzen Reiches hervor und drang damit durch [1]. Vergeblich waren auch die Bemühungen zur Wiedererlangung des schauenburgischen Zolles in Hamburg [2]. Hamburg vergalt übrigens gleiches mit gleichem und erhöhte den Holsten gegenüber vielfach den Zoll [3]. Herzog Adolf soll auch den Plan zur Gründung einer Konkurrenzstadt an der Elbe erwogen haben [4].

Christian IV. nahm alle Pläne seiner Vorfahren und der Gottorfer gegen die Städte wieder auf und führte sie weiter. Der wichtigste Teil seiner ganzen auswärtigen Politik seit dem

---

[1] Koppmann VII 358; Acta A XX 872: 1565 Febr. 23; Falke, Gesch. d. d. Zollwesens 164; Falck, Kunde des Vaterl. III 297, 305; St. P. of El. 1561—62 S. 420, 514.

[2] Koppmann III S. LII; Mitt. f. hbg. Gesch. X 203 ff.; Zeitschr. XXXVII 105; Ratjen II 314; Falck, Kunde des Vaterl. III 298 f.; Klefeker, Samml. hamb. Gesetze X 150 ff.

[3] Falck, a. a. O. III 298 f.; Abdruck S. 104; Ratjen II 300 ff.; Zeitschr. VII Beil. S. 38 Nr. 95; Hbg. St. Cl. II Nr. 15a vol. 2: 1580 Aug. 14, 21, 28, Sept. 7; vgl. dazu Nucleus Recessuum, „Zoll" 1579; Hbg. St. Cl. II Nr. 15b vol. 1: 1591; Adel gegen Hamburg, Acta A XX 161; Hbg. St. Cl. II Nr. 16a vol. 2: 1591 Mai 20; Poorter 256 ff.

[4] S. S. 77.

Kalmarkriege bis zum deutschen Kriege war darauf gerichtet, sich in Niederdeutschland eine feste Stellung zu schaffen. Geleitet wurde er dabei nicht zum wenigsten durch handelspolitische Ziele. Zunächst mußten sich seine Bestrebungen natürlich gegen die Städte richten. Eine lebhafte persönliche Abneigung gegen alle Krämer und Krauthöker bestärkte ihn in seinem unfreundlichen Verhalten gegen sie. Ich kann hier nicht des Königs Politik dieser Jahre bis ins einzelne verfolgen, sondern werde mich darauf beschränken, hervorzuheben, was auf die tatsächlichen Handelsverhältnisse Schleswig-Holsteins von Wirkung gewesen ist.

Des Königs Pläne richteten sich zunächst mehr gegen Lübeck. In dem Streit des Herzogs Johann von Sonderburg mit Lübeck trat er auf dessen Seite. 1615 plante Christian, seinen Untertanen allen Handel mit Lübeck zu verbieten, und 1621 ist ein Handelsverbot wohl wirklich durchgeführt worden[1]. Das Verhältnis zu Hamburg war in den ersten Jahren seiner Regierung freundlicher. 1603 wurden Christian IV. und Johann Adolf von der Stadt in einer allgemein gehaltenen Form als Herren anerkannt; sie hatten dafür alle Privilegien der Stadt bestätigt. In den folgenden Jahren hatte der König der Stadt manche Dienste erwiesen; doch verkehrte sich das Verhältnis bald in das Gegenteil, besonders nachdem die Hamburger in dem Wettrennen um die Erlangung des englischen Stapels Sieger geblieben waren. Daß dem Könige um eine feste Stellung an der Niederelbe zu tun war, hatte schon die Befestigung Krempes (von 1598 an) gezeigt. Da diese Stadt aber von Kriegsschiffen nicht mehr erreicht werden konnte, suchte der König einen andern Stützpunkt an der Elbe. Nachdem er diese Gegenden selbst in Augenschein genommen hatte, ließ er 1616 Glückstadt anlegen. Die Stadt erhielt einen guten Hafen und wurde stark befestigt. Der König hoffte, hier nicht nur den gewünschten militärischen Stützpunkt gefunden zu haben, die Stadt sollte auch Hamburg im Elbhandel Konkurrenz machen und erfuhr hierin

---

[1] V. Schweitzer, Christian IV. von Dänemark und sein Verhältnis zu den niederdeutschen Städten bis zum Jahre 1618. Diss. Heid. 1891 S. 53, 55, 75, 87 f.; Schäfer V 364; Hansen, Beitr. S. 30.

des Königs lebhafte Förderung. Weiter suchte Christian IV. seine Stellung in diesen Gegenden durch Neuerwerb von festen Plätzen zu verstärken. Er verhandelte seit 1618 mit dem Grafen von Schauenburg über die Abtretung der Grafschaft Pinneberg. Besonders hatte er es auf den Besitz des aufblühenden Städtchens Altona abgesehen, doch dachte er auch an andern Stellen an Hafenanlagen. Der König soll dem Grafen große Anerbietungen an Land und Geldern gemacht haben, er ließ schon Privathäuser und Höfe von einigen Kaufleuten in Altona gegen den Willen des Grafen aufkaufen. Da der Graf, ein sehr reicher Herr, aber auf nichts einging, ließ er unter dem Vorwande, daß durch die Erhebung des Grafen zum Fürsten von Holstein durch den Kaiser seine Rechte gekränkt würden, seine Truppen in die Grafschaft Pinneberg einrücken. Nur gegen eine Zahlung von 50 000 Reichstalern — sie wurden in Hamburg aufgebracht — gestand er schließlich die Veränderung des Titels in den eines Fürsten des deutschen Reiches zu, zog die Truppen zurück und gab den Plan auf[1]. Zeitweilig hatte auch Christian Stade besetzt, doch zeigte seine Politik auch hier nicht die nötige Festigkeit; er ließ die Stadt bald wieder räumen. Wichtiger war der Gewinn einiger niedersächsischer Bistümer für seine Familie.

Den ersten Anlaß für eine Änderung in dem Verhalten zu Hamburg gab das Eintreten der Stadt für das belagerte Braunschweig (1605); 1608 verjagte er Hamburger Zollschiffe von Neuwerk[2]. Als Hamburg 1613 ein Kremper Schiff mit Zoll beschwert hatte, forderte er, die Stadt solle sich categorice erklären in betreff ihrer Gerechtigkeit an den Elbstrom, und erinnerte so wieder an die Frage, die beim Kieler Abschied unentschieden geblieben war. Auf die Erklärung Hamburgs zur reichsunmittelbaren Stadt antwortete er mit einer Erweiterung Glückstadts. Er nahm jetzt als Ausfluß des Hoheitsrechtes für

---

[1] Wurm 14; M. C. Londorpius, Der Römischen Kayserlichen Majestät und des Heiligen Römischen Reichs usw. Acta Publica Bd. I ff. 1668 ff., I. 709 ff., II S. 404 ff.
[2] Schäfer V 367.

sich das Recht des Tonnenlegens auf der Niederelbe in Anspruch, das bisher mit großen Kosten von Hamburg allein ausgeübt war. In Kolding wollte er den Ochsenhändlern keine Pässe auf Hamburg ausstellen; die Abfuhr isländischer Waren nach Hamburg wurde verboten. Er entschloß sich, Auslieger auf die Elbe zu senden, um die Frage der Elbhoheit zu entscheiden. Dem dänischen Reichstrat begründete er seinen Plan damit, daß Hamburg die Absicht habe, sich durch Entsendung von Kriegsschiffen der Elbe zu bemächtigen, da es glaube, er, Christian, werde gegen die vollendete Tatsache ihres Besitzes nicht vorgehen. Die Generalstaaten hätten der Stadt ihre Unterstützung zugesagt. Er selbst wolle die Schiffe nur entsenden, damit Hamburg sich mit dem Seinen begnügte und damit die Staaten sich des Stromes enthielten. Trotz Abratens der Reichsräte, die bei dem Könige Angriffspläne vermuteten, führte Christian seinen Willen aus. Zwei dänische Orlogschiffe liefen auf die Elbe und zwangen alle Schiffe durch Kanonenschüsse, die Flagge zu streichen zur Anerkennung der Landeshoheit. Hamburg wandte sich an den niedersächsischen Kreis, an den Kaiser und die Staaten um Hilfe. Christian IV. wies aber alles ab, er begründete sein Vorgehen damit, daß die Hamburger andere Kaufleute zwängen, bei ihnen zu verkaufen u. a. Doch kam es auch diesmal zu keiner Entscheidung. Der Kaiser bestätigte zwar Hamburgs Privilegien; da aber nur geringe Aussicht auf holländische Hilfe bestand, gab die Stadt im Steinburger Vertrage von 1621 in vielem nach. Vor allem erkannte sie die Huldigungspflicht an bis zum Austrag der von Dänemark geforderten Revision des Reichskammergerichtsurteils. Die offenen Feindseligkeiten des Königs erreichten damit ihr Ende, doch blieb das Verhältnis gespannt, und nach wenigen Jahren begann der Streit von neuem und weit heftiger.

---

[1] Slange II 127, 140 ff.; Erslev, Rigsraad I 268 f., 453; Londorp T. II 45, 47, 315; Lünig, P. spec. II Cont. 2. Forts. S. 62.

2. Deutschland.

Holstein war trotz der engen Verbindung mit Dänemark ein Glied des deutschen Reiches. Die Beziehungen waren aber sehr lose. Sie bestanden in der Oberlehnshoheit des Kaisers und der damit verbundenen Zollhoheit und der Pflicht zu steuern. Man erinnerte sich der Zugehörigkeit freiwillig eigentlich nur, wenn man etwas wollte, besonders wenn man neue Zölle oder die Erhöhung bestehender wünschte, wozu die Billigung des Kaisers nötig war. Die häufigen, oft bei einem Thronwechsel erhobenen Forderungen scheiterten aber stets an dem Widerspruch der Städte, die dadurch besonders betroffen wären, und des Kurfürstenkollegiums. Herzog Adolf suchte auch um kaiserliche Erlaubnis zum Bau eines Eiderkanals und Aufnahme der dort verkehrenden Schiffer in kaiserlichen Schutz nach; er erbat und erhielt auch die Erlaubnis zum Bau der neuen Stadt an der Elbe bei Bullenhusen. Sonst wurde der Handel des Landes eigentlich nur noch von den Monopolverboten des Reiches berührt. Wie wenig das aber praktisch zu bedeuten hatte, sieht man an dem Beispiele Hamburgs und Stades, wo die Merchant Adventurers trotz ihrer Ausweisung vom Boden des Reiches aufgenommen wurden. Auch verschiedene holsteinische Städte wurden ihnen angeboten von Christian IV., und der Herzog von Gottorf achtete seine Zugehörigkeit zum Reiche so wenig, daß er ihnen in Schleswig einen Sitz anbot.

Der tatsächliche Verkehr Schleswig-Holsteins mit dem Gebiete des Reiches war, soweit es Küstengebiet und zu Schiff zu erreichen war, recht lebhaft. Die Flüsse weiter hinauf zu fahren, hinderte in den meisten Fällen das Stapelrecht der an den Mündungen liegenden Städte. Der Verkehr zu Lande war viel geringer. Wie eine Schranke hindern hier Hamburg und Lübeck den direkten Handel. Sie hatten es in der Macht, den Paß nach Deutschland zu sperren. Da beide Städte zudem alle schleswig-holsteinischen Städte an Geldreichtum und Handelsverbindungen übertrafen, vermittelten sie meist den Verkehr der Halbinsel mit dem Binnenlande. Flensburg ist die einzige Stadt des Landes, für die wir eine regelmäßige direkte Verbindung mit innerdeutschen Städten nachweisen können, und auch Flensburg bezog sicher die meisten deutschen Waren aus Hamburg und Lübeck. In den vierziger Jahren des 16. Jahrhunderts handelten Thomas thor Schmede und sein Sohn nach Straßburg. Der dänische König gab ihnen den Auftrag, dorthin an einen gewissen Mann Geld zu überschreiben für dort gedruckte Bücher[1]. 1556 wurde ein Flensburger, handeltreibend nach Straßburg und Basel, auf der Reise in hessischem Gebiet seiner Pferde und Güter beraubt[2]. Flensburger Kaufleute besuchten auch die Leipziger und Frankfurter Messen, und dies galt um Mitte und Ende des 17. Jahrhunderts für etwas ganz Ungewöhnliches[3]. Bei einem Ochsenhandel in Wedel machten Flensburger Händler aus, daß sie in Frankfurt in der Herbstmesse bezahlt werden sollten[4]. Die Beziehungen Flensburgs reichten bis nach Italien. Christian IV. ließ Musiker und Sänger zu Venedig ausbilden und übermittelte die Zahlungen dafür durch ein Flensburger Haus. 1595 ging ein von Flensburg kommendes, mit italienischen Gütern beladenes Schiff durch den Sund[5]. Nur vereinzelt werden auch sonst Beziehungen zu Deutschland genannt[6]. Wenn Herzog Johann Adolf Mühlsteine aus Pirna kommen läßt, so besorgt sie ihm ein Sachse[7]. Nur die Straße durch Hannover und Westfalen nach dem Niederrhein und den Niederlanden benutzten auch holsteinische Händler oft. Sie besuchten hier die vielen Ochsenmärkte zu Münster, Köln und weiter in Holland mit ihrem Vieh und brachten natürlich auch oft Waren aus diesen Gegenden mit zurück. Öfter erscheinen Deutsche hier im Lande, besonders um Ochsen und Pferde zu kaufen. Die Kurfürsten

---

[1] Sejdelin 395 f.
[2] Ebenda 1017 f.
[3] Danckwerth 105 Sp. 1; Otto Beyer, Dissertatio historica de originibus et incrementis inclutae civitatis Flensburgi. Jena 1684 Seite 16.
[4] Acta A X 170: 1603 März 31.
[5] Mejborg, Billeder af Livet. S. 163; Sundzollreg. I 148.
[6] Schriever schickt einen Boten nach Augsburg; Höhlbaum I 439.
[7] Lüb. St. vol. V. d. holst. Zollfr. in Lüb. I Nr. 6: 1619 Juni 16.

von Sachsen und Brandenburg erhielten oft Ausfuhrerlaubnis für Ochsen aus Dänemark durch Schleswig-Holstein. Bis nach Wien und Metz führte man Pferde aus dem Lande. Magdeburger, Flamländer, Holländer, Leute aus Kleve, Münster, Oldenburg usw. kauften regelmäßig in Wedel Ochsen. Erfurter Kaufleute standen mit Frau Barbara Rantzau in Verbindung. Händler aus Münster und Braunschweig lieferten viele Metallwaren, Harnische und Waffen, Kessel, Wein, Mühl- und Schiefersteine, eiserne Öfen, Papier, Pergament, Segelgarn; doch kamen die Waren meist auf dem Seewege an, schon um den vielen Zollforderungen zu entgehen[1]. Braunschweiger Hopfenführer zogen im Lande umher[2], Tafelitkrämer mit flämischer Leinwand usw. stammten sicher oft aus den Herstellungsorten der Waren. Hopfen wurde auch in Menge von Leuten aus der Magdeburger Gegend, aus Mecklenburg und der Priegnitz eingeführt.

3. Die Niederlande.

Der Verkehr mit den Niederlanden, der seit dem 15. Jahrhundert in stärkerem Maße einsetzte[3], bildete mit den wichtigsten auswärtigen Handel. Durch die Vertreibung Christians II. von Dänemark, des Schwagers Kaiser Karls V., durch Friedrich I., bisher Herzog von Schleswig-Holstein, erlitt dieser Verkehr eine empfindliche Störung, da Christian in den Niederlanden Zuflucht fand, und da der Kaiser und er selbst von hier aus seine Wiederherstellung betrieben. Zeitweilig war jeglicher Verkehr Schleswig-Holsteins nach Westen verboten[4]. Erst durch den Frieden von Speyer 1544 wurde eine endgültige Einigung erzielt. Nicht zum wenigsten die Schädigungen, die der Handel

---

[1] Acta A XX 3592—93.

[2] Acta A XX 2986: 1617 Aug. 1.

[3] Handvesten der Stad Amstelredam I 55, 59 f.; Inventaris van het Deventer Archief. 1870 S. 209; J. L. van Dalen, Inventaris van het Archief d. Gemeente Dordrecht I 83. Rydberg IV 141.

[4] Zeitschr. VIII Beil. 70 und 71; Falck, Kunde des Vaterl. III 230; Sejdelin 314; Michelsen, D. UB. LXXI 113.

der Niederlande durch Schließung des Sundes, Hinderung der Ochsenzufuhr, Sperrung Dänemarks, Schleswig-Holsteins und der Elbe erlitten hatte, führten sie herbei. Im Friedensvertrage wurde ausdrücklich den beiderseitigen Untertanen die Freiheit des Handels zuerkannt. Sie sollten in allen Königreichen, Fürstentümern, Herrschaften, Landen und Städten, in allen Häfen und Wasserströmen frei handeln, Proviant usw. kaufen und von dort nach ihrer Heimat oder andern fremden Ländern mit eigenen oder gefrachteten Schiffen, Wagen, Karren und Pferden, Waren, Hab und Güter wie die eignen Untertanen ausführen dürfen[1]. Die nächsten Jahre zeigten in der Politik natürlich noch vielfaches Mißtrauen; der Verkehr hob sich aber wieder[2], besonders nachdem man in Holland das Congiegeld aufgehoben hatte, das den Handel nach Dänemark sehr gehindert hatte. Die dänischen Untertanen erhielten jetzt die Erlaubnis, alle Waren aus den Niederlanden nach Belieben auszuführen[3]. Zahlreiche Klagen wegen Schulden niederländischer Schiffer in schleswig-holsteinischen Städten liegen aus diesen Jahren vor[4]. Da brachen die niederländischen Wirren herein und schädigten den Handel aufs schwerste. In Itzehoe und Husum klagte man über die Einschränkungen des Verkehrs, so daß alles darniederlag[5]. Die Zahl der durch den Gottorfer und Rendsburger Zoll gehenden Ochsen ging um die Hälfte zurück. In Dänemark wollte niemand die magern Ochsen kaufen[6]. Die Dänen und Holsten ließen jetzt ihre Ochsen in Wedel statt drei Tage, wie es Vorschrift war, oft neun Tage und länger stehen, da sie es nicht

---

[1] Laursen, Tractater 460; Lünig, P. spec. Cont. I Abt. I Bd. VI pag. 235; Génard, Antwerpsch Archiven blad. I 224.

[2] Häpke, 442 f.; Höhlbaum I 196; M. J. I 1898; Génard, a. a. O. 14, 323.

[3] Luzac I Bijlage A. S. 1 ff.; Häpke 490, 493.

[4] Sejdelin 462 f., 1007—10, 1012—17, 1027 f., 1045 f.; Kernkamp, Balt. Arch. 17; Aarsberetn. III 90; Feith, Archief v. Groningen II 343; Zeitschr. VIII Beil. 76.

[5] Hansen, Itzehoe 55 f.

[6] H. T. VII R. I Bd. 337 ff.

übernehmen wollten, sie weiter zu treiben, ohne einige Aussicht, sie los zu werden. In Antwerpen usw. erhob man den zehnten Pfennig von jedem Verkauf, so daß die Leute von Dänemark mit ihren Waren nicht wieder kommen wollten[1].

Herzog Adolf von Gottorf trat für seine Person in den Dienst des Königs von Spanien und kämpfte gegen die aufständischen Holländer. Das Land Schleswig-Holstein als solches hielt sich in dem Kampfe offiziell neutral. Sicher aber hat das Verhalten des Herzogs dem Handel sehr geschadet. Dies gab wohl den Wassergeusen, die ja auch sonst oft neutrale Schiffe als gute Prise mitnahmen, den erwünschten Vorwand, gegen die schleswig-holsteinischen Schiffe vorzugehen. Zwei Husumer Schiffe wurden in Groningen angehalten[2], die Geusen versenkten ein reichbeladenes, aus Antwerpen kommendes Husumer Witschiff u. a.[3]. Die Spanier fanden bei der holsteinischen Regierung auch im Lande Entgegenkommen. Sie beabsichtigten auch in Holstein Schiffe zu kaufen, doch scheiterte der Plan an Geldmangel[4]. Herzog Adolf soll auch versprochen haben, dem König seine Häfen zur Verfügung zu stellen, wenn er sie nötig habe; doch kam es bei seinen Lebzeiten nicht zur Ausführung. 1589 wurde deshalb eine Gesandtschaft nach Holstein geschickt, doch wurde die Bitte von der vormundschaftlichen Regierung abgeschlagen[5].

Ganz anders war die Stellungnahme der schleswig-holsteinischen Bevölkerung zu dem Kampf des verwandten Volkes. Alle Marschländer waren in ihrer Gesinnung auf seiten der Holländer, und von hier aus erhielten diese Zufuhr mit allem Nötigen. Der Verkehr muß recht lebhaft gewesen sein, wie ein etwas weit ausschauender Plan zur Befreiung Dithmarschens von der dänisch-holsteinischen Herrschaft vermuten läßt. Hans Tobi,

---

[1] Höhlbaum II 7.
[2] Feith, a. a. O. II 315 Nr. 40.
[3] Hagedorn I 312 f. u. a.
[4] Höhlbaum II 47.
[5] Compte rendu des séances de la commission royale d'histoire ou Recueil de ses Bulletins. V. Série V Brüssel 1895 S. 100 ff.

ein Dithmarscher Kaufgesell, der in den Niederlanden gehandelt hatte, wollte sein Vaterland mit spanischer Hilfe befreien. Er suchte den Herzog de Terranova für einen Einfall in Dithmarschen zu gewinnen, um von hier aus die andern Marschländer zu nehmen und den Holländern und Seeländern die Zufuhr abzuschneiden. Allein dadurch könne man Holland und Seeland unterwerfen[1]. Der Plan ist natürlich nicht zur Ausführung gekommen. Tobi wurde bei einem Aufenthalt in Dithmarschen ergriffen und hingerichtet. Spanien sah Dänemark und Holstein lieber als Freunde. Daß dieser Plan aber überhaupt ernstlich von einem Kaufmann erwogen werden konnte, zeigt aber, daß der Verkehr zwischen den Marschen und Holland sehr rege gewesen sein muß. Dazu unterhielten die nach Holstein ausgewanderten Holländer natürlich eine lebhafte Verbindung mit ihrem Vaterlande. Die Niederländer brauchten die Zufuhr nicht nur für sich selbst, sondern führten trotz des Krieges ihren Feinden Waren zu, da sie den Handel nicht entbehren konnten, ohne sich selbst der Möglichkeit des Widerstandes zu berauben. Zeitweise wurde dieser Handel zum schwersten Schaden der Holländer durch Lord Leicester völlig verboten, nachdem vorher schon zwei unwirksame Verbote ausgegangen waren. Die schlimmen Folgen zwangen bald dazu, das Verbot aufzuheben[2]. Die unglückliche Lage der Holländer, die natürlich in Spanien vielen Übergriffen ausgesetzt waren und 1586 gar nicht dahin fahren durften, nutzten die fremden Nationen, die bisher in den Niederlanden mit den Spaniern und andern südeuropäischen Nationen verkehrt oder den Holländern die ganze Vermittlung überlassen hatten, aus, um eigene Verbindungen in Spanien, Portugal und Frankreich anzuknüpfen. Emden und Hamburg wurden Hauptvermittlungsplätze. Auch die Schleswig-Holsteiner wandten sich bald direkt nach Spanien.

Eine Folge der Wirren war auch der Niedergang Antwerpens, des bisher bedeutendsten Handelsplatzes und Geldmarktes

---

[1] Michelsen, D. UB. CL 347, 353.
[2] Fruin, Tien jaren II S. 123—24.

der Niederlande und Nordeuropas. Der holsteinische Adel wurde sehr geschädigt, da er einen großen Teil seiner Geldgeschäfte dort abzuwickeln pflegte. Eine große Summe verlor er durch die Beteiligung an einer Anleihe für die Befestigung der Stadt Antwerpen, für die die Stadt die Bürgschaft übernommen hatte; doch mußte sie bald darauf die Zahlungen einstellen. Der Adel forderte nun von den Herzögen sein altes Recht der Repressalien und wollte es auch auf Dänemark angewandt wissen. Dies gestand der König zwar nicht zu, hoffte auch deshalb entschuldigt zu sein; sonst aber wurde es den Ständen anheimgestellt, doch zweifelten die Räte nicht, sie würden alles mit reiflichem Rate tun, daß Unheil, Krieg und Feindschaft verhütet bleibe. Der Herzog wies darauf hin, daß Repressalien gegen die Reichsgesetze verstießen, versprach aber Intervention. In ihrer Antwort dankten die Stände; sie zweifelten nicht, daß die Reichsräte Mitleid mit ihnen hätten und ihrem Erbieten nach desfalls das Beste in Acht haben würden. Dem Herzog gegenüber hofften sie, daß er sie an ihrem Rechte nicht hindern würde, vielmehr zu dem, wodurch sie ihre Schulden bezahlt bekämen, in Gnaden beförderlich sein werde[1]. Tatsächlich hat der Adel sein Recht ausgeübt. Er ergriff Leydener, auch einen Kölner Bürger, der dahin aus den Niederlanden ausgewandert war, und hielt sie einstweilen fest[2]. Aus Holland schickte man 1594 eine Gesandtschaft nach Dänemark zur Bestätigung und Neuerwerbung von Privilegien. Die Gesandtschaft sollte vor allem zu erreichen suchen, daß Anleihen, die im Kriege gemacht seien, nicht außer Landes verfolgt werden dürften, und daß der König in seinen Reichen, Fürstentümern, Landen und Städten solches nicht gestatte[3]. Die Streitigkeiten wurden schließlich beigelegt; der Adel erhielt nach vielen Bittschriften, Drohungen usw. wenigstens einen Teil zurückerstattet.

Schon seit 1578 hatte sich der Handel Amsterdams wieder gehoben. Diese Stadt trat an die Stelle Antwerpens. In Itzehoo

---

[1] Jargow, App. 77f., 107, 115, 120f., 127, 132.
[2] Zeitschr. XXII 250; Höhlbaum II 322.
[3] Kroniek van het hist. Gen. te Utrecht 20. Jahrg. 1864 4. Ser. S. 203, 217, 317.

klagte man aber noch 1584 über die schlechten Handelsverhältnisse, da der Handel nach Holland geschlossen sei[1]. Aus den folgenden Jahren liegen aber wieder viele Beispiele für den Handel mit Holland vor[2]. Die Holländer rüsteten wieder mehr Schiffe aus und brauchten zu deren Verproviantierung Fleisch; für das Getreide fand sich wieder Absatz. Dithmarscher handelten damals sehr viel nach Holland, ließen sich auch oft dort nieder und kamen zu Ansehen[3].

Als die Holsten in Holland in diesen Jahren mit neuen Zöllen, Lizenten und Akzisen belegt waren und man den Herzog um Interzession gebeten hatte, daß die Waren, die man einkaufte, frei passieren dürften, oder aber, daß man mit gleicher Münze heimzahle, wandte sich der Herzog zunächst an Tönning und Husum um Bericht. Tönning war aber dagegen. Bisher im Kriege sei gute Nachbarschaft gehalten worden, so daß man die Deiche gut habe erhalten und gut habe kontribuieren können. Man fürchtete, daß die Holländer, wenn Zoll auf die Waren gelegt würde, welche sie abholten, nicht mehr kommen oder es wieder kürzen würden, so daß die Untertanen es doch bezahlen müßten. Auch hoffte man, daß die damaligen Friedensverhandlungen Zollerleichterungen bringen und daß die wegen des Kriegs eingeführten Neuerungen aufhören würden. Präsident und Rat von Husum hatten bei ihren Bürgern, so viele ihren Handel nach Holland und besonders nach Amsterdam hatten, Erkundigungen eingezogen. Obwohl man von den Waren, welche die Husumer oder die Holländer, was doch nur langsam und wenig geschähe, dahin brächten, Zoll und Pfahlgeld geben mußte, müßten die Holländer hier, wenn sie ihre Waren selbst abholten, hier kauften oder kaufen ließen, ihren Zoll und andere Abgaben auch zahlen und fast höher als die Husumer dort, während die Husumer in ihrer Stadt zollfrei seien. Alle müßten aber Konvoigeld zahlen,

---

[1] Hansen, Itzehoe 56.
[2] M. J. I 1948a 46; Acta A XX 1306: 1612 Juni 13; ebenda 2728: 1620 Nov. 7; ebenda 2236, 2810; Zeitschr. XXXVII 99; XX 254, 257 f., 268.
[3] Neoc. I 207 f., II 312, 316; Zeitschr. XXXIX 66; Lüb. Zertif.

doch sei das eine sehr gute und nützliche Einrichtung, wofür man auch auf Wunsch Begleitung bekäme. Der Ausfuhrzoll nach Holstein sei der von alter Zeit her gewöhnliche außer dem Konvoigeld, so daß man auch in Husum gegen eine einseitige Erhöhung war[1].

Der Ochsenhandel durch Schleswig-Holstein nahm in diesen Jahren wieder einen großen Aufschwung. Wo uns ein allgemeiner Überblick über den Handel gegeben wird, besonders an der Westküste, steht Holland mit an erster Stelle[2]. Die Holländer wurden bald die ernstesten Konkurrenten; öfter wurde über sie geklagt[3]. Zum großen Leidwesen Lübecks drangen sie auch in den Fehmarer Handel ein und legten in Dithmarschen u. a. an[4]. 1609 schlossen die Staaten dann den zwölfjährigen Waffenstillstand, der dem Handel Ruhe sicherte.

Nach dem Wiederausbruch des Krieges hielt sich der Herzog zum spanischen Interesse. Er suchte für sein Land die Stellung Hollands zu gewinnen; er gründete Städte, die die Vermittlung des Handels übernehmen sollten, und suchte überhaupt alles nachzuahmen, wodurch Holland emporgekommen war. Die Anregung hierzu gaben vielfach Holländer, die sich in den Fürstentümern niedergelassen hatten[5]. Man war in allem auf die Holländer angewiesen, denn es fehlte an allen Voraussetzungen im Lande. Es genügte weder die Zahl der schleswig-holsteinischen Schiffe, noch war das Gewerbe so weit entwickelt, daß es das holländische erreicht und im Ausland hätte ersetzen können. Man schickte also zunächst eine Gesandtschaft nach den Niederlanden, die dort den Stand des Landes genau prüfen, Handwerker usw. anwerben sollte[6]. Da eine genügende Industrie so schnell nicht zu schaffen

---

[1] Acta A XX 270: 1598 April 4, Sept. 14; über den Lizent s. Spanien.

[2] M. J. I 56f.; Rendsb. St. IV 20. 1.

[3] Acta A XVII 1376: Krempe 1616?; 1620 Mai 13; doch hatte z. B. Husum dank der Zollfreiheit den Verkehr in der Hand.

[4] Burmeister 113.

[5] Z. B. Zeitschr. XXXVI 201; Prov. Berr. 1792 S. 49; Höhlbaum II 310 u. a.

[6] S. Kap. II.

war, mußte man sich auf die Vermittlung zwischen Holland und Spanien beschränken. Man mußte in diesen Jahren mit Rücksicht auf Spanien vielfach lavieren. So konnte man es nicht wagen, in Holland einen fürstlichen Agenten zu bestellen, da Spanien dies leicht übelnehmen könnte. Denn man wünschte zu vermeiden, daß die Generalstaaten und der Prinz von Oranien hier im Lande einen Agenten bestellten und etwa Unterstützung forderten[1]. Die Beziehungen zu Holland waren jedenfalls sehr rege. Friedrichstadt wurde hauptsächlich durch holländische Ansiedler angelegt, ebenso Glückstadt auf königlichem Gebiet. Da kam der kaiserliche Krieg ins Land und vernichtete die Hoffnungen.

Hollands Bedeutung für den schleswig-holsteinischen Handel als Bestimmungsort eines großen Teiles der eignen Produktion wie der Frachtschiffahrt, ist schon öfter hervorgehoben. Es ist noch einiges über die Waren, die als Rückfracht dienten, hinzuzusetzen. Holland war der große Umschlagplatz Europas. Nur zum Teil dienten die aus dem Osten gebrachten Waren dem eigenen Verbrauch Hollands. Die andern wurden weiter verhandelt. Die Ostländer erhielten dafür vor allem Salz, eine Ware, für die sie damals völlig vom Westen oder von Lüneburg abhängig waren. Dazu kaufte man Rot- und Weißweine in Antwerpen oder Amsterdam. Hier war der Markt für Gewürze und überhaupt alle „Kolonialwaren". Lange Zeit war in Antwerpen auch der englische Tuchstapel. Viele deutsche Waren, Rheinwein und Industriewaren konnte man hier kaufen. Dazu hatte Holland selbst ein sehr entwickeltes Gewerbe. Man führte alle kostbaren Laken, Stoffe aller Art, Gold und Silber, Branntwein, Farbwaren, Drogen usw. aus[2]. Über die Einfuhr nach Schleswig-Holstein bin ich viel schlechter unterrichtet als über den umgekehrten Verkehr[3]. Die Schiffsplünderungen geben einige Beispiele: im Februar 1572 statteten Seeräuber zwei Dithmarscher

---

[1] Acta A XX 271: 1624 Febr. 29.

[2] Amsterdam in de 17. Eeuw v. Blok, Bredius usw. II 1901—04 S. 61, 75 f.

[3] Es gab ja keinen Einfuhrzoll.

Schiffen einen Besuch an Bord ab und nahmen daraus Anker und Tau, alle Lebensmittel, beide Böte, „ende wel dartich dalers aen syden ende sammet"[1]. Aus einem Husumer Schiff nahmen sie die ganze kostbare Ladung, ließen nur Mühlsteine und die gefesselte Besatzung drin und bohrten das Schiff an[2]. Die Einrichtung, der Bau der Häuser erfuhren manche Einwirkungen von dem holländischen Vorbild. Zahlreiche Kunstwerke, wie das Standbild Friedrichs I. in Schleswig, legen noch heute davon Zeugnis ab. Husumer kauften Rheinwein und französischen Wein vielfach in Amsterdam. Brüggischer Atlas, Leidisch Want, holländische Leinwand, Hardewijker Laken, flamisch Garn werden erwähnt[3]. Zu einem adligen Hausstand gehörten viele flämische Kissen, und Poorter führte bei der Übersiedlung von Neversdorf nach Lübeck auch zwei „flamische knechte bedde" und zwei „flamische megede bedde" mit[4]. Schriever führte flämschen Hering[5]. Vielfach aber wurde die Ostfahrt durch den Sund von den Holländern mit Ballast angetreten[6]. Ebenso überwogen in der Einfuhr nach Schleswig-Holstein geringwertige Waren: Pfannen, Steine, mitunter einige Käse oder Schollen[7]. Tönning berichtet ausdrücklich, aus den Niederlanden würden weniger und „mehrenteils geringschätzige Waren" gebracht, so daß sie keine Beschwerung empfänden; dagegen holten die Holländer von ihnen oder sie führten ihnen zu „viel mehre Waren, die sie uns aufs teuerste gelten und bezahlen"[8].

---

[1] J. v. Vloten I 328.

[2] Hagedorn I 312—13.

[3] Sejdelin 454; Sönderjydske Aarb. 1897 S. 227; Neoc. I. 150.

[4] Poorter S. 435.

[5] Salzkauf in Amsterdam, Acta A XX 1306: 1612 Juni 13; doch auch 231 t gesalzene Fische von Helgoland nach Brüssel, ebenda XX 3130: 1626 Okt. 24.

[6] Amsterdam in de 17. Eeuw. 52.

[7] Zeitschr. XXXVII 99 u. a.

[8] Acta A XX 270: 1598 Apr. 4.

4. Spanien, Portugal und Mittelmeer.

Im Jahre 1522 machte Peter Schwyn aus Lunden zu Schiff eine Wallfahrt nach St. Jakob in Spanien, was damals noch neu und unerhört war; „averst iß nu bi de Reisen unser Tidt nicht tho achten, noch tho reken", bemerkt Neocorus dazu, der um 1600 lebte[1]. Dies zeigt die ganze Veränderung, die im 16. Jahrhundert im Verkehr mit Spanien eintrat. Seit 1550 führte Spanien in immer stärkerem Maße Korn ein[2]. Vor den niederländischen Wirren hören wir nur ganz vereinzelt von einem direkten Verkehr mit Spanien; so suchten 1546, in einem Notjahr, wo Spanien durch Mißwachs zu besonderen Bemühungen gezwungen war, die wendischen Städte einen Versuch des spanischen Faktors zu Antwerpen, durch Kaufgesellen in Kiel und andern Ostseestädten Getreide aufzukaufen, zu hintertreiben[3]. 1557 wandte sich Philipp II. direkt an den dänischen König um Korn und erhielt 100 Lasten Malz übersandt[4]. Seit 1561 fuhren auch hansische Schiffer von Danzig nach Spanien (einer mit dithmarsischem Namen), doch kam die Fahrt der Hanse erst nach dem Niedergang Antwerpens in Aufschwung[5]. Auch die Schleswig-Holsteiner benutzten den Aufstand der Niederlande, um den direkten Handel zu beginnen. 1570 wurde ein Schiff Herzog Adolfs, das Salz holen sollte, also wohl nach Spanien war, von Engländern genommen[6]. 1572 wurde in Flensburg ein Seepaß für ein Schiff nach Portugal ausgestellt, um dort Salz zu holen[7]. Im folgenden Jahre erhielt Paul Rantzau auf Bothkamp vom dänischen Könige die Erlaubnis, frei von Zoll und Lastgeld durch den Sund nach Spanien zu laufen[8]. In den nächsten Jahren häufen sich dann

---

[1] Neoc. I 548.

[2] Naudé 305; s. a. K. Häbler, Die wirtschaftliche Blüte Spaniens im 16. Jh. und ihr Verfall. 1892.

[3] Simson, S. 137 Nr. 1928.

[4] Kanc. Brevb. II 98.

[5] Naudé 305—08.

[6] Dasent IX 337.

[7] Zeitschr. IV 74.

[8] Kanc. Brevb. V 277.

die Belege. 1577 gingen vier aus Setubal kommende Schiffe durch den Sund; Herzog Adolf beteiligte sich noch öfter an der Fahrt. Neocorus rühmt, daß das Dithmarscher Getreide in die benachbarten Städte und auch nach Spanien und Holland ausgeführt werde. Von Emden aus betrieben vielfach schleswig-holsteinische Schiffe die Frachtfahrt nach Spanien[1]. Auch die Bewohner der Elbmarschen empfanden die Begierde, den großen Gewinn der direkten Fahrt zu erlangen; im Streit um das ius restringendi machten sie 1580 den Hamburgern den Vorwurf, sie verlangten nur darum das Stapelrecht, damit sie allein die großen Getreidemassen nach Spanien und Lusitanien ausführen könnten, sich dadurch bereicherten und, die holsteinischen Untertanen und andere darum betrügend, Schätze anhäuften. Nachdem ihnen dann die Freiheit der Schiffahrt gestattet war, haben sie wirklich den Verkehr selbst aufgenommen[2]. Bald begnügten sich die Schleswig-Holsteiner nicht mehr mit dieser Fahrt. Schon 1581 sandte Heinrich Rantzau 30 Tonnen Getreide auf direktem Wege von Hamburg nach Genua, während Hamburg und Lübeck wie auch die Holländer erst 1590 in den Verkehr eintraten; Rantzau hatte durch einen Prokurator der Genuesen, der nach Holstein gesandt war, um Getreide zu kaufen, von der dortigen Teuerung gehört[3]. Später wurde fehmarnscher Weizen oft, wenn auch meist auf Schiffen der Hansestädte, dahin geführt. Die Not des Jahres 1597 führt Neocorus darauf zurück, daß die Städte und die Engländer das Getreide abfuhren, ja es Spaniern und Türken zuführten[4]. Krempe stand in regelmäßiger Ver-

---

[1] Hagedorn II 405; Kanc. Brevb. VI 246, VII 98, 359, IX 510—11 die großen Salzschiffe wahrscheinlich von dort; Rivesell 176; Zeitschr. XXII 280 über Verbindung H. Rantzaus mit einem holst. Edelmann in Lissabon; Neoc. I 203f. Herzog Adolfs Plan auf das Lissaboner Pfeffermonopol s. Kap. III.

[2] Chytraeus 670; M. J. I 11.

[3] Zeitschr. XXII 283—84; Naudé I 30; Fruin, Tien jaren II 127.

[4] M. J. I 75; Hansen, Beitr. 52: 1591 gingen 25 Schiffe der wendischen Städte dahin, von denen 3 in Heiligenhafen, 1 in Danzig, die übrigen in Lübeck luden; Hagedorn II 230f.; Neoc. II 341.

bindung mit Venedig[1]. Überhaupt war der Verkehr zu Schiff nach Italien rege. Rantzau hatte dort noch mehr Verbindungen; er war mit dem Großherzog von Toskana befreundet, sandte diesem Luchs und Zobel, Hüte von Pelz, die man damals hier im Lande kostbar verfertigte, auch Reitpferde, und erhielt Marmor, Vasen u. a. als Gegengeschenke[2]. —

Die mit Spanien im Kampfe liegenden Engländer suchten jeden Verkehr dahin zu unterbinden und kaperten alle Schiffe, die dahin segelten. Anfragen und Bitten Elisabeths, den Verkehr einzustellen, gab Christian IV. nicht nach. Er suchte im Gegenteil durch eine Gesandtschaft nach England freie Handlung zur See zu erlangen, oder wenigstens genaue Bestimmung, welche Waren erlaubt sein sollten. Geschütz und Kriegsmunition wollte er verbieten, doch nicht den Holzhandel. Die Gesandtschaft war aber erfolglos; nicht einmal die Abfuhr von Getreide wollte man zugestehen, viel weniger die von Mastbäumen, Pech, Teer, Hanf, Pulver usw.[3]. Holland, wohin Christian ebenfalls Gesandte abfertigte, gestand den freien Handel zu, der auch trotz der Bemühungen der Engländer aufrecht erhalten wurde. Husum z. B. nutzte es aus; wenn es sich aber gelüsten ließ, in Holland Waren zu kaufen und sie den Spaniern zuzuführen, mußten sie Holland wie alle andern, wie auch die Holländer selbst, davon den Lizent bezahlen[3]. Nach Verhängung der Handelssperre über Holland durch den König von Spanien und den Erzherzog-Statthalter zog sich der Verkehr nach Hamburg und Emden, von wo aus auch die Schleswig-Holsteiner den Verkehr weiter unterhielten. Von 1599—1611 liefen auch fast regelmäßig aus Portugal kommende schleswig-holsteinische Schiffe durch den Sund[4]. 1605 verhandelte

---

[1] M. J. I 11.

[2] Zeitschr. XVIII 133, 152; Sundzollreg.: ital. Gut aus Flensburg ausgeführt; ungeheure Gewinne wurden in Italien gemacht, Amsterdam in de 17. Eeuw. S. 57.

[3] E. v. Meteren, Historia oder Eigentliche vnd warhaffte Beschreib. aller Kriegshändel in Niederlandt usw. Arnheim 1604. XVIII 775, 777 f., Acta A XX 270: 1598 Sept. 7.

[4] Sundzollreg.

Christian IV., allerdings vergeblich, über einen Handelsvertrag mit Spanien und Herabsetzung der hohen Zölle für seine Untertanen[1]. Trotz des Waffenstillstandes zwischen Spanien und Holland von 1609 behielten die Neutralen die Schiffahrt bei[2]. Einen neuen Impuls gab der Wiederausbruch des Krieges 1621. In allen Teilen des Landes begann ein lebhafter Verkehr. In einer Abschrift des Kämmereibuches der Stadt Krempe und gleichlautend in einer städtischen Eingabe wegen des Niederganges der Stadt heißt es: die Kremper Kaufleute hätten ihre „ordinären Comptoirs" in Spanien und Portugal gehabt, die mit Landsleuten besetzt waren. Man habe diesen Korn zum Verkauf übersandt und Früchte und Waren jener Länder wiedererhalten. Diese Schiffahrt habe bis 1627 gewährt, „da sich der kaiserliche Krieg angesponnen, um welche Zeit der Cremper Fortün mit ihrer Schiffahrt sich zu verlieren begonnen"[3]. Von Altona aus wollte man 1622 ein Schiff mit Pulver nach Spanien schicken, unter dem Schein, es hätte Amidam geladen; doch flog es noch auf der Elbe in die Luft[4]. Eiderstedter Käse wurde vielfach nach der iberischen Halbinsel versandt[5]. Ein Eckernförder Bürger wollte 1624 sogar für seine Handlung nach Spanien ein Schiff von 180 Lasten bauen und bat den Herzog um 12—14 Geschütze aus Tondern, die ihm der Herzog auch gewährte[6]. Die Bewohner des erst einige Jahre vorher gegründeten Glückstadt erhielten von Christian IV. Seepässe auf Spanien. Der König ließ dort durch einen Gesandten um besondere Freiheiten unterhandeln. Er hat aber nach Aussage eines Glückstädters nichts anderes erreicht als Handelsfreiheit für die Einwohner seines Landes; die Holländer aber, die seit dem Waffenstillstande dahin übergesiedelt waren, sollten weder

---

[1] Macray II 6.
[2] Hagedorn II 405, Hbg. St. Cl. VII Lit. Eb. Nr. 3 vol. 5.
[3] St. M. VIII 1; Detlefsen II 176.
[4] Jahrbb. III 456.
[5] Zeitschr. f. hbg. Gesch. IX 341.
[6] Acta A XX 2729; E. Baasch, Beitr. z. Gesch. d. d. Seeschiffbaues S. 129.

angenommen noch geduldet werden, wenn sie auch in seinem Gebiet wohnten[1]. Doch nahm man es nicht so genau. 1624 Febr. 14 versprach der König auch den Remonstranten, die sich in Glückstadt niederlassen wollten, ihnen gleich den Eingeborenen Pässe nach Spanien ausstellen zu wollen. Sie sollten mit allen denen, die nicht des Königs von Spanien offenbare abgesagte Feinde seien, Maschoppei halten und frei handeln und wandeln dürfen[2].

Ebenso beschlossen die Unternehmer der neuen Friedrichstadt die Spanienfahrt, die von Holland aus unmöglich schien, in der neuen Stadt heimisch zu machen. Die Gewährung von Handelsfreiheit nach Spanien sollte ein Hauptanziehungspunkt für Holländer werden. Durch Adrian v. Huyssen, der 1621 als Generalsuperintendent des Handels und der Gewerbe nach Holland gegangen war, übergaben die angesehensten Einwohner dem Herzog ein Memorial über die Sache. Der Herzog erklärte den „requirenten" in seinem Antwortschreiben, daß „unsere Paßborten, Saufkonduiten oder freye Sehebrieffe", die er seinen Untertanen erteilen ließe, beim Könige von Spanien in dessen Königreichen, Ländern und Städten, in und außerhalb Europas gelegen, gültig seien und in gutem Respekt gehalten würden, da er keine Feindschaft mit dem Könige habe. Dies gelte auch von den aus Holland, Seeland und andern Provinzen gebürtigen Untertanen, die sich in seinen Schutz begeben wollten. Er sicherte allen, die sich in seinen Fürstentümern in der „bevorhabenden" neuen Stadt niederließen, ausdrücklich dieselbe Freiheit zu. Schiffe, welche zwar in Holland gebaut seien, aber von den „angebornen" oder neuen Untertanen nach Spanien geführt würden, sollten frei sein von spanischer Konfiskation. Der Herzog war auch bereit, wenn die Holländer damit noch nicht sicher zu sein glaubten, auf Kosten der Kaufleute und Schiffer einen Gesandten nach Spanien zu schicken, „damit durch königliche

---

[1] Acta A XX 2759: 1623 Febr. 5.

[2] Zeitschr. XXXVI 197; Erslev, Rigsraad I 453 über Konsuln in beiden Ländern.

Unterschrift und Siegel die Freiheit der Kommerzien bestätigt und autorisiert werden möge[1]". Die treibende Kraft war Wilhelm van Hoven, Herr van de Wedde, Westerwolde, Bellinkwolde und Blyham, ein Vetter de Groots. Er gehörte nicht zu den Remonstranten, sondern war ein Kaufmann, der sich des Erwerbes wegen in Schleswig-Holstein niedergelassen und eine Vertrauensstellung beim Herzoge erlangt hatte. Wie dieser war er ein unternehmender Mann, die verschiedensten Dinge kühn kombinierend, voll von weitausschauenden Plänen. Wir haben ja schon einige seiner gewerblichen Unternehmungen kennen gelernt. Leider fehlte auch ihm der unbestechliche Blick, der zunächst kühl die Lage und die vorhandenen Mittel zu ihrer Benutzung prüft. Wollte die neue Gründung schon nicht gedeihen, so war es erst recht unvorsichtig, alles von einer Unternehmung zu hoffen, die nur währen konnte, solange zwei fremde Mächte im Kriege miteinander lagen. Auch sollte sich zeigen, daß der Herzog nicht imstande war, den Schiffern einen nachhaltigen Schutz zu gewähren. Schon zwei Tage darauf berichtet der holländische Resident bei den Hansestädten, Foppius van Aitzema, der Herzog habe nach Madrid geschickt, um Oktroi und Freiheit auszuwirken für die niederländischen Kaufleute, die sich in Friedrichstadt niederlassen wollten[2]. Sonst habe ich keine Nachricht darüber gefunden. Im August sind dann sicher Nikolaus Jansenius, ein Jesuitenpater, und Doktor Floris Symensen van de Waerde als Gesandte des Herzogs dahin abgereist. In Madrid war Don Julius Caesar Tadino des Herzogs ständiger Agent. Man erhielt auch in einer Audienz beim Minister Olivarez günstige Zusicherungen. Da sich eine bindende Antwort des Königs von Spanien aber sehr hinauszögerte, beschloß man an den Conde de Olivarez und den Commandador de Lion, Don Baltesar de Zuniga zu schreiben, daß diese einflußreichen Leute beim Könige Fürsprache einlegten, da jeder Verzug der Sache

---

[1] Acta A XX 2752: 1622 April 18 in Deutsch und Holländisch.
[2] Wurm 27.

schädlich schien[1]. Die Hauptschwierigkeit brachte die Frage der holländischen Schiffe und Schiffer mit sich.

Spanischerseits wollte man den Schiffen, die notorlich den fürstlichen Untertanen gehörten und in Schleswig-Holstein gebaut waren, in Spanien Handelsfreiheit zugestehen, während die erst neuerlich aus Holland kommenden oder dort gebauten, jetzt aber Neutralen zugehörenden Schiffe ohne besondere Erlaubnis von dieser Freiheit ausgeschlossen sein sollten. Spanien machte jetzt den letzten Versuch, seine abgefallenen Provinzen zu unterwerfen. Ein wichtiges Mittel im Kampf sollte die Unterbindung ihres Handels werden, auf dem Hollands Wohlstand und Kraft zum Widerstand beruhten. Ebenso wollte man den Holländern die Einkünfte aus dem Schiffbau nehmen, wie v. d. Wedde jüngst durch einen Schiffer erfahren hatte. Weil v. d. Wedde nun fürchtete, mit eigens in Schleswig-Holstein für die Fahrt gebauten Schiffen zu spät zu kommen, sollte eine besondere Erlaubnis für ehemals holländische Schiffe, die sich jetzt in Friedrichstädter Besitz befanden, zunächst auf zwei oder drei Jahre, alle Hindernisse aus dem Wege räumen. Während der Zeit hoffte man, hier schon eine ausreichende Flotte zu schaffen. Van de Wedde riet darum dem Herzog, den Schiffbau auf alle Weise zu fördern, da das das vornehmste Mittel sei „van de opbouwinge des Stats en welvaere van V. F. G. Landen"[2]. Dies war auch schon im Oktroi für die Erbauung der Stadt vorgesehen. Wirklich erhielt im nächsten Jahre der Tönninger Hafenmeister Matthias Typotius Befehl zur Anlage einer Zimmerstätte, die 1623 für 90 Tlr. verpachtet wurde[3].

Dr. Floris starb in Spanien; Jansenius wollte Ende Dezember 1622 aus Madrid nach Brüssel abreisen, wo die Verhandlungen beendet werden sollten. Darum übertrug er Don

---

[1] Die Aufschriften sollte Don Tadino fertigstellen. Gleichzeitig wurden diesem 200 Dukaten durch den Schwager v. d. Weddes überschickt, damit es an einer solch geringen Sache nicht mangele.

[2] Ebenda 1622 Okt. 18; schon im Oktroi über die Bebauung in Aussicht genommen, C. Stat. Slesv. III 1, 583.

[3] Baasch, a. a. O. 135.

Tadino die Abwicklung eines Prozesses über Schiff und Gut Reyner Direksons, wohl eines Friedrichstädters, die im Vorjahr auf der Reede von Malaga durch die Gallion des Herzogs Fernandino festgenommen waren. Jedenfalls schien es nach einem Schreiben des Jansenius ohne sein Gesuch ganz unmöglich, Seefahrt auf Spanien zu unterhalten, da fortan alle Schiffe durch eine scharfe Untersuchung gequält werden sollten, ausgenommen die von Friedrichstadt, nachdem sie in den Niederlanden dem Könige Sicherheit gestellt hatten. Die schwerste Bedingung der Spanier war die Forderung der Religionsfreiheit für die Katholiken in Friedrichstadt. Wie es scheint, hatte man es zunächst nicht nur hier gefordert, sondern für alle Städte des Landes, womit ja aber wieder der neuen Gründung nicht sehr gedient war. Nicht umsonst und aus bloßer Freundschaft stellte sich der Jesuitenpater Jansenius in den Dienst des lutherischen Herzogs! V. d. Wedde forderte den Herzog durch wiederholte Schreiben auf, dem Ansuchen des Jansenius so liberal nachzugeben, als Staat und Gelegenheit irgend leiden könnten, da es sonst besser gewesen wäre, die Sache gar nicht anzufangen. Er wünschte vor allem den Abschluß, um es in Holland bekanntgeben zu können[1]. Der Herzog beschloß aber auf den Rat der Gesandten, zunächst nichts davon verlauten zu lassen, und forderte von v. d. Wedde ein gleiches Verhalten[2].

Noch eine andere schwere Gefahr schien dem ganzen Werke zu drohen, und dieses Mal von holsteinischer Seite. Der endgültige, später stets bestätigte Oktroi über die Erbauung der neuen Stadt ist vom 21. Oktober 1620 datiert. Er wurde zunächst nur unter der Hand in Holland verbreitet. Wann er offiziell veröffentlicht ist, habe ich nicht feststellen können. Am gottorfischen Hofe gab es nun eine starke orthodox-lutherische Partei, der vor allem die Fürstinmutter und einige Räte angehörten[3]. Als Anfang 1623 in Holland ein scharfes Plakat gegen

---

[1] Acta A XX 2759: 1623 Jan. 29 und Febr. 5.

[2] Ebenda 1623 Febr. 4.

[3] G. Brandt, Historie der Reformatie en andre kerkelyke Geschiedenissen. 1671 ff. IV 135 ff., 141, 445, 478 ff., 484 ff. 830.

die Remonstranten als Eiferer, ungezügelte und aufrührerische Leute ausgegangen war[1], haben manche gefürchtet, aus dem Plan der Stadtgründung möchte nichts werden, sei es, daß man meinte, der Herzog könnte das Versprechen zurücknehmen, sei es, daß man es noch gar nicht für bindend ansah. V. d. Wedde, der sich gerade in Holland aufhielt, sah sich veranlaßt, deswegen sofort einen Brief an den Herzog zu schreiben. Er sprach seine Hoffnung aus, daß man es den frommen und friedfertigen Elementen nicht zur Last legen werde, wenn einige Eiferer darunter seien, und daß man sich deshalb nicht von ihnen abwenden werde. Wenn er auch bei vielen wegen der scharfen Verfolgung Lust fand fortzuziehen, so zeigte sich doch starkes Bedenken, nach Friedrichstadt überzusiedeln, weil man noch immer eine Abkehr des Herzogs von den Remonstranten fürchtete. Darum forderte er vom Herzog eine Bekanntmachung, die alle Skrupel beseitigte[2]. Auch die schon Übergesiedelten fühlten sich in ihrer Religionsfreiheit bedroht durch eine im Jahre 1623 erlassene Generalkonstitution wegen der Religion, doch erhielten sie vom Herzog die Versicherung, daß diese Generalkonstitution ihren Spezialprivilegien nicht abträglich sein sollte[3]. Der Herzog sah sich sogar veranlaßt, um die Stadt in Aufnahme zu bringen, auch den Mennoniten Niederlassungs- und Religionsfreiheit zuzugestehen, was 1619 schon geplant, 1620 aber zurückgenommen war[4]. Aber noch im Mai 1623 sprach man von der Stadt von 25 Häusern, nachdem man schon im Herbst 1621 den ersten Spatenstich getan hatte. Eine Weiterentwicklung schien jetzt ganz von dem Abschluß der spanischen Verhandlungen abzuhängen, da bei deren glücklichem Ausfall auf größeren Zuzug zu rechnen war.

Einer der Schiffer van de Weddes, Hendrik Vechters, war inzwischen im Dezember 1622 (in 16 Tagen) nach St. Lucar in

---

[1] Brandt, a. a. O. IV 945: 1623 Febr. 4 Plakat, in dem ihnen eine Verschwörung gegen den Staat und die Wohlfahrt des Landes vorgeworfen wird.

[2] Acta A XX 2759: 1623 Febr. 19 (?).

[3] C. Stat. Slesv. III 1, 589.

[4] Ebenda 587.

Portugal, das ja damals mit Spanien vereint war, gelaufen, hatte dort bei dem Herzog von St. Lucar einen Brief Herzog Friedrichs abgegeben und die Versicherung empfangen, daß alle, die mit solchen Briefen kämen, wohl behandelt werden sollten.

Don Tadino hatte inzwischen in Madrid gewirkt; er wünschte jetzt auch, rechtmäßiger Gesandter des Fürsten zu werden. Da er am Hofe nach verläßlichen Nachrichten gut angeschrieben sein sollte, schien v. d. Wedde ein gutes Gehalt angebracht, doch hatten sich die schon in Friedrichstadt anwesenden Kaufleute noch nicht dazu verstehen wollen[1].

Auch Johann de Haen, ehemaliger Ratspensionär von Haarlem, jetzt herzoglicher Rat, wünschte für ein Schiff, bei dem er selbst und Christian Bekker nebst dem Schiffer Reeder waren, einen Empfehlungsbrief an den Herzog von Medina Sidonia und Don Friederiques de Toledo, da Vechters dort so gut aufgenommen war[2]. Vechters hatte Spanien wohlbehalten verlassen, war dann aber wegen eines vorgeschützten Leckes einen holländischen Hafen angelaufen und hatte sogar die Waren dort verkauft. Der Herzog befahl ihm zwar sofort, das Schiff nach Friedrichstadt zu führen, damit man keine Ungelegenheiten habe, doch war es schon zu spät. Jedenfalls konnte dieser Vorfall dem Herzog zeigen, daß sein Plan, in Friedrichstadt den Stapel der spanischen Waren zu bekommen, erhebliche Schwierigkeiten hatte, da man schwer erwarten konnte, daß die Schiffer nur einer Formalität halber einen weit entfernten Hafen aufsuchen würden, wenn sie auf halber Fahrt dahin die Waren schon los werden konnten. Es kam hinzu, daß die Waren doch wohl hauptsächlich für Holland bestimmt waren. Der Herzog fürchtete, wegen dieses Vorfalls sich den Unwillen der Spanier zuzuziehen, da diese allen Handel mit Holland verboten hatten. Um darum fürder solchen Unterschleif zu verhüten, verbot er allgemein, Waren an fremde, nicht schleswig-holsteinische Orte zu bringen. Nur gegen Kaution (von 100 bis 600 holl. Gulden, je nach Wert

---

[1] Acta A XX 2759: 1623 Febr. 19.
[2] Ebenda 1623 Febr. 25.

der Ladung), daß die Schiffer mit den Waren auf die Eider nach Friedrichstadt kommen wollten, sollten ferner noch Pässe ausgestellt werden. V. d. Wedde sollte nur gegen Rückgabe des alten Passes einen neuen erhalten[1]. In den Verhandlungen mit Spanien hatte man inzwischen ein Schreiben des Königs erlangt, daß den holsteinischen Untertanen ohne eine Bedingung, woher sie kämen, die freien Kommerzien in Spanien erlaubt sein sollten, doch sollte der Handel in Matschoppei mit Fremden oder mit fremden Waren nicht erlaubt sein[2]. Eine Stelle in dem Bericht Don Tadinos war unklar abgefaßt. V. d. Wedde glaubte sie nun so verstehen zu müssen, daß man keine Holländer, die als Passagiere führen und nicht holsteinische Untertanen seien, und keine Güter, die in Holland und nicht hier zu Haus gehörten, bringen dürfe. (Tadino hatte von holländischen Leuten und Waren allgemein geschrieben.) Wenn man kein holländisches Bootsvolk haben dürfte, wüßte man sich nicht zu helfen. Die Reeder, die sich schon in Friedrichstadt niedergelassen hatten, klagten, daß so ihre Rechnung nicht stimme, wenn man hier nicht einige besondere Privilegien gegenüber andern Nationen in Spanien erhalte[3]. Die Unzufriedenheit der neuen Einwohner führte sogar dazu, daß Schellinckhoudt, ein Reeder, und andere dies zum Grund nahmen, die Stadt zu verlassen und nach Glückstadt zu ziehen, da mit schottischen und dänischen Pässen ausgestattete Schiffe täglich Holland anliefen. Man war besonders empört, weil der Herzog den schuldigen Schiffer zeitweilig gefangen hielt, obwohl die Ansiedler doch glaubten, Freiheit und „Exemptie" auf alle Häfen erhalten zu haben. Der Herzog suchte solchen Rückgang zu hindern; er übersandte einen Extrakt aus dem Schreiben des spanischen Königs an v. d. Wedde und meinte, es könne für ihn keine Gefahr mehr haben, nur dürfe er nicht mit Fremden in Sozietät handeln[4]. V. d. Wedde erbat und er-

---

[1] Acta A XX 2759: 1623 März 19 Schreiben des Herzogs an den Statthalter und v. d. Wedde.
[2] Acta A XX 3130: 1623 April 15.
[3] Acta A XX 2759: 1623 April 13.
[4] Ebenda 3130: 1623 April 15.

hielt dann einen neuen Paß und ein Entschuldigungsschreiben. Waren auch noch nicht alle Punkte geklärt, so genügte die Antwort des spanischen Königs doch vielen, so daß seit dem April 1623 eine ganze Reihe holländischer Schiffer mit ihren Schiffen nach Friedrichstadt übersiedelte, da sie hier Religions- und Handelsfreiheit vereint genossen. Auch mochte das holländische Plakat seine Wirkung haben. Die Reeder scheinen schon vorher übergesiedelt zu sein, da sie meist schon in Friedrichstadt selber oder in neutralen Plätzen der Umgebung, z. B. Tönning wohnend angeführt werden. Die Ansiedler versprachen dem Herzog Treue, die Schiffer selbst oder die Reeder nahmen für sie ein „Erf" (Erbe) an und verpflichteten sich, es in Jahresfrist zu bezimmern. Sie erhielten darauf einen Paß gegen die Verpflichtung, Holland nicht anzulaufen, oder wenn sie es, etwa durch Sturm gezwungen, täten, dort nicht zu löschen, sondern mit der Ladung hierher oder an andere neutrale Plätze zu schiffen. Öfter werden auch Frankreich, England, Schottland, Dänemark, Norwegen und Danzig als beabsichtigte Handelsziele aufgeführt[1]. Die Erbauung der Stadt nahm darauf guten Fortgang; nur fehlte es zeitweilig an Steinen, worüber die Interessenten mit v. d. Wedde in Streit gerieten. Der Fortschritt der Stadt hatte zur Folge, daß jetzt in Holland die Schärfe der Verfolgung nachließ, was wieder ungünstig auf die Besiedlung zurückwirkte[2].

Da aber vielen Ansiedlern der spanische Schutzbrief nicht so günstig schien, wie sie es erwartet hatten, da er besonders Forderungen de Haens und anderer nicht voll genügte, wollten sie weiter mit dem Herzog verhandeln, wie sie in Spanien einen gnädigeren Bescheid erhielten. Es kam darauf an, einen urkundlichen Bescheid des Königs zu erlangen, daß man mit Schiffen, zwar in Holland gebaut, aber hier zu Haus gehörend, und mit holländischem Volke, das aber hier wohnte und im Untertanenverhältnis zum Herzog stände, dort frei und ungehindert kommen

---

[1] Acta A XX 2759, 2762.
[2] Brandt IV 658; s. a. ders., Histoire abrégée de la Réform. 1726 II S. 331.

dürfte. Dies sollte der Herzog dann baldigst in allen Seehäfen verkünden lassen[1].

Eine Hauptschwierigkeit lag immer darin, daß viele Holländer sich nur der Form nach unter holsteinische Flagge stellten. Gleich bei der Treuverpflichtung suchten einzelne um die Erlaubnis nach, kein Erbe annehmen zu brauchen; in Friedrichstadt fehlte genügender Absatz und es wäre Zeitverschwendung, hierher zu fahren, da man doch anderswo, wie in Hamburg, löschte. Egidius v. d. Lanken richtete darüber an den Herzog seine ernsten Bedenken und v. d. Wedde und Dr. Finckius zollten ihm Beifall. Man riet dem Herzog ernstlich ab, an Personen, die nicht in ihrem eigenen, sondern in anderer Leute Namen, welche sich in Holland aufhielten, den Handel trieben, Seepässe zu erteilen, da der ganze Plan dadurch gestört werden könnte. In einem besonderen Fall, wo der Faktor eines holländischen Kaufmanns heimlich eine Hausstelle in Friedrichstadt angenommen hatte, um sich dem Herzog verwandt zu machen, riet man, jedenfalls nur für ein bestimmtes Jahr einen Paß auszustellen und nicht „unendlich"; dazu sollte der Betreffende versuchen, seinen Reeder hierher zu ziehen. Wenn man diesen Fall zugestehen wollte, solle man es heimlich machen[2]. Wohl aus ähnlichen Gründen hatten die Friedrichstädter auf spanischem Gebiet manche Beschwerde zu erleiden, wie ein Schiffer Rubertus Oudert, der zu Emmerich trotz der „Allianz und Union" des Herzogs mit dem König von Spanien und trotz der Dienste, die des Herzogs Bruder dem Könige während des Krieges in Deutschland leistete, festgehalten war; wegen Einfuhr holländischer Waren war in Lissabon Jarich van der Ley gefangen, und nur auf Fürbitte des Herzogs wurde ihm das Leben geschenkt[3]. Abgesehen von dem mangelnden Absatz der spanischen Waren in Holstein fehlte es auch oft an Hinfracht, weil eine Industrie nicht aus dem Boden zu stampfen war. Da in

---

[1] Acta A XX 2759: 1623 April 17.

[2] Ohne Datum, ebenda.

[3] Fürschreiben des Herzogs vom 4. Juni 1624 für Oudert, Acta A XX 2759; ebenda: 1623 Sep. 1 über Ley.

Spanien gerade nach holländischen Waren Nachfrage war, konnte man eine Verbindung mit Holland nicht vermeiden. Hier wirkte Dr. Finck als herzoglicher Agent; er erhielt alles, d. h. wohl Ausfuhr von dort nach Holstein u. a., sehr günstig zugestanden. Seine Bitte, auch offiziell zum fürstlichen Agenten ernannt zu werden, wurde mit Rücksicht auf Spanien abgeschlagen. Man wollte sich lieber des dänischen Agenten in Holland bedienen[1].

In Spanien wurde 1624 eine Neuordnung des ganzen Handelswesens vorgenommen. Man setzte Admiralitäten ein, die für die Ordnung des Schiffsverkehrs und Handels zu sorgen hatten, und vor allem wurde jetzt strengstens verboten, daß holländische Schiffe und Güter oder auch Güter, die den holländischen Lizent bezahlt hatten, ins Land kämen[2]. Van de Wedde berichtete sofort von Holland aus darüber an den Herzog. Es begannen neue Verhandlungen in Brüssel, wieder vor allem durch Pater N. Jansenius geleitet. Schon am 24. Febr. 1625 erhielten die Katholiken vom Herzog eine urkundliche Zusicherung freier Religionsübung in Friedrichstadt[3]. Im Februar 1626 war die Frage der holländischen Güter und Schiffer ihrem Abschluß nahe. Spanien konnte die holländischen Waren wohl nicht entbehren. Das spanische Gewerbe wie der Ackerbau waren immer weiter zurückgegangen, verheißungsvolle Ansätze zu einer Belebung unter dem allmächtigen Minister Olivarez waren ohne rechte Frucht geblieben. Konnte man ohne die holländischen Waren zwar nicht fertig werden, so wollte man sie wenigstens nicht aus Holland selbst beziehen. V. d. Wedde hatte von N. Jansenius aus Antwerpen den günstigen Stand der Verhandlungen und seine baldige Ankunft in Holstein erfahren und bat um einen Seepaß für seinen Schiffer Claus Hendrichs nach Holland, um da ein Schiff von 70 oder 80 Lasten für

---

[1] Acta A XX 271: 1624 Febr. 29.

[2] Ebenda 3130: 1625 März 30. V. d. Wedde an den Kammerherrn des Herzogs.

[3] C. Stat. Slesv. III 1, 594; doch steht einem früheren Versprechen nichts entgegen.

die Fahrt nach Spanien zu kaufen[1]. Zugleich hatte er einigen Eingesessenen die Erlangung der Freiheit mitgeteilt. Aber die Bitte von Statthalter und Assessoren zu Friedrichstadt um Publikation der Erlaubnis zu freiem Handel glaubte der Herzog (am 20. März 1626) noch abweisen zu müssen, da das Werk noch an derselben Stelle stehe und er noch „völlige und mit gehörigen Klauseln ganz vollzogene Urkunde" erwarte. Er wollte höchstens die vertrauliche Mitteilung an einzelne Leute zugestehen, die sich nach Friedrichstadt begeben wollten, um die Freiheit zu benutzen[2]. Wenige Tage darauf konnte aber schon Foppius von Aitzema den Generalstaaten den Auszug aus dem von Spanien an die Bewohner von Friedrichstadt gegebenen Oktroi mitteilen[3]. Am 2. November 1627 kam der endgültige Vertrag zwischen der Infantin Elisabeth (Isabella) Klara Eugenia, der niederländischen Statthalterin, und dem Herzog zustande. Die Infantin stellte folgende Artikel auf, nach deren Annahme durch den Herzog an die Dünkircher Admiralität und alle spanischen Häfen der Befehl ergehen sollte, die Friedrichstädter frei einzulassen:

1. Freie Religionsübung für Katholiken in Friedrichstadt gemäß dem Dekret von 1625.
2. Aussöhnung der Holländer, die sich in Friedrichstadt niederlassen wollten, mit der Infantin, bevor sie in den Handel mit Spanien eintraten.
3. Ausschluß aller portugiesischen Juden vom Handel.
4. Gleichstellung der Spanier mit den Landesuntertanen, besonders aber gerichtliche Exemtion der Spanier.
5. Gemäß den bisherigen Einrichtungen eine Abgabe von 30 pro cento von allen nach Spanien eingeführten Waren, und zwar zu bezahlen an einen in Friedrichstadt residierenden spanischen Faktor; doch wurde die Einfuhr von holländischen und englischen Waren und ebenso von Fabrikaten, zwar holsteinischer Herkunft, aber im Aussehen holländischen und

---

[1] Acta A XX 2759: 1626 Febr. 10.
[2] Ebenda 1626 März 20.
[3] Wurm 27: 1626 März 29; Camerer 113.

englischen Erzeugnisse völlig gleichend, verboten. Einfuhr von Getreide, Käse, Heringen und Stockfisch war ausdrücklich erlaubt.

6. Verbot, solange der Krieg mit Holland und England währte, diese Länder auf der Hin- oder Rückfahrt zu berühren. Friedrichstadt sollte zum „Verpartien und Verhandlung der Waren" benutzt werden mit denselben Freiheiten, wie andere neutrale Orte.
7. Verbot, in Holland gebaute Schiffe länger als vier Jahre zu diesem Handel zu benutzen.
8. Niederlassungserlaubnis für einen spanischen Kommissar in der Stadt, der die Aufsicht über Güter, Waren und Bauart der Schiffe führen sollte [1].

Waren auch nicht alle Punkte, wie man es gewünscht hatte, so war doch endlich ein festes Abkommen erzielt, so daß man den bis dahin gefährlichen und vom persönlichen Wohlwollen der spanischen Befehlshaber abhängigen Handel regelmäßig aufnehmen zu können hoffte. Leider erschwerte die Brüsseler Regierung die Erteilung von Versöhnungsbriefen sehr. Der Kommissar, Quirinus Jansenius, mißbrauchte seine Macht oft, und die Schiffer waren den Nachstellungen der Dünkircher auch weiter ausgesetzt, die jede Unregelmäßigkeit der Pässe zum Vorwand für Nachstellungen nahmen.

5. Bremen und Nordwestdeutschland.

Bremer und Leute von der heutigen hannoverschen Nordsee- und Elbküste waren in den schleswig-holsteinischen Marschen häufige Gäste. Die geographische Nähe und bei Dithmarschen auch die politische Abhängigkeit vom Erzbistum wiesen früh darauf hin. Die wirtschaftlichen Vorbedingungen waren sonst so ziemlich gleich. Lüneburger Salz war die einzige Ware, die von dort regelmäßig eingeführt wurde. Man brauchte es allgemein, sogar auf Nordstrand, wo man sonst auch selbst Salz gewann,

---

[1] Acta A XX 2759; Carstensen S. 51 f. gibt einen Abdruck, doch hier mit verkehrtem Datum, während es S. 21 richtig ist.

und trotz der Konkurrenz durch das um die Hälfte billigere grobe oder Baiesalz[1]. Sonst führte man wohl nur fremde Waren ein und nur in geringem Maße. Viel stärker war die Abfuhr schleswig-holsteinischer Produkte dahin. Von Nordstrand wurden jährlich etliche Hundert Pferde und Ochsen in Stade, Buxtehude und Cadenberge zu Markt gebracht und verkauft[2]. Der Graf von Oldenburg bezog alljährlich schleswigsche und jütische Magerochsen[3]. Kalk bezog man von Helgoland und aus Hamburg (Segeberger). Die Eiderstedter Käseproduktion wurde zum größten Teil von Bremer Kaufleuten aufgekauft[4]. Bremen war damals der Hauptstapelplatz für Käse, doch machte der Eiderstedter Käse dort nur einen Bruchteil aus[5]. Nur in Notjahren wie 1623 und 1624 führten Bremen, Stade und Buxtehude Getreide zu eignem Bedarf ein[6]. Damals hatte ein Bremer auch einen Faktor in Husum[7], da der Krieg in Deutschland auch viele Saaten vernichtete. Darüber hinaus war aber die Konkurrenz der Bremer, Kehdinger usw. in der Abfuhr aus Schleswig-Holstein sehr stark. Es waren wohl meist Bauernschiffer; besonders oft wird das Dorf Astel genannt[8]. Um 1570 beklagte sich Wilster über fremde Kaufleute und nannte auch Bremer und Kehdinger[9]. Bremer und Stader Kaufleute streckten den armen und geldbedürftigen Bauern in den Marschen vielfach bar Geld vor und bedangen sich dafür den Bezug des künftig zu erntenden Korns

---

[1] Z. B. Prov. Berr. 1792 H. VI 230; Zeitschr. XLI 236; Ulrich Schriever verkauft beides viel; Hansen, Petreus 90f. u. a.

[2] Ebenda 87.

[3] Oft Beschwerden der Händler in Wedel über Bevorzugung des Grafen, Acta A X 397.

[4] Zeitschr. XX 253, 254, 256, 257ff.: 1608 führt Harmen Hasbohm aus Bremen, der bedeutendste Händler, 315349 Pfd. Käse aus, 1610 in zwei Quartalen 463 578 Pfd. und andere Bremer ähnlich hohe Mengen.

[5] Gütige Mitteilung von Herrn Dr. B. Hagedorn.

[6] Viele Fürschreiben von Städten und Fürsten, Acta A XX 2810.

[7] Acta A XX 2810: 1623 April 5.

[8] S. Anhang; Neoc. II 336 u. a.

[9] Zeitschr. VIII Beil. 76 Nr. 95.

aus, das sie dann weiter verhandelten. Die Vermittler waren die genannten Bauernschiffer, die mit ihren Ewern von 4—8 Lasten bequem das Wattenmeer befuhren. Vielfach war man auf sie angewiesen. Die Nordstrander fürchteten als Folge der Ausfuhrverbote, daß sie fortbleiben könnten oder daß sie in künftigen Jahren um so größere Zinsen fordern würden, wenn ihre Reeder und Kaufherren in den Städten nicht befriedigt wurden[1]. Einmal richteten auch „die sämtlichen Schiffer aus dem Stift Bremen, so ihren Handel im Land Nordstrand haben", an den Herzog ein Gesuch um Aufhebung des Verbotes (1623 März 27 und 28, von acht Schiffern unterschrieben)[1]. Auch die Schleswig-Holsteiner trieben dort Handel. Der Abtrieb der Ochsen lag zum Teil in ihrer Hand. 1561 klagten die Dithmarscher gegen einen Bremer Bürger und gegen die vom Neuenhause wegen Geldschulden, deren Erstattung sie nicht erlangen könnten, und erlangten 1562 auf dem Rechtstage den Abschied, es solle durch die Finger gesehen werden, wenn sie sich nach ihrem alten Dithmarscher Landrechte, der Herren unvermerkt, gegen ihre Schuldner in Bremen und Wursten der Repressalien bedienten[2]. Kremper, Itzehoer und Wilsterer Kaufleute handelten vor 1627 häufig nach Bremen und Stade[3]. 1602 versuchten Tönninger gegen Hamburgs Willen, das noch immer auf seinem vermeintlichen Stapelrecht beharrte, Korn nach Lüneburg zu führen. Nach ihrer Aussage hatten sie mit dem Korn nach Buxtehude wollen, waren dabei aber von den Hamburgern gehindert worden. Diese erklärten, davon nichts zu wissen; sie lebten mit Buxtehude in Frieden und wollten die Zufuhr von Getreide, das dort gebraucht werde, nicht hindern. Aber Lüneburg habe alle Gerste an der untern Elbe aufkaufen wollen; auch habe es viel Korn heimlich herbeigeführt unter dem Schein, daß es nach Buxtehude solle. Als der betreffende Tönninger Kaufmann vor die Este gekommen sei, sei er angehalten und habe das Korn freiwillig

---

[1] Acta A XX 2326: 1623 März 23, 1624 Jan. 15.
[2] Michelsen, D. UB. CXIX 262, CXXI 277.
[3] Detlefsen II 176; Hbg. St. Cl. VII Lit. Eb. Nr. 3 vol. 5.

an Hamburger verkauft und Bier dafür empfangen[1]. Einem Versuch der Oldenburger Grafen, einen Zoll an der Weser bei Elsfleth anzulegen, widersetzte sich unter andern auch der Herzog von Schleswig, so daß der Handel seiner Untertanen hier wohl nicht gering gewesen ist[2].

6. Emden und Ostfriesland.

Schon gegen Ende des 15. Jahrhunderts begann ein lebhafter Verkehr Emdens mit den Elbmarschen, besonders mit Itzehoe, späterhin auch mit der schleswigschen Westküste[3]. Hier wurde Husum ein von den Emdern sehr häufig aufgesuchter Platz. Die wichtigsten Waren, die sie aus Schleswig-Holstein bezogen, waren Gerste und Malz für ihre großen Brauereien. Das meiste in Emden verbrauchte Malz stammte aus Schleswig-Holstein, und besonders aus Husum[4]. Es wurden oft über tausend Lasten von dort ausgeführt. In der Ausfuhr nach Emden folgen dann Weizen, Roggen[5], Hafer (besonders aus Holstein), dazu fast alle Landesprodukte. Ich verweise dafür auf den Anhang. Öfter wurden auch Schiffe hier gekauft[6]. Aus Emden wurde hauptsächlich Rheinwein gebracht[7]; daneben Leinwand[8], englische Tuche, solange der Stapel in Emden war[9], Salz, Zucker, auch

---

[1] Acta A XX 1726: März 30.

[2] Falke, Gesch. d. d. Zollwesens 213. Oder als Erzbischof von Bremen?

[3] Hagedorn I 56 ff.

[4] Ebenda II 264 a 3; ders., Hans. Geschbll. XV 1909 S. 391 f.: Sejdelin 647, 684 ff.

[5] Im 17. Jahrh. umgekehrt Einfuhr von Emden, Acta A XX 1726: 1624 März 14; XX 2238: 1624 Mai 11.

[6] Hagedorn I 250; ders., Hans. Geschbll. XVI 392; von Reusen, Mitt. über das Schiffswesen Ostfrieslands im 16. Jahrh. im Jahrb. d. Ges. f. bildende Kunst und vaterl. Altertümer zu Emden XV. 1. S. 176 f.: Schiff von 50 Lasten von Rendsburger 1559.

[7] Hagedorn II 260; ders., Hans. Geschbll. XVI 233: 1582 ein Tönninger schuldet 582 Mark für Wein; ebenso Einwohner von Tönning, Heide und Tetenbüll.

[8] Ders. ebenda XV 391.

[9] S. Kap. V.

grüner Käse[1]. Doch waren die Schiffe meist nur zum Teil geladen, zum größern Teil mit Ballast versehen, so daß der Verkehr viel Geld ins Land brachte[2]. Als Ballast benutzte man auch geringwertige Waren, wie Dachpfannen, die man in Schleswig-Holstein mit geringem oder gar keinem Verdienst verkaufte[3], die aber leicht zu löschen waren, während Auswerfen von Sandballast in den meisten Häfen verboten war. Die ganze Stadt Emden war an dem Verkehr beteiligt. Sogar Dienstmädchen gaben den Schiffern ihre geringen Ersparnisse mit, um in Husum dafür Malz zu kaufen[4]. In der Zeit von 1560 bis 1570 ließen in Emden wohnende Antwerpener Emigranten, vor allem Nikolaus du Gardin, der zu einem Ringe niederländischer Getreidehändler gehörte, in Dithmarschen und Holstein Getreide aufkaufen und über Emden nach Amsterdam bringen, von wo es weiter nach Lissabon verhandelt wurde[5]. Aber auch die Schleswig-Holsteiner verkehrten viel in Emden. Sie hatten einen bedeutenden Teil der Ausfuhr dahin in der Hand. Öfter werden dort Faktoren genannt, die ihre Geschäfte erledigten[6]. Auch erscheinen sie oft als Frachtfahrer im Emder Hafen. Die Angaben über den Emder Zoll geben erwünschte Auskunft, wie sich dieser große Handel verteilte. Während im allgemeinen auf Emder Schiffe zwei Drittel des gesamten Verkehrs entfallen, steht Schleswig-Holstein wenigstens zeitweise günstiger da. Denn das fremde, nicht ostfriesische Gut, das in Emden aus Schleswig-Holstein eingebracht wurde, war doch wohl meist noch schleswig-holsteinischer Besitz. In der Ausfuhr aus Schleswig zeigen die einzelnen Jahre ganz auffällige Schwankungen: die Ausfuhr von seiten der Emder überwiegt 1573 mit 1154 Lasten bei einer Gesamtausfuhr von 1249 Lasten, während 1575 die Ausfuhr vom fremdem Gut um

---

[1] Rendsb. St. IV 7. 1a: 1621 oft ohne alles einkommend; ebenso in Tönning vielfach leer.

[2] Ebenda.

[3] Hagedorn, Hans. Geschbll. XV 392.

[4] Hagedorn II 264 a 3.

[5] Ebenda I 125f.

[6] Ders., Hans. Geschbll. XV 392, XVI 257.

60 Lasten größer ist bei einer Gesamtausfuhr von 1550 Lasten. Im Verkehr mit Holstein und Dithmarschen überwog die Einfuhr von fremdem Gut. Schon damals zeigt sich also eine sehr starke Konkurrenz von seiten der Emder. Später, als Emden die größte Reedereistadt Europas war, gelang es der Stadt, im Verkehr mit den Elbmarschen alle Fremden zu verdrängen[1]. Doch haben die Eingesessenen dort auch weiter Schiffahrt nach Emden getrieben[2].

Öfter wurde der Verkehr unliebsam gestört. Während des Kampfes für die Wiedereinsetzung Christians II. hatte Maria von Ungarn, die Statthalterin der Niederlande, ihn, allerdings vergeblich, zu hindern gesucht[3]. Während der französisch-spanischen Kriege kaperte ein Schiffer gegen die Emder, wie er vorgab, im Namen Herzog Johanns von Holstein. Deren Beschwerde wies der Herzog zurück, beklagte sich aber über Ausplünderung seiner Untertanen auf ostfriesischen Gewässern, an der sich auch Emder Bürger beteiligt hatten[4]. Im nordischen Kriege nach dem Fall Elsborgs (1564), als die schwedischen Kaper ihren einzigen Stützpunkt in der Nordsee verloren hatten, begeben sie sich vielfach auf die Ems und nahmen „up de Denen und Holsten". Emden sah seinen Handel nur sehr ungern gestört und schickte auf das Gerücht hin, daß drei Husumer Schiffe auf der Ems genommen seien, ein Kriegsschiff gegen sie aus, nahm einen Kaper und gab den Dänen die Schiffe zurück. Den Schweden ließ man mit einer Geldentschädigung ziehen, doch mußte er versprechen, die Ems nicht mehr heimzusuchen[5]. Nach neuen Plünderungen Husumer und holsteinischer Schiffe durch schwedische Auslieger auf der Ems wurden 1567 von Herzog Adolf einige Emder Schiffe in Husum festgesetzt, obwohl die Emder die Geschädigten mit Zehrgeld usw. ausgerüstet hatten[6]. Später machten die Geusen es wie die Schweden. Sie führten einmal

---

[1] Hagedorn II 218.
[2] Hbg. St. Cl. II Lit. Eb. Nr. 3 vol. 5.
[3] Hagedorn I 96.
[4] Ebenda I 106.
[5] Ebenda I 136.
[6] Ebenda I 137.

ein geplündertes Ostenfelder Schiff aus dem Vlie in die Ems; wieder arrestierte der Herzog zwei Emder Schiffe in Husum, obwohl Emden seine Untertanen unterstützt hatte[1]. Während des staatischen Offensivkrieges wurde den Emdern verboten, ostersche Produkte zu handeln und besonders keine in Emden gemalzte Dithmarscher Gerste durchzuführen, doch war das Verbot zu leicht durch eine bloße Lüge zu umgehen[2]. Während alle diese Störungen nur vorübergehender Art waren, erlitt der Handel 1597 einen schweren Schlag. In diesem Jahre bestand in Schleswig-Holstein wegen Kornmangels ein allgemeines Ausfuhrverbot. Dazu erließ der Herzog, um seinem zukünftigen Schwager, dem Grafen Enno von Ostfriesland, in seinen Streitigkeiten mit den Emdern zu helfen, ein allgemeines Verkehrsverbot gegen Emden in allen seinen Landen und erneuerte das Verbot im folgenden Jahr[3]. Emden bat 1598 um Aufhebung, doch galt das Verbot weiter, und erst 1599 finden wir wieder Emder Kaufleute in Dithmarschen handeln[4]. Von diesem Verbot schreibt man den Niedergang der Husumer Mälzerei her; die Emder hätten gelernt, selbst zu malzen[5]. Auch Emdens Bedeutung ging dann zurück, es wurde in die Kriege hineingezogen, und zahlreiche Schiffer wanderten aus. Nach Glückstadt gingen allein in einem Jahre 16 Schiffer mit ihren Familien und Schiffen[6]; auch in Tönning lassen sich Einwanderer von dort nachweisen[7]. — Der Verkehr mit dem übrigen Ostfriesland war nur gering. Nordener Schiffe verkehrten in Tönning, und Husum stand mit Oldersum, wo sich große Bierbrauereien befanden, in Verbindung[8].

---

[1] Hagedorn I 280 u. a.; ebenda 360: Überfall auf einen Husumer, der Ochsen nach Emden bringen wollte.

[2] Ebenda II 203.

[3] Ebenda II 294, 298, 342; Hansen, Petreus 236—37.

[4] Hagedorn II 309.

[5] Beccau 147; Laß 74.

[6] Hagedorn II 497, 503.

[7] Acta A XX 1195: 1626 Okt. 19, u. z. Schiffer.

[8] Hagedorn II 237.

7. Frankreich.

Für Schleswig-Holstein war Frankreich im 16. Jahrhundert wichtig als Bezugsland von Salz und Wein[1]. Die Waren wurden aber meist in Holland erhandelt. Da Frankreich selber ein Getreide ausfahrendes Land war, fehlte es an Fracht dahin. Im Anfang des 16. Jahrhunderts war der Verkehr darum gering. Ein Paß für einen Kieler Kaufmann aus dem Jahre 1560 gibt ein Beispiel: Er beabsichtigte mit Korn in die Königreiche und Länder des westlichen Ozeans zu fahren und wollte nach Verkauf seiner Waren nach Frankreich segeln, um von dort Baiesalz nach Haus zu bringen[2]. Nach den holländischen Wirren wurde der Verkehr lebhafter. Öfter erscheinen Bordeaux und Brouage in den Sundzollisten als Ausgangspunkte. Flensburg besonders stand mit Bordeaux und La Rochelle in lebhafter Verbindung[3]. Da die Salzgewinnung in der Baie aber schwierig war, kam Portugal mehr in Aufnahme. Sonst bezog man im Anfange des 17. Jahrhunderts öfter französischen Roggen aus Emden und Holland[4]. Aus Schleswig-Holstein wurde regelmäßiger fehmarnscher Weizen dahin gebracht[5], im 16. Jahrhundert, in einem Teurungsjahr, auch einmal Roggen[6]. Auch Tönning stand in lebhafterer Verbindung mit Rouen, La Rochelle, wohin es öfter Käse ausführte[7]. Die Dünkircher und französische Seeräuber haben den so schon geringen Handel noch öfter gestört[8],[9].

---

[1] Erstes Beispiel 1529, Aarsberetn. III 159 f., 165, 180 ff., 189, 211 f. Wein sehr oft erwähnt, meist aus Holland bezogen, C. C. Reg. Hols. I 665 f., Beccau 297 f.; s. Akziseregister; Salz, Kanc. Brevb. V 344 u. a.

[2] N. St. M. VI 73 f.

[3] Heimat 14, 160.

[4] Acta A XX 2810: 1624 April 30, Mai 2.

[5] M. J. I 75.

[6] Cal. of St. P. 1580—1625 S. 196.

[7] E. Gosselin, Documents authentiques et inédits p. s. à l'hist. de la marine Normande et du commerce Rouennais pendant les XVIe et XVIIe siècles. Rouen 1876 S. 103 ff.; Acta A XX 1195: 6000 Stück u. öfter.

[8] Ebenda; Kanc. Brevb. IX 816; Hagedorn I 113; Erslev, Rigsraad I 345, 486.

[9] Frachtfahrt nach Frankreich, Norske R. III 497; Kanc. Brevb. V 79 u. a.

8. England und Schottland.

Englands Handel wurde bis um die Mitte des 16. Jahrhunderts von der Hanse beherrscht. Die direkten Beziehungen zu Schleswig-Holstein waren damals nur gering[1]. Auf dem hansischen Kontor, dem Stalhof, haben wohl Kieler verkehrt[2]. Englands handelspolitische Stellung im 16. und 17. Jahrhundert beruht auf seiner Wollzucht und Tuchindustrie. Das sonstige Gewerbe und der Ackerbau lagen aber darnieder. Man führte vielfach vom Auslande Getreide ein. Englands Streben ging nun dahin, die Hanse, die vor den Untertanen des Landes begünstigt war, aus dem Handel und besonders der Tuchausfuhr zu verdrängen. Zunächst ging man gegen den Zwischenhandel der Hanse nach Antwerpen vor, der ganz verboten wurde, und erklärte schließlich 1555 alle Privilegien der Hanse in England für verwirkt. In gleicher Stellung mit den Engländern konnte die Hanse nicht mehr mit ihnen konkurrieren. Die treibende Kraft bei diesem Vorgehen waren die englischen Tuchhändler, zusammengeschlossen in der Genossenschaft der Merchant Adventurers. Diese verstanden es, den gesamten englischen Tuchhandel in ihrer Hand zu konzentrieren. Sie arbeiteten mit dem strengsten Zwange. In England setzten sie die Preise und die Ausfuhrmengen fest. Auf dem Festlande hatten sie zunächst nur eine, später zwei Niederlassungen, die „Court", wo aller Handel mit den Fremden stattfinden mußte. Hier traten sie den einzeln dastehenden fremden Käufern geschlossen gegenüber und konnten dank ihrer straffen Organisation und der Notlage zu kaufen, in der sich die andern befanden, da niemand gleich gute und billige Ware herstellen konnte, die Preise festsetzen. Den weitern Vertrieb überließen sie meist den Fremden, die zu der Court aus allen Ländern zusammenströmten. Die vormals blühende deutsche Tuchweberei ging zugrunde. In Schleswig-Holstein webte man zwar noch selbst; aber der Reichtum des Landes erlaubte es, fremdes Tuch einzuführen. Das eigengewebte Tuch hieß Webbe, Wobbe,

---

[1] Z. B. Neoc. I 216; Sejdelin 996.
[2] S. unten.

ehemals auch Wadmel; auch unter Want ist wohl oft oder meist eigengewebtes Tuch zu verstehen im Gegensatz zu Laken, dem ausländischen. Auf Nordstrand trugen die Wohlhabenden englisches Tuch und Seidengewand, nur die Ärmeren das grobe, meist ungefärbte, im Lande hergestellte Tuch[1]. Neocorus führt in seiner eingehenden Beschreibung der Dithmarscher Tracht viel fremdes Tuch, Seide und Samt an, das man dort zu tragen pflegte. In der Luxusordnung Herzog Johanns d. Ä. für Hadersleben von 1566 wird den Bürgern englisches Tuch und Sayen (leichtes feines Wollenzeug) zu tragen erlaubt. Die gemeinen Arbeitsleute sollten gar keine Sayen, sondern nur gemein englisch oder köllnisch Gewand zu Röcken und Hosen und Sartuch (grobes, starkes Zeug, halb Leinen, halb Wolle) zu Wämsern tragen, ohne Samt und Seide[2]. Der Gebrauch von englischem Tuch war also ziemlich allgemein.

Schleswig-Holstein bezog es meist von Hamburg und Lübeck, wohl seltener vom Sitze der englischen Court auf dem Festland selbst. Die Herzöge suchten nun ihren Untertanen Anteil am direkten Bezug zu verschaffen. Im Jahre 1554 hatten die Hansen noch einmal ungeheure Mengen Tuch aus England ausgeführt. Deshalb richteten Herzog Johann und Adolf ein Schreiben an den Hansetag, beglückwünschten ihn zu der Wiedererlangung der englischen Privilegien und baten, die ihnen untergebenen hansischen Städte[3] wieder aufzunehmen. Kiel richtete dieselbe Bitte an den Hansetag[4]. Die Städte antworteten, es sei wohl richtig, daß Kiel ehemals in die Hanse gehört habe und seine Kaufhändel „im Cunthor zu Engellandt" laut der hansischen Privilegien getrieben habe, doch sei es wegen Ungehorsam ausgestoßen. Weil keine Aussöhnung erfolgt sei, könne die Stadt nicht wieder aufgenommen werden. Der Herzog forderte daraufhin den Kieler Rat auf, alle Umstände darzu-

---

[1] Hansen, Petreus 87.
[2] Sönderjydske Aarböger 1897. S. 227—33.
[3] Es ist nur von Kiel bekannt, daß es Mitglied war (bis 1518), Höhlbaum I 372.
[4] Höhlbaum I 70, 372.

stellen, doch erfolgte dann nichts weiter[1]. Inzwischen änderte sich die Lage in England wieder. Zwischen England und der Hanse brach von neuem Streit aus und man verhängte die Handelssperre. Daraufhin gab Herzog Adolf den Gedanken an Anschluß an die Hanse auf; er suchte jetzt den Zwischenhandel zwischen England und dem Festland für sein Land allein zu gewinnen. Er bot 1558 (Jan. 1) der Königin Maria mehrere Plätze und Häfen in seinen Besitzungen an, von denen die englischen Kaufleute mit Korn versehen werden könnten und wohin sie ihren Handel lenken könnten[2]. Der Vorschlag wurde auch in Erwägung gezogen. Man dachte daran, in Holstein einen Stapel für die ganzen umliegenden Lande einzurichten. Maria schickte den Brief an Philipp II., ihren Gemahl, und dieser riet, dem Herzog zu danken und die Sache im Auge zu behalten[3]. Die Königin antwortete dem Herzog, sie werde Leute schicken, das Land zu besichtigen[4]. Darauf bestimmten die Merchant Adventurers William Erle, den Handel (mit Tuchen) zu eröffnen und zugleich einen zweiten Brief der Königin zu überbringen. Der Gesandte wurde in Holstein gut aufgenommen. Das Geschäft mißlang aber durch die Abneigung der Untertanen des Herzogs, die von den Hansestädten aufgereizt seien, wie Erle meint[5]. Doch hat es wohl an den Waren gelegen. Der Herzog fand sie zu teuer, zu kurz und grob. Er meinte, von Antwerpen bekäme man sie billiger. Obwohl er den freien Handel ermutigen wolle, wolle er seine Untertanen doch nicht zwingen, zu solchen Bedingungen zu kaufen[6]. Dem Herzog gegenüber gab Erle zu,

---

[1] Höhlbaum I 364, 468; A. Wetzel, Die Lübecker Briefe des Kieler Stadtarchivs 1422—1534. 1883 = Mitt. d. Ges. für k. Stadtgeschichte 5 S. 76 f.

[2] St. P. of Mary 355 Nr. 707.

[3] Kervyn de Lettenhove, Relations Politiques des Pays-Bas et de l'Angleterre sous le regne de Philippe II. 1882 I 144, 146 f.

[4] St. P. of M. S. 390.

[5] St. P. of El. 1558—59 S. 203 Nr. 501: Bericht Erles an das Privy Council.

[6] St. P. of El. 1558—59 S. 13 Nr. 43.

daß die Sorten unpassend seien, und versprach andere zu bringen, von denen der Herzog selbst kaufen wollte. Erle fand das Land geeignet und hielt Husum und Schleswig, oder, wenn dessen Tief am Eingang ungenügend sei, Flensburg für die besten Plätze. Er wünschte nun, daß der Herzog selbst, um dem Handel den Weg zu ebnen, an seine Nachbarn schreiben solle, wie sie die Engländer aufnehmen würden, da es ja sein eigner Vorteil sein werde. Der Herzog verlangte aber, um den Gesamtstapel zu erlangen, daß die Königin ihren Untertanen allen Handel mit Holland verbieten sollte. Er wollte den Engländern freien Handel durch sein Gebiet gewähren, so daß sie weder Ein- noch Ausfuhrzoll zu zahlen brauchten; doch forderte er für seine Untertanen dieselbe Freiheit in England. Mit seinen Räten beriet der Herzog sofort über den Bau eines neuen Hafens für den Handel mit dem Norden und Osten. Erle aber entzog sich weiteren Verhandlungen, da seine Vollmachten nicht so weit gingen, versprach aber, alles „ad collegium mercatorum Londinensium" zu berichten. (In den Verhandlungen war auch die Rede davon, den Herzog in den englischen Kriegsdienst zu ziehen.) Der Unterhändler war der Meinung, daß sich die Königin keineswegs zu einem Handelsverbot mit den Niederlanden verstehen solle, da die Unbequemlichkeit für die Untertanen zu groß sei. Auch von dem gegenseitigen Zugeständnis zollfreien Handels wollte er nichts wissen, da der Vorteil nicht gleich sei[1]. Zu weiteren Verhandlungen ging des Herzogs Kanzler Tratziger nach England[2]. Gleichzeitig mit Eröffnung der Verhandlungen waren Untertanen des Herzogs nach England gefahren und hatten bei ihrem Handel freundliche Unterstützung gefunden[3]. Bald darauf taten sich wieder einige zusammen, um Tuch auszuführen; des Herzogs Kanzler selbst steckte Geld in das Unternehmen und schrieb an Cecil, den leitenden Minister, der Herzog wünsche darin seine Unter-

---

[1] St. P. of El. 1558—59 S. 13 Nr. 43 und S. 203 Nr. 501.
[2] Ebenda S. 33 Nr. 90, doch ist Mary zu lesen, S. 33 Nr. 91.
[3] Ebenda S. 13 Nr. 43.

stützung¹. — Als Elisabeth den Thron bestiegen hatte, führte sie die Verhandlungen in ermunterndem Sinne weiter. Sie schickte einen neuen Gesandten, Armigill Wade, nach Holstein². Ihm war aufgetragen zu erforschen, ob die Häfen passend seien, besonders Husum und Kiel, welche Privilegien man geben wolle, doch sollte er es auf keine Weise zu einer bindenden Verpflichtung kommen lassen. Weiter sollte er auf die geheimste und indirekteste Weise erforschen, welche Freiheiten und Privilegien die Kaufleute in Schweden, Dänemark und Holstein hätten oder gehabt hätten, und wie heutzutage das Verhältnis sei, wie sich die Hanse dazu stelle. Er sollte des Herzogs Religion erforschen und, wenn er Protestant sei, sollte er über ihre Aufrechterhaltung sprechen. Schließlich sollte er durch W. Erle versuchen, Geld zu bekommen, und zwar ungefähr 100 000 l., gegen nicht mehr als 8 Proz. Zinsen in allem; doch sollte er nicht zeigen, daß er ihr Diener sei, noch seine Beglaubigung für dies Geschäft, ohne daß die Sache drängend sei. In England war man noch keineswegs entschlossen, sich in Holstein niederzulassen; man suchte nur auf die diplomatischste und vorsichtigste Weise durch Vorgabe anderer Angebote u. a. den Herzog zu möglichst weiten Versprechungen anzutreiben, die Entscheidung aber wollte man sich noch immer vorbehalten³. Die Verhandlungen wurden noch weiter geführt, Tratziger ging wieder nach England⁴. Dabei handelte es sich dann wohl schon mehr um den Plan einer Heirat Adolfs und Elisabeths und um militärische Hilfe, was den andern Plan zurückdrängte⁵. Der Herzog ging infolgedessen selbst zweimal nach England und erhielt den Hosenbandorden übersandt, ohne aber sein Hauptziel zu erreichen. Er dankte für die Ehrung durch eine neue Gesandtschaft, wobei er besonders die Wichtigkeit von Elbe und Eider im Fall eines

---

[1] St. P. of El. S. 33 f. Nr. 92.

[2] Ebenda 261.

[3] Ebenda 217 f.

[4] Ebenda 1558—59 S. 362 f., 432; ebenda 1559—60 S. 4, 43, 47.

[5] Hubert Langueti Litterae secretae. ii. 20, 24; St. P. of El. 1559—60 S. 202, 281.

Krieges hervorheben ließ, schon allein in Betracht „der Nahrung", doch führte das zu keiner Bindung[1]. Der Plan der Handelsverbindung zwischen beiden Ländern trat schon während Adolfs Aufenthalt in England ganz zurück; er lieh sogar hansischen Gesandten seine Unterstützung[2]. Eine vorübergehende Aussöhnung der Hanse mit England machte den Plan ganz zunichte. Tratziger scheint in dieser Zeit weiter Handel getrieben zu haben, worauf wohl der Dankbrief an Cecil geht, der alle Handelssachen leitete[3]. Öfter gewährte der Herzog noch Holsteinern und Hamburgern seine Fürsprache zur Gewährung der Tuchausfuhr, ja er bat für die Ausfuhrerlaubnis nach Polen und Böhmen[4]. Die Geldleihe kam zustande. Erle [Herle] meinte, „it was no world for such money masters as he" [Heinrich Rantzau] and others of the Holstein nobility"[5].

Die Marchant Adventurers hatten dann einige Jahre in Hamburg, gegen den Willen der Hanse, Aufnahme gefunden, wurden hier aber 1578 wieder vertrieben. Sie verhandelten dann an mehreren Orten, um Aufnahme zu finden, in Antwerpen, Emden und auch mit Friedrich II. von Dänemark. Sie suchten Privilegien in Eiderstedt oder Krempe zu erlangen[6]. Die Engländer fingen wirklich an, nach Krempe zu handeln[7]. Elisabeth bat 1580 um Schutz für die Kaufleute, die gezwungen wären, die Hansestädte zu verlassen und die sich jetzt in Itzehoe oder Krempe niederzulassen wünschten[8]. Auf des Königs Bitte sandte Elisabeth auch einen Unterhändler[9]. Doch zerschlug sich der

---

[1] Languetus, a. a. O. ii. 25; Jos. Bain, Cal of scottish Papers I 436; St. P. of El. 1559—60 S. 246; 255, 306, 308, 359, 443 f., 450, 509 f.; A. f. St. u. K. G. II 397 ff.

[2] Höhlbaum I 475 f., 511.

[3] St. P. of El. 1559—60 S. 202, 281.

[4] Ebenda S. 202; ebenda 1563 S. 523, 532; ebenda 1564—65 S. 24; s. a. Nr. 219, 295, 935, 1631, 1755; Höhlbaum I 129, 482.

[5] St. P. of El. 1559—60 S. 564—18; Macray, 46 App. II S. 21.

[6] Höhlbaum II 156, 195; Macray, 45 App. II S. 24.

[7] Ehrenberg, Hamburg und England 156.

[8] Macray, 45 App. II S. 25.

[9] Ebenda, 46 App. II S. 26; Ehrenberg, a. a. O. 166.

Plan. Es war auch gar nicht die Absicht der Engländer, sich hier niederzulassen; sie wollten am liebsten nach Hamburg zurück und benutzten die Verhandlungen nur als diplomatisches Druckmittel an andern Orten[1]. 1585 wurden wieder Verhandlungen gepflogen. Peter Rantzau, Amtmann von Krempe und Flensburg, hatte von neuerlichen Verhandlungen Hamburgs mit den Merchant Adventurers die zuletzt in Emden den Stapel hatten, gehört und schlug Flensburg als Stapel vor, da die Stadt in Ockholm einen guten Hafen mit bequemem Einlauf an der Westsee habe. Nur eine kleine Meile sei es von da bis an die Ostsee[2]. Friedrich II. bot den Kaufleuten die Stadt an, doch schlug die Ostlandkompanie ihn aus, wegen Quellsand in Ockholm und der Schwierigkeit der Landfuhr, obwohl Flensburg sonst für den Ostseehandel gut gelegen sei[3]. In Emden drohten die Engländer noch 1586 mit der Niederlassung in Itzehoe und Hamburg[4]; schließlich wählten sie Stade. Als Hamburg dies zu hintertreiben suchte, verteidigte sich die Stadt damit, daß die Kaufleute ebensogut in Holstein und Dänemark Aufnahme finden würden[5]. 1597 wurden die Merchant Adventurers durch kaiserliches Mandat aus dem Reiche verbannt; doch mehrere deutsche Fürsten, darunter der Herzog von Holstein, verwandten sich für sie[6]. Der Königin Elisabeth schrieb Johann Adolf, das Verbot gelte nur für das römische Reich, und schlug darum seine schleswigschen Besitzungen den Kaufleuten zur Niederlassung vor[7]. Schließlich wurde er vom Kaiser zum Kommissar in der Angelegenheit ernannt, um mit Minckwitz zu untersuchen, ob das Mandat übertreten werde, so daß er nicht wohl weiter in dieser Angelegen-

---

[1] Ehrenberg, a. a. O. 147.

[2] Acta A XVII 180: 1585 Mai 8.

[3] Flensburg schloß sich ihm an, Höhlbaum II 266; Macray, 46 App. II 28.

[4] Hagedorn II 56.

[5] Höhlbaum II 907; die Herzogtümer Bremen und Verden VI 222 ff.

[6] St. P. Dom. Ser. 1595—97 S. 548; Ehrenberg, a. a. O. 197.

[7] Rymer, Foedera VII P. I 196.

heit vorgehen konnte. Aber auch jetzt bat er den Kaiser wieder um Aufhebung des Mandats[1]. — Christian IV. hatte sich zeitweilig für Hamburg bei den Engländern verwandt. Als aber 1610 ein neues kaiserliches Mandat gegen die Merchant Adventurers erschienen war, nahm er seinen alten Plan wieder auf, die Kaufleute nach Krempe zu ziehen, und schickte eine Gesandtschaft nach England[2]. Hamburg, das sich selbst gerne als Sitz der Kaufleute gesehen hätte, machte die Hanse darauf aufmerksam, daß der König Erfolg haben könnte[3]. Wirklich schienen die Verhandlungen schon dem Abschluß nahe zu sein, als Hamburg sich einmischte, den König überbot und die Kaufleute für sich gewann[4]. Auch diesmal ist die Absicht der Kaufleute wohl nur hierauf gerichtet gewesen und Hamburg konnte sein gegen die Bundessatzungen verstoßendes Verhalten damit rechtfertigen, daß die Konkurrenz doch nicht auszuschließen sei, und daß nur andere den Gewinn davon hätten, wenn Hamburg, ein Glied der Hanse, sie nicht selbst aufnähme. 1610 nahm Christian IV. den Plan noch einmal wieder auf und wurde von Krempe darin unterstützt[5]. Der englische „Kurdtmester" kam von Hamburg zum Könige nach Krempe, doch war es wieder vergeblich[6]. Schließlich gründete Christian IV. eine dänische Tuchkompanie.

Außer den Tuchen bekam Schleswig-Holstein kaum etwas aus England. In Helgoland und Husum trank man englisches Bier[7]; gegen Ende des 16. Jahrhunderts bezogen die Marschen

---

[1] Rymer, Foedera VII P. II 42 ff., 48 f.

[2] Höhlbaum II 293; Ehrenberg, a. a. O. 190, 218 f.; Macray, 45 S. 30 Nr. 73; Bricka og Fridericia I 44 und Anm.; St. P. Dom. Ser. 1603—10 S. 639.

[3] Burmeister 77.

[4] Quellens. II 2 S. 118 mit falschem Datum; Bricka og Fridericia I Nr. 41; ebenda I 72 hängt nach Ehrenberg S. 226a damit zusammen; St. P. Dom Ser. 1611—18 S. 208.

[5] F. H. Jahn, Grundträk til Chr. IV. Krieghistorie. II Kop. 1822 S. 479; St. P. Dom. Ser. 1623—25 S. 521; Acta A XVII 1376: 1620 Mai 13.

[6] Nyerup 91.

[7] Lindemann 124.

englische Steinkohle, die in kleinen Mengen auch weiter ausgeführt wurde[1]. England bezog über Hamburg Söldner und Pulver (wohl z. T. aus Holstein stammend)[2]. Vielfach wurde Korn nach England ausgeführt[3]. Wir hören Klagen von seiten der Hansestädte über Schmuggelhandel der Engländer in Dithmarschen[4]. Es scheint ein regelmäßiger Verkehr bestanden zu haben[5]. Auch an der Frachtfahrt nach England beteiligten sich Schleswig-Holsteiner[6]. Trotz der Neutralität des Landes verübten die Engländer zahlreiche Kapereien gegen seine Einwohner[7].

Auch mit Schottland stand man in Verbindung[8]. Petreus erwähnt die „schiplüde uth Schottland", die Nachrichten über Maria Stuart mitbrachten[9]. Man führte schottisches Salz in Eiderstedt ein und verkaufte es fälschlich als Lüneburger, so daß der Staller Hermann Hoyer und auch der Herzog scharfe Mandate dagegen erließen[10]. Schotten werden auch öfter hier im Lande erwähnt[11].

---

[1] S. Anhang.

[2] Bekker, Beiträge zur engl.Gesch. 33; Lappenberg, Urk. Gesch. d. hans. Stahlhofes zu London. 1851 S. 102.

[3] A. f. St. u. K. G. II 397 ff.; Neoc. II 341; Burmeister 113; Acta A XX 2238; St. P. Dom. Ser. 1595—97 S. 425, 450.

[4] Simson Nr. 8294.

[5] Dasent XIX 45 f.; Hansen, Petreus 59: de seefahrenden uth Engeland; Dasent XIX 42: 28 Lasten Heringe nach England; Acta A XX 2238: 1623 Bitte eines Engländers um Weizen- und Gersteausfuhr abgeschlagen; doch das Mandatum der Niederlage halben gnädiglich gewilligt (3. März). Sonst darüber nichts bekannt.

[6] Ehrenberg, a. a. O. 62.

[7] Dasent XIX 45 f.; N. D. M. IV, III S. 176 und 183; Kanc. Brevb. IX 816; Macray, 47 App. S. 24. St. P. 1580—1625 S. 196; Sejdelin 996 f.

[8] Siehe Sundzollreg.; Th. A. Fischer, The Scots in Germany. Edinb. 1902 S. 28.

[9] Hansen, Petreus 59 f.

[10] Prov. Berr. 1792 H. VI 230.

[11] Acta A X 98a; Stern S. 89; Beccau 356.

9. Skandinavien.

a) Dänemark.

Schleswig-Holstein teilte mit Dänemark dasselbe Herrschergeschlecht, und ein großer Teil des Landes sah im dänischen Könige selbst seinen Herrn. Erfreute sich das Land auch der staatsrechtlichen Selbständigkeit, so wurde es naturgemäß trotzdem aufs stärkste berührt von den Verhältnissen Dänemarks. Das war nicht immer zum Vorteil des Landes; so mußten im siebenjährigen Kriege mit Schweden einzelne königliche Orte Beihilfen liefern, die Schweden betrachteten auch die Holsteiner als ihre Feinde und hinderten ihren Handel, obwohl zwischen beiden Ländern Frieden herrschte. Aber andererseits erlangte man im großen Reiche manche besondere Vorteile und genoß auswärts seinen Schutz.

Christian III. noch zog Schleswig-Holstein, sein Stammland, vor und hielt sich hier sehr viel auf. Noch im Jahre der Landesteilung baten die Stände, daß die Ausfuhr aus dem Reiche nach den Fürstentümern nicht verschlossen werden möge, da sie Leib, Gut und Blut dem Reiche gegeben hätten und noch in offenbarer Fehde seinetwegen lebten. Die königlichen Räte antworteten, es bestehe augenblicklich in Dänemark kein Ausfuhrverbot; sie gaben zu bedenken, daß den Untertanen der Fürstentümer, wenn bisher die Ausfuhr verboten gewesen sei, mehr als selbst den Reichsuntertanen vergönnt worden sei, obwohl diese nicht weniger zu tragen hätten. Eine Verpflichtung, so zu handeln, solle man aber nicht vom Könige verlangen, auch werde sich das nicht für den König gebühren[1]. Im folgenden Jahre baten die Stände wieder um freie Zufuhr aus Dänemark, ebenso forderten die Städte freien Kauf und Verkauf in Dänemark und den Fürstentümern, Aufrechterhaltung der Privilegien in Dänemark und freie Zufuhr und Schiffahrt im ganzen Reich. König und Herzog versprachen Abhilfe; die Bitte wegen der Zufuhr wurde für unnötig erklärt[2]. Es handelt sich bei diesen

---

[1] N. Craggii Historia Regis Christianis III. 1737 Suppl. II 70.
[2] Zeitschr. VI Beil. S. 9—10 Nr. 23, 24, 27, 28.

Forderungen zunächst um Abwehr von Ausfuhrverboten wegen des Kampfes mit den Niederlanden, sodann um die prinzipielle Frage, welche Rechte den Schleswig-Holsteinern in Dänemark zuständen. Man fürchtete offenbar durch die Teilung eine Einbuße zu erleiden. Die Stellung der Krone zu dieser Frage blieb stets dieselbe, sie ließ es zu keiner prinzipiellen Entscheidung kommen; da sie aber der Unterstützung durch den holsteinischen Adel wegen seiner Kapitalkraft bedurfte, gab sie ihm im einzelnen viele Sondervorteile.

Friedrich II. wurde schon mehr nur durch dänische Interessen bestimmt. Aber er setzte im Streit mit Hamburg wegen des ius restringendi die Macht des ganzen Reiches ein und erlangte das Recht des freien Handels. Zwar wurde die Entscheidung durch die Rücksicht auf Dänemark lange Zeit hinausgeschoben, aber ohne die Verbindung mit Dänemark hätte man schwerlich hoffen dürfen, dies zu erlangen.

Andererseits fällt unter die Regierung Friedrichs II. der nordische siebenjährige Krieg, der Schiffahrt und Handel vielfach hinderte. Doch nützten die Schleswig-Holsteiner immerhin die Lage und beteiligten sich eifrigst an der Verproviantierung des dänischen Heeres in Schonen, für das sie aus allen Ostseegebieten Waren herbeischafften, wogegen sie wieder aus Dänemark zahlreiche Ausfuhrlizenzen erhielten[1].

Der König schränkte die Zollbegünstigungen der Schleswig-Holsteiner im Sunde auf seine direkten Untertanen ein[2]. Eine Forderung des Ausschusses der schleswig-holsteinischen Stände, daß die Städte in den Herzogtümern nicht höher mit Zoll und Akzise belegt werden sollten als die dänischen, wies er ab[3]. Eine solche allgemeine Forderung der Abschaffung ungewöhnlicher Zölle, Akzisen usw. in Dänemark, Norwegen und Schleswig-Hol-

---

[1] Kanc. Brevb. III 280, 328, 331, 338, 351, 353—54, 357—58, 362, 380, 475, IV 260f., 275, 414, 460; Roerdam, Mon. Hist. Dan. 2. R. I 291—92, s. a. Ostsee.

[2] S. Kap. IV.

[3] 1564, Cronhelm. Corp. Stat. Prov. Holst. 1750 S. 154f.; Christiani-Hegewisch III 482.

stein wurde dann nach Friedrichs Tode noch einmal erhoben, aber auch diesmal abgelehnt, da die Krone Dänemark nichts damit zu schaffen habe[1].

Die königlichen Schleswig-Holsteiner wurden aber in Dänemark sehr begünstigt. Flensburg erhielt die Gleichstellung mit den Reichsuntertanen an allen Zollstellen und im Handel des ganzen Reiches bestätigt[2]; es erhielt 1572 auch das Recht, im ganzen Reiche Fischfang zu treiben[3], nachdem es auch zeitweilig schon an der schonenschen Fischerei teilgenommen hatte[4]. Ebenso wurden Hadersleben, Sonderburg, Röm usw., wenigstens hinsichtlich des Zolles im Sunde als Reichsuntertanen angesehen[5]. Verschiedene Bitten Kiels an den Herzog um Wiederherstellung des alten Zolls zu Nyborg und im Sund hatten keinen Erfolg[6]. Auch sonst im Reiche beanspruchte Kiel die Freiheit der Reichseinwohner. Im Jahre 1600 beschwerte es sich, daß einige Bürger in Ystad in Schonen für jede Last, deren sie etliche 100 gehabt hätten, statt 3 M. wie bisher, $3^{1}/_{2}$ M. Zoll hätten zahlen müssen, und berief sich darauf, daß die Untertanen der Fürstentümer privilegiert seien, „daß dieselben auff den Zollsteten E. Kön. W den. Reiche höher nicht dan die Reichs Underthanen beleget worden, inmaßen sich dann die zu Sonderburg, Hadersleben, Flensburg unnd andern Steten, mit denen die Stadt Kiel in gleichen Privilegien sich solcher Freiheit allewege genießen[7]". Doch war dieser Anspruch nicht gegründet. Die Stadt hatte zwar in früheren Jahrhunderten Zollfreiheit in Jütland erhalten[8], wie Schleswig in ganz Dänemark[9]; da aber keine ausdrückliche Bestätigung vorliegt wie bei Flensburg, ist das Recht wohl nicht mehr anerkannt worden. Tatsächlich mögen die herzoglichen Untertanen oft besser

---

[1] Jargow 75, 105.
[2] N. St. M. III 642—43.
[3] Secher II 86.
[4] Kanc. Brevb. III 172; Secher I 203.
[5] S. Kap. IV.
[6] Acta A XX 861: 1572 Febr. 16.
[7] Ebenda 1600 Dez. 12.
[8] Urkundensamml. I 427.
[9] Ebenda I 22; Reg. u. Urk. II 9.

behandelt sein, als ihnen eigentlich zukam; die verwickelten Besitzverhältnisse entschuldigen einige Versehen der Zöllner. Während des Streites zwischen Husum und Flensburg wurde Husum in Dänemark mit ungewöhnlichen Zöllen belegt. Trotz einer Beschwerde Husums gegen den Zöllner in Varde stellte der König sich ganz auf seiten seiner Beamten[1]. Eine Beschwerde der Stadt auf dem Landtage wurde von den königlichen Räten abgewiesen, die Stadt wurde an den König selbst verwiesen[2].

Christian IV. war ganz Däne. Er trieb dänische Großmachtspolitik. Flensburgs besondere Begünstigung, die sich in zahlreichen besonderen Lizenzen gezeigt hatte, hörte unter ihm auf. Die Stadt behielt nur die Rechte, die sie verbrieft erhalten hatte. Des Königs Streben ging dahin, Kopenhagen zum Stapel für den Sundverkehr und überhaupt zur ersten Stadt im Norden zu erheben. Dazu suchte er auch die bedeutendsten Flensburger Häuser dahin zu ziehen. Er gründete eine dänische Tuchkompanie, wodurch Flensburg geschädigt werden mußte. Die gescheiterte dänische Salzkompanie erhielt wenigstens eine Abgabe von allem friesischen Salz. Seine Absichten auf den Besitz der Niederelbe waren schließlich für Schleswig-Holstein auch ungünstig, seine deutsche Politik und die Teilnahme am Dreißigjährigen Kriege zogen Schleswig-Holstein hinein und brachten die Feinde in das Land. Trotz der Absicht des Königs, auch den Handel Schleswig-Holsteins, besonders in Glückstadt, zu heben, wurde seine Regierung doch verhängnisvoll.

Der Handel Schleswig-Holsteins mit Dänemark wird dadurch bestimmt, daß sich in den Herzogtümern unter dem Einfluß der Nähe Deutschlands Handel und viele Gewerbe weiter entwickelt hatten, und daß ihre Lage ihnen vielfach die Vermittlerrolle im Handel mit Deutschland zuteilte. Während man nach Dänemark erst Mitte des 16. Jahrhunderts den ersten Glasmacher aus Hessen kommen ließ, gab es in Holstein schon im 15. Jahrhundert Glashütten[3]. Dachkupfer bezog der König aus Wulf-

---

[1] Kanc. Brevb. VI 649.
[2] Ratjen II 305.
[3] M. J. I 422.

hagen[1]. Sicher ist auch sonst viel Kupfer nach Dänemark gegangen, da ja Lübecker Kaufleute oft den Vertrieb besorgten. In Flensburg befand sich auch lange Zeit die Geschützgießerei des dänischen Königs[2], hier wohnte auch sein Münzmeister[3]. Die Flensburger Pulvermühle galt noch zu Christians IV. Zeit für besser als die dänischen, so daß der König Salpeter und Schwefel dahin übersandte, um dort Pulver herstellen zu lassen[4]. Zeitweilig wurde auch Gerste aus Dänemark ausgeführt und als Malz wieder eingeführt[5]. Bei schleswig-holsteinischen Goldschmieden und andern Gewerbetreibenden kaufte der König oft[6]. Dazu kam die glänzende Stellung, die sich Flensburg als Warenvermittlerin im ganzen Norden errungen hatte. Hier waren die größten Handelshäuser mit den weitesten Verbindungen von allen nordischen Städten. Die Tuche waren hier billiger als in Kopenhagen[7]. Man konnte hier alle Sorten, billige und sehr kostbare, bekommen. Der König deckte hier öfter den Bedarf für seine Truppen[8] und entnahm hier zu eignem Bedarf Tuche, Seide, Samt, golddurchwirkte Tuche und Borten usw.[9]. Ein Flensburger Kaufmann erlangte Befreiung von den Marktrechten der dänischen Städte und durfte den König und sein Gefolge bei den Reisen im Reiche nach Kopenhagen, Kronborg, Kolding, Skanderborg, Viborg, Horsens, Aarhus mit seinen Kramwaren,

[1] Kanc. Brevb. VII 533f.
[2] S. Kap. II.
[3] Sejdelin 385.
[4] Bricka og Fridericia I 414f. Nr. 294.
[5] Kanc. Brevb. III 280: 1563 Krieg!
[6] Kanc. Brevb. IX 468; Klöppelspitzen, Nyerup 68, 103f., 129; Perlenstickerin, Kanc. Brevb. VIII 692, 873—74, Schlegel II, I 56, 59, 60; Maler, Schlegel II, III, 52, 54, 71; Übersiedlung eines Goldschmiedes nach Korsör, Kanc. Brevb. II 191; Instrumentenkauf, Nyerup 119.
[7] Sejdelin 1054 Nr. 919: 1551.
[8] Kanc. Brevb. V 176.
[9] Ebenda II 7, 147, V 140f., 176, 610, VII 109, 483, VIII 808, 905, IX 149, 204f., 232, 241, 543 746 bis zu 6000 alten Talern; Bricka og Fridericia I 183 Nr. 151; für Herzog Magnus, Sejdelin 1030—41 Nr. 911.

Samt und Seide begleiten, seine Waren bei des Königs Hoflager und sonst im Reiche feilhalten[1]. Mitunter kauften Flensburger Kaufleute dem Könige den Ertrag von einzelnen Lehen ab und führten die Waren aus[2]. In Kopenhagen und vielen andern Orten[3] unterhielten sie Filialen und Niederlassungen. Man rechnete in Flensburg nach der seeländischen Elle wie nach der lübschen[4]. In Kopenhagen waren sie die Vornehmsten unter den Fremden. 1581 wurden hier zu den Kosten der Hafenbesserung auch die einkommenden schleswig-holsteinischen Schiffe herangezogen[5]; 1607 mußten die Flensburger Kaufleute hier besonders zu den Kosten der Stadtbefestigung beitragen, da sie hier großen Handel und Betrieb hatten[6]. Die Kopenhagener Filiale von „Thomas Jakobsens Erben", Seiden und Tuchkrämern, erhielt nach einem Rechenschaftsbericht 34 959 Taler für Waren, welche der König dort entnommen hatte. Aus Anders Olufsens, Bürgers und Einwohners zu Flensburg, Filiale bezog der König 1599 für 12 400 Taler Waren. Die Filialen wurden dann bald das Hauptgeschäft[7].

Das Recht der Fischerei im Reiche nutzte die Stadt eifrig aus. Sie geriet mit Aalborg in einen Streit über den Heringsfang, die Salzerei und Kaufmannschaft zu Nibe im Limfjord. Durch ein Urteil des Reichsrates wurde den Flensburgern trotz des Einspruchs Aalborgs und seiner Berufung auf besondere Privilegien der Fang bis auf weiteres erlaubt, doch behielt sich Christian IV. vor, das Privileg zu ändern, wenn er mündig geworden sei[8].

---

[1] Kanc. Brevb. VIII 664; Johann Klöckert.
[2] Kanc. Brevb. V 351, VI 115, 177, 654, VII 609.
[3] Ebenda I 313, II 97, 191, 267.
[4] Saml. til jydsk Hist. og Topogr. VII 296.
[5] Nielsen I 479—80.
[6] Ebenda IV. 172.
[7] Mejborg, Billeder 144—45; 1615 liefen in Kopenhagen nur wenig schlesw.-holst. Schiffe ein: 2 Krejer von Flensburg, 1 von Schleswig, 1 von Sonderburg, Nielsen IV 205—06.
[8] Saml. til jydsk. Hist. og Topogr. VII 294; seit 1601 nahm die Fischerei hier sehr ab, ebenda X 95; Flensburger Handel s. a. Kanc. Brevb. II 233—34, 267.

Auch die andern Städte Schleswig-Holsteins handelten eifrig nach Dänemark: Hadersleben[1], Eckernförde mit Kakabille[2], Kiel, wo wegen des Umschlags Krämer mit kostbareren Waren wohnten[3]. Husum trieb an der Westküste Jütlands Handel, wo ganz hinauf bis Skagen eine lebhafte Küstenschiffahrt getrieben wurde[4]. Erschwerend war, daß man auf die Märkte in den Städten angewiesen war; der Handel auf dem Lande mit den Bauern, ja, wie es scheint, zum Teil mit dem Adel, war auf das strengste verboten[5]. Der Austausch lag wohl überwiegend in der Hand der Schleswig-Holsteiner. Sie erscheinen vielfach als die Gläubiger der Dänen[6], nur selten ist es umgekehrt[7]. Auch im Ochsenhandel fühlten sich die Dänen zeitweilig zurückgedrängt[8]. Doch suchten die Dänen auch häufig schleswig-holsteinische Märkte auf, besonders die Riper mit Fischwaren[9]. Ripens bedeutende Stellung im Handel der nördlichen Ämter ist schon erwähnt[10].

Der Warenabsatz nach Dänemark beschränkte sich hauptsächlich auf Waren ausländischer Herkunft. An Landesprodukten wurde häufiger fehmarnscher Weizen[11] und holsteinisches Schiff-

---

[1] Saml. til jydsk Hist. og Top. VIII 727, 840; Schlegel II, III 49.

[2] Kanc. Brevb. I 109, VI 94, 478, IX 474 u. a.; Nielsen IV, II 145.

[3] Vedel Simonsen, Bidr. til Odense Byes aeldre Hist. II 86; Secher, Saml. af Domme I 551; s. a. Kanc. Brevb. 52, 187.

[4] Ebenda VI 649; Kinch, Ribe II 842 u. a.

[5] Kanc. Brevb. IX 745f., 751; C. T. Engeltoft, Odense Byes Hist. i Saml. til Fyens Hist. og Topogr. (adg. af Fyens Stifts litt. Selsk.) 1882 II 125.

[6] D. M. IV R. I Bd. 278 und 281, II Bd. 312; Sejdelin 392, 394, 407; Kanc. Brevb. I 145, II 6, 97, VII 98, IX 518, 680f.; Secher, Saml. af Domme I 401f., 461, 468 versch., 469, 474, 481ff., 561f., 573; II 406, 507.

[7] Sejdelin 704; Kanc. Brevb. I 272, 305, IX 793.

[8] S. Kap. VI.

[9] Lüb. St. Vol. Priv. Hols. I 1568 Febr. 23; Kanc. Brevb. I 56: Trotz Ausfuhrverbotes erlaubt: Kinch II 832, 845; Claeden I 149: Flensb. Priv. Fischwerk in Ripen frei zu kaufen und zollfrei auszuführen; Sejdelin 461.

[10] S. Kap. III.

[11] Kanc. Brevb. II 290, VI 132, IX 347 u. a.

bauholz[1], friesisches Salz[2] dahin ausgeführt. Sonst kommen noch vor: Buchweizen[3], der seit dem 16. Jahrhundert in Schleswig-Holstein öfter angebaut wurde, Schweine[4], Fische[5], Vieh aus Eiderstedt[6] (wohl zur Zucht), Hopfen[7]. Manches davon wird aber wohl nur für den Bedarf des Hofes verschrieben sein[8]. Für die gelieferten Waren erhielten die Schleswig-Holsteiner sehr oft in Landesprodukten bezahlt[9]. Auch der König bezahlte Flensburger oft so oder gestattete ihnen die Ausfuhr von eigentlich verbotenen Waren[10]. Da die agrarischen Verhältnisse vielfach dieselben waren, wurden diese Waren von Schleswig-Holstein weiter ausgeführt. Für den eigenen Gebrauch bezog man im 16. Jahrhundert oft Hafer und Malz[11], im 17. Jahrhundert führten Rendsburg und die Marschen regelmäßig Roggen aus Dänemark ein[12]. Das häufig eingeführte Salzfleisch ist vielleicht auch zur Wiederausfuhr bestimmt gewesen[13]. Aus Gotland bezog man große Mengen von Kalksteinen, Holz und Teer[14]. Aus Ripen und Varde kamen wohl schon damals Ton-

---

[1] Kanc. Brevb. VIII 463 f., 474; Schiffe oft in Schleswig-Holstein gebaut, s. Kap. IV, auch Suhm, Nye Saml. II 93; Nyerup 130.

[2] S. Kap. II.

[3] Schriever.

[4] Kanc. Brevb. III 520.

[5] Ebenda VI 301.

[6] Nyerup 67; türkische Schafe und Böcke von Hadersleben, Kanc. Brevb. VIII 314.

[7] Sejdelin 345—46; Molbech, Nyt hist. Tidsskrift IV 1852: 338; Mauersteine, Kanc. Brevb. V 222, 665, VII 233.

[8] So z. B. sicher Hafer, Kanc. Brevb. VII 92.

[9] Secher, Saml. af Domme I 561 f.

[10] D. M. IV R. VI Bd. 163; Kanc. Brevb. IX 204f., 232, 241, V 140f.

[11] Ebenda II 120, V 178, 366, VI 410, VII 46, VIII 727; s. a. Kap. III.

[12] Acta A XX 2238: 1623 April 3; C. C. Reg. Hols. III 993 u. a. s. a. Kanc. Brevb. III 353.

[13] D. M. IV R. VI Bd. 238; Kanc. Brevb. I 109, VII 177f., 189, 276 IX 474; Schriever u. a.

[14] Ebenda II 255, 263, 304, 369, III 554, V 108, 615, 637, VI 398, VII 455f., 570, 640, 707, VIII 56, 669, 829; Schriever oft.

waren[1]. Sonst lieferten die jütischen Heiden noch Honig[2]. Weitaus die meisten aus Dänemark bezogenen Waren wurden weiter ins Ausland verkauft.

b) Norwegen.

1. Südnorwegen.

Norwegen war in dieser Periode mit Dänemark verbunden. Das Land wurde wie eine abhängige Provinz behandelt. Der König konnte hier unumschränkt befehlen. Ihm verdankten seine schleswig-holsteinischen Untertanen hier manches Handelsprivileg. Der norwegische Handel war zum größten Teil in Bergen konzentriert. Er lag in der Hand des hansischen Kontors auf der langen Brücke. Das Kontor hielt zunächst alle Fremden aus dem Handel fern. Erst nach 1560 entfaltete sich der Handel der bergenschen Bürger wieder mehr, und Fremde konnten mit ihnen in der Stadt Verbindungen anknüpfen[3]. Auf dem Lande erschwerten viele Monopole den Handel der Fremden. Die Ausfuhr einzelner Produkte, besonders von Eichenholz, war allen außer Reichseinwohnern verboten, und diese durften es nur nach Dänemark ausführen[4]. Es hat natürlich stets eine Verbindung zwischen Schleswig-Holstein und Norwegen gegeben[5], doch war sie zu Anfang des 16. Jahrhunderts wegen dieser Beschränkungen sehr gering. 1548 handelten hier schon Dithmarscher. Da sie gegen das Verbot Eichenholz ausführten, befahl der König den Lehnsleuten zu Agershuus, Tunsberg Len, Vardberg Slot, Baahus, Lister Len und Bergenhuus, dies abzustellen[6]. Mit besonderer Erlaubnis durften Herzog Hans' Untertanen auf Nordstrand 1550 4 Schiffe, keines größer

---

[1] Fra Ribe Amt, udg. af hist. Samfund for Ribe Amt I 1903 bis 1906 S. 36, 139f.

[2] D. M. IV R. I Bd. 267.

[3] Y. Nielsen, Bergen fra de aeldste Tider intil Nutiden, 1877. S. 346.

[4] Z. B. Norske R. I 356f., 365, II 492.

[5] Dipl. Norw. VII 644, 655, XI 566.

[6] Norske R. I 111.

als 40 Lasten, nach Norwegen schicken, um sie mit Holz zu beladen[1]; ein Rantzau erhielt vom Könige Seebriefe auf Baahus und Norwegen, um Föhren und Eichenholz zu holen[2]. Wie weit in diesen Jahren schon königliche Untertanen aus Schleswig-Holstein in Norwegen gehandelt haben, entzieht sich unserer Kenntnis. Die Zollverordnungen bezogen sich nur auf Fremde, von den Untertanen wurde kein Zoll genommen[3]. Ob die königlichen Schleswig-Holsteiner dazu gerechnet wurden, wissen wir nicht. 1550 waren keine anderen Fremden außer Hansen, Holländern, Engländern, Schottländern und Hetländern bekannt, deren Schiffe nach Bergen liefen[4]. Noch 1577—78 verkehrten in Bergen keine schleswig-holsteinischen Schiffe[5]. Seit den sechziger Jahren wurde dann öfter Holz aus Norwegen geholt[6]. Der Verkehr nahm zu, besonders, da in diesen Jahren der Hering bei Skanör und Falsterbo in Schonen verschwand und sich in Norwegen, zunächst bei Marstrand, einstellte[7]. Die Schleswig-Holsteiner, die sich auch in Schonen schon an der Fischerei beteiligt hatten[8], wandten sich auch dahin. 1567 erhielt Flensburg die Erlaubnis, den norwegischen Heringsfang zu besuchen, wie ein Brief des Rates gewünscht hatte. Was den neuen Heringszoll anlangte, sollten sie bis auf weiteres

---

[1] D. M. IV R. V Bd. 195.

[2] Sejdelin 444f.

[3] Norske R. I 74, 165.

[4] Ebenda 348.

[5] Nikolaysen, Norske Magasin II 81.

[6] Norske R. I 334: 60 Stämme gutes Bauholz, halb eichen, halb föhren, 18 oder 20 Ellen lang oder länger, 1 Fuß im Durchmesser, an Heinrich Rantzau; ebenda 355, 393: Erlaubnis für Flensburger; ebenda I 488, II 7, 76: für Herzog Adolf; ebenda I 515: für einen kgl. Knecht in Bredstedt; Nikolaysen, Norske Mag. II 74: Ausfuhr aus Söndhordland nach Schleswig-Holstein.

[7] D. Schäfer, Das Buch des lübeckischen Vogts auf Schonen 1881 = Hans. Gesch. Qu. IV. S. XLII; Th. Tomfohrde, Die Heringsfischerei an der Bohus-Län-Küste von 1556—1589. Berl. Diss. 1909.

[8] Secher I 121.

nicht höheren Zoll zahlen als die Reichseinwohner[1]. 1571 wurden sie dann ja allgemein den Reichseinwohnern gleichgestellt[2]. Nachdem aber trotzdem von ihnen in Norwegen ungewöhnlicher Zoll gefordert worden war, erhielten sie 1578 ihr Recht bestätigt; sie sollten in Dänemark und Norwegen die Heringsfischerei treiben wie Reichseinwohner und erhielten den zu Unrecht erhobenen Zoll zurück[3]. Sonderburg richtete 1571 an die Königin Dorothea die Bitte um Befreiung von dem neuen norwegischen Heringszoll. Die Königin gab die Bitte an Friedrich II. weiter, „dan es ohne das arme leut, die ire narung und hantierung merentheils und fast allein aus der sehe haben mußen"[4], und erreichte es auch[5]. 1571 durfte Paul Rantzau zu Bothkamp ein Schiff zoll- und lastgeldfrei auf den Heringsfang schicken[6]. In demselben Jahre erhielten auch die Wilsterer das Privileg, daß sie neben und mit den sonstigen königlichen Untertanen und den Hansestädten Norwegen mit fetten und anderen Waren versorgen dürften und wegen Lastgeld und Zoll wie Reichseinwohner behandelt werden sollten. Sie sollten alle norwegischen Häfen und Ströme befahren dürfen, besonders Bergen, doch darüber hinaus nicht, und nur mit eigenen Waren, was durch Zertifikate zu erweisen sei[7]. Der Verkehr nach Norwegen stieg darauf gewaltig. 1569 kamen aus Norwegen und gingen durch den Sund 5 schleswig-holsteinische Schiffe, 1575: 15, 1580: 43. Im Jahre 1583 erreichte die Zahl ihren Höhepunkt mit 76 Schiffen; vom folgenden Jahre an fiel sie und

---

[1] Kanc. Brevb. IV 256; Claeden II 154.

[2] N. St. M. III 642; Claeden II 155; Secher I 485 f.

[3] H. U. Molsen, Das Flensburger Schifferfgelag S. 72. Sie erhielten 585 Mark zurück; s. a. Kanc. Brevb. II 648, 670.

[4] Aarsberetn. III 102—03.

[5] Allgemein waren die kgl. Untertanen den Reichseinwohnern gleichgesetzt, doch war dies zunächst nur den Zöllnern im Sund und Belt mitgeteilt, so daß sie in Norwegen mit Zoll belegt wurden. Ein neuer Befehl teilte dies auch hier mit, Kanc. Brevb. VII 649.

[6] Ebenda V 79.

[7] C. C. Reg. Hols. III 445 f.

sank schließlich auf einige Schiffe jährlich[1]. Diese Abnahme traf auch alle Fremden ebenso; der Grund liegt in der Abnahme des Herings und Einführung neuer Zölle[2]. Auch Leute von der Westküste waren in Norwegen am Heringsfang beteiligt; in den Husumer Gerichtsprotokollen werden öfter damit beschäftigte Fischer erwähnt[3]. Die Ausbeute war oft für fremde Länder bestimmt, für Holland[4], Frankreich[5], wie auch der größte Teil der durch den Sund kommenden Heringe. Noch in späteren Jahren wurde in Holstein vielfach „Berger Fisch" verkauft[6]. Seit dieser Zeit entwickelte sich auch eine regelmäßige Holzausfuhr aus Südnorwegen nach den Marschen der Westküste. Die königlichen Untertanen hier wurden mannigfach bevorzugt. Bredstadt erhielt Erlaubnis, 50 Lasten Holz in Norwegen zu kaufen, nachdem ein Brand den Ort verwüstet hatte[7]. Ebenso durften Eddelak und Brunsbüttel Holz zum Deichbau ausführen[8], wie die Remonstranten in Glückstadt um billiges Geld Eichenholz zum Bau ihrer Häuser und Schiffe[9]. Ein Brunsbütteler erhielt, wie vorher Wilster, besondere Handelserlaubnis[10]. Die großen Unternehmungen des Königs an der Westküste, der Bau des Zeughauses in Krempe[11], des Glückstädter Hafens[12], das Bredstedter Werk[13] und der Ockholmer Hafen[14] wurden mit norwegischem Holze ausgeführt. Die herzoglichen Untertanen an der

---

[1] Sundzollreg. I.
[2] Gesamtzahl der durch den Sund gehenden, aus Norwegen kommenden Schiffe war 1585: 553, 1589: 207, s. Sundzollreg.; Zoll, Norske R. II 656, 680; Schäfer, a. a. O. XLII.
[3] Acta A XX 4364.
[4] Norske R. II 609.
[5] Kanc. Brevb. V 79.
[6] Öfter in Zollisten; auch bei Schriever.
[7] Kanc. Brevb. V 251.
[8] Norske R. IV 117, 510.
[9] Zeitschr. XXXVI 196: 1624 Febr. 14.
[10] Kanc. Brevb. VIII 22.
[11] Norske R. IV 490, 607, 678, 691.
[12] Ebenda V 45, 95.
[13] Ebenda V 36, 63f., 93, 97, 105, 298, 377.
[14] Ebenda II 494, 542; für den Wandsbeker Bau: V 98.

Westküste scheinen noch häufiger dort verkehrt zu haben. Die Elbmarschen bezogen ja auch viel Holz aus dem Lauenburgischen usw., sie waren aber auch auf Norwegen angewiesen. Dabei wurden sie nicht immer freundlich behandelt. Husum wurde auch hier während des Durchfuhrstreites mit widerrechtlichem Zoll belegt[1]. Herzog Johanns und Adolfs Untertanen, die nach Norwegen liefen oder von dort kamen und den Middelfahrtsund benutzten, sollten hier beim Zöllner angeben, was für Güter sie im Schiff hätten[2]. Die Wichtigkeit des Holzbezuges ersieht man daraus, daß sich die Herzöge öfter zu Fürschreiben an den König erboten, damit man Holz losbekäme[3]. In einzelnen Fällen erhielten aber auch der Herzog[4] und seine Untertanen[5] besondere Ausfuhrerlaubnis. Auch für größere Bauten an der Ostküste, besonders für fürstliche Schlösser, bezog man Holz von dort[6].

Aus Schleswig-Holstein brachte man Korn, Bier und fette Waren nach Norwegen. Roggen wurde im 17. Jahrhundert allein dahin öfter ausgeführt. Auch Ziegelsteine wurden im 16. und 17. Jahrhundert häufig dahin ausgeführt[7]. Die Zollfreiheit für die im königlichen Gebiet des „Herzogtums Holstein", d. h. Schleswig-Holsteins, liegenden Kaufstädte blieb auch unter Christian IV. bestehen; „Hamburgern und anderen Leuten von dort", die dieselbe Freiheit zu nutzen suchten, wurde dies energisch verwehrt[8]. Nur zeitweilig, während des Kalmarkrieges, wurden auch die königlichen Untertanen zum Zoll herangezogen,

---

[1] Ratjen II 305—06.

[2] Kanc. Brevb. VIII 385.

[3] Beccau 298; Heimreich I 432; sonstiger Handel: Norske R. III 494f.; Secher, Saml. af Domme II 489.

[4] Norske R. IV 709: 80 Masten, V 293.

[5] Ebenda V 41f.

[6] Kanc. Brevb. V 588, VII 707, VIII 53, 554; N. D. M. I 145; Norske R. II 460, 494, 507, 533, 604, 687, IV 710, 719, V 35f., 38, 293.

[7] Norske Samlinger udg. af et hist. Samfund i Christiania 1852 I 634a, s. Anhang u. a.

[8] Norske R. IV 368f.

doch blieben auch da Wein und Bier aus Dänemark und Schleswig-Holstein zollfrei, wenn sie dort schon verzollt waren[1].

Wie regelmäßig dieser Verkehr nach Südnorwegen war, kann man daran sehen, daß seit 1610 jährlich einige Schleswig-Holsteiner in Bergen die Bürgerschaft gewannen, bis zu 10 in einem Jahre, nachdem schon seit 1568 die ersten hier Bürger geworden waren[2]. In Schleswig-Holstein erscheinen nur ganz selten Norweger[3].

2. Nordnorwegen.

Als der Hering nach einigen Jahren von Marstrand weiter nach Norden zog und nun an der Westküste Norwegens bei Trondhjem erschien[4], zogen die Fischer mit. In diesen Gegenden war der Handel durch Monopole sehr beschränkt. Bergen und das Kontor hatten den Alleinhandel in der Umgegend der Stadt[5]. Trondhjem hatte dasselbe Recht in den vier Seelehen, Romsdalen, Nordmöre, Fosen und Namdalen, die unter dem Amtmann zu Trondhjem lagen[5]. Der Handel mit Nordland war seit dem Odenseschen Rezeß dem Kontor und der Stadt vorbehalten, auch Trondhjem hatte zeitweilig Anteil. Ebenso war es in Finmarken[5]. Daher war der Handel der Fremden in allen diesen Gegenden auf die Städte beschränkt, wo sie aus zweiter

---

[1] Norske R. IV 423 ff., Secher III 341, 347—8, sonstige Zollordnungen, Norske R. III 305, 659, V 154.

[2] N. Nikolaysen, Bergens Borgerbog 1550—1751. Christ. 1878 = Det norske hist. Kildeskriftesfonds skrifter XIII. Es waren alle Gegenden beteiligt, besonders Flensburg, Hadersleben, Dithmarschen, Alsen, Tondern u.'a. Die erste Herkunftsbezeichnung war 1581; aber der vorher sehr häufige Name „Holst" bezeichnete sicher oft dasselbe. Bitten um Niederlassungserlaubnis für herzogl. Untertanen, Norske R. III 217, 232.

[3] H. T. IV R. VI Bd. 422. Sonstige Erwähnungen, Norske R. III 351, V 387; Norske Saml. 1 634; H. J. Huitfeld-Kaas, Nils Stubs Optegnelsesböger fra Oslo Lagthing 1572—80. Christ. 1895 S. 45; Jargow 75, 105.

[4] Schäfer, a. a. O. XLIII.

[5] Nielsen, Bergen S. 349 ff.

Hand kaufen mußten. Nur durch besondere Begnadigung seitens des Königs wurde Fremden der Handel hier erlaubt. In den Lehen Bergen und Trondhjem erhielten die Schleswig-Holsteiner nur in Zeiten des Mißwachses Pässe, so für Romsdal und Helgeland, um Korn zur Abhilfe der Not zu bringen[1]. Doch wurde das Monopol von ihnen mitunter umgangen. So hatte 1595 ein Trondhjemer Bürger in Romsdal ein Schiff mit Salz, Korn u. a. von einem Flensburger gekauft und die Waren dann an die Bauern verkauft. Doch wurde dies aufs schärfste geahndet[2]. Öfter haben die Schleswig-Holsteiner Pässe auf Nordland und Finmarken erhalten[3]. Die Verhältnisse waren hier nicht so klar geregelt, seit 1560 das Kontor das Alleinrecht auf diesen Handel verloren hatte. 1591 wurde aber dem Kontor, Bergen und Trondhjem das Alleinrecht auf den Handel in allen Gegenden zwischen Bergen und Vardöhus am Varangerfjord bestätigt[4]. Einzelne Holsteiner durften das Land noch einmal aufsuchen, um ihre ausstehenden Gelder einzuziehen, sollten dabei aber nicht mehr handeln[5]. Auch später wurden ihnen wieder Pässe auf „Nordland" ausgestellt; doch ist damit schwerlich das Land sofort nördlich der Lofoten, das seit der Reformation diesen Namen trug[6], gemeint, sondern das Land nördlich und hinter Vardöhus, soweit es noch zur Krone gehörte. Öfter wird auch hinzugefügt: ohne die Privilegien zu kränken[7], was wohl überhaupt die gewöhnliche Bedingung für Erteilung eines Passes war. Dasselbe geht auch aus dem Wortlaut eines Passes hervor: paa Nordland at segle Norden om Vardöhus til en Havn Vadsö[8]. An diesem Handel hinter Vardöhus, auf den Grenzgebieten, die noch unter Norwegen gehörten, „paa kgl. Majs.

---

[1] Norske R. III 651.
[2] Ebenda III 387, 407.
[3] Ebenda II 6, 460, 583.
[4] Nielsen, Bergen 353.
[5] Kanc. Brevb. IX 551.
[6] C. G. Styffe, Skandinavien under Unionstiden 1880 S. 380f.
[7] Norske R. III 19.
[8] Ebenda IV 608—09; s. a. III 107—08.

og Norges strömme" und auf russischem Gebiet bis nach Archangel hatten die Schleswig-Holsteiner den stärksten Anteil. Nachdem 1554 zuerst Engländer nach der Dwinamündung verschlagen waren und alsbald Handelsverbindungen angeknüpft hatten, war hier ein lebhafterer Handel entstanden[1]. Der dänische König, dessen Sundzolleinnahmen dadurch geschmälert wurden, hatte die Fahrt zuerst unbeachtet gelassen, da sie nicht sehr bedeutend war. Friedrich II. hatte zeitweilig die Fahrt durch Kriegsschiffe zu hindern gesucht, sie schließlich (1583) den Engländern gegen eine feste Abgabe von 100 Rosenobeln gestattet. Es waren auch Holländer und Franzosen zugelassen worden. Der Handel gewann erhöhte Bedeutung, als 1581 Narwa, Rußlands einziger Ausfuhrhafen an der Ostsee, von den Schweden genommen wurde und diese sich hier als Vermittler einschoben. Wahrscheinlich schon 1581 hatte ein Kremper, Paul Wulff, sich mit anderen Bürgern und Kaufgesellen in Krempe zusammengetan und die Fahrt „bawen Norwegen und nach Island" unternommen, sicher aber in den nächsten Jahren. Da seine Mitbürger ihm aber nicht genug Waren (für die Fracht von 1300 M., die das Schiff tragen konnte) gegeben hatten, hatte er Geld in Hamburg aufgenommen, so Matschoppei getrieben und gegen die Seebriefe des Königs gehandelt. Jetzt bat er den König, seine Ungnade fallen zu lassen[2]. Wie es scheint, hat Krempe noch im 17. Jahrhundert an dem Handel nach Archangel teilgenommen[3]. 1582 Febr. 19 hatte dann Oluf Mechelborg, Bürger aus Flensburg, Erlaubnis erhalten, ein Schiff mit Mehl, Malz, Salz u. a. nach den Nordlanden in Norwegen zu bringen und dort zu handeln[4]. In den nächsten Jahren blieb

---

[1] E. Zweig, Die Entstehung u. Organisation der engl.-russ. Handelsbez. in d. 2. Hälfte d. 16. Jahrh., ein Beitr. z. russ. Gesch., Th. Schiemann, Ausgebracht S. 117; L. Brinner, Die Erschließung des Nordens für den Walfischfang, Hans. Geschbll. 1912 S. 321.

[2] Acta A XVII 1376 öfter Bitte um Paß; Mitt. f. hbg. Gesch. VII 20. Jahrg. 1900 S. 291; Norske R. II 460.

[3] St. M. VIII 2.

[4] Norske R. II 450.

die Fahrt noch vereinzelt[1], hob sich dann aber bald[2]. Es erhielten bis zu 11 Schleswig-Holsteinern Pässe. Das war ein großer Teil des ganzen Handels[3]. Übrigens erschöpfen die norwegischen Rigsregister die Zahl der hierher fahrenden Schiffe nicht: 1610 waren auch ein Schiffer Herman Wendt aus Hadersleben und Omet Tarfwe aus Flensburg in Vardö anwesend, die hier nicht erwähnt werden[4]. Auch Christian IV. traf auf seiner Nordlandsreise einen Hadersleberner, obwohl kein Paß für ihn erhalten ist[5]. Mit dem Jahre 1617 hört die Erteilung von Pässen auf. Christian IV. errichtete eine isländische Kompanie, die vom Lehnsmann in Vardöhus kaufen sollte und an den Stellen, wohin sich Bergens und des Kontors Privilegien nicht erstreckten[6]. Immerhin gab es noch einige Ausnahmen: 1621 erhielt ein Flensburger einen Paß auf Rußland, doch sollte er die Privilegien Bergens und des Kontors nicht kränken[7]; ein anderer erhielt 1625 sogar auf 6 Jahre die Freiheit, zu fischen und zu handeln unter der Russenküste und der Raftesiden, südlich des Varangerfjords, was unter Finmarken gehörte[8]. An dem Handel war namentlich Flensburg beteiligt, daneben auch Sonderburg[9] und Hadersleben[10]. 1620 befrachtete auch ein

---

[1] Norske R. II 457f., 552f., 586, 647, 668, 705, III 19.

[2] Von 1589—1603 waren es: 6, 7, 3, 2, 3, 6, 6, 11, 7, 2, 4, 4, 8, 8, 1; ebenda III 26, 34, 107f., 118f., 160, 230, 274, 325ff., 369, 387, 404f., 407, 456, 459, 497, 525, 527, 560, 593ff., 617, 650, IV 6; Kanc. Brevb. IX 551; 1607: 4, ebenda IV 192f.; 1609—10: 3, 4 ebenda 305f., 358f.; 1613—17: 6, 8, 6, 7, 2, ebenda 487, 514, 517ff., 521, 553, 575, 577, 579, 581, 608f., 617, 630. Es waren Schiffe bis zu 80 Lasten.

[3] 1614 erhielten 11 Dänen, 8 Schleswig-Holsteiner, 5 Holländer, 2 Hamburger Pässe; dazu die Engländer.

[4] G. Hammer, Hist. Underretning om Finmarkens Handel, Saml. til det norske Folks Sprog og Hist. III 273.

[5] D. M. IV R. 2 Bd. 397.

[6] Ketilson II 303ff.

[7] Norske R. V 138.

[8] D. Am. 4.

[9] Norske R. III 19, 160.

[10] Ebenda 108, 276, 326, 369, 406f., 458, 618, 650, 706.

Altonaer Mennonit ein holländisches Schiff von Altona nach Archangel und zurück[1]. Vardöhus, Malmis, St. Nikolas, Kjervege (Korwage) und Kolmogra waren die Hauptorte, oft heißt es auch: wohin sie der Wind treibt. Zu Vardö oder auch vor Antritt der Reise an den König selbst mußte man zollen[2]. Es war Bedingung, nur unverdächtige Waren hinzuführen, d. h. die Russen nicht mit Kriegsmaterial zu versorgen[3]. Man brachte Lebensmittel und erhielt dafür Stockfische. Öfter auch beteiligten sich die Schleswig-Holsteiner am Fischfang selbst[4]. Als Christian IV. seine Nordlandsreise machte, war bei Kildin ein sehr reicher Fang. Ein Flensburger Kaufmann lud dort in 8 bis 10 Tagen sein ganzes Schiff voll. Man kaufte die Fische zu dem sehr billigen Preise von 4 Talern für 3—4 Tonnen[5]. Auch kostbare Felle usw. konnte man erstehen. Der Gewinn war sehr groß. Öfter erwarben Flensburger, die vorher als Schiffer gefahren waren, später für sich selbst Pässe[6]. Die Waren gingen nur zum kleinen Teil nach Schleswig-Holstein selbst[7].

c) Die Islandfahrt.

Der isländische Handel war, wie der Nordlandshandel, nur mit besonderer Erlaubnis des dänischen Königs gestattet. Friedrich II. erteilte die Erlaubnis stets auf bestimmte Häfen, um den Handel genau zu kontrollieren. Zunächst waren die Hamburger hier fast die einzigen Händler[8]. Während des nordischen siebenjährigen Krieges erhielt als erster Schleswig-Holsteiner, den wir nachweisen können[9], Kristoffer Vogler, des Königs Schloßschreiber zu Segeberg, der dem Könige Kriegs-

---

[1] Ehrenberg, a. a. O. H. IV 23a.
[2] Norske R. IV 514.
[3] Ebenda III 26 öfter zu den gewohnten Bedingungen.
[4] Z. B. ebenda III 19.
[5] Sivert Grubbes Dagbog, D. M. IV R. II Bd. 396.
[6] Z. B. Norske R. IV 303, 358.
[7] Ebenda III 497.
[8] E. Baasch, Die Islandfahrt der Deutschen; Bier aus Wilster dahin? Hbg. St. A. Nr. 15b vol. II 1557.
[9] Sejdelin II 1047—49 scheint doch auf anderes zu gehen.

material geliefert und Geld vorgestreckt hatte, öfter Erlaubnis zum Besegeln isländischer Häfen. Er durfte Handel treiben mit allen Waren außer mit Schwefel und Salpeter, den der König sich selbst vorbehielt[1]. Ebenso durfte Herzog Adolf „für seinen Gebrauch" auf seinem Schiffe Tran und Fische aus Island holen und dort andere Waren verkaufen lassen[2]. Der königliche Bevollmächtigte auf der Insel sollte ihm Waren zu billigem Preise verschaffen. Ein anderes Mal erhielt er den Vorzug in der Abfertigung vor allen anderen[3]. Als nach Wiederausbruch des Streites um das ius restringendi den Hamburgern auch auf Island, wo sie bisher die erste Stelle eingenommen hatten, aller Handel untersagt war, suchten sie viele benachbarte Orte auf; sie gingen auch „na dem Kyell und Lande tho Holstein" und fuhren von dort nach Island[4]. In diesen Jahren haben auch Schleswig-Holsteiner, jetzt auch besonders Bürger, die Fahrt unternommen, wie Paul Wulff aus Krempe[5]. Trotz des Wiedereintretens der Hamburger in den Handel nach 1579 blieben auch Schleswig-Holsteiner weiter daran beteiligt[6]. Als 1602 und 1614 der isländische Handel dänischen Städten vorbehalten wurde und als 1619 eine isländische Kompagnie in Kopenhagen gegründet wurde, hat trotzdem der schleswig-holsteinische Handel dahin nicht ganz aufgehört[7]. Noch 1620 erhielt der Lehnsmann des Königs Befehl, einem Bürger von Itzehoe auf Island zu seinem Geld zu verhelfen[8]. Der Stapel der isländischen Kompanie wurde schließlich nach Glückstadt verlegt, da es in

---

[1] Kanc. Brevb. IV 130 verbietet Tran, was doch wohl falsch; Norske R. I 537, 647; Ketilson II Nr. XIX 61—62.

[2] Norske R. II 51, 80, 152, 239; Kanc. Brevb. 202, 370, 580, 581.

[3] Ebenda VI 246.

[4] Baasch, a. a. O. 46.

[5] Mitt. f. hbg. Gesch. VII 291.

[6] Die Fische wurden oft in Ütersen, Krempe, Trittau verkauft, Baasch, a. a. O. 76.

[7] Ebenda 82: M. Hoep, ein Hamburger Kaufmann, bezieht isländische Falken von Elmshornern; später schickt er sie als seine Agenten und z. T. auf seine Kosten dahin.

[8] Norske R. V 118.

Kopenhagen an den Handelsverbindungen fehlte, die Waren gut zu verwerten. Schon 1620 verbot Christian IV., isländische Waren nach Hamburg zu führen[1], und 1622 war der Stapel in Glückstadt[2]. Am 8. Februar 1623 gab der König der Kompanie ein ausdrückliches Stapelprivileg in Glückstadt[2]. Auch erhielt die Kompanie hier ein Wageprivileg zur Anrichtung einer Wage mit Kopenhagener Gewicht[3]. Die Sache hatte aber ihre großen Schwierigkeiten. In Glückstadt war keine vollkommene Kompanie mit fester Ordnung aufgerichtet, so daß man mit den Kopenhagenern nicht abschließen konnte. Bürgermeister und Rat von Glückstadt wünschten darum, Fische nach Hamburg verkaufen zu dürfen. Wenn die Kompanie mit Billigkeit mit ihnen handeln und sie nicht mit Fischen überhäufen wolle, könne man sich darauf verlassen, doch wünschte man, für diesmal entschuldigt zu sein. Bürgermeister und Rat baten aber, sie bei ihren Privilegien zu erhalten, daß nicht allein die Niederlage der Waren in Glückstadt sei und bleibe, sondern daß auch die Kopenhagener Kaufleute ihnen, was und wieviel sie begehren würden, vor anderen dort verkauften und den Kauf dort und nicht schon vorher abschlössen[4]. In Glückstadt fehlten so die Abnehmer, und das Stapelrecht wollte nichts besagen. 1623 kamen in Hamburg zwei isländische Schiffe an, die beide in Glückstadt gelöscht hatten. Die Waren wurden aber nach Hamburg gebracht[5]. Auch Krempe hatte Anteil am Islandhandel erstrebt. Seine Bitten um Öffnung einiger isländischer Häfen oder auch Verkauf der Waren auf der Stör blieben aber wohl erfolglos[6].

In den ersten Jahrzehnten des 17. Jahrhunderts begann ein Nahrungszweig zu blühen, der später von größter

---

[1] Zeitschr. XXXVI 202.
[2] R. D. H. D. Ser. 2, II 2, 11885.
[3] C. C. Reg. Hols. III 118f.
[4] Acta B XVI$_2$ Nr. 106.
[5] Baasch, a. a. O. 48, 56 a 1. Die ersten größeren von Glückstadt kommenden Schiffe.
[6] Acta A XVII 1376: 1614 u. 1620.

Wichtigkeit für Nordfriesland wurde, der Walfischfang in Grönland. Genaue Nachrichten über den Beginn fehlen[1].

d) Schweden, Finnland.

In Schweden genossen Dänen und Schleswiger noch aus den Zeiten der skandinavischen Union her Zollfreiheit, umgekehrt die Schweden dort[2]. Im Stettiner Frieden und später war dies ausdrücklich bestätigt worden[3]. Die Zollfreiheit erstreckte sich auch auf Finnland, das damals schwedisch war[4]. Die Stellung der herzoglichen Untertanen war wohl zweifelhaft. Sie machten natürlich Anspruch auf dieselbe Freiheit. Als 1601 Holsteiner in Finnland Zollfreiheit gefordert hatten, erklärte aber Herzog Karl von Södermanland, die Freiheit sei auf die zu beschränken, die unter Dänemarks Krone ständen und dänische Untertanen seien, und nur soweit diese auch keine fremden Güter einführten. Doch sollten Dänen wie Holsten Akzise geben[5]. Schon damals genossen die herzoglichen Untertanen manchen Vorteil durch die Familienverbindung der Häuser Gottorp und Wasa. 1608 erhielten die Eingesessenen und Kaufleute in Neustadt von Karl IX. das Recht, 10 Jahre lang in Schweden gänzlich frei von Zoll und anderer Beschwerde Handel zu treiben[6]. 1610 Mai 5 wurde ihnen Zollfreiheit auf 10 Jahre

---

[1] O. C. Nerong, Föhr früher und jetzt S. 15; L. Brinner, Die deutsche Grönlandfahrt, Abh. z. Verkehrs- und Seegeschichte VII S. 73.

[2] Rydberg, IV 156; K. Gust. Reg. 23, 304 f.: 1552 Juni 24: „denn wir sonst je und allewegh E. L. underthanen, ... für all andern umbliggenden ohne aller unser unnd der cronen Schweden beschwerungh freyen handell unndt wandell vorgundt und zu gelassenn".

[3] Rydberg IV 401, V, I 65—67, 323 f.; Hallenberg V 270 ff., 281 f. Es herrschte vielfach Streit.

[4] T. S. Dillner, Studier rör. Finlands Handel under Tidryme 1570—1622. I Utrikes handelns Beskattning 1570—1605. Ak. Abh. Helsingfors 1897 S. 14, 77, 96, XV. Wenigstens nach 1570; für die Zeit vorher vgl. A. J. Arwidsson, Handl. till upplysning af Finlands Häfder IX 353.

[5] R. D. H. D. Ser. 2, II 1, Nr. 9848.

[6] J. B. Mielck, Zuverl. Nachricht von Neustadt in Hollstein, in Büschings Magazin für die neue Hist. u. Geogr. VI 1771 S. 1071.

verliehen[1]. Der Kalmarkrieg unterbrach die Verbindung, doch erneuerte Gustav Adolf das Privileg 1613 September 18 auf 7 Jahre. Sie durften die Waren in fremden Ländern veräußern, sollten aber die halbe Akzise für fremdes Getränk zahlen[1].

In den ersten Jahrzehnten des 16. Jahrhunderts ist der Handel mit Schweden kaum von Belang gewesen. Lübecks Handel herrschte hier vor, konnte es doch noch 1523 in dem Vertrage mit Gustav Wasa sich und den Städten den Alleinhandel in Schweden vorbehalten. In der Grafenfehde wurde seine Macht gebrochen. 1548 wurde in Schweden sogar aller Handel mit Lübeck verboten. Denselben Zweck, den Handel der schwedischen Städte zu heben, verfolgte auch das Verbot an die schwedischen Bauern, mit den Dänen zu handeln, doch hat dies wohl nicht lange gedauert[2]. Seit 1536 und besonders in den fünfziger Jahren stand Kiel in regelmäßigem Verkehr mit Stockholm[3], sogar ein holsteinischer Edelmann handelte dort im Lande[4]. Am bedeutendsten war Flensburgs Handel[5]. König Gustaf I. war „sonderlich dem Schurmann (aus Flensburg)... mit sonderlichen Gnaden benaigt"[6]. Ein Flensburger hielt an verschiedenen Orten des Landes versiegelte Warenniederlagen[7], ein anderer hatte in Stockholm Waren lagern[8]. In der Flensburger Polizeiordnung und später in allen schleswig-holsteinischen Zollordnungen wird Osemunt, schwedisches Eisen, genannt[9]. Wie den Lübeckern legte man ihrem Handel 1550—53 aber

---

[1] Acta A XX 2903.

[2] K. Gust. Reg. 16, 35 f., 354, 712, 722 f.; Nic. Cragii Historia regis Christiani III; III 347.

[3] Hans Forssell, Serviges iure Historia från Gustaf I. Bd. II Stockh. 1869 S. 30—31; Verbindung mit Lödöse, Elssborg, ebd. S. 43 f.

[4] K. Gust. Reg. 25, 103.

[5] Ebenda 18, 888; 21, 330; 22, 454 f., 23, 126 f., 178 f., 336 f.; leider bei Forssell nicht zu ersehen, da mit Seeland usw. zusammengefaßt.

[6] Ebenda 22, 304.

[7] Ebenda 23, 126 f., 178 f., 181 f., 197: Wadstena, Suderköping.

[8] Ebenda 22, 454.

[9] C. Stat. Slesv. II 274.

manche Schwierigkeiten in den Weg. Man beschuldigte sie, falsches Silber und zu kurze englische Laken geliefert zu haben[1]. Der Diener eines Flensburger Goldschmiedes wurde angehalten, Martin Schulte wurden Schiff und Güter angehalten[2]. Auch suchte der König ihren Hausierhandel auf den Adelshöfen, damals ein wichtiges Gewerbe in dem wenig angebauten, städtearmen Lande, zu unterbinden[3]. Die Flensburger wehrten sich dagegen[4], aber vergebens. Es ist anzunehmen, daß man allgemein den Flensburger Handel treffen wollte, da die ganze Politik Gustavs I. darauf gerichtet war, seinen Untertanen den Verkehr mit Westeuropa vorzubehalten, da er den Zwischenhandel Fremder ausschalten wollte. In den Erlassen, die dies bezwecken, ist Flensburg nicht ausdrücklich genannt, doch mag es mit gemeint sein, da Flensburg ja auch seine Ware oft erst aus dritter Hand bezog. Es war für den König auch unmöglich, offen gegen den Handel der Stadt vorzugehen, da Dänemark hinter ihr stand. Aus Schleswig-Holstein kamen nur Korn[5], friesisches Salz[6] und Silber- und Goldwaren[7], alles andere, Tücher, Salz, Hopfen usw. war ausländischer Herkunft. Die Bezahlung erfolgte in Naturalien, in Butter, Ochsen, Pferden, Eisen, Häuten usw.[8].

---

[1] Ebenda 23, 126 f., 300 ff.
[2] Sejdelin 1004 f.
[3] K. Gust. Reg. 22, 454: Waren zu teuer!
[4] Sejdelin 1005: Nach Kontrakt so geliefert.
[5] K. Gust. Reg. 16, 782.
[6] Mitt. d. Ver. für Nordfriesland H. 5. 1908—09 S. 50; C. Hildebrand, Svenska Rigsdagsakter II 464: Dansk packat salt?
[7] Z. B. Sejdelin 1002 f.
[8] K. Gust. Reg. 23, 301; Rydberg IV 156; Sejdelin 805; K. Gust. Reg. 16, 239 f., 18, 888: 11 t Salz = 1 t Butter; ebenda 21, 330, 22, 207/1, 23, 336 f.: 19 Stck. bereitetes Tuch für je 3 t Butter, 88 Stck. unbereitetes für 2 t 14 Pfd. in Kalmar, in Stockholm war der Preis nach Aussage des Königs nur 2 t 10 Pfd.; Forssell S. 40: Z. B. 1549 das größte damals Stockholm verlassende Schiff ging nach Kiel mit 2,054 Schiff Eisen, 104 Lis Butter, 212 Ochsen und Kuhhäuten und 323 t; schwed. Eisen oft genannt. Rördam, Mon. Hist. Dom. I R. 2 Bd. 51, 54 f., 61 ff.; Urks. III, 2 S. 31.

Der siebenjährige nordische Krieg unterbrach dann die Verbindung. Gegenseitige Kaperei schädigte den Handel sehr. Trotz des Krieges und obwohl die Dänen besonders durch die Sperrung der Ostseeküsten für die Schweden den Sieg zu erringen hofften[1], beteiligten sich öfter Schleswig-Holsteiner an der gewinnbringenden Versorgung Schwedens mit Lebensmitteln[2]. Auch suchten sie den Handel in Finnland aufrecht zu erhalten, doch wurde von Erich XIV. befohlen, sie als Feinde zu behandeln[3]. Mit dem Frieden begann auch die Handelsverbindung wieder. Aber durch fortwährenden Streit beider Länder wurde sie sehr gestört. Unsere Hauptquellen verlassen uns jetzt, so daß wir nicht mehr so eingehend Bescheid wissen. Jedenfalls hat Flensburg auch weiter starken Handel nach Schweden getrieben[4]. Sein Handel mit Schweden überwog den aller andern dänischen Städte; als der Zoll für alle dänischen Untertanen aufgehoben wurde geschah dies für: „för alla danska undersåter, både Flensborgare och andra"[5]. In den Ausgleichverhandlungen auf der Grenze der Reiche hatten die Dänen auch für Flensburg zugefügten Schaden Ersatz zu fordern[6]. Auch Kiel unterhielt die Verbindung weiter, und Heiligenhafen trat in den Verkehr ein[7]. Nach 1580 stieg Lübecks Handel in Schweden wieder sehr. Die Stadt versorgte die Umgegend mit schwedischer und finnischer Butter und Osemunt[8]; auch die meisten holsteinischen Kupfer- und Eisenhämmer bezogen ihr Rohmaterial aus Lübeck. Zeitweilig war sogar die gesamte schwedische Kupferausbeute an einen Lübecker,

---

[1] Dogiel, a. a. O. I 358, 362.

[2] Kanc. Brevb. IV 306.

[3] A. J. Arwidsson, a. a. O. X 140.

[4] Acta A XVII 180: Klagen über Zoll. Fl. fürchtet wegen der Zollbeschwerden seine Nahrung zu verlieren; Zeitschr. IV 131.

[5] Hallenberg V 281 f.

[6] Rydberg V 1 S. 133; Kanc. Brevb. VII 86.

[7] Acta A XX 274: 1626 März 11; ebenda 2866: 1599 Juni 17; Lüb. St. vol. Hols. Priv. I 1606; Schriever nach Schweden 1 „Schouwer" zu 70 Lot, je 26 β = 90 M. 3 β verkauft.

[8] G. H. Schmidt, Zur Agrargesch. Lübecks und Ostholsteins 105, 154, 170.

Marcus Mews, vergeben, so daß Herzog Karl von Södermanland seiner Mutter, die gern auf 8—900 Schiffspfund Kupfer jährlich den Vorkauf haben wollte, um sie in Holstein zu verarbeiten, es abschlagen und sie auf später vertrösten mußte [1].

10. Die Narwafahrt.

Bis 1558 war das weite russische Binnenland für die Abfuhr seiner Produkte einzig auf die Häfen am Weißen Meer beschränkt gewesen, die auch erst seit wenigen Jahren besucht wurden. Oder die Russen mußten sich der livländischen deutschen Städte bedienen, die, ihre glückliche Lage benutzend, möglichst große Zwischengewinne zu machen suchten, den Russen für ihre Produkte wenig zahlten, die fremden Waren aber mit hohen Preisen berechneten, was sie ungestört tun konnten, da sie jeden direkten Handel der Russen mit Fremden verboten. Dem Andrang der russischen Macht konnte das politisch sehr zerklüftete und von Deutschland seinem Schicksal überlassene Livland 1558 nicht länger widerstehen. Mit der Eroberung Narwas erreichten die Russen die Ostsee. Jetzt konnten sie direkt mit den Fremden verkehren. Sie bezogen jetzt von Lübeck, Holland, England und Holstein Waffen und Munition, die sie zur völligen Verdrängung der Deutschen und zum Kampf gegen Schweden und Polen verwandten. Zeitweilig spielte in diesen Kämpfen auch ein holsteinisch-dänischer Fürst, Herzog Magnus, eine wenig rühmliche Rolle. Gegen den Verzicht auf sein holsteinisches Erbrecht hatte ihn sein Bruder Friedrich II. das Bistum Ösel verschafft, doch endete er bald, nachdem er noch König von Livland von russischen Gnaden geworden war.

---

[1] Acta A XX 274: 1595 Aug. 8 da Mews 30000 Tlr. braucht (das Schiffspfund Kupfer kostet 28 Tlr.), macht der Herzog ihr den Vorschlag, sich mit dem Erzbischof von Bremen bei Mews zu beteiligen. Der Herzog wollte für die Summe haften. Die Herzogin verhandelte auch mit Mews, konnte das Geld aber nicht aufbringen, erbot sich aber, ihm bei dem Herzog von Mecklenburg behilflich zu sein, der in Neustadt Kupfer verarbeiten ließ.

Dänemarks Stellung zu den Russen wechselte[1]. Ebenso die Herzog Adolfs, der zeitweilig daran dachte, in Livland neue Lorbeeren zu suchen[2]. Als er davon gehört hatte, daß die Lübecker den Moskowitern Kriegsmunition zuführten, führte er sofort bei der Stadt Beschwerde; doch wies Lübeck den Vorwurf entrüstet zurück[2]. Aber auch die schleswig-holsteinischen Schiffer haben sich bald an dem Verkehr beteiligt, obwohl der König von Schweden die dänischen Schiffer von der Fahrt abmahnte[3]. Schon 1561 war Nicolaus Schrum, ein Untertan Herzog Johanns, auf der Narwafahrt von Danziger Freibeutern arrestiert worden. Auf Fürbitte des Herzogs befahl der König von Polen die Freigabe des Schiffes, forderte aber vom Herzog, er solle seinen Untertanen verbieten, die Feinde des Königs und der Christenheit zu stärken[4]. 1562 wurde einem holsteinischen Schiffer in Lübeck eine Last Schwefel konfisziert, die er hatte ausführen wollen, als niemand im Hafen war, um sie den Russen zuzuführen. Herzog Johann verwandte sich sofort für seinen Untertan und drohte, das lübische Gut in seinem Gebiet mit Beschlag zu belegen. Lübeck beharrte aber auf seinem durch kaiserliches Mandat gerechtfertigten Vorgehen und bat, von dem Arrest abzusehen[5]. Während des siebenjährigen Krieges liefen oft schleswig-holsteinische Schiffe nach Narwa, brachten Salz, holten Pelzwerk, Zobel und Marder, Kabelgarn und Hanf. Doch war die Fahrt verboten auf Wunsch des mit Dänemark verbündeten polnischen Königs, der auch mit Rußland im Kampf lag. Ein Schiff Moritz Rantzaus und Hans Blomes, das von Narwa kam, wurde deshalb im Sund festgehalten, allerdings bald wieder zur Fahrt nach Westen freigegeben[6]. Eine Bitte Blomes, noch einmal Narwa mit Salz besegeln zu dürfen, wurde

---

[1] Laursen II 20 ff.; C. Schirren, Archiv f. Gesch. Liv-, Est- und Kurlands N. F. X 1884 S. 76, 83 f., 90 f. u. a.
[2] Lüb. St. Holsatica vol. II fasc. I 17: 1563 April 21.
[3] Handling. rör. Skand. hist. IV 53.
[4] Simson Nr. 3996, 3999.
[5] Lüb. St. vol. Hols. Priv. I 1562 Jan. 16.
[6] Kanc. Brevb. III 477, 522 f., 529, 596.

aber vom Könige abgeschlagen, da es zu bedenklich schien[1]. Auch die herzoglichen Untertanen wurden von dem Verbot schwer betroffen. Herzog Johann beklagte sich bei dem Könige, das Verbot gereiche den Fürstentümern zu größtem Abbruch in der Nahrung. Er wünschte Aufhebung des Verbotes für seine Untertanen, es sei denn, daß der König besondern Vorteil davon habe, und bat um weiteren Bescheid, da jedenfalls doch nicht gemeint sei, allen Handel mit Danzig, Königsberg, Pommern, Mecklenburg und Riga, oder Holland und Norwegen zu verbieten[2]. Bald wurde den Verkehr auch für die Dänen sehr wichtig, so daß das Verbot nicht erneuert wurde. Polen suchte sich selbst zu helfen. Danziger Orlogschiffer und Freibeuter überfielen ein Schiff Herzog Adolfs, der schon lange seinen Standpunkt geändert und schon öfter die gewinnbringende Fahrt unternommen hatte, und plünderten es aus. Der Herzog und mehrere Edelleute, die Güter auf dem Schiff gehabt hatten, übten Repressalien, hielten zwischen Hamburg und Lübeck 100 Schiffspfund Danziger Wachs fest, ebenso Thorner Güter und nahmen in Dänemark ein Danziger Schiff[3]. Danzig weigerte sich, Schadenersatz zu leisten, da es nicht beteiligt gewesen sei; Sigismund August erklärte die Plünderung für rechtmäßig, forderte Herausgabe der arrestierten Güter und völliges Verbot der Narwafahrt[3]. Im Stettiner Frieden und auch späterhin beharrten die Dänen sehr energisch auf dem Recht der Narwafahrt[4]. Schweden suchte die Fahrt zu hindern und hat dabei, wie es scheint, auch Flensburg manchen Schaden zugefügt[5]. Auch Güter Daniel Rantzaus zu Seegaard, die er auf gefrachtetem Schiffe durch seinen Diener H. Bork zu Flensburg nach Narwa

---

[1] Kanc. Brevb. III 586.

[2] H. T. IV R. VI Bd. 396 f.

[3] Jahrbücher d. Ver. f. mecklenburgische Geschichte und Altertumskunde 1896 Bd. 61 S. 367; Simson Nr. 5496, 5511 f., 5515, 5527, 5570 f., 5575, 5590 f., 5598, 5603, 5609, 5613, 5615, 5619, 5621 f., 5672, 5678 f., 5680.

[4] Rydberg IV 401; Odhner, Meddel. från Svenska Riksarchivet. IV 1891—96 S. 106 f.

[5] Kanc. Brevb. VII 86.

abgesandt und von da nach Lübeck beordert hatte, waren auf der Rückfahrt von schwedischen Ausliegern genommen, nach Helsingfors geführt und dort verkauft worden, obwohl die Schweden sie mit Paß von ihrem Admiral ungehindert hatten einlaufen lassen[1]. Der Handel der Dänen und Holsten nach Narwa war damals sehr bedeutend, da die Schweden ihn sonst keinem gestatteten[2]. Kremper Bürger verfrachteten von Lübeck aus ihre Güter dahin, sie kauften sogar eigens für die Fahrt ein Schiff, das sie dann in Flensburg dahin beluden[3]. 1581 ging Narwa aber an die Schweden verloren und die Fahrt hatte ein Ende. Dafür kam die Fahrt ins Weiße Meer auf.

11. Die deutsche Ostseeküste.

Der Verkehr mit den deutschen Ostseestädten war nur gering. Die wirtschaftlichen Verhältnisse waren fast die gleichen. Ein gewisser Austausch besonderer Erzeugnisse hat natürlich stets bestanden. In fast allen Städten werden auch Schleswig-Holsteiner erwähnt. Dithmarscher als Freunde der Hanse ließen sich hier oft nieder und erlangten ansehnliche Stellungen[4]. Bis 1558 hatten Reval, Dorpat und Riga besondere Wichtigkeit wegen des Verkehrs mit den Russen. Auch hier beanspruchten die Dithmarscher freien Handel und Aufnahme in die Gilden. Die Städte waren von der Konkurrenz wenig erbaut. Schon 1540 und 1549 hatte man verhandelt, trotzdem war ihnen die Aufnahme versagt worden. 1553 fanden wieder Besprechungen statt. Der Erzbischof von Bremen gab den Dithmarschern ein Fürschreiben. Auf dem Hansetage suchte man eine Entscheidung zu umgehen. Man glaubte die Städte nicht zwingen zu können. Die dithmarscher Gesandten waren damit aber nicht zufrieden, denn das Land habe sich auch bei Strandungen stets freundlich verhalten, es brauche nicht zu bitten. Wenigstens forderten sie Aufnahme der Klage in den Rezeß. Auf Rigas Frage wurde

---

[1] Lüb. St. Holst. Adel. Vol. III 18.
[2] Häberlein, Neueste Teutsche Reichsgeschichte X 411.
[3] Acta A XVII 1376: 1581 Mai 12, Juli 20.
[4] Neoc. I 207 f.

zunächst beschlossen, in den Rezessen nachzusehen, ob Dithmarschen in die Hanse gehöre[1]. Im folgenden Jahre waren Köln und Riga gegen eine Einbeziehung des Landes. Die Dithmarscher waren aber als Bürger in den Städten zugelassen und hatten auch auf den Kontoren gehandelt. Sie sollten nun nur in das Stift einbezogen und wie dieses behandelt werden[1].

Riga und Reval erhielten unter schwedischer Herrschaft wieder erhöhte Bedeutung, da sie zu Stapelplätzen für den russischen Handel erhoben wurden. Die Zollfreiheit in Schweden erstreckte sich auch auf diese neuerworbenen Gebiete[2]. Holsteiner, besonders Kieler, erhielten durch Fürsprache der verwitweten Herzogin auch oft Pässe dahin[3].

Sonst war Danzig der wichtigste Platz für die Schleswig-Holsteiner. Als die Fahrrinne im Danziger Hafen verändert war, teilte man dies auch Flensburg mit[4]. Zahlreiche Fürschreiben, Schuldforderungen und andere Aktenstücke belegen den regen Verkehr[5]. In Schleswig-Holstein hatten nur die Wismarer, die in Flensburg zeitweilig viel verkehrten, mehr Bedeutung. In Fehmarn erschienen auch vielfach Händler aus den nahen Städten. In Notjahren und seit dem 17. Jahrhundert regelmäßig wurde aus den Ostseeländern Roggen, besonders nach Holstein, eingeführt[6]. Auch Holz kam von da, doch selten[7]. Häufig wird Rostocker Bier erwähnt, das im ganzen Lande viel getrunken wurde, in Husum, Tondern wie den Ostseestädten. Es kommt sogar als regelmäßiges Gildengetränk und Gerichtsbuße vor[8]. Auch „Preussing" wurde eingeführt[9]. Sonst waren

---

[1] Höhlbaum I 375—77.

[2] Hallenberg V 7—8; doch Rydberg V 1, 112 f., 216 über Hinderung der Fahrt nach Narwa.

[3] Acta A XX 274.

[4] Simson Nr. 7989.

[5] Zahlreiche Stellen bei Simson.

[6] Simson Nr. 1947, 2236, 2315, 3054, 4706; C. Stat. Sl. II 152—53.

[7] Simson Nr. 4065, 5150.

[8] Acta A XX 2986: 1624; Claeden I 26 f.; Hanssen I 441; Fick, Kiel S. 57; Schriever; s. a. Kap. V: Eidertransit.

[9] C. Stat. Slesv. II 281; Sejdelin 841; Schriever; Sönderj Aarb. 1897 S. 225.

es besonders Salpeter[1] und andere Spezialwaren. Einen interessanten Einblick in den Ostseehandel gewähren uns die Rechnungsbücher Ulrich Schrievers, eines Kieler Bürgers (Kiels Verbindungen in der Ostsee werden gerühmt). Es ist schon erwähnt, daß er aus allen deutschen Ostseeländern Roggen, Malz besonders aus Stralsund bezog. Eine seiner wichtigsten Waren war Flachs: memelscher, littauischer, preußischer, Mehlsacks [melsacks] und Heilsberger [hilligen] Flachs und Leinsaat. Aus Danzig bezog er ungarische Pflaumen, kardewansche Felle u. a. Für einen holsteinischen Junker kaufte er dort Prussingbier, Blei, Schuhe, Pantoffeln, Handschuhe [Hansken], kardewansche Felle. Auch handelte er mit Elenshäuten. Umgekehrt schickte er Goldwaren und Silber nach Reval, auch einmal Malz und $113^1/_2$ Ellen Büren. Doch war dies weniger wert als die Rückfracht, so daß er den Schiffern oft Waren und Geld [1015 Tlr. nach Königsberg, 1500 Tlr. an Waren und Geld], auch öfter nur Geld mitgab.

Wichtig war auch die Frachtschiffahrt in der Ostsee, besonders von Lübeck und Danzig aus.

Betrachten wir die Entwicklung des schleswig-holsteinischen Handels in der Zeit von 1544—1627 noch einmal im Zusammenhange, so findet sich eine bedeutende Steigerung. Schon 1544 betrug die durchschnittliche Zolleinnahme der Fürsten 11 000 bis 12 000 Mark jährlich. Aber ein sehr großer Teil, über drei Viertel der ganzen Summen, entfiel auf den Durchgangsverkehr, doch brachte auch der Ausfuhrzoll auf Landesprodukte schon bedeutende Einnahmen[2]. Der Durchfuhrhandel hat sich im Laufe

---

[1] Acta A XX 261: 1620 Aug. 31; Poorter.

[2] Husum und sonst im Lehen 800 M. (B hat 1000), Gottorf 4000, wenn wenig kommt, 3500, aus dem Flensburger Zoll nur eine regelmäßige Abgabe von 20, Bau 80, Apenrade über 400, Neumünster 231, Plön 300, Segeberg ist nichts wert, Ulenmölen 15, Rendsburg 4000, auch 3500, Heiligenhafen 150, Oldesloe 600, Kesenort 15 M. 12 β (jede Last 1 β = 364 Lasten), Itzehoe 50, Oldenburg 80, Neustadt 30, Trittau 600 M, St. M. VI 210 f., 219 f., 229, 237 f., 240 f., 243 f., 246, 248. Zur Ergänzung einige andere Angaben: 1544 Gottorf 4000, auch 4500—5000, Rendsburg 4000—4500, zusammen wenigstens 8000, Ton-

des 16. Jahrhunderts nicht gehoben. Die Zahl der durch Gottorf und Rendsburg geführten Ochsen nahm sogar zeitweilig stark ab und hob sich nur in Ausnahmejahren über die Zahl von 1544. Der Transithandel hat jedenfalls im ganzen nicht zugenommen. Steigerungen an einigen Stellen stehen anderswo Rückschläge gegenüber. Bedeutend gehoben hat sich aber sicher die Ausfuhr der Landesprodukte. Dem allgemeinen Eindruck nach scheinen besonders die Jahre um 1590 eine Art Hochkonjunktur gebracht zu haben, die Jahre, in denen Heinrich Rantzau seine Landesbeschreibung verfaßte. Es ist schon darauf hingewiesen, daß im Laufe des 16. Jahrhunderts zu den alten Ausfuhrwaren neue hinzutraten, besonders Butter und Käse, auch Buchweizen, dessen Ausfuhr öfter erwähnt wird, der aber im 15. Jahrhundert sicher noch wenig bekannt war; dazu manche Waren der Kupferindustrie, die jetzt erst für die Ausfuhr von Wichtigkeit wurde. Sehen wir auf die Kornausfuhr, so ist hier der Menge nach schwer eine Entwicklung festzustellen. Es scheint sogar gegen einen Fortschritt zu sprechen, daß 1544 im Lehen Husum 800 M. eingenommen wurden, während es in den achtziger und neunziger Jahren, allerdings in der Stadt allein, höchstens 850 M. waren, während die Summe sogar bis auf 400 M. heruntergierg. Wahrscheinlich dürfen wir aber mit dieser Summe nur die Einnahme von 1553 im Betrage von 212 M., die auch allein aus der Stadt stammen, vergleichen, so daß wir auch hier eine Entwicklung feststellen können. Dafür spricht auch die glänzende Entwicklung der Stadt Husum unter der Regierung Herzog Adolfs von 1544—86. Wie Husum, nahmen auch Tönning und Garding einen großen Aufschwung. In Dithmarschen und Eiderstedt sammelte sich in dem Besitz der Bauern großer Reichtum; sie bauten prächtige Häuser, ließen sie mit Schnitzereien kostbar auszieren, ja in Dithmarschen belegten einzelne das Dach mit Kupfer und stellten Kanonen vor den

---

dern 362 M. 6 β 1 Pf.; 1568: Strand 397 M. 14 β 9 Pf., Hadersleben und Törning 438 M. 14 β 2 Pf.; 1579: Tondern 286 M. 6 β 4 Pf., Hadersleben 325 M. 1 β 6 Pf., ebenda 1582: 168 M. 14 β 8 Pf. (für Herzog Johann, nicht das ganze), Zeitschr. XLI 223, 225, 231 f., 240 f. 248.

Häusern auf [um 1600]. Die Entwicklung der Elbmarschen war mehr von äußeren Einwirkungen bedingt. Jedenfalls macht sich hier in Wilster und Itzehoe nach 1600 wieder ein Aufschwung geltend, während Krempe zurückging. An einzelnen Stellen des Landes zeigt sich allerdings ein Nachlassen, so in Tondern. Auch Husum konnte nach Herzog Adolfs Tode seine günstige Stellung nicht behaupten, doch stand dem das Aufblühen der Eiderstedter Orte, der neugegründeten Friedrichstadt, der Bauernschiffahrt gegenüber, die den Rückgang an der Westküste mehr als aufwiegen. In den zwanziger Jahren des 17. Jahrhunderts, wo sich die Ausfuhrverbote häufen, ist die Menge des ausgeführten Kornes zwar zurückgegangen, wenigstens in einzelnen Jahren; das bedeutet ja aber noch keineswegs einen ökonomischen Nachteil, da dem in anderen Ländern durch Mißwachs gesteigerter Bedarf entgegenstand, während hier im Lande immerhin beträchtliche Mengen überschüssig waren und ausgeführt werden konnten.

Hand in Hand mit der steigenden Ausfuhr der Landesprodukte ging die Ausdehnung der Schiffahrt. In den Verkehr mit verschiedenen europäischen Ländern trat sie überhaupt erst ein. Die Frachtschiffahrt auch zwischen fremden Häfen wurde häufiger; mehr als bisher kaufte man alle Waren aus erster Hand und nicht erst durch Vermittlung der Hansestädte. In Flensburg, das hier die bedeutendste Stellung einnahm, trat um 1615 ein starker Rückgang ein. Immerhin war der Grund nicht mangelnde Betriebsamkeit der Bewohner, sondern des dänischen Königs veränderte Haltung. Es ist anzunehmen, daß viele Bürger nur ihren Wohnort wechselten und von Kopenhagen und anderen dänischen Städten aus ihre alten Geschäfte fortsetzten. Einen tiefen Einschnitt und zunächst die gänzliche Unterbindung dieser im ganzen aufsteigenden Entwicklung brachte dann der deutsche oder kaiserliche Krieg. Furchtbar waren die Verwüstungen, welche die hereinbrechenden Soldatenhaufen anrichteten. „Das Land war voller Segen, es schwamm im Überfluß, der Adel lebte wie der hohe Adel in England, und die Bürgerlichen wie unser Adel," berichtet der englische Oberst Monro, „aber binnen sechs Monaten kam Ruin über das Land, und aller Wohlstand war dahin"[1]. Man braucht nur die Topographie aufzuschlagen, und überall, wo die Nachrichten soweit reichen, findet man eingehende Nachrichten über den Schaden, den die einzelnen Gemeinden erlitten. Zwar hob sich der Handel des Landes dank der reichen natürlichen Hilfskräfte bald wieder, aber die Zeit der ruhigen Entwicklung war zunächst dahin. Es folgten noch mehrere feindliche Einfälle, die die neuen Ansätze wieder störten, ja sie haben das Land vielleicht noch schlimmer mitgenommen als der kaiserliche Krieg.

---

[1] Monro, His expedition with the worthy Scots Regiment. London 1637 S. 1f.

Anhang.

Zoll zu Husum[1].

Zolleinnahme:

1553:	212 M.	1 β	6 Pf.	
1582:	501 „	11 „	4 „	
1583:	508 „	3 „	3 „	
1584:	448 „	3 „	11 „	
1585 } fehlen				
1586				

1587:	730 M.	5 β	5 Pf.
1588:	770 „	7 „	9 „
1589:	451 „	13 „	11 „
1590:	842 „	15 „	9 „
1594:	610 „	8 „	11 „
1595:	500 „	1 „	7 „

1596: 392 M. 11 β 11 Pf. (Zu diesem Jahre bemerkt der Zöllner, daß er wegen Kornverbots nicht mehr Zoll eingenommen habe.)
1598: 401 M. 11 β 7 Pf.
1603: 121 Taler 12 „ 7 „ (nach anderer Aufzeichnung 111 Taler)
1604: 131 „ 13 „ 8 „

Einnahme der Wage:

1582 vom 16. April an: 50 M. 0 β 3 Pf.

1583:	49 M.	3 β	7 Pf.	1590:	90 M.	1 β — Pf.
1584:	61 „	12 „	9 „	1594:	92 „	1 „ — „
1585:	63 „	11 „	— „	1595:	92 „	10 „ 9 „
1586:	52 „	7 „	6 „	1596:	91 „	0 „ 9 „
1587:	58 „	12 „	3 „	1598:	109 „	5 „ 3 „
1588:	60 „	10 „	9 „	1603:	44 Tal.	28 „ 9 „
1589:	70 „	4 „	9 „	1604:	36 „	20 „ 8 „

Da das Wagegeld 1 β für zirka 100 Pfd. betrug, ergibt sich ein Schwanken zwischen zirka 78 000 Pfd. und 175 000 Pfd.

---

[1] Die Zollbücher bis 1598 finden sich unter Acta A XX 4080 ff.; 1603 und 1604 sind im Hus. Stadtarchiv.

Anmerkung: Die Tonnenangaben sind im Folgenden nicht in Lasten umgerechnet, um die Größe der Einzelausfuhr zu zeigen. Im Folgenden: Kind. = Kindeken; Qu. = Quarter; Schiff = Schiffspfund; Lis = Lispfund; t = Tonne.

— 260 —

Zoll zu

	1553	1582	1583
Stiere	217	6	11
Ochsen	354	879	388
Kühe	26	52	67
Kälber	—	2	—
Pferde	99	86	113
Fohlen	1	4	—
Schafe	15	78	} 199
Lämmer	175	243	
Schweine	331	110	83
Gänse	—	7	—
Malz	33 $\frac{1}{2}$ Lasten	954 $\frac{3}{4}$ Lasten	989 $\frac{1}{2}$ Lasten 16 $\frac{1}{2}$ t
Gerste	—	—	—
Hafer	—	6 Lasten	31 $\frac{1}{2}$ Lasten 25 t
Roggen	6 $\frac{1}{2}$ Lasten	22 t	35 t
Weizen	7 Lasten	6 $\frac{1}{2}$ Lasten 19 t	1 Last 2 Vaß 15 t
Bohnen	39 Fuder	—	—
Erbsen	—	—	—
Mehl	14 Lasten 36 t	5 t	1 Last
Grütze	4 t	3 t (Buchweizen)	{ 2 $\frac{1}{2}$ t Buchwz.-Grütze, $\frac{1}{4}$ t Hirse ", 1 t Husumer, 2 t Hamburger
Bier	26 t	—	
Met	—	4 t	—
Hopfen	2 Sack 14 Drompt	8 Sack	—
Butter	211 $\frac{3}{4}$ t	188 $\frac{3\frac{1}{2}}{8}$ t 91 $\frac{1}{2}$ Kind.	188 t 18 Kind.
Speck	18 Seiten	—	{ 89 Seiten 19 Schiffspfund 15 Lis 372 Mpfd.
Fett (Schmeer)	—	2 Stück	1 kleine Tonne
Käse	—	{ 1832 Stück $\frac{1}{2}$ Schiffspfund 744 Pfd.	1544 Stück
Seife	1 Vaß	53 Kind. $\frac{23}{8}$ t	19 $\frac{1}{4}$ Kind.
Tran	—	6 $\frac{1}{2}$ t	1 $\frac{1}{2}$ t
Wobbe oder Webbe (gewebte Stoffe)	13 Stück	2 Stück 1 Stuveken	{ 15 Stück 1 Dracht 46 Ellen
Laken	42	—	4
Englische Laken	—	—	79 $\frac{1}{2}$
Pack engl. "	—	7 $\frac{1}{2}$	12
Geringe "	—	4 Pack	52 $\frac{1}{2}$
Pack "	—	7 $\frac{1}{2}$	23
Graue "	—	—	—
Want (gewebter Stoff)	—	2 $\frac{1}{2}$ Laken	{ 1 Sack geringos, 1 Pack englisch

Husum.

1587 nur z. T.	1590	1595	1603
—	66	—	—
1545	2171	419	} 307
—	75	19	
—	10	—	
201	181	72	108
—	1	—	2
—	38	23	31
—	251	—	1233
—	16	4	—
—	—	—	—
999 Last. 5 Quarter	1359 $^1/_2$ Lasten 11 t	1538 Lasten 156 t	244 $^1/_4$ Lasten 39 t
—	22 Lasten	4 Lasten 8 t	127 t
63 $^1/_4$ Lasten 13 t	20 Lasten 24 t	21 $^1/_2$ Lasten	16 $^1/_4$ Lasten 79 t
37 $^1/_2$ Lasten 406 t	16 t	61 Lasten 138 t	25 $^1/_2$ t
11 Lasten 35 t	9 $^3/_4$ Lasten 5 t	3 $^1/_2$ Lasten	45 t
—	7 Lasten	—	38 t
—	—	—	2 t
—	$^1/_2$ t	—	—
—	—	—	—
—	3 t, 23 t Hamburger	7 t Hamburger	28 t Hus. 20 t Hamb.
—	—	2 t	—
—.	{ 12 Drompt 3 Karren 16 $^1/_2$ Sack	{1 Karre 2 Sack 8 Drompt 4 Hundtsack	{14 Sack 16 Drompt 11 $^1/_2$ und etliche Karren
—	—	175 t 2 Stück	256 $\frac{6\frac{1}{2}}{8}$ t 7 Kind.
—	{ 13 Seiten 7 $^1/_2$ Schiffs- pfund 60 Mpfd.	{16 Seiten 18 $^1/_2$ Schiffs- pfund	{ 15 $^1/_2$ Schiffspfund 946 Mpfd. 5 Seiten
—	—	—	—
—	1009 Stück	728 Stück	600 Stück
—	—	2 t 3 Kind.	7 Kind.
—	—	3 t	—
—	—	—	—
—	31	—	—
67	52	39 $^1/_2$	—
3 $^1/_2$	20	4	—
31	31	16	2
4 $^1/_2$	4 $^1/_2$	9	2 $^1/_2$
—	5	—	—
{ $^1/_2$ Stück Futtertuch [Foder Want]	—	1 Pack	2 Rollen 1 Dracht 1 Pack

— 262 —

Zoll zu

	1553	1582	1583
Leinwand	—	3724 Ellen	2 Pack 2144 Ellen 1 Tracht.
Schollen ... ⎫	9000 Stück	{ 5 Bund 26 Stieg 5 ½ Qu. 16 290 Stück	99 870 Stück 4 Bund
Wittlinge ..	500 Stück	—	12 485 Stück
Sammelrasch [1]	—	15 945 Stück 16 Stieg	10 250 Stück
Kabeljau ..	—	12 Stieg 1 Bund 15 Stück	146 Stück
Tepel od. Tepling (Fische)	—	14 Stieg	426 Stück
Aal	—	30 Stieg 1 Bund 106 t	68 t 20 Stück
Bückling ..	—	3 Stro	14 Stro 2 t
Rochen ...	—	13 Stieg	80 Stück
Lehe	—	4 Bund 38 Stück	21 Bund
Platen .... ⎭	—	100 Stück 2 Qu.	3000 Stück
Steinkohle	—	2 t	—
Teer	—	5 t	6 t
Glas	—	3 Wage 120 Schoff	{ 5 Wage 4 Dracht 50 Glase (Gläser)
Wolle	—	{ ½ Schiffspfd. 39 Stein 10 Pfund 3 ½ Sack (2 Sack = 2 ½ Schiff)	10 Dusin 7 Sack ½ Bund
Flachs	—	7 Schiff 12 Lies 7 M.-Pfd.	—
Federn	—	116 Sack 1 ½ t 201 ½ Pfd.	32 Sack 29 Pfd. 90 Bett.
Wachs	—	1 Schiff 19 Lis	266 Pfd.
Kalk	—	—	—
Hering	—	336 t 1 Bund 1 Kind.	391 ½ t
Häute und Felle .	—	144 Decker 116 Stück	{ 3 Lasten 13 Bund 1 Pack 263 Decker 225 Stück
Blei	—	—	16 Schiffspfund
Eisen	—	4 Schiff	2 t Osemunt
Kessel	—	{ 39 ½ Schiff 218 ½ Pfund alt und neu	{ 1 t 2 Schiff eiserne Kachelofen
Kupfer	—	{ 1 ½ Schiff ½ Schiff Glockenspeise (Klokkenspies)	—
Kramfässer, Tonnen, Fässer usw.	8 ½ Faß, 8 ½ t, 4 Sack	69 ½	271 ½
Salz	46 t	{ 2 t Lüneburger 6 t Baysalz 10 Lasten 1 t grobes 1 t Packsalz	1 t
Wein	50 ½ Ahme (Ohm)	1 Oxhoft 15 Ohm	{ 2 Oxhoft 2 Pipen 33 Ohm
Tafelite	—	64	105
Droggut	—	2 t	½ Last 3 t
Waid [Wede] ..	—	5 Faß	4 ½ Faß 2 t 1 Sack
Krapp [Rode] ..	—	—	3 Sack
Rosinen	—	7 Körbe	—
Feigen	—	1 t ½ Korb	3 Kind.
Zwiebeln [Sipellen]	—	2 t 1 Schock	1 t

[1] Sammelrasch = allerhand zusammengeworfenes Zeug.

Husum.

1587	1590	1595	1603
—	—	—	—
—	—	24 840 Stück	{ 80 Stieg 10 Bund 6120 Stück
—	—	—	{ 4500 Stück 30 Bund 1 t 1 Stieg
—	—	1000 Stück	2000 Stück
—	—	—	{ ½ Stieg 5 Bund 72 Stück
—	—	6 Stieg	20 Bund 3 Stieg
—	—	17 t	—
—	—	—	—
—	—	—	33 Stieg
—	—	—	—
—	5 Bund 3 t	—	—
—	—	22 t	87 t
—	—	3 t	24 t
—	{ 36 Dracht 10 Schoeff 1 Fuder	{ ½ Wage 22 Dracht 1 Schoeff	1 Wage 1 Fuder
—	—	1 Schiffspfund	—
—	—	1 ½ t	—
—	4 Sack 1 ½ Bett. 26 Pfd.	{ 2 Sack 6 ½ Schiff 221 Pfund	13 Sack
—	—	75 Pfd.	—
—	—	28 ½ t	21 t
—	—	227 t 8 Kind.	185 ⁷/₈ t 24 Kind.
—	{ 175 ½ Decker 1 Dracht 29 Felle	448 ½ Decker 2 Bund	325 ½ Decker
—	14 Schiffspfund	124 Pfd.	4 Schiff 41 Pfd.
—	13 Schiff 55 Mpfd.	1 Ofen	5 Schiff
—	{ 30 ½ Schiff 251 Mpfd. alt und neu	27 ½ Schiff	{ 10 Schiffspfund 1 Zentner
—	{ 7 Schiffspfund alt und neu	—	—
—	102	144	65
—	74 ½ t	13 t	28 ½ t friesisch
—	1 Oxhoft 19 ½ Ohm	7 ½ Ohm	—
—	62	97	26
—	—	5 t	2 Oxhoft
—	2 Faß	14 ½ Faß	½ Faß
—	2 Faß	½ Faß	½ Faß
—	—	1 Korb	—
—	—	—	1 Korb 4 Tönnchen
—	—	—	—

Wage zu Husum: 1603[1].

Speck	22 234 ½	Pfd.
Fett (Schmeer)	22	„
Licht	419	„
Talg	4 470	„
Käse	4 258 ½	„
Schweine	7 032	„
Schinken	1 615	„
Butter	2 894	„ und 1 ¾ t
Malz	11	Lasten
Fisch	5 915	Pfd.
Stockfisch [Rotscher]	708	„
Lämmer	6	Stück
Flachs	3 242 ½	Pfd.
Werg	308	„
Wachs	295	„
Decker Felle	15	
Hanf	3 843	„
Wolle	1 563	„
Federn	1 495	„
Ochsenhäute	11 863	„
Eisen (Öfen, Stangen)	46 627 ½	„ und 3 Schiffspfund
Blei	3 576	„
1 Paar Hänge	88	„
Kessel	3 469	„ und 1 Schiffspfund
1 Kette	55	„
Nüsse	3	t
Farbe	870	Pfd.
Allaun	671	„

Victrill (für den Färber)	144 Pfd.	Feigen	78 Pfd.
Rotholt „ „ „	175 „	Reis	54 „
Brunholt „ „ „	102 „	4 Kiehle (?)	50 „
Tow (Tau?)	2 412 „	Hopfen	1 127 „
Pfandgut	53 „	1 Vaß	119 „
Kastanien [Christannien]	389 „	Pfannen	705 „
Rehhaar	42 „	1 Schloßtonne[2]	

---

[1] Husumer Stadtarchiv.

[2] Öfter erscheint plattd.-dän. Kip = Bund als Mengenbezeichnung, und zwar bei Fischen.

Husumer Zoll:

Zum Vergleiche führe ich noch einige Zahlen an:
1598 wurden 553 Lasten 84 t Malz verzollt,
1604 wurden 308 1/4 Lasten 1 Schiffspfund 59 t Malz, 19 t Gerste,
2 Lasten 1421 t Hafer, 6 Lasten 19 t Weizen, 22 t 5 Schiffspfund Roggen verzollt.

Husumer Wage 1604:

Bei flüchtiger Durchsicht notierte ich an selten vorkommenden Waren:

die neue Glocke von Büsum 4 Schiffspfund 6 Lispfund,
2 Branntweinkessel, 1 Dreifuß für Pfannen,
111 1/2 Pfd. Zinn für Schleswig,
Kastanien,
Pflaumen,
spanischen und französischen Wein,
Husumer und Hamburger Bier,
Webbe (gewebter Stoff), Bündel mit Hasen (= deutsch Strümpfen?),
Brüggisch Want,
Pfeffer 260 Pfd.

Vereinzelt kommen in den Husumer Zollregistern vor:

1553: 2 t Fisch, 2 Hes (?), 1 Pelt (?), 1 Kuntem (?).
1582: 17 t Fisch, 3 Stör, 1 t Makrelen, 1 Tönnchen Schmaschen[1], 1/2 Faß 4 1/2 t Fleisch, 1 1/2 t Salzfleisch, 20 Pelze[2], 1 kleine Lade mit Pelzen[2], 3—4 Stuvken Laken, 1 grobes Laken, 1 „Krudtlaken" (?), 1 „Lesgelaken" (?), 1 schlichtes Laken, 1 „Kron" (?), 2 Stück Dasinken[3], 1 Fuder Wagenschott, 6 Bretter, 100 Klapphölzer, 5 t Harpois, 9 t 4 Kindeken Kienruß[5], 1/2 Faß Brasilholz, 2 t mit „hesge vadt", 7 1/2 preußische Kisten, 4 t

---

[1] „1 budken Smasken" = feingekräuseltes Lammfell von eben geborenen Lämmern.

[2] „Bremelse", auch Pelzbesatz.

[3] Dasinken oder Dosineken = kleines Dutzend, von Dosin oder kleine Dose?

[4] Ein Gemenge von Pech, Teer und Harz.

[5] Kenrock, auch Kenrog.

„Loßgut", 1 Sack, 1 Schiffspfund Nägel, 4 Wagen, 2 Decker Leder, 1 ½ Decker sämisch Leder, 2 Ochsenhäute, 1 Fäßchen, 4 Kachelöfen, 1 Wagen mit steinernen Fässern, 4 Kisten mit Fässern und Tellern.

1583: 54 Byste (Beeste? Ochsen?), 200 Schmaschen[1], 40 große Fische, 3 t Äpfel, 3 t Senf, 1 Schweinsrüggen, 1 Faß Farbe, 1 t Öl, 1 t Brasilholz, 6 Dosineken[2], 1 englische Tonne mit Kramgut, 4 Wagen, 2 Wagenräder, 4 Öfen, 1 Tisch, 2 Sättel, 2 Packdecken, 1 Pack mit sämisch Fellen, 1 Stübchen [Stuvken], 1 Stück Tau [Touwe], 2 Sack Flaschenmacher Kalkwolle [buddelmaker Kalkwulle], 22 Wetzsteine [Wedtstene], 16 Räder, 100 Klapphölzer, 8 geringe Laken [voderlaken], 30 Pfd. Gut, 2 Beutel [pungen] Leder.

1590: $\frac{1}{8}$ t Fett, 1 ½ Schiff 104 Markpfund $\frac{1}{8}$ t Talg, 1 t Fleisch, 4 Faß 4 ½ t Alaun, 2 Kirseien, 2 Wagen Hausgerät, 3 Sack mit hölzernen Latten, 1 Bimlit (?).

1595: 1 t Dorsch, 100 „Groth" (Fische?), 12 t Fleisch, 2 t Wurst (Pelse), 1 Faß Mumme, 2 t Pech, 3 t Leinsaat, 3 Bündel Decken, 1 Faß 1 Kind. Saien, 2 Faß 1 Bund Klingen, 1 Krudtlade (Pulver?), 3 Betten, 1 Bund Kork, 3 t Roue (? = Rode?), 2 Wagen, 4 Räder.

1603: 1200 trockne Fische, $\frac{1}{2}$ t Alaun, 1 Faß, 20 Latten, 1 ½ zwölfer (tulten) föhrene Dielen, 1 alte Pfanne (offenbar Braupfanne), 6 Steine (Wolle oder Mühlensteine?), 2 Trachtbund Saat, 2 Faß Mumme, 3 t Nüsse, 1 t Zwetschen, 1 t Amidam, 9 t Schnaps [Kaem], 2 t „Rohm" (Sahne?), 2 leere Tonnen, 1 Faß, 1 Bett, 2 Sack Strümpfe, 2 Sack „Hosen" (dänisch? = deutsch Strümpfe?), 5 messingische Caken (?), $\frac{1}{8}$ Schlip (?).

---

[1] Siehe S. 266 Anm. 1.
[2] Siehe S. 266 Anm. 3.

Ergänzung zu Seite 41 und 131[1]).

Außerdem wurden in Husum der Akzise unterworfen:

	Tonnen				
	Hamburger Bier	Bremer Bier	Met	Faß Mumme	Faß Eimbeker (Emesch)
1582	481	—	24	10 ½	—
1583	622	10	28	10	—
1584	706	—	97	10	—
1585	736	29	75	4	2
1586	554	29	—	15 und 2 t englisches Bier	
1598	509 ½	—	—	4 „ „ „	

	Ohm					
	Wein	Rheinwein	Rheinwein und span. Wein	Bastert	französisch. Wein	Branntwein
1582	66 ½	11	12	5 ½	50 ¾	6
1583	30 ¾	42 ½	—	4	78 ½	—
1584	129	181	—	—	35	—
1585	270 ¼	—	—	—	—	2 und 30 Halbstübchen
1586	73 M. 14 β Einnahme					[(Halfstövcken)
1598	—	8 ½	—	1 ½	—	26 t 7 Faß Stendalscher

Nach den Abrechnungen des Hamburger Bauhofes waren dort außer fremdem Kalk vorhanden[2]:

1544: 480 Lasten rohen (crudi) Segeberger Kalks = 1344 M.
      300 „ „ „ „ = 420 „
      100 „ „ „ „ = 260 „
       80 „ „ „ „ = 116 „
1545: ohne Herkunftsangabe.

---

[1] Acta A XX 4082 ff.
[2] Koppmann VI 129, 219, 262, 300, 340, 380, 424, 467, 506, 544f.; VII S. LXXVIII 10, 57, 105, 202, 250, 301, 349.

1546: 214 Lasten Segeberger Kalks . . . . . = 602 M.
        180 „ 3 Pfd. Helgoländer Kalks . . = 396 „ 11 β

1547: 100 „ rohen Segeberger Kalks . . = 280 „

1548: 27 „ Helgoländer Kalks . . . . . = 64 „

1549: 82 „ ungebrannten [non combusti]
           Segeberger Kalks . . . . . = 347 „ 13 „
       8 „ Helgoländer Kalks . . . . . = 21 „

1550: 8 Wispel [chorus] gebrannten [combusti]
           Segeberger Kalks . . . . . = 42 „
     13 Lasten „ „ . . . . . = 70 „ 5 „ 4 Pf.
     28 „ 11 Pfd. Helgoländer Kalks . = 75 „ 3 „ 8 „

1551: 204 „ 4½ Pfd. rohen Segeberg. Kalks = 500 „ 14 „ 5 „
       32 „ 8 Pfd. Helgoländer Kalks . . = 84 „ 18 „ 8 „
       51 Wispel gebrannten Segeberger Kalks = 267 „ 15 „ 0 „

1552: 418 Lasten 1 Pfd. ²/₄ rohen „ „ = 1025 „ 9 „ 7 „
      292 „ 1 „ Helgoländer „ = 759 „ 8 „ 4 „

1553: 518 „ 9 „ rohen Segeberger „ = 1270 „ 18 „ 9 „
      261 „ 1 „ Helgoländer „ = 678 „ 16 „ 4 „

1554: 708 „ 2 „ „ Segeberger „ = 1735 „ 0 „ 2 „
      252 „ 8 „ „ Helgoländer „ = 656 „ 18 „ 8 „

1555: 701 „ 6½ Pfd. „ Segeberger „ = 1718 „ 15 „ 6 „
      248 „   Helgoländer „ = 646 „ 10 „ 8 „

1556: 519 „   „ Segeberger „ = 1271 „ 19 „ 2 „
      263 „   Helgoländer „ = 684 „ 0 „ 4 „

1557: 497 „   „ Segeberger „ = 1219 „ 15 „ 10 „
      264 „   Helgoländer „ = 686 „ 12 „ 4 „

1559: 48 „ 3 Pfd. „ Segeberger „ = 154 „ 8 „
       69 „   Helgoländer „ = 213 „ 18 „

1560: 200 Wispel   „ Segeberger „ = 600 „ 16 „
      154 Lasten 1 Pfd. Helgoländer „ = 477 „ 13 „ 2 „

1561: 29 „ 5 „ „ Segeberger „ = 94 „ 2 „ 8 „
       56 „   Helgoländer „ = 173 „ 12 „

1562: 39 „   „ Segeberger „ = 124 „ 16 „
       30 „ 5 „ Helgoländer „ = 94 „ 5 „ 10 „

Segeberger Kalk [1].

1561 empfing Hamburg 129 Lasten 10 Pfd. Hofkalk [Hauekalk], die Last zu 4 M., 148 Lasten 10 Pfd. 3 Ferndeel Kaufkalk [2], die Last zu 3 M. 9 β, zusammen für 942 M. 13 β 10 Pf. Kalk.

1567 empfing Hamburg 87 Lasten Hofkalk [Hauekalk], die Last zu 4 M., 442 Lasten 3 Pfd. Kaufkalk [Kopkalcke], die Last zu 3 M. 9 β, zusammen für 1628 M. 15 β 3 Pf. Kalk.

1604 empfing Hamburg 850 Lasten 1 1/4 Pfd. Kalk, die Last zu 4 M. 1 β, zusammen für 3453 M. 13 β lüb. Kalk.

1607 empfing Hamburg 4503 1/2 Pfd. „schwares" = 375 Lasten 3 1/2 Pfd. „schwares" (12 Pfd. die Last), die Last zu 4 M. 1 β, zusammen für 1524 M. 9 β 6 Pf.

1610 empfing Hamburg 140 Wispel Kalk für 2100 M.

---

[1] Hbg. St. Cl. II Nr. 18 a Vol. 1 P. 1 und 2.

[2] Ist unter Hauekalk Hofkalk zu verstehen, d. h. Kalk für Gebrauch des Hamburger Bauhofes und unter Kauffkalk und Kopkalke Kalk zum Weiterverkauf, wie er in den Kämmereiregistern oft vorkommt, zu verstehen?

Ausfuhr aus Eiderstedt 1615.

Waren	Aus Tönning		Ganz Eiderstedt	
	durch Einheimische	Fremde		Nach einem Aktenextrakt gebe ich die dort zusammengerechneten Posten.
1. Fleischtonnen	143 ½	96 ½	240	248
2. Käse	908 200 Pfd.	708 010 Pfd.	1 616 210 Pfd.	1 750 000 Pfd.
3. Speck	16 500 Pfd. 46 Seiten	7100 Pfd.	23 600 Pfd. 46 Seiten	24 600 Pfd.
4. Butter	⅜ t	17/8 t	20/8 t	—
5. Talg	1400 Pfd.	1313 Pfd.	2713 Pfd.	3000 Pfd.
6. Gerste	126 ½ Lasten 161 t	155 ½ Lasten 132 t	1087 Lasten 2103 t	1210 Lasten
7. Hafer	148 ½ Lasten 53 t	164 Lasten 231 t	1095 ½ Lasten 1845 t	1180 Lasten
8. Weizen	75 Lasten 274 t	17 Lasten 3 t	160 ½ Lasten 600 ½ t	160 Lasten
9. Roggen	11 Lasten 59 t	85 t	11 Lasten 144 t	16 Lasten
10. Malz	—	4 t	4 t	(„wird selten ausgeschifft, ohne was etzliche Schiffe mit nach Norweg. nehmen")
11. Bohnen	4 Lasten	—	7 Lasten 23 t	—
12. Senf	23 t	9 t	46 ½ t	—
13. Grütze	4 t	—	4 t	—
14. Bier	26 t	6 t	32 t	—
15. Doppelbier	40 t	40 t	80 t	—
16. Salz	42 t	—	42 t	—

17. Eisen	1300 Pfd.	1250 Pfd.	2550 Pfd.	—
18. Blei	300 Pfd.	—	300 Pfd.	—
19. Steinkohle . . .	16 t	73 t	89 t	—
20. Hopfen	20 t	40 t	60 t	—
21. Wolle	7250 Pfd.	25 t	7275 Pfd.	4300 Pfd.
22. Federn	50 Pfd.	525 t	575 Pfd.	400 Pfd.
23. Schaffelle . . .	120 Decker	10 Decker	130 Decker	110 Decker
24. Lammfelle . . .	71 $\frac{1}{2}$ Decker	35 Decker	106 $\frac{1}{2}$ Decker	140 Decker
25. Kalbfelle . . .	209 Decker	—	209 Decker	—
26. Felle	12 Decker	—	12 Decker	—
27. Häute	204 Stück	56 Stück	260 Stück	720 Stück
28. Pferde	11	—	11	33 Pferde und Ochsen (zu Schiff nach Holland und „viel hundert über die Fehren und zu Lande ausgetrieben")
29. Lämmer	6	—	200	—
30. Kühe . . . Tiere	—	—	12	—
31. Einjährige (Enters) . .	—	—	3	—
32. Saugkälber . . .	—	—	6	—
33. Bretter	80	—	80	—
34. Scheittels . . .	6 t	—	6 t	—
35. Kohle	20 Lasten	—	20 Lasten	—
36. Stockfisch [Rotscher]	—	800 Pfd.	800 Pfd.	—
37. Hering	—	8 $\frac{3}{4}$ t	8 $\frac{3}{4}$ t	—
38. Gesalzener Fisch.	—	1 t	1 t	—

— 272 —

Ausfuhr aus Eiderstedt 1624.

Waren	Ausfuhr aus Tönning			Aus ganz Eiderstedt
	durch Einheimische	durch Fremde	durch Rendsburger	
1. Fleischtonnen	3 Lasten 224 ½ t	10 t	—	3 Lasten 234 ½ t
2. Käse	1 140 407 Pfd.	220 950 Pfd. und 200 Pfd. Schafkäse	17 500 Pfd. 50 M. 10 Stück	1 385 557 Pfd. 1 t
3. Speck	16 086 Pfd. 1 t 10 Seiten	3710 Pfd.	4000 Pfd.	24 196 Pfd. 50 M. 1 t 10 Seiten
4. Butter	¹⁶⁄₈ t	²⁰⁄₈ t	17 t und ²³⁄₈	17 ½ t und ⁷⁷⁄₈
5. Fett (Schmeer)	—	1 t	—	1 t
6. Talg	—	—	90 Pfd.	90 Pfd.
7. Gerste	88 ½ Lasten 228 t	25 ½ Lasten 35 t a)	—	212 Lasten 741 t
8. Hafer	393 Lasten 318 t	170 ½ Lasten 727 t	—	649 ½ Lasten 2092 t
9. Weizen	70 Lasten 582 t	17 ½ Lasten 176 t	—	110 ½ Lasten 935 t
10. Roggen	—	—	—	12 t
11. Bohnen	44 ½ Lasten 91 t	9 ½ Lasten 166 t	—	64 Lasten 493 t
12. Erbsen	10 t	—	—	10 t
13. Buchweizengrütze	1 Last	—	—	1 Last
14. Senf	11 t	—	—	16 t 2 ½ Sack
15. Bier	18 t	—	—	18 t
16. Salz	—	1 t	9 t	10 t
17. Kachelofen	—	—	400 Pfd.	400 Pfd.

¹ Dazu 10 Lasten aus Dithmarschen.

— 273 —

18. Hopfen	1 Sack 100 t	—	—	1 Sack 100 t
19. Wolle	12 610 Pfd.	—	150	12 760 Pfd.
20. Federn	100 Pfd.	—	—	100 Pfd.
21. Felle	790 Decker	20 Decker	1 ½ Decker	811 ½ Decker
22. Häute	123	—	—	123
23. Pferde	9	4	—	64
24. Kühe	92	68	—	445
25. J. Beeste (Ochsen)	31	—	—	35
26. Einjährige Tiere [Enters]	69	82	—	362
27. Zweijährige Tiere [Twenters]	—	—	—	15
28. Ochsen	16	—	—	29
29. Kälber	150	139	—	593
30. Schweine u. Ferkel	23	2	1	76
31. Schafe u. Lämmer	57	—	—	301
32. Holz	1 ½ Fuder	—	—	1 ½ Fuder
33. Planken	150 Stück	537 M.	—	687
34. Rehmen (Holzriemen)	40	—	—	40
a) Krummholz	820 M.	587 M.	—	1564 M.
b) b. Brenn- [Barn] Holz	56 M.	73 M.	—	129 M.
c) Bretter	450	—	60 M. Dielen	510 M.
d) Feuerholz	6 M.	—	—	6 M.
e) Bauholz	—	52 M.	—	52 M.

Jürgens, Zur Geschichte des schlesw.-holst. Handels.

Waren	Ausfuhr aus Tönning			Eiderstedt
	durch Einheimische	durch Fremde	durch Rendsburger	
35. Wagenschott . .	—	40 M.	—	40 M.
36. Heringe	—	—	7 ½ t	7 ½ t
37. Hausgerät. . .	190 M.	200 M.	—	919 M.
38. Pfannen . . .	7000	—	8600	15 600
39. Korb, Kiste . .	zu 50 M.	—	—	50 M.
40. Tonnen Kümmel [Kohme] . . .	26	—	5	31 t
41. Französ. Wein .	1 Pipe	—	—	1 Pipe
42. Bilder [Schildereien] . .	—	30 M.	—	30 M.
43. Wagen	—	—	—	1
44. Malz	—	—	—	1 t
45. Kalk	—	—	220 t	270 t
46. Tonnen Brotkümmel [Brodt Kohme]	—	—	—	9

1615 Ausfuhr aus den übrigen Häfen Eiderstedts außer Tönning, die auf der vorigen Seite zur Gesamtausfuhr hinzugerechnet ist.

Ware	Katinger Siel	Ulvesbüll	Süderhövt	Ehstensiel	Siversfleth	Westerhewer
Gerste	15 Lasten 150 t	4 Lasten	18 Lasten 57 t	1 Last 137 t	111½ Lasten 15 t	117 Lasten 66 t
Hafer	12½ Lasten 62 t	—	5½ Lasten	6 t	15 Lasten	—
Weizen	2 Lasten	—	—	—	20 Lasten 8 t	4 t
Bohnen	—	—	—	—	—	—
Senf [Sennig]	—	—	½ t	1 t	—	11 t
Butter	—	—	⅜ t	⅜ t	—	—
Kühe	—	—	—	—	—	—
Einjährige Tiere [Enters]	—	—	—	—	—	—
Saugkälber	—	—	—	—	—	—
Lämmer	—	—	—	—	—	—

Ware	Hülck	bei v.d. Lohen Haus	Saxfähr	Harblek	Reimersbude
Gerste	187 Lasten 436 t	33 Lasten 200 t	240½ Last. 678 t	45 Lasten 52 t	33 Lasten 19 t
Hafer	38 Lasten 88 t	30 t	143½ Last. 558 t	105 Lasten 45 t	436½ Last. 272 t
Weizen	82 t [1]	74½ t	23 Lasten 121 t	9½ Lasten	14 Lasten 34 t
Bohnen	—	3 Lasten	23 t	—	—
Senf [Sennig]	—	—	2 t	—	—
Butter	12	—	—	—	—
Kühe	3	—	—	—	—
Einjährige Tiere [Enters]	6	—	—	—	—
Saugkälber	194	—	—	—	—
Lämmer		—	—	—	—

[1] Von Einheimischen eingebracht; auch wieder ausgeführt?

1624. Ausfuhr aus Eiderstedt

Waren	Katinger Siel	Ehsben-siel	Süder-hövet	Siewersfleth
Gerste	2 ½ Lasten 20 t	—	—	2 Lasten 18 t
Hafer	17 ½ Lasten 132 t	—	—	17 Lasten 12 t
Weizen	10 t	—	—	1 Last 5 t
Bohnen	1 Last 23 t	—	—	1 ½ Last
Malz	—	—	—	—
Roggen	—	—	—	—
Speck	—	—	—	—
Käse	—	—	—	—
Kiste	—	—	—	—
Wagen	—	—	—	—
Senf	—	—	—	
Tonnen Brotkümmel	9	—	—	—
Hausgerät	220 M.	—	—	—
Krummholz	—	—	—	—
Butter	—	—	—	—
Junge Beeste	—	4	—	—
Kühe	19	104	10	—
Kälber	33	118	29	—
Ochsen	—	3	8	—
Einjährige Tiere [Enters]	24	65	34	—
Zweijährige Tiere [Twenters]	—	—	4	—
Pferde	9	13	2	—
Schweine	—	5	—	—
Schafe und Lämmer	18	33	—	—

außer Tönning.

Wester-hewer	Hülck	Friedrich-stadt	Saxfähr	Harblek	Reimers-bude
1 Last	3 ½ Lasten 3 t	47 ½ Lasten 100 t	32 Lasten 103 t	2 Lasten 160 t	7 ½ Lasten 74 t
14 t	4 t	30 ½ Lasten 278 t	11 ½ Lasten 151 t	61 Lasten 164 t	47 ½ Lasten 166 t
—	64 t	17 Lasten 20 t	—	5 Lasten	58 t
—	—	2 ½ Lasten 28 t	6 Lasten 125 t	—	60 t
—	1 t	—	—	—	—
—	12 t	—	—	—	—
—	50 M.	—	400 Pfd.	—	—
—	—	—	6000 Pfd.	—	700 Pfd.
—	1	—	—	—	—
—	1	—	—	—	—
—	1 ½ Sack	—	—	—	—
—	—	—	—	—	—
—	309 M.	—	—	—	—
—	—	1057 M.	—	—	—
—	—	18/8 t	—	—	—
—	—	—	—	—	—
—	152	—	—	—	—
—	124	—	—	—	—
—	2	—	—	—	—
—	88	—	—	—	—
—	11	—	—	—	—
—	27	—	—	—	—
—	12	—	—	—	—
—	175	—	—	—	—

Ausfuhr aus Eiderstedt 1617.

Nach einem Aktenextrakt:

Weizen	183 Lasten	19 t
Gerste	687 „	18 „
Hafer	1457 „	13 „
Bohnen	70 „	14 „
Erbsen	1 Last	
Roggen	39 Lasten	15 „
Fleisch	21 „	8 „
Senf und Kümmel [Sennip und Köme]	2 „	2 „
Steinkohle	128 „	
Käse	1 607 000 Pfd.	
Speck	33 500 „	
Wolle	13 000 „	
Krummholz	für 3 461 M.	

Pferde, Ochsen Kühe: 87. „NB., es werden etzliche tausend aus dem Lande und über die Fehren getrieben."

Ochsenhäute	386 Stück	
Kalbfelle	93 Decker	
Lammfelle	368 „	
Französischer Wein	11 Oxhoft nach Rendsburg	
Hauspfannen	10 000	
Bretter	45 Tült (je zwölf)	
Holzkohle	113 Lasten	

Schiffsverkehr im Tönninger Hafen.

1615 liefen die Tönninger mit 2400 Lasten aus, wovon 1800 Lasten auf Seeschiffe entfallen.

An andern schleswig-holsteinischen Schiffen liefen aus:

Schiffe	von	Koldenbüttel	46 je 2—3 Lasten
„	„	Garding	107 „ bis 4 „
„	„	St. Peter.	65 „ 2—3 „
„	„	Oldenswort	2, 1 von 10, 1 von 36 Lasten
„	„	Süderhövet	6 je bis 6 Lasten
„	„	Vollerwiek	9 zu 3 Lasten
„	„	Tating	3 bis 4 Lasten
„	„	Kating	3 je 2—8 Lasten
„	„	dem Strande	4 „ 3 Lasten
„	„	Nordstrand	4, „ 2 zu 3 u. 9 Lasten
„	„	Hemmerort	1 zu 3 Lasten
„	„	Lunden	1 „ 6 „
„	„	Kibitzmoor	1 „ 3 „
„	„	Tielen	23 bis 8 „
„	„	Delve	50 „ 8 „
„	„	Ording	1 zu 3 „
„	„	Norderstapel	1 „ 2 „
„	„	Süderstapel	3 bis 4 „
„	„	Gammelsbüll	1 zu 4 „
„	„	Tondern	1 „ 4 „
„	„	Gaikenbüll (auf dem alten Nordstrand)	2, je zu 5 Last.
„	„	Helgoland	6 (Fischerpinken)
„	„	Rendsburg	122 meist 8 Lasten
„	„	Ohne Ort	1 zu 8 Lasten.

Fremde Schiffe verkehrten im Hafen:

aus	Kehdingen	4
„	Asel (= Assel in Hannover?)	6 mit 18 Lasten
„	dem Alten Lande	22 „ mehr als 103 Last.
„	Buxtehude	5 „ 46 Lasten
„	Stade	3 „ 25 „
„	Hadeln	4
„	Vöhrde	1 Fischerewer
„	Hamburg	16 mit 149 Lasten
„	Bremen	18 „ 258 „
„	Emden	25 „ 248 „
„	Ameland	3 „ 28 „
„	Makkum	17 „ mehr als 139 Last.

aus Friesland . . . . 12 mit mehr als 118 Last.
„ Dokkum . . . . 1 „ 16 Lasten
„ Norden . . . . 1 „ 10 „
„ Leeuwarden . . . . 4 „ mehr als 34 „
„ Groningen . . . . 2 „ 18 Lasten
„ Bolswart . . . . 1 „ 10 „
„ Harlingen . . . . 4 „ zirka 50 Lasten
„ Enkhuysen . . . . 1 „ 10 Lasten
„ Amsterdam . . . . 1 „ 10 „
„ Rotterdam . . . . 2 „ zirka 30 Lasten
„ Schiedam . . . . 1 „ 9 Lasten
„ Wahr (?) . . . . 1 „ 20 „

Ein sehr großes Lübecker Schiff aus Schweden mit Brettern kommend, bezahlte 2 Taler.

1624. Verkehr im Tönninger Hafen:

Tönninger Seeschiffe . . . . . . 191 mit 3380 Lasten
kleine Tönninger Schiffe . . . . . 103 „ zirka 300 Lasten

An andern schleswig-holsteinischen Schiffen liefen aus:

Schiffe von Koldenbüttel . . . . . 33 bis 4 Lasten
„ „ Garding . . . . . 117 „ 4 „
„ „ St. Peter 1
„ „ Kating . . . . 5 „ 12 „
„ „ Lunden . . . . . 1 zu 18 „
„ „ Süderhövet . . . . 39 bis 4 Lasten
„ „ Kibitzmoor 22
„ „ Tielen 12
„ „ Delve 25
„ „ Katharinenheerd . . . 1
„ „ Word (Wöhrden?) . . . 1
„ „ Barkhorn 4
„ „ Harblek 5
„ „ Bargen 2
„ „ Tating 1
„ „ Tetenhusen 1
„ „ Westerhewer 1
„ „ Sieversflet 1
„ „ Olversum 1
„ „ Büsum 1
„ „ Widingharde 1
„ „ Tondern 1
„ „ Friedrichstadt 1
„ „ Bredstedt 1

Schiffe von Rendsburg 115
„ „ Glückstadt 1
„ „ der Stör 3

Fremde Schiffe verkehrten im Hafen:

aus Kehdingen . . . . 2 je zu 4 Lasten
„ Asel . . . . 3 „ 3 Lasten
„ dem Alten Lande . . . . . 43 mit zirka 225 Lasten
„ Otterndorf . . . . 1 „ 8 Lasten
„ Ritzebüttel . . . . 2 „ 8 „
„ Buxtehude . . . . 7 „ 50—60 Lasten
„ Stade . . . . 3 „ 24 Lasten
„ Hamburg . . . . 8 „ mehr als 104 Last.
„ Bremen . . . . 10 „ „ „ 140 „
„ Emden . . . . 25 „ zirka 370 Lasten
                                        (davon 200 Last. leer)
„ Blocksiel 1
„ von der Gouw? . . . . . . 1 „ 18 Lasten
„ Norden . . . . 8 „ 111 „
„ Friesland . . . . 4 „ zirka 60 Lasten
„ Workum . . . . 6 „ „ 84 „
„ Dokkum . . . . 1 „ 16 Lasten
„ Makkum . . . . 47 „ zirka 700 Lasten
„ Westfriesland . . . . 1 „ 8 Lasten
„ Ameland . . . . 1 „ 16 „
„ Esens . . . . 1 „ 16 „
„ Ochmen? . . . . 1 „ 16 „
„ Groningen . . . . 3 „ 32 „
„ Harlingen . . . . 16 „ zirka 220 Lasten
„ Holland . . . . 1 „ „ 10 „
„ Amsterdam . . . . 5 „ 74 Lasten
„ Hoorn . . . . 1 „ zirka 10 „
„ Ripen . . . . 1 „ 4 Lasten
„ Bergen . . . . 1 Boyert

1624 ist als Ziel angegeben bei Tönninger Schiffern:
    Ritzebüttel,
    Rendsburg,
    Delve,
    Friedrichstadt,
    Bredstedt,
    der Strand,

Jütland, um Ochsen zu holen (9 mal),
Norwegen (13 mal, die größten Schiffe),
England, um Steinkohle zu holen (4 mal),
Danzig, um Roggen zu holen,
Emden, um Heu,
2 fuhren mit spanischem Salz nach Holland.

Gottorfer und Rendsburger Zoll.

I. Zolleinnahme zu Gottorf.

Jahr	Betrag					Jahr	Betrag				
1547:	4674	Mark	8	β		1600:	4863	Mark	15	β 11	Pf.
1554:	6341	„	15	„ 4	Pf.	1601:	4415	„	6	„ 11	„
1558:	5998	„	13	„ 10	„	1602:	4295	„	4	„ 11	„
1562:	5006	„	—	7	„	1603:	6036	„	2	„ 11	„
1564:	6127	„	13	„ 9	„	1604:	5234	„	—	1	„
1565:	6141	„	10	„ 2	„	1605:	5380	„	11	„ 2	„
1566:	5171	„	1	„ 7	„	= 2608	Taler	27	„ 2		„
1569:	4354	„	5	„ 10	„	1606:	4857	Mark	3	„ 1	„
1570:	5083	„	7	„ 3	„	1607:	2723	Taler	32	„ 5	„
1578:	5606	„	9	„ 10	„	1608:	5598	Mark	13	„ 6	„
1580:	4226	„	12	„ 9	„	oder	2908	Taler	17	„ 6	„
1581:	3478	„	7	„ —	„	1609:	2985	„	29	„ 2	„
1582:	3337	„	2	„ 1	„	1610:	3396	„	32	„ —	
1583:	2788	„	3	„ 2	„	= 7926	Mark				
1584:	3442	„	1	„ 2	„	1611:	3331	Taler	14	„ 6	„
1586:	3226	„	6	„ 6	„	1612:	3724	„	16	„ 4	„
1587:	3345	„	11	„ 6	„	1613:	3404	„	19	„ 2	„
1588:	3428	„	9	„ 6	„	1614:	3663	„	27	„ 5	„
1589:	4055	„	4	„ —		1615:	2922	„	2	„ 4	„
1590:	3989	„	1	„ 9	„	1616:	3002	„	20	„ 6	„
1591:	3326	„	8	„ 1	„	1620:	2953	„	5	„ 3	„
1592:	4291	„	6	„ 9	„	1622:	2547	„	44	„ 3	„
1594:	3522	„	2	„ 9	„	1623:	2848	„	—	—	
1595:	4353	„	7	„ 5 ½	„	1624:	2806	„	9	„ —	
1596:	3942	„	14	„ 5	„	1625:	2584	„	3	„ —	
1597:	4427	„	13	„ —		1626:	1544	„	20	„ 3	„
1598:	5208	„	8	„ 11	„	1627:	871	„	4	„ —	

Die Rechnung beginnt bis 1587 am Christtag, dann Martini. Hier ist die Zeit bis zum 1. Januar zum nächsten Jahr gerechnet.

II. Zolleinnahme zu Rendsburg.

1547:	4462	Mark	5	β	6	Pf.			
1554:	5232	„	7	„	8	„			
1555:	5727	„	5	„	—				
1562:	4361	„	12	„	8	„			
1564:	6147	„	10	„	1	„			
1565:	6220	„	—	„	6	„			
1566:	5328	„	3	„	3	„			
1571:	5544	„	14	„	11	„			
1580:	5783	„	4	„	11	„			
1601:	4056	„	12	„	11	„			
1602:	3610	„	12	„	4	„			
1603:	5493	„	14	„	—				
1604:	4753	„	1	„	1	„			
1605:	4887	„	—		—				
1606:	4365	„	12	„	—				
1607:	2412	„	16	„	—				
1608:	5986	„	8	„	7	„			
1609:	5555	Mark	—	β	8	Pf.			
1610:	7693	„	6	„	5	„			
=	3297	Taler	6	„	5	„			
1611:	7241	Mark	1	„	3	„			
=	3103	Taler	11	„	11	„			
1612:	3579	„	27	„	8	„			
1613:	3231	„	32	„	2	„			
1614:	3426	„	5	„	4	„			
1615:	2840	„	13	„	6	„			
1616:	2802	„	21	„	6	„			
1617:	3066	„	15	„	—				
1618:	in 2 Quartalen 963 Taler 34 β 3 Pf.								
1619:	3062	Taler	25	β	3	Pf.			
1620:	2605	„	25	„	6	„			
1621:	2488	„	16	„	6	„			

1547 gingen durch den Gottorfer Zoll:

Ochsen 33 583 (bis Palmarum 25 922)
Kühe 77
Pferde 1286
Hopfen 175 $^1/_2$ Fuder
    252 Drompt
    6 Sack
    1 Faß
Wagen 638
Tonnen 655 $^1/_2$
Vierteltonnen (Verendeel) 436 $^1/_2$
Kisten 92
Körbe 22
Fässer 163 $^1/_2$
Schweine 272
Lämmer und Schafe 532
ptt.? 10
Speck 221 Seiten
Wittling und Fisch 60 $^1/_2$ Qu.
Fische 500
Heringe 20 Wall
    3 Stieg Wall = 60 W.

Hanf 17 Schiffspfund
Laken 175
Flachs 24 Schiffspfund
Werg (Hede) 29 $^1/_2$ Dutzend (Dosin)
Wachs 10 Schiffspfund
Packen 115 $^1/_2$
Stoffe [Wobbe] 11 Stück
Häute 182 Decker
Salz 125 t
Wein 2 Faß 1 Ohm
Rollen 1 Tonne
Altes Gut 4 Schiffspfund
Neues Gut 1 Schiffspfund
Osemunt 1 Faß
Kupfer 5 Schiffspfund
Kessel 6 $^1/_2$ Schiffspfund
Platen (= Platten?) 7 Schiffspfd.
Klingen 4 Dutzend [Dosin]
Leinwand 600 Ellen
Plinzenn? 2 Dosin
Zwiebeln [Zipollen] 94 Schock

Zoll zu Gottorf.

	1565	1589	1591	1592	1595	1598	1604	1605
Ochsen	bis Palmarum: 44 593 / bis Ende d. J.: 47 122	18 332	21 738	bis 1. Mai: 21 692 / bis 19. Nov.: 27 451	bis 1. Mai: 23 494	36 425	36 185	37 050
Pferde	1 645	—	3 410	—	2 955	3 408	4 112	3 946
Hopfen	133 Fuder	—	—	—	—	90 Fuder / 254 Karren	—	—
Tonnen	280 ¾	—	—	—	—	—	—	—
Packen	98	—	—	—	—	—	—	—
Hering	71	—	—	—	—	—	—	—

	1606	1607	1609	1610	1611	1612	1613	1614
Ochsen	32 507[1]	39 146[2]	42 015	47 697	46 565	52 350	46 060	49 281
Pferde	3 424	5 686	5 325	4 863	4 781	4 650	5 414	5 566
Hopfen Fuder	—	—	30	69	40 ½	22 ½	35	36
Hopfen Karren	—	—	343	290	300	332 ½	389	570 ½

[1] Verzollt.
[2] Frei und unfrei.

Zoll zu Gottorf.

	1615	1616	1620	1622	1623	1624	1625	1626	1627
Ochsen	39 470	41 783	38 832	33 568	37 163	37 530	34 387	20 089	13 034
Kühe	—	436	308	—	—	—	—	—	161
Pferde	3 841	3 388	4 114	5 366	4 229	3 781	4 327	2 069	222
Hopfen {Fuder	42	17 ½	3	27	11	6	1	1	—
{Karren	544 ½	469	605 ½	1 031	707 ½	506	463	328	137

In den einzelnen Quartalen gingen durch den Zoll:

I. Quartal: 10. Nov. bis 31. Jan.	1611	1612	1622 I. u. II. Quartal		III. Quartal	1611	1612	1622
Ochsen	796	655	23 805		Ochsen	980	652	738
Pferde	421	697	837		Pferde	867	732	953
Hopfen {Fuder	13 ½	5	24		Hopfen {Fuder	13 ½	2	—
{Karren	60	86 ½	294		{Karren	56	90 ½	340
Einnahme:	105 Tal. 10 β	119 Tal 14 β 6 Pf.	—		Einnahme:	137 Tal. 10 β 4 Pf.	119 Tal. 8 β 2 Pf.	—

II. Quartal: bis 30. April					IV. Quartal bis 10. November			
Ochsen	36 431	42 250	—		Ochsen	8 358	8 793	9 025
Pferde	878	756	—		Pferde	2 615	2 465	3 576
Hopfen {Fuder	5 ½	3	—		Hopfen {Fuder	8	12	3
{Karren	59 ½	79 ½	—		{Karren	124 ½	76	397
Einnahme:	2369 Tal. 9 Pf.	2752 Tal. 25 β 11 Pf.	—		Einnahme:	719 Tal. 30 β 9 Pf.	740 Tal. 4 β 9 Pf.	943 Tal. 43 β

Der Hauptdurchzug der Ochsen ist im Frühjahr, wenn sie auf die Weide nach Holland oder in die Marschen sollen, und im Herbst, nachdem sie den Sommer über auf der Weide gegangen sind.

Zoll zu Rendsburg.

	1604	1605	1606	1607	1608	1610	1612	1613
Ochsen	33 990	34 390	29 636	33 998	41 744	46 468	49 587	43 290
Pferde.	2 606	2 812	2 752	3 761	3 739	4 065	4 093	4 642
Hopfen { Fuder	—	—	—	—	—	—	—	—
Karren . .	—	—	—	—	—	—	—	—

	1614	1615	1616	1617	1618 April 14. bis Nov. 10.	1619	1620	1621
Ochsen	46 514	39 359	39 251	40 902	8 962	39 733	33 911	33 707
Pferde.	4 704	3 216	2 590	3 532	4 161	4 548	3 235	1 956
Hopfen { Fuder	—	73	71 1/2	56 1/2	24 1/2	46	41	35 1/2
Karren . .	—	604 1/2	510 1/2	531	352 1/2	786	691 1/2	791

In Rendsburg werden regelmäßig, wenigstens nach 1600, weniger Ochsen und Pferde verzollt als in Gottorf, da viele nach Stapelholm, Eiderstedt, Dithmarschen zur Aufzucht und Grasung gehen. Hopfen ist erst seit 1615 ausgezogen.

Zoll zu Gottorf 1595.

Ochsen (v. 1. Jan. b. z. 1. Mai)	23494
Pferde	2955
Hopfen	143 Fuder 1 Sack 21 Drompt 4/8 t
Tonnen, Fässer usw.	1209 1/4
Wolle	18 1/2 Schiffspfund 52 Lispfund
Wachs	1 Schiffspfund
Werg (Hede)	1 Sack
Flachs	57 Schiffspfund 13 Lispfund 7 Bund
Felle	98 1/2 Decker
Kork	1 Bund
Kupfer	100 1/2 Schiffspfund
Schiffsbündel, -säcke, -bettzeug [Schepesbulte]	15
Bootsmannsbündel [Boßludebulte]	2
Kessel	62 1/2 Schiffspfund
Wein	1 Ohm
Speck	10 Seiten
Butter	20/8 (dazu wohl viel Tonnengut mit Butter)
Hamburger Bier	4 t
Laken	201
Leinwand	2040 Ellen
Kirsei	4
Sayen	1
Packe	117
Kutschwagen	71 (außer andern Wagen für die Warendurchfuhr)

3 Geschütze (aus Hamburg von Rowilde, einem Hamburger Kaufmann)
10 Schiffspfund Gut aus Lübeck
3 Wagen mit Frankfurter Gut (durch Rowilde)
1 t Kienruß

Zoll zu Gottorf 1592 und 1595.

Vom 1. Januar bis zum 1. Mai gingen an Ochsen durch, geführt von Leuten

aus	1592	1595	aus	1592	1595	
Apenrade .	15	50	Kallundborg	—	114	
Arete (Arfte-			Kolding . .	300	356	
Erfte?). .	—	2	Lemwig . .	148	158	
Bredstedt .	—	36	Middelfart .	194	—	
Düttebüll .	—	20	Nenborg . .	—	114	
Eckernförde.	12	—	Nykjoebing [1]	237	—	[1] Neinkopen geschrieben.
Flensburg .	4 246	4 352	Nyborg . .	97	—	
Fahrenstedt.	—	79	Odense . .	2 533	2 781	
Hadersleben	883	1 032	Randers . .	2 495	2 803	
Husum . .	112	—	Ringkjoe-			
Hollingstedt	—	2	bing	—	611	
Kiel . . .	—	164	Ripen . . .	1 392	1 047	
Langelund .	104	—	Skagelse . .	622	—	
Preetz . . .	4	—	Soeebye [2].	485	561	[2] Sebu geschr., auf Aeroe od. Kreis Eckernförde
Sonderburg .	13	74	Varde [3] . .	172	—	
Törup . . .	—	16	Viborg . .	356	181	[3] Wahr geschr.
Tondern . .	—	158	Unsichere:			
Wedel oder			Bonns [4] . .	629	—	[4] = Bonsberg in Schleswig od. Bondesholm.-gaard, in Jütland?
die däni-			Hornne [5] . .	383	—	
sche Stadt			Gellund [6] . .	56	—	
Vedel . .	158	716	Köcke [7] . .	—	61	[5] = Langenhorn, od. Ort in Jütland
Wesebye. .	40	—	Labro [8] . .	—	181	
Schl. - Holst.			Lockmark [9] .	—	10	[6] = Schellund in Schl ?
Adel . .	—	387	Ortnis [10] . .	189	—	[7] = Koege ?
Herzog Johann d. J.	—	956	Schelschow [11]	—	183	[8] = Lavdrup, Laurup in Schl. oder Sabro ?
			Galdun [12] .	—	80	
Hamburg .	164	37	Wandorp [13]	4	—	[9] = Loitmark ?
Lübeck . .	22	16	Worden [14] .	50	—	[10] = Orth, Ortmühle in Schl., Orten bei Ripen ?
Wesel . . .	785	—				
Aalborg . .	725	1 220				[11] = Skjelskoer
Aarhus . .	1 865	1 974				[12] = Galten oder Galthen in Jütland ?
Assens . .	817	958				
Fünen. . .	—	509				[13] = Wanderup od. Wandrup ?
Helsingborg.	116	—				[14] = Wöhrden ?
Holstebro .	118	—				
Horsens . .	1 252	1 354				

Zoll zu Gottorf.

Es passierten den Zoll 1591 Leute aus

I. Schleswig:

Achterup 1
Apenrade 6
Arrild 1
Ausacker [Osecker] 1
Aventoft 5
Bargen 1
Bennebek [Bennesfleth] 1
Boesbüll 2
Bohmstedt 1
Braderup 1
Bredstedt 24
Brekendorf 1
Brekling 4
Brebell 4
Duvenstedt 1
Eckernförde 13
Efkebüll 3
Ellenberg 4
Emesbull [Embsbüll], auf dem alten Nordstrand 3
In der Enge 8
Fahrenstedt 1
Flarup 1
Flatzbye [Fleßbu] 8
Flensburg 139
Gangerschild 1
Gotteskoog 2
Goltoft [Goltorf, Goltrop] 2
Griesgaard [Grießau] 1
Großsolt 6
Hackstedt 1
Hadersleben 10
Haistrup 1
Hattstedt 5
Harriß 2
Herredsbye [Hersbu] 1
Hesbüll 2
Hoirup [Horrup] 1
Horsbüllharde 21
Holm 1
Hoyer 1
Hürup 1
Husum 66
Kapell 1
Karrharde 7
Ketelsbye 1
Klanxbüll 1
Klixbüll 35
Kollerup 1
Königsförde 1
Ladelund 3
Lammershagen 1
Langenhorn 22
Leck 5
Lehmbeck 3
Lindholm 3
Linnet 1
Loit 1
Lößtrup 2
Lügumkloster 1
Lutholm = Lütgenholm 6
Markerup [Merkrop] 3
Mögeltondern 1
Mönkebüll 3
Nordstrand 5
Nübel 3
Nustrup 1
Ockholm 8
Olpenitz [Olßniß] 1
Ostenfeld 1
Padelekgard 2
Pelworm 1
Risummoor 28
Rabenholz 1
Rabenkirchen 1
Roager 2
Rodenäs 2
Rohrkarr 1
Rosendal 1
Röst 1
Satrup 2
Schmörholm 1
Schörderup 2 [Schertorp, Schersdorp]
Seegaard 2
Seeth (Sette, früher Säthe) 4
Sisebye 4
Snav 1
Soholm 1
Sonderburg 3
Sörupschaubye [Surupschubu] 2
Spandet 1
Stapelholm 1
Starup 1
Stedesand 6
Stenderup 1
Strand 13
Südensee 2
Sundewitt 1
Tolkschubye 1
Tofting 2
Tondern 18
Twedt 1
Wallsbüll 2
Wiehebek [Wybek] 1
Wesebye 1
Adelsgütern ohne Ortsnamen 59 mal.

II. Holstein.

Bordesholm 1
Bramstedt 4
Daldorf 5
Dithmarschen 2
Elmshorn 1
Fehmarn 1
Fohrde 1
Glasau 1

Itzehoe 12
Jevenstedt 5
Kiel 5
Krempe 1
Kremper Marsch 1
Lunden 1
Neumünster 59
Preetz 6

Rendsburg 45
Rethwisch 1
Ulzburg [Olßborg] 1
Wöhrden 12
Zur Lindow (= Lindau im Gut Ascheberg) 1 mal.

III. Deutschland.

Brandenburg 1
Braunschweig 3
Bremen 4
Eckgarst [Eckartsberge?] 2 (Hopfenführer)
Garle = Gardeleben oder Garlin in der Priegnitz 2 (Hopfenführer)
Geldern 2
Grabow 39 (Hopfenführer)
Hamburg 73
Holland 1
Iserenborg 1 (Hopfenführer)
Karoxbostel in Hannover 2
Lübeck 45

Lüneburg 3
Land Wursten [Worden] 2
Lenzen 4 (Hopfenführer)
Mühlow in Brandenburg 1 (Hopfenführer)
Mühro [Myrow] 7 (Hopfenführer)
Neyenstede 2 [?] (Hopfenführer)
Perleberg 5 (Hopfenführer)
Radduhn in Pommern 1 (Hopfenführer)
Stade 2
Wesel 2
Wismar 2
Zwolle 1 mal.

IV. Dänemark.

Aalborg [Olborg] 6
Aarhus 13
Assens 8
Faaborg [Voborg] 2
Grarupgaard 1
Hannerup [Hanterup] 1
Hatting 2
Havelse [Hawell] 2
Holstebro 27
Horsens 3
Jütland 1
Katteskov [Katzkoch] 1
Kolding 9

Kopenhagen 4
Lemwig 39
Nyborg 2
Odense 16
Onsved [Onewatt] 3
Randers 4
Ripen 34
Soenderbek [Sonnebek] 1
Soeeby 1
Varde [Wahr] 21
Viborg 15
Westerwig [Westerwith] 1 mal.

V. Unsichere.

Abdrup 1 [Achterup, früher Autrup?]
Barbe 1 [Barbjerg oder Borbye?]
Botkebüll 1 [Buttersbüll in Schleswig?]
Brosebu 1 [Brodersbye?]
Bonnß 1 [S. S. 30]
Durweye 1 [Dürwade?]
Golle 2 [Gollau in Hannover?]
Heruerdt 1 [Gut Herfort, das mit Heiligenstedten verschmolzen ist?]
Homstrup 1 [Holmstrup, Hornstrup?]
Horning 1 [Hornum oder Horne in Jütland]
V. d. Hulle 1
Koßfeld 1 [Kösfeld?]
Lettekewick 1
Nannemark 1 [Nannerup in Jütland oder das ehemalige Nannendorpe?]
Nickerbill 1 [Nykerbye - Neukirchen?]
Norkarkendorp 1
Nykarken 1 [Welches?]
Ockenber 1 [Ockenswerf oder Obbekjaer in Jütland?]
Renikogen 1 [Ringkjoebing?]
Rißgeik 1 [Rißkau in Hannover?]
Santbüll 1 [Sandby in Jütland?]
Senkstedte 1
Stenver 1 [Steinwehr?]
Sundtmugens 1
Zum Syke 1 [Siek im Kirchspiel Westerhever oder einer der holsteinischen Orte mit Namen Siek?]
Snabberop und Snaderup 2 [Schnabdorp, Schnarup in Schleswig?]
Wesselworde 1 mal [Wesseltofte?]
Dazu 20 Passanten ohne Ortsangabe.

Extrakt der Einnahme an Pfortenzoll in Tondern[1].

1614—1619:

380 Taler	29 β	6	Pf.
222 „	17 „	3 1/2	„
154 „	11 „	3 1/2	„
314 „	10 „	6	„
349 „	24 „	10 1/2	„
276 „	31 „	9	„

Es ist dies der Zoll binnen Tondern, der vom Pförtner des Hauses Tondern erhoben wurde. Doch gingen sehr viele Waren unverzollt durch, da er nicht an der großen Heerstraße „ostert und westert" wohnte. Ein Bürger wollte den Zoll 1620 Jan. 7 um 30 M. teurer pachten, als die Register enthielten, doch wollte er von Schatt und Zoll frei sein, wie andernorts die Zöllner.

---

[1] Acta A XX 902.

Der Zoll zu Neumünster brachte[1]:

1610:	150 Taler			
1611:	120 „	0 β 8 Pf.		
1612:	120 „	11 „ 6 „		
1613:	129 „	4 „ 8 „		
1614:	117 Taler	19 β	10 Pf.	
1615:	74 „	20 „	7 „	
1616:	106 „	36 „	4 „	
1617:	94 „	12 „		

Es gingen hier 1610 durch den Zoll:

Ochsen 1 753
Kühe 3
Schweine 1 021
Lämmer 76
Pferde 286

Einnahmen der Fähren an Zoll[2]:

1615 im Friesenkoog:

Pferde und Fohlen 101
Ochsen und Kühe 87
Kälber 7
Schweine 7
Schafe und Lämmer 52
Schollen 8000
Butter 82 ½ Achtel
Aal 4 t
Wittling 1 t 7 Bund
Salzfisch ½ t
Speck 7½ Schiffspfund 14 Seiten

Leinsaat 35 t
Trocken Gut 1 Faß
Roggen 6 t
Malz 4 t
Kramkiste 1
Kramgut 2 t
Hopfen 3 Drompt
Lammfelle 3 Decker
Tafelite 12
Trockene Fische 2 Schiffspfund

Die Durchkommenden waren zum größten Teil aus Dithmarschen und Husum. Daneben aus Eiderstedt, Flensburg und einigen andern schleswig-holsteinischen Orten, wie Hanerau, Isernhagen, Rantrum, Langenhorn, Tondern, Wilster, St. Margreten u. a.

Fremde aus Bremen, Ripen, Hamburg, Jülich, Dulcken (?), Holstebro, Lübeck.

1615 auf der Tönninger Fähre:

Pferde 34   Aal 1 t   Käse 210   Karre 1
Ochsen 312 Schweine 16   Tafelit 1   Fell 45 Decker
Kälber 11   Lämmer 385   Korbgut aus Bremen

Die Verzollenden stammten aus Dithmarschen, Holstein, seltener aus dem alten Lande, Wursten, Butjadingen, Kehdingen, Lübeck, Stade, Bremen; zwei Leute auch aus Frankreich. Diese verzollten 22 Pferde.

---

[1] Acta A XXIV Kiel A. R.
[2] Acta A XXIV Beil. zur Eiderst. L. R.

1615 zu Reimersbode:

Pferde 13	Butter 22½ Achtel
Kühe 7	Kl. Schinken 4
Lämmer 666	Kl. Käse 10
Ochsen 3	Salzfisch 5 t
Schollen 5000	Husumer Bier 9 t
Schaffelle 21 Decker	Malz 4 t
Speck 2½ Schiffspfund 3 Seiten	Tafelit 1
Aal 3 t	Schloß, Kramtonnen u. a. 10½

Die Verzollenden waren meist aus Dithmarschen, Holstein und hatten nicht zu Husum gezollt.

Emder Verkehr mit Schleswig-Holstein[1].

Schiffsverkehr.

In den Jahren 1572—75 liefen 15, 14, 44, 33 schleswig-holsteinische Schiffe in Emden ein. Die Zahl der beteiligten Schiffe betrug 14, 13, 30, 25. Beteiligt waren daran: Itzehoe, Beidenfleth, Wilster, Krempe 1572 gar nicht, in den letzten drei Jahren mit zusammen jährlich 5 Schiffen; Rendsburg mit je 1—2 Schiffen; Dithmarschen, wo besonders Meldorf genannt ist, mit 1—3 Schiffen; Holstein ohne nähere Bezeichnung mit 2—4 Schiffen; Eiderstedt 1573 mit 1 Schiff; Husum mit 6, 1, 5, 6 Schiffen; Föhr mit 1, 2, 5, 0 Schiffen; Tondern mit 2, 0, 8, 6 Schiffen; Ballum 1574 mit 1 Schiff; Oland 1575 mit 1 Schiff; die Nordfriesen 1575 mit 2 Schiffen; Flensburg mit 9, 0, 11, 4 Schiffen; Schleswig ohne nähere Bezeichnung 1575 mit 1 Schiff. Die meisten Schiffe kamen von der Heimat. Als fremde Herkunftsorte werden genannt: Norwegen je 6, 2, 12, 8 mal; Danzig je 0, 1, 2, 4 mal; Spanien 1572, Stade und Hamburg 1573 je 1 mal.

Ostfriesische Schiffe liefen in Emden ein 1574
aus Holstein und Dithmarschen 23 von 377 Lasten Tragfähigkeit
„ Schleswig 35 „ 661 „ „

und zwar aus

Fehmarn	1 : 27 Lasten	van de Stoer .	2 : 41 Lasten
Brunsbüttel . .	1 : 13 „	van de Elve .	12 : 193 „
Dithmarschen . .	5 : 74 „	Flensburg . .	1 : 24 „
uth landt tho		Husum . . .	33 : 611 „
Holsten . . .	1 : 16 „	Nordstrand . .	1 : 26 „
Krempe	1 : 13 „		

---

[1] Ich verdanke die Angaben über den Emdener Verkehr der Güte Herrn Dr. B. Hagedorns.

— 294 —

Emder Zoll. Einfuhr von fremdem Gut aus Schleswig.

Waren	1572	1573	1574	1575
Roggen	34 Lasten 7½ t	1½ t	98 Lasten 14¼ t	50 Lasten 3 t
Weizen	—	—	4 Lasten	—
Gerste	7½ t	—	98 Lasten 7½ t	3 Lasten
Malz	6 t	46 Lasten	498 Lasten 5½ t	682 Lasten 10 t
Hafer	20 Lasten	—	21 Lasten 7½ t	67 Lasten 11¼ t
Erbsen	—	—	8 t = 28 gl.	19 t = 82 gl.
Met	—	—	13 t	3 t
Essig	—	—	—	1 Last
Butter	—	—	¼ t	48 t
Speck	—	—	22 050 Pfd.	1800 Pfd.
Schweinefett [ruessel]	—	—	8 280 Pfd.	—
Talg	—	—	560 Pfd.	200 Pfd.
Fleisch	—	—	4 t	—
Häute	—	—	28	300
Kalbfelle	—	—	20	—
Federn	—	—	300 Pfd. = 45 gl.	—
Tonnen	—	20 = 6 gl.	—	—

Emder Zoll. Einfuhr von fremdem Gut aus Holstein und Dithmarschen.

Waren	1572	1573	1574	1575
Roggen	22 Lasten	111 Lasten 6 1/4 t	9 Lasten	23 Lasten
Weizen	51 Lasten 1/4 t	169 Lasten 6 1/4 t	53 Lasten 1 t	143 Lasten 10 t
Gerste	3 Lasten 13 t	77 Lasten 5 3/4 t	2 Lasten	15 Lasten 3 3/4 t
Malz	50 Lasten 10 1/2 t	78 Lasten 5 1/4 t	34 Lasten	83 Lasten 1/2 t
Hafer	83 Lasten 6 1/4 t	60 Lasten 10 1/4 t	144 Lasten 1/4 t	262 Lasten 5 1/4 t
Mehl	—	2 Lasten 10 t	—	—
Bohnen	6 Lasten 7 t	—	6 t	7 t
Erbsen	—	—	—	7 Lasten
Grütze	57 t = 277 1/2 gl.	34 1/2 t = 86 1/2 gl.	52 t = 272 1/2 gl.	8 Schiffspfund 26 gl.
Flachs	—	—	—	—
Hanf [-heede]	—	1 Last = 45 gl.	4 t = 16 gl.	6 t = 24 gl.
Nüsse	—	—	3 t	—
Bier	—	—	93 t[1]	—
Engels Bier	—	—	1 t	—
Essig	—	—	—	—
Öl	1 verdel = 12 gl.	2 pypen 96 gl. u. für 5 gl.	—	—
Häute	370	200	—	—
Kalbfelle	1000	220	300	—
Holz	—	4 gl.	—	20 gl.[2]
Holzkohlen	—	—	280 gl.	—
Salz	2 Lasten 6 t	9 Lasten 6 t	10 t	—
„bollerth"[3]	—	14 gl.	—	—
Speck	—	1500 Pfd.	750 Pfd.	3600 Pfd.

[1] Offenbar in England geladen, von Itzehoe her eingebracht.
[2] Offenbar aus Norwegen eingebracht.
[3] Vgl. Schiller und Lübben, Mittelniederdeutsches W. B., auch den Anhang: an beiden Stellen ohne Erklärung, nur es wird in der Regel wie Pelzwerk zu je 1000 Zimmern berechnet.

Einfuhr von ostfriesischem Gut in den Emder Hafen aus Holstein und Dithmarschen.

Waren	1572	1573	1574	1575	1576
Roggen	6 Lasten	22 Lasten 4 3/4 t	—	—	2 Lasten
Weizen	20 Lasten 11 t	282 Lasten 2 3/8 t	95 Lasten 3 3/4 t	91 Lasten 7 1/2 t	57 Lasten 2 t
Gerste	127 Lasten 10 t	42 Lasten 11 1/4 t	42 Lasten	16 Lasten 7 1/2 t	104 Lasten 9 t
Malz	12 Lasten 7 1/2 t	—		—	1 Last
Hafer	12 Lasten 10 t	15 Lasten 7 1/2 t	16 Lasten 7 1/2 t	—	36 Lasten 2 t
Mehl	2 t	—	1 Last	1 Last	—
Bohnen	3 Lasten 6 t	—		—	6 t
Erbsen	1 t	—		—	—
Grütze	11 t à 3 1/2 gl.	31 t = 162 gl.	11 t	10 t = 45 1/2 gl.	—
Leinsaat	—	6 t = 14 1/2 gl.	2 t	6 t = 15 gl.	—
Äpfel	—	—	2 t	—	—
Bier	—	3 t	3 t	—	—
Itzehoer Bier	—	—	—	77 t	3 t
Rode	—	1 Faß = 60 gl.	—	—	—
Met	—	150 gl.	—	—	—
Kuhhäute	—	—	—	113[1]	—
Kalbfelle	1000	220	—	—	—

Bockfelle	—	—	—	—
Ziegenfelle	—	—	—	—
Elendshäute	—	—	—	—
Schaffelle	—	—	—	—
Fellwerk	—	86 gl.	—	—
Leere Tonnen	64 = 17 gl.	101 1/4 gl.	26 Stück	—
Teer	—	18 gl.	—	100 = 60 gl.[1]
Karden Diestel	—	6 t	—	200 = 40 gl.[1]
Salz	—	1 Last	—	10 = 60 gl.[1]
Grobes Salz	—	—	—	900 = 45 gl.[1]
Alaun	—	7 Faß = 210 gl.	—	—
Büchsenpulver	—	214 Pfd. = 61 gl.	—	—

	—
	—
	—
	—
	—
	85 = 21 gl.
	—
	—
	—
	—
	—
	—

t = Tonne, 1 Last = 15 t, gl. = Emder Gulden.
[1] Von Itzehoe her eingebracht, offenbar aber in Norwegen geladen.

Einfuhr von ostfriesischem Gut in den Emder Hafen aus Schleswig.

Waren	1572	1573	1574	1575	1576
Roggen	3 Lasten 7½ t	6 Lasten	—	—	13 Lasten
Weizen	1 Last 3¾ t	9 Lasten	14 Lasten 7 t	—	9 Lasten 7½ t
Gerste	31 Lasten 2½ t	40 Lasten 11¾ t	766 Lasten 7½ t	15 Lasten	23 Lasten 11¼ t
Malz	422 Lasten	1158 Lasten		724 Lasten	980 Lasten 13¼ t
Hafer	18 Lasten	—	7 Lasten	2 Lasten	34 Lasten 7½ t
Bohnen	—	—	—	—	2 Lasten
Hafermalz	—	—	—	—	5 Lasten
Nüsse	—	—	—	2 t	—
Husumer Bier	1 t	—	5 t	6 t	3 t
Essig	5 t	—	—	—	—
Met	—	—	—	1 t	—
Fleisch	—	—	3 t	—	—
Häute	—	—	35 Stück	—	—

Orts- und Personenverzeichnis.

Schleswig-Holstein, Nordsee, Ostsee sind nicht verzeichnet.

Aachen 35.
Aalborg 65, 231, 288, 290.
Aarhus 230, 288, 290.
Abdrup s. Achterup
Achterup 289, 291.
Adel, Schleswig-Holsteinischer 8, 9, 25—27, 30f., 40f., 49, 52—54, 77, 101, 103, 120, 126, 135—137, 141f., 150, 154, 157, 159, 163, 170, 172, 174, 189, 222, 247, 288f.
Adolf, Herzog von Schleswig-Holstein 45f., 59f., 68, 77, 93f., 105—108, 114, 128f., 137, 139, 153f., 169, 173—176, 179, 183, 187, 194f., 214, 218—222, 235, 238, 244, 251f., 256.
Aeroe 64, 153, 288.
Aeroeskjoebing 64.
Agershuus 234.
Ahlefeld, Klaus v., zu Gelting 53, 133.
Ahrensbök 26, 169.
Aitzema, Foppius van, holl. Resident 99, 208.
Alardus, Lambert 117.
Alba, Herzog von 60, 106f., 138.
Albermann, Joh., aus Glückstadt 46.
Albersdorf a. F. 100.
— i. D. 143.

Alsen 9, 29, 63f., 239.
Alster 39, 135f., 139.
Altes Land 279, 281, 292.
Altona 76f., 155, 181, 197, 243.
Alwart, Hinr., aus Lübeck 38.
Ameland 279, 281.
Amsterdam 12, 34, 48, 92, 150, 189, 192f., 213, 280f.
Anebuchelunt 26.
Angeln 9, 54, 63, 65.
Antoni, Claus, aus Tönning 126.
Antwerpen 48, 57, 157, 159, 174, 187—189, 192, 194, 207, 213, 219, 222.
Apenrade 43, 65, 78, 85, 99, 133f., 139f., 255, 288f.
—, Amt, 9, 65.
Archangel 63, 241, 243.
Arete u. Arfte s. Erfte.
Arnheim 159.
Arpsdorf 3, 117.
Arrild 289.
Ascheberg 290.
Asel = Assel 279, 281.
Assens 134, 288, 290.
Atlantischer Ozean 101.
Augsburg 114, 172, 184.
August, Kurfürst von Sachsen 175.
Augusta, verw. Herzogin von Schleswig-Holstein 20f., 23, 145.

Ausacker 289.
Autrup s. Achterup.
Avenhoft 289.

Baahus 234 f.
Ballum 86, 139, 150, 293.
Barbe s. Barbjerg.
Barbjerg 291.
Bargen 280, 289.
Barkhorn 2, 280.
Barlt 2.
Barmstedt 162.
Barner, Hans, Drost zu Pinneberg 156.
Basel 184.
Bau 140, 255.
Beidenfleth 86, 100, 293.
Bekker, Christian, aus Friedrichstadt 203.
Bellinkwolde s. Hoven.
Belt 101, 135, 137 f., 236.
Bennebek 289.
Bennesfleth s. Bennebek.
Bergedorf 160.
Bergen 30, 104, 164, 174, 177, 234—237, 239 f., 242, 281.
Bergenhuus 234.
Beste 135, 139.
Billenhusen 77, 183.
Billenhausen s. Billenhusen.
Billy, Gaspar Robles de 107.
Blankenese 155, 159.
Blocksiel 281.
Blome, Dietrich, Amtmann zu Tondern 150.
—, Dietrich 168, 170.
—, Hans 57, 251.
Blyham s. Hoven.
Boesbüll 289.
Böhmen 222.
Bohmstedt 289.
Bolswart 280.
Bondesgaard 288, 291.

Bondesholm 288, 291.
Bonns s. Bonsberg 288.
Bootfahrerdeich 4
Borbye 291.
Bordeaux 216.
Bordesholm 10, 21, 26, 31, 290.
Bork, Hinr., Diener D. Rantzaus 252.
Bornholm 1.
Borstel 31, 136.
Botkebüll s. Buttersbüll.
Bottschlot 3, 77.
Braak 143.
Brabant 146, 159, 160.
Braderup 289.
Bragke s. Braak.
Bramau 3, 117.
Bramstedt 3, 117, 140, 142 f., 155, 158, 160—162, 290.
Brandenburg 185, 290.
Braunschweig 41, 160, 181, 267, 290.
Brebell 289.
Bredebro 143.
Bredstedt 64, 78, 86, 101, 235, 237, 280 f., 288 f.
Brekendorf 289.
Brekling 289.
Bremen, Stadt 14, 22, 27 f., 33 f., 70, 80 f., 84, 105, 114, 131, 164, 209—212, 267, 279, 281, 290, 292.
—, Erzbischof von 49, 161 f., 250, 253.
—, Erzstift 14, 164, 211, 254.
Brilon 32, 36.
Brodersbye 291.
Bronneberg 93.
Brosebu s. Brodersbye.
Brouage 216.
Brügge 48, 147, 193.
Brüssel 51, 193, 200, 207.
Brunsbüttel 2, 71, 86, 93, 143, 175, 237, 293.

Buchwald, Lorenz v. 86.
Bülk 12.
Bullenhusen s. Billenhusen.
Bürau 54.
Burg a. F. 62f., 71f., 88, 100.
— i. D. 71.
Burgund 106f., 137f.
Büsum 2, 14, 18, 71, 86, 265, 280.
Butjadingen 292.
Buttersbüll 291.
Buxtehude 80, 114, 140, 161, 176, 210f., 279, 281.

Cadenberge 210.
Cecil, Lord 220, 222.
Christian I., König von Dänemark 9, 67, 127, 173.
— II., König von Dänemark 156, 185, 214.
— III., König von Dänemark 29, 42, 66, 137, 174f., 226, 234.
— IV., König von Dänemark 7, 14, 20, 40, 44, 46, 60, 65, 75f., 78, 87, 95, 113, 120, 125f., 139, 143, 161—163, 179—184, 189, 196f., 224, 229—231, 238, 242f., 245.
Cimbrische Halbinsel 1, 139.
Cleuerkerke s. Huyssen.

Dagebüll 86, 101.
Daldorf 290.
Dänemark 1, 5—7, 11—13, 28, 40, 42, 44—46, 52, 57, 59f., 62, 64f., 80, 86, 92, 96, 98, 104, 107, 111—114, 123, 125f., 134, 140, 142f., 151—161, 164, 170, 182, 184, 186—188, 194, 205, 221, 223, 226—234, 236, 239, 242, 244, 246—251, 288, 290f.
Dänischer Wohld 9.
Dannewerk 140f.

Danzig 11—13, 30, 50, 59, 62, 97f., 101, 125—127, 134, 194f., 205, 251f., 254f., 282, 293.
Delve 70, 86, 279—281.
Deutschland 1, 5, 14, 30, 64, 105—108, 140, 159, 164, 183—185, 250.
Dikhuser Hafen 2.
Dionysius, Albert, aus Glückstadt 60.
Dirkson, Reyner, aus Friedrichstadt 201.
Dithmarschen 2f., 5, 9—11, 13—15, 18, 20, 23—25, 27f., 38, 47, 71, 80, 82, 85f., 93—95, 101, 103, 121f., 126f., 141, 143—148, 165, 167f., 171f., 175, 178, 187f., 190—192, 194f., 211, 213, 215, 218, 225, 234, 239, 253, 256, 286, 290, 292—295.
Dobersdorf 27.
Dohmhorst 30.
Dokkum 280f.
Dorothea, Königinwitwe von Dänemark 60, 122, 153f., 175, 236.
Dorpat 253.
Dulcken 292.
Dünkirchen 50, 102, 104, 208, 216.
Dürwade 291.
Durweye s. Dürwade.
Düttebüll 288.
Duvenstedt 289.
Dwina 241.

Eckartsberge 290.
Eckernförde 12, 17, 30, 41f., 45, 60f., 65, 70, 85, 93, 99, 122—125, 127, 131, 135, 138, 142, 168, 197, 232, 288f.
Eckgarst s. Eckartsberge.
Eckwadt 140.
Eddelak 237.
Efkebüll 289.

Ehst 2.
Ehstensiel 275, 281.
Eider 3, 22, 29, 62, 109, 122—127, 137, 139—141, 143, 146 f., 183, 204, 221.
Eiderstedt 2, 4, 11, 13, 15, 18, 20—23, 25, 27, 47 f., 58, 62, 69, 74 f., 79 f., 82 f., 85 f., 90 f., 100, 126 f., 143—149, 171, 197, 200, 222, 233, 256 f., 270—278, 286, 292—294.
Eimbeck 267.
Elbe 42, 49, 75, 84, 102, 117, 139, 143, 147 f., 155—159, 173, 175, 178 f., 181 f., 197, 211, 221, 229, 293.
Elbing 101.
Elbmarschen 2, 5, 7, 20, 27 f., 62 f., 89, 173—179, 195, 212, 214, 238, 257.
Elfsborg 214.
Elisabeth, Königin von England 196, 221 f.
— (Isabella) Klara Eugenia, Infantin, Statthalterin der Niederlande 51, 208.
Ellenberg 289.
Elmshorn 149, 155, 244, 290.
Elsfleth 212.
Embsbüll 289.
Emden 10, 12—14, 17, 39, 42, 45, 68, 77, 80 f., 83, 87, 89, 91, 104, 117, 188, 194, 196, 212—216, 222 f., 279, 281 f., 293—298.
Emesbull s. Embsbüll.
Emmerich 157, 206.
Emmerleff 86, 101.
Ems 102, 214.
Enge, In der 289.
England 9, 29, 44, 48 f., 56—58, 80, 92, 97, 103, 109, 117, 122, 132, 138, 147, 194, 196, 205, 208 f., 217—225, 235, 241 f., 250, 282.
Enkhuijsen 92, 151, 280.
Enno, Graf von Ostfriesland 17, 45, 215.
Erfte 288.
Erfurt 34, 37, 185.
Erich von Pommern, König von Dänemark 65, 109, 122.
— XIV., König von Schweden 249.
Erle, William, engl. Gesandter 219—222.
Ernst, Graf von Holstein-Schauenburg 162 f.
Esens 281.
Europa 1, 4, 30, 56, 192.
Eutin 166.
Everschop 47.

Faaborg 290.
Fahrenstedt 288 f.
Falsterbo 235.
Fehmarn 71, 80, 84—86, 92 f., 100, 114, 123, 134, 166 f., 191, 195, 216, 232, 254, 290, 293.
Femeren, Hinr. v., aus Segeberg 38.
Fernandino, Herzog v. 201.
Finckius, Dr., holst. Agent 206 f.
Finmarken 239 f., 242.
Finnland 27, 98, 246, 249.
Fischerboden 155.
Flandern 164, 185, 193.
Flarup 289.
Flatzbye 289.
Flemhude 109.
Flensburg 5, 13, 17, 19 f., 25, 30 f., 45, 54, 64 f., 78 f., 83—85, 87, 89, 92, 94 f., 98, 102, 104, 127—135, 139 f., 144, 146, 149, 154 f., 159, 164, 168, 177, 183 f., 194, 196, 216, 220, 223, 228—231,

— 303 —

233, 235f., 239—243, 247—249, 252—255, 257, 288f., 292f.
Fleßbu s. Flatzbye.
Floris, Dr. F. Symensen van de Waerde 199f.
Fockbeck 191.
Föhr 3, 85f., 100, 104, 150, 293.
Fohrde 290.
Fosen 239.
Francke, Sylvester, Kaperkapitän 94, 103.
Frankfurt a. M. 107, 184, 287.
Frankreich 9, 12, 28, 49, 97, 138, 146, 188, 205, 218, 237, 241, 265, 292.
Franz d. J., Herzog von Sachsen-Lauenburg 169.
Freiburg in Hannover 143.
Frese, Volkert 117.
Fresenburg 31.
Friedrich I., König von Dänemark 46, 135, 143, 178, 185, 193.
— II., König von Dänemark 7, 29, 42, 60, 67, 86, 113, 118, 128f., 153, 175—177, 222f., 227f., 236, 241, 243, 250.
— III., Herzog von Schleswig-Holstein 21—24, 44, 46—51, 60, 75, 114, 132f., 191f., 197—209, 211.
Friedrichstadt 2, 12, 47f., 50f., 68, 76, 83, 89, 127, 133, 143, 192, 198—209, 257, 277, 280f.
Friese, Albrecht 144.
Friesenkoog 292.
Friesland s. Nord-, Ost-, Westfriesland.
Fuhlsbüttel 136.
Fünen 64, 164, 288.

Gaikenbüll 279.
Galdun s. Galten.
Galten 288.

Galthen 288.
Gammelgaarde 26.
Gammelsbüll 279.
Gangerschild 289.
Gardeleben 122, 290.
Gardin, Nic. du, aus Emden 213.
Garding 4, 74, 86, 256, 279f.
Garle s. Gardeleben.
Garlef s. Gardeleben.
Garlin 290.
Gebhart, Rudolf, aus Erfurt 34.
Geldern 159, 290.
Gellund s. Schellund.
Gelting 53, 100, 133.
Gelwegaarde 26.
Georg Hans, Pfalzgraf von Veldenz 105, 107.
Genua 195.
Gerhard, Graf v. Oldenburg 67, 127.
Geusen 103, 187, 214.
Glasau 290.
Glaskoppel 29.
Glückstadt 2, 44, 46, 60, 75f., 83, 86, 93, 100, 180f., 192, 197f., 204, 215, 224, 237, 244f., 281.
Godbersen, Henneke, aus der Widingharde 59.
—, Peter, aus der Widingharde 59.
Gollau 291.
Golle s. Gollau.
Goltoft s. Goltorf.
Goltorf 289.
Goltrop 289.
Gotland 233.
Gotteskoog 59, 289.
Gottingen s. Göttingen.
Göttingen 122.
Gottorf 16, 17, 26, 29—31, 47, 65, 103, 121, 133, 139—144, 146, 186, 246, 255f., 282—291.
Gouw, von der 281.
Grabow 164, 290.
Gram 137.

Grarupgaard 290.
Grießau s. Griesgaard.
Griesgaard 289.
Groningen 77, 106 f., 187, 280 f.
Grönland 246.
Groot, H. de 199.
Großenbrode 5.
Großsolt 289.
Guiddingharde s. Hviddingharde.
Gustav Adolf, König von Schweden 247.
— Wasa, König von Schweden 64, 247 f.

Hackstedt 289.
Hadeln 279.
Hadersleben, Amt 9, 11, 65, 67.
—, Stadt 13, 20, 26, 65, 67, 78, 84 f., 99, 134, 140, 154 f., 218, 228, 232 f., 239, 242, 255—258, 288 f.
Haen, Joh. de, herzogl. Rat 203, 205.
Haffkrug 92, 160.
Haistrup 144, 289.
Halligen 12, 82.
Hamburg 1 f., 5—8, 11, 13 f., 16, 22, 26—29, 31—34, 36—39, 41 f., 45—49, 52, 56—58, 62 f., 68, 75—78, 80, 84, 92, 96, 102, 105, 109—117, 120 f., 126 f., 132, 134—137, 140, 142—144, 147, 156—166, 169—184, 188, 195 f., 210—218, 222—225, 238, 241—245, 261, 265, 267—269, 279, 281, 287, 290, 292 f.
Haneken, Johann, aus Husum 14.
Hanerau 31, 102, 122, 143, 147, 292.
Hannerup s. Hanterup.
Hannover 26 f., 140, 184, 209, 279.
Hans, Herzog s. Johann.

Hanse 4 f., 9, 56, 103 f., 111 f., 115, 167, 173, 194 f., 217—219, 221 f., 224 f., 234—236, 239 f., 242, 253.
Hansen, Jan, aus Amsterdam 12.
Hanterup 290.
Harbleke 2, 275, 277, 280.
Hardewijk 122, 147, 193.
Harlingen 280 f.
Harriß 289.
Harxheide 140, 160—163.
Hasbohm, Harmen, aus Bremen 210.
Haseldorf 155.
Hatesburg 26.
Hatting 290.
Hattstedt 289.
Havelse 290.
Havighorst 31.
Hawell s. Havelse.
Haystorff s. Haistrup.
Heide in Holst. 71, 86, 122, 147.
Heiligenhafen 5, 15, 17, 62 f., 78, 84, 92, 99, 121, 168, 195, 249, 255.
Heiligenstedten 291.
Heilsberg 255.
Heinrich, Erzbischof von Bremen 176.
Helgeland 240.
Helgoland 38, 44, 51, 82, 93, 100, 193, 210, 224, 267 f., 279.
Heller, Dirick, aus Bremen 33 f.
Helsingborg 288.
Helsingfors 253.
Helsingör 17, 65, 93.
Hemmerort 279.
Hemmersiel 2.
Hemmingstedt 143.
Hendrichs, Claus, aus Friedrichstadt 207.
Hennstedt 7, 86.
Hensbeeck, Mons. 50.

Herfort 291.
Herle s. Erle.
Herrenwiek 113.
Herredsbye 289.
Hersbu s. Herredsbye.
Heruerdt s. Herfort.
Herzhorn 2, 86.
Hesbüll 289.
Hessen 32, 34, 259.
Hetland 235.
Hinschenfelde 30.
Hoep, M., aus Hamburg 244.
Hoffenstede, Zöllner zu Oldesloe 119.
Hohenhof 31.
Hoirup 289.
Holland s. Niederlande.
Holle, Tonnies v., Amtmann von Trittau 136.
Hollenbek 31.
Hollingstedt 131, 133, 138, 141, 288.
Holm 289.
Holmstrup 291.
Holstebro 288, 290, 292.
Holstein 3, 5, 8—11, 28f., 52, 61, 71, 93, 101, 111, 119, 122, 142, 168, 183, 212, 214, 293—296.
Hölzernklinken 31—38.
Homstrup s. Holmstrup.
Hoorn 92, 147, 150f., 281.
Horne 291.
Horning s. Horne.
Hornne 288.
Hornsmühlen 31.
Hornstrup 291.
Hornum 291.
Horrup 289.
Horsbüllharde 289.
Horsens 230, 288, 290.
Horst, Rotger v. d., aus Emden 77.

Hoven, Willem v., Herr v. d. Wedde, Westerwolde, Bellinkwolde u. Blyham 47f., 50f., 199—207.
Hoyer 2f., 66, 289.
—, Hermann, Staller von Eiderstedt 147, 225.
—, Johan, aus Bremen 14.
Hoyerharde 68f.
Hülck 2, 275, 277.
Hürup 289.
Hütten 29.
Hulle, v. d. 291.
Husum 3f., 9, 12—25, 27, 41—46, 54f., 58f., 67—69, 72—74, 76, 78—83, 85—88, 93, 100, 102, 104, 127—133, 138f., 143—147, 149, 164, 168, 171, 186f., 190, 192f., 196, 212, 214f., 220f., 224f., 229, 232, 237f., 254—256, 259—267, 288f., 292f.
Husumer Au 138f.
— Harde 148, 256,
Huyssen, Adrian v., Herr zu Cleuer(s)kerke 48—50, 198.
Hviddingharde 40, 68, 153.
Hvidding Nakke 149.

Irland 50, 138.
Iserenborg 290.
Isernhagen 292.
Island 57, 59, 94, 117, 138, 182, 241—246.
Italien 56, 104, 184, 196.
Itzehoe 3f., 28, 41, 45f., 56, 63, 78, 85, 93, 100, 117—120, 143, 149, 155, 168f., 174, 176f., 186, 189, 211, 222f., 244, 255, 257, 290, 293, 297.
Ivenfleth 119.

Jacob, St., in Spanien 194.
Jacobsens Erben, Thomas, aus Flensburg 231.

Jansenius, Nicolaus, Jesuitenpater 199—201, 207.
—, Quirinus, span. Kommissar 209.
Jersbek 136.
Jevenstedt 290.
Johann d. Ä., Herzog von Schleswig-Holstein 60, 65 f., 69, 93, 129, 137, 144, 153, 175, 214, 218, 234, 238, 251 f., 256.
— d. J., Herzog von Schleswig-Holstein 6, 13, 26, 60, 64, 95, 113, 153, 168, 180, 288.
— Adolf, Herzog von Schleswig-Holstein 25, 46, 60, 65 f., 142 f., 180, 183 f., 223.
— Friedrich, Bischof von Lübeck 54.
Joldelund 130.
Jordanus, Prof. 139.
Jülich 159, 292.
Julius, Herzog von Braunschweig 106.
Jütland (Jutland) 39 f., 110, 135, 139, 149, 151, 155, 164 f., 210, 228, 234, 282, 288, 290.

Kallundborg 124, 288.
Kalmar 180, 238, 247 f.
Kalslundharde 68.
Kaltenkirchen 28, 171.
Kapell 289.
Kappel 101.
Karl V., Kaiser von Deutschland 156, 185.
— IX., König von Schweden 246.
—, Herzog von Södermanland 246, 250.
Karoxbostel 290.
Karrharde 289.
Kasenort (nicht Kesenort) 255.
Katharinenheerd 280.
Kating und Katingsiel 2, 4, 275 f., 279 f.

Kattegat 1.
Katteskov 290.
Katzkoch s. Katteskov.
Kehdingen 14, 22, 210, 279, 281, 292.
Kekenis 26.
Kellinghusen 84, 117, 119 f.
Ketelsbye 289.
Kibitzmoor 279 f.
Kiel, Amt 21.
—, Stadt 4 f., 11 f., 17, 26 f., 43, 46, 49, 54, 57, 62 f., 84—86, 100, 109, 122—124, 126, 129, 137, 167 f., 175, 177, 181, 194, 216—218, 221, 228, 232, 244, 248 f., 254 f., 290.
Kildin 243.
Kirchsteinbek 30.
Kjervege 243.
Klanxbüll 39, 289.
Kleve 159, 164, 185.
Klinke Skov 26.
Kliplef 26, 66, 146, 155.
Klixbüll 289.
Knipping, Viktor, Gesandter 107.
Knoop 12.
Kock, Reimer, aus Lübeck 53.
Köcke s. Koege.
Koege 288.
Kohlenkirchen s. Kaltenkirchen.
Koldenbüttel 2, 75, 86, 145—148, 171, 279 f.
Kolding 67, 134, 140, 151, 154, 163, 182, 230, 288, 290.
Kollerup 289.
Kolmogra 243.
Köln 157, 184, 188, 218, 254.
Königsau 140.
Königsberg 98, 252, 255.
Königsförde 289.
Konningk, Joseph, aus Prilen (Brilon) 36.
Kopenhagen 17, 42, 65, 87, 175, 229, 236 f., 244 f., 257, 290.

Korsör 230.
Korwage s. Kjervege.
Kösfeld 291.
Koßfeld s. Kösfeld.
Krefeld 86.
Krempe 4, 42, 62f., 84f., 93, 100, 102, 119f., 162, 168, 171, 174, 177, 180f., 195, 197, 211, 222, 224, 237, 241, 244f., 253, 257, 290, 293.
Krempermarsch 86, 171, 174, 176, 290.
Krempermünde 2.
Kronborg 230.
Kropp 130.
—, Hans, aus Lübeck 33.
Kupferdamm 31.
Kurland 98.

Laaland 121.
Labro 288.
Ladelund 289.
Lammershagen 289.
Langeland 153.
Langelund 288.
Langenhorn 130, 288f., 292.
Lanken, Egidius v. d., holstein. Kanzler 206.
Laßing, Lorenz, aus Husum 132.
Lauenburg 28, 238.
Laurup 288.
Lavdrup s. Laurup.
Lawrentzen, Carsten, aus Husum 102.
Leck 26, 143, 155, 189.
Leeuwarden 280.
Lehmbeck 289.
Leicester, Lord 188.
Leipzig 31, 184.
Lemwig 288, 290.
Lenzen 290.
Lethekewiek 291.

Ley, Jarich v. d., aus Friedrichstadt 206.
Leyden 122, 147, 188, 193.
Lifland 58, 80, 98, 138, 250f.
Limfjord 231.
Lindau 290.
Lindeberg, P. 132.
Lindholm 289.
Lindisch s. Leyden.
Lindow, Zur, s. Lindau.
Linnet 298.
Lissabon 57, 59, 84, 195, 206.
List 139.
Lister Len 234.
— Tief 3, 139.
Littauen 255.
Lockmark s. Loitmark.
Lofoten 240.
Lohe, v. d. Lohen Hues 2, 145, 275.
Lohharde 68.
Loit 289.
Loith 78.
Loitmark 288.
Loitz, Handelshaus in Stettin 58.
Lopez, Gonsalva, aus Glückstadt 47.
Lößtrup 289.
Lucar, St. 202f.
—, St., Herzog von 203.
Lübeck, Bistum 5.
—, Stadt 1, 5f., 8, 10, 14, 16f., 26, 29, 30—33, 35—38, 41f., 44, 46, 52, 57f., 62, 64, 70, 78—81, 92, 98, 101, 105f., 109—122, 125, 131, 135f., 138, 142f., 163—170, 180, 183f., 191, 193, 195, 218, 230, 247, 249, 251, 255, 280, 287f., 290, 292.
Luesappel 26.
Lügumkloster 144, 189.

Lühe 159.
Lunden 2, 71, 85 f., 143, 171, 279 f., 290.
Lüneburg 38, 47, 113, 119, 160, 209, 211, 290.
Lusitanien s. Portugal.
Lütgenholm (Lütjenholm) 130, 289.
Lutholm s. Lütgenholm.
Lütjenburg 54, 62, 168.
Lüttgensee 31.

Maasdiep 151.
Maaß, Jürgen, Staller 25.
Madrid 60, 199 f.
Magdeburg 160, 185.
Magnus, Herzog von Holstein 230, 250.
Magnusen, Otto 150.
Makkum 279, 281.
Malaga 201.
Malmis 243.
Malmö 42.
Mandix, Peter, aus Eckernförde 42.
Manö 149.
Margarethen, St. 86, 292.
Maria, Königin von England 219.
Maria, Königin von Ungarn, Statthalterin der Niederlande 214.
Markerup 289.
Marstrand 239.
Mathers, Simon, aus Emden 77.
Maximilian II., Kaiser von Deutschland 77, 137 f., 172, 177, 179.
Mechelburg, Oluf, aus Flensburg 241.
Mecklenburg 26, 28, 98, 114, 125, 138, 177 f., 185, 250, 252.
Medemblick 50, 139.
Medina Sidonia, Herzog von 203.
Meldorf 2, 71, 86, 293.
Memel 255.

Merkrop s. Markerup.
Metz 185.
Mews, Marcus, aus Lübeck 32, 35 f., 250.
Middelburg 34, 48.
Middelfart 288.
Middelfartsund 101, 238.
Minckwitz, v., kais. Kommissar 223.
Missunde 141.
Mitteldrittenteil 10, 13, 15.
Mittelmeer 194.
Mögeltondern 101, 289.
Moisling 116 f.
Mönkebüll 130, 289.
Monro, Oberst 258.
Mühlow 289.
Mühro 289.
Münster 159, 164, 184 f.
Myrow s. Mühro.

Nakskov 17.
Namdalen 239.
Nannemark s. Nannendorpe 291.
Nannerup 291.
Narwa 56, 59, 241, 250—254.
Neinkopen s. Nykjoebing.
Nenborg 288.
Neocorus 194 f., 218.
Neuhaus 54.
Neukirchen 291.
Neumühlen 155.
Neumünster 3, 21, 33, 37 f., 120, 122, 140, 142, 155, 165, 168, 255, 290, 292.
Neustadt 5, 60, 62 f., 85, 92, 100, 168, 246, 250, 255.
Neuwerk 181.
Neversdorf 193.
Neyenstede 290.
Nibe 231.
Nickerbill s. Nykerbye.
Nikolaus, St. 243.

Niederlande 1—4, 8 f., 14, 17, 22, 27 f., 41, 46—51, 57, 60, 62, 68, 72, 75 f., 80, 82—84, 87, 89, 92, 94, 96, 106 f., 109 f., 126, 129, 132, 134, 137, 140, 149, 152, 159—161, 164, 167, 182, 184—209, 214—216, 220, 235, 237, 241—243, 250, 252, 271, 281 f., 285.
Niederrhein 184.
Niedersachsen 105 f., 181 f.
Niendorf 30.
Nienhus s. Neuhaus.
Nienstedten 155.
Nittens, Witze, aus Groningen 77.
Norborch 26.
Norddeich 2, 86.
Norden 42, 147, 280 f.
Norderdithmarschen 11, 19, 21, 24, 68, 71, 79, 126, 145 f.
Nordergoesharde 128.
Norderstapel 279.
Nordfriesland 39 f., 58 f., 66 f., 80, 86 f., 103, 229, 233, 246, 248, 293.
Nordland 239 f.
Nordmöre 236.
Nordstrand 3, 14—16, 19—26, 44 f., 47, 58, 67, 69, 73 f., 79, 81, 86 f., 101 f., 104, 143 f., 146, 148 f., 209—211, 218, 234, 256, 279, 281, 289, 293.
Nordwestdeutschland 92, 97, 209 bis 212.
Norkarkendorp 291.
Norwegen 7, 12, 28 f., 57, 64 f., 80, 96, 102, 138, 205, 227, 234 bis 243, 252, 282, 293, 297.
Nübel 289.
Nussen, Hinrich v., aus Lübeck 37.
Nustrup 289.
Nütschau 33.

Nutteln, Dominikus v., aus Hamburg 34.
Nyborg 93, 134, 228, 288, 290.
Nykarken 291.
Nykerbye s. Neukirchen.
Nykjoebing 288.
Ny Lödöse 96.
Obbekjaer 291.
Obersachsen 105.
Ochmen 281.
Ockenber s. Obbekjaer.
Ockenswerf 291.
Ockholm 86, 101, 127, 130, 223, 237, 289.
Odense 112, 239, 288, 290.
Oland 86, 101, 293.
Oldenburg i. Gr. 159, 164, 185.
— i. W. 62 f., 80, 166—168, 255.
—, Graf v. 210, 212.
Oldenswort 86, 101, 279.
Oldesloe 31 f., 37 f., 41 f., 62, 85, 111—114, 116—118, 135 f., 166, 168 f., 255.
Olivarez, span. Minister 199, 207.
Olpenitz 289.
Olßborg s. Ulzburg.
Olßniß s. Olpenitz.
Olufsen, Anders, aus Flensburg 231.
Olversum 2, 280.
Onewatt s. Onsved.
Onsved 290.
Oranien, Prinz von 49, 192, s. a. Wilhelm, Prinz v. Or.
Ording 279.
Orten 288.
Orth 288.
Ortmühle 288.
Ortnis s. Orten.
Ösau 117.
Osecker s. Ausacker.
Ösel 250.
Osnabrügg 157.

Ostenfeld 86, 146, 289.
Osterfeld 146.
Osterkalegat 140.
Ostersteinbek 30.
Ostfriesland 92, 104, 175, 212 bis 215, 281.
Ostindien 46, 104.
Ostseeländer 1, 11 f., 28, 46, 119, 227, 253 f.
Ottensen 76, 153.
Otterndorf 281.
Otto, Herzog von Braunschweig 176.
Oudert, Rubertus, aus Friedrichstadt 206.

Padelekgard 289.
Paitall s. Pitael.
Paulskrog 140.
Pelworm 289.
Pentz, Amtmann 162.
Perleberg 164, 290.
Peter, St. 279 f.
Petersdorf 100.
Philipp, Herzog von Schleswig-Holstein 189.
—, Landgraf von Hessen 179.
— II., König von Spanien 60, 194, 219.
Pietall s. Pitael.
Pincier, Johann, aus Hamburg 70.
Pinneberg 5, 26, 155—158, 171, 181.
Pirna 184.
Pitael, Cornelis Clausen P., aus Medemblick 50, 78, 139.
Plön 54, 168 f., 255.
Pogwisch, Hinrich, zu Doberstorf 27.
Polen 103, 138, 222, 250—252.
Pommern 12, 32, 98, 123, 125, 138, 252, 290.
Poorter, Jürgen, Schreiber zu Höltzernklinken 31, 191.
Poppenbüttel 160.
Portugal 46 f., 75, 97, 169, 188, 194—197, 202 f.
Preetz 28, 168, 288, 290.
Preußen 12, 41, 57, 122, 131, 138, 147, 254 f., 265.
Priegnitz 41, 164, 185, 290.
Prilen s. Brilon.

Qualen, Otto v. 150.

Rabenholz 289.
Rabenkirchen 289.
Raftesiden 242.
Radduhn 290.
Randers 288, 290.
Rantrum 292.
Rantzau, Adelsgeschlecht 54, 66, 77, 122, 147, 235.
—, Barbara, zu Hölzernklinken 32—38, 185.
—, Bertram 126.
—, Daniel, zu Seegard 252.
—, Heinrich, Prorex Cimbriae, 25 bis 27, 29 f., 33, 38, 41 f., 51, 56, 62, 84, 87, 114, 117 f., 128 bis 130, 132, 139, 155, 175 bis 177, 195 f., 222, 235, 256.
—, Hinrich 86.
—, Johann, zu Breitenburg 156, 175.
—, Kay, zu Hanerau 56, 86, 102.
—, Klaus, Amtmann zu Krempe 176.
—, Moritz 86, 103, 115, 251.
—, Paul, zu Bothkamp 194, 236.
—, Peter, Amtmann zu Flensburg 130, 223.
—, —, 150.
—, Junker Peter 86.
Rausdorf 30.

Reimersbode, auch -bude 2, 147, 275, 277.
Reinbeck 26, 31, 115.
Reinfeld 26, 113.
Rendsburg, Amt 20, 26.
—, Stadt 11 f., 17—19, 27, 29, 41, 45, 54, 62, 84 f., 89, 122—128, 140—142, 144, 155, 165, 167 f., 170, 186, 233, 255 f., 279, 281 bis 283, 286, 290, 293.
Renikogen s. Ringkjoebing.
Rethwisch 290.
Reval 12, 46, 62, 253—255.
Richey, Hamburger Schulmann 31.
Riga 27, 98, 122, 252—254.
Rijm s. Röm.
Ringkjoebing 40, 288.
Ripen 39 f., 45, 66—68, 87, 100, 102, 134, 137, 140, 143 f., 149, 151—154, 232 f., 281, 288, 290, 292.
Riperhafen 3.
Rißgeik s. Rißkau.
Rißkau 291.
Risummoor 21, 289.
Ritzebüttel 281.
Roager 289.
Rochelle, La 216.
Rode, Hans, Landvogt 12.
Rodenäs 289.
Roedby 121.
Rödemis 86.
Röhrbecker Siel 69.
Rohrkarr 289.
Röm 68, 82, 85 f., 95, 99, 100, 102, 139, 149, 228.
Romsdalen 239 f.
Rosendal 289.
Rosenkranz, Carsten 150.
Röst 289.
Rostock 45, 80, 92, 125, 131, 133, 254.
Rothenmeer 86.

Rotterdam 280.
Rowilde, aus Hamburg 165, 287.
Ruhmor 54.
Rumke 130.
Rundhof 4, 53 f.
Rußland 56, 57, 96, 103, 137, 241 bis 243, 250 f., 253.
Rutebüll 3, 66, 78, 139.

Sabro 288.
Sachsen 142, 177 f., 184 f.
Sandby 291.
Santbüll s. Sandby.
Säthe s. Seeth.
Satrup 289.
Sax[en]fähr 2, 275, 277.
Schagerhorn s. Skagen.
Schauenburg 5, 160, 162 f., 181.
Schellinckhoudt, aus Friedrichstadt 204.
Schellund 288.
Schelschow s. Skjelskoer.
Schenefeld 148.
Schersdorp s. Schörderup.
Schertorp s. Schörderup.
Schiedam 280.
Schiffbek 30.
Schleems 30.
Schlei 65, 109, 122, 141.
Schlesien 164.
Schleswig, Herzogtum 1, 9, 10 f., 29 f., 38 f., 41, 63, 143, 164, 213, 223, 293 f., 298.
—, Stadt 18, 41, 54, 65, 70, 78, 99, 109, 133, 138, 168, 193, 220, 231, 265.
Schlucht 3.
Schluxharde 69, 155.
Schmaltief 3.
Schmede, Thomas thor, aus Flensburg 184.
Schmeden, Claus thor, aus Flensburg 132.

Schmool 93.
Schmörholm 289.
Schnabdorp s. Schnarup.
Schnarup 291.
Schörderup 289.
Schonen 83, 228, 235.
Schottland 50, 80, 96, 132, 136, 205, 217, 225, 235.
Schriever, Ulrich, aus Kiel 11, 27, 46, 193, 210, 249, 255.
Schrum, Nicolaus, 251.
Schülp 2, 62.
Schülpersiel 4.
Schulte, Martin, aus Flensburg 248.
Schurmann, aus Flensburg 247.
Schwabstedt 53, 133, 146.
Schwale 3.
Schwansen 9, 63.
Schwinge 117.
Schweden 12, 27, 30, 32, 36, 49, 57, 62, 64, 80, 97 f., 101, 103, 119, 176, 214, 221, 226, 241, 246—254, 280.
Schwyn, Peter, aus Lunden 194.
Sebu s. Soeebye.
Seegaard 289.
Seeland in Dän. 124, 231, 247.
Seeland in Niederl. s. Zeeland.
Seeth 289.
Segeberg, Amt 26, 117.
Segeberger Heide 28, 140, 143.
Segeberg, Stadt 38 f., 62, 118, 122, 135 f., 142, 166, 168, 171, 174, 210, 243, 255, 267—269.
Sehestedt, Otto v. 38.
Senkstedte 291.
Sette s. Seeth.
Setubal 195.
Siek 291.
Sigismund August, König von Polen 252.
Sillerup 130.
Silt s. Sylt.

Simonis, Menno 77.
Simonsen, Diderich, aus Emden 12.
Sisebye 289.
Siwersfleth 2, 275 f., 280.
Skagelse 288.
Skagen 138, 232.
Skanderborg 230.
Skandinavien 30.
Skanör 235.
Skjelskoer 288.
Snabberup und Snaderup s. Schnarup.
Snav 289.
Södermanland s. Karl, Herzog von S.
Soeebye 288, 290.
Soenderbek 290.
Soholm 143, 289.
Soldener, Isaac, aus Hölzernklinken 32, 34, 36 f.
Sonderburg, Amt 26, 95.
—, Stadt 64, 66, 85, 88, 93, 95, 99, 228, 231, 236, 242, 288 f.
Söndhortland 235.
Sonnebek s. Soenderbek.
Sophie, Herzogin von Schleswig-Holstein 60, 120.
Sörupschaubye 289.
Spandet 289.
Spanien 9, 28, 32, 37, 40, 47, 49, 56—59, 63, 76, 80, 82, 94, 97, 102 f., 106—109, 138, 187 f., 192, 194—209, 265, 293.
Speyer, 108, 156, 185.
Spinola 51.
Stade 22, 48, 80, 102, 140, 161, 178, 181, 183, 210 f., 223, 279, 281, 290, 292 f.
Stapelholm 14, 17, 47, 53, 69 f., 75, 126 f., 148, 171, 286, 289.
Starup 289.
Stecknitz 116.

Stedesand 289.
Stegen 39, 136.
Steinburg 5, 144, 173, 182.
Steinfelderheide, -hude 117 f.
Steinhorst 11, 169.
Steinwehr 291.
Stendal 267.
Stenderup 289.
Stenwer s. Steinwehr.
Stettin 58, 98, 246, 252.
Stockholm 32, 242 f.
Stör 2, 28, 42, 56, 84 f., 100, 109, 116—120, 171, 245, 281, 293.
Stolberg 32.
Stormarn 28.
Stralsund 11, 14, 45, 52, 64, 92, 98, 255.
Strand s. Nordstrand.
Straßburg 184.
Südensee 289.
Süderdithmarschen 15, 19, 71, 101, 126, 145—147.
Süderhövet 2, 275 f., 279 f.
Suderköping 247.
Süderstapel 75, 124, 126, 279.
Sund 1, 65 f., 68, 76, 80, 82—84, 86, 91—101, 107, 110, 137 bis 139, 177, 184, 186, 193—196, 227—229, 236 f., 241, 251.
Sundewitt 9, 29, 63 f., 289.
Sundisch s. Stralsund.
Sundtmugens 291.
Surupschubu s. Sörupschaubye.
Süssen 54.
Sütel 54.
Syke, Zum s. Siek.
Sylt 87, 139.

Tadino, Don Julius Caesar 199 bis 201, 203 f.
Tarfwe, Omet, aus Flensburg 242.
Tating 279 f.
Tellingstedt 71.

Terranova, Herzog de 188.
Tetenhusen 280.
Thießen, Jochim, aus Lübeck 10, 121 f.
Thomastags 142.
Thorn 252.
Tielen 86, 87, 279 f.
Tobi, Hans, aus Dithmarschen 187 f.
Tofftum 69.
Tofting 289.
Toftlund 134.
Toledo, Don Friedriques de 203.
Tolkschubye 289.
Tollstede 140.
Tonderharde 69.
Tondern, Amt, 9, 18 f., 67.
—, Stadt, 4, 13, 26, 44, 66—69, 78, 82, 85, 93, 104, 133 f., 143 f., 146, 155, 197, 239, 254, 256 f., 279 f., 288 f., 291—293.
Tönning 2—4, 12, 27, 29, 44, 50, 62, 68, 70, 74, 79, 81, 83 f., 86, 88—91, 101, 125—127, 147, 171, 190, 193, 200, 205, 211 bis 213, 215 f., 256, 270—282, 292.
Törning 11 (so statt Tönning zu lesen) 26, 29, 256.
Törup 288.
Toscana 196.
Tratziger, Adam, holst. Kanzler 56, 105, 107, 220—222.
Trave 113, 117, 135, 168.
Travemünde 166.
Treene 138 f.
Treia 147.
Tremsbüttel 160, 162, 169.
Trittau 26, 30 f., 114—116, 135 f., 244, 255.
Trondhjem 239 f.
Türkei 195.
Tunsberg Len 234.
Twedt 289.

Typotius, Matthias, Hafenmeister in Tönning 200.

Ulenmölen 255.
Ulwesbüll 2, 275.
Ulzburg 160, 290.
Ungarn 30.
Usselincx, Willem, holl. Kaufmann 49.
Ütersen 155, 160, 174, 244.
Utholm 47.
Utrecht 159.

Vadsö 240.
Varangerfjord 240, 242.
Vardberg Slot 234.
Varde 40, 229, 233, 288, 290.
Vardöhus 240, 242 f.
Vechters, Hendrik, aus Friedrichstadt 202 f.
Vedel 288.
Veldenz s. Georg Hans.
Venedig 84, 184, 196.
Viborg 159, 230, 288, 290.
Vlie 102, 151.
Vlieland 92.
Voborg s. Faaborg.
Vogler, Kristoffer, Schloßschreiber zu Segeberg 243.
Vöhrde 279.
Voigtt, Adolf, Landvogt von Stapelholm 126.
Vollerwiek 279.
Vörde 161 (Vöhrde oder Bremervörde?)

Wade, Armigill, engl. Gesandter 221.
Wadstena 247.
Wagrien 9, 134.
Wahr s. Varde.
Walen 161.
Wallsbüll 289.

Walrauen, Karl, aus Middelburg 34.
Wanderup 288.
Wandorp s. Wandrup.
Wandrup 288.
Wandsbek 31, 77.
Warnitz 65.
Wasa, Geschlecht 246.
Wedde, v. d., s. Hoven.
Wedel 27, 121, 140, 155—164, 184, 186, 210, 288.
Wedstedgaard 134.
Weißes Meer 96, 104, 250, 253.
Weißhausen 93.
Wendt, Hermann, aus Hadersleben 242.
Wesebye 288 f.
Wesel 288, 290.
Weser 49, 212.
Wesselburen 4, 71, 86.
Wesseltofte 291.
Wesselworde s. Wesseltofte.
Weßlingburen s. Wesselburen.
Westerhewer 2, 275, 277, 280.
Westerkalegat 141.
Westermarsch 101.
Westerwig 290.
Westerwith s. Westerwig.
Westeuropa 1.
Westfahlen 107, 140, 184.
Westfriesland 92, 138, 150, 280 f.
Westindien 49, 104.
Westpreußen 98.
Wettring, Böye thor, aus Flensburg 131.
Wiborg 101.
Widau 66.
Widingharde 59, 69, 280.
Wieding, Zacharias 132.
Wieglesdor 140.
Wiehebek 289.
Wiehekrug 130.
Wien 60, 138, 185.

Wilhelm, Prinz von Oranien 103, 107.
—, Herzog von Braunschweig 176.
Wilster 19, 41, 63, 84 f., 93, 100, 119 f., 168, 171, 177, 210 f., 236 f., 243, 257, 292 f.
Wilsterau 3.
Wilstermarsch 15, 28, 144, 171, 174, 176.
Winnert 146.
Wisch 39.
—, Sifert v. d. 150.
Wismar 64, 80 f., 92, 254, 290.
Witthusen s. Weißhausen.
Wöhrden 2, 71, 86, 280, 288, 290.

Wollersum 2.
Word s. Wöhrden.
Worden s. Wöhrden oder Wursten.
Workum 281.
Wulff Paul, aus Krempe 241, 244.
Wulfhagen 31, 259.
Wursten 290.
Wybek s. Wiehebek.

Ystadt 228.

Zeeland 34, 49, 92, 132, 188, 198.
Zollenspieker 160—163.
Zuniga, Don Baltesar de 199.
Zwolle 159, 290.

Textanmerkung:

Der auf Seite 103 Zeile 1 erwähnte Vertrag scheint auf einen Druckfehler der Quelle zurückzugehen und um 100 Jahre früher gesetzt werden zu müssen.

Druckfehlerberichtigungen:

Auf Seite 11 Zeile 14 von oben muß es heißen Törning und nicht Tönning.

Auf Seite 27 Zeile 3 von oben muß es heißen **16.** Jahrhundert und nicht 11. Jahrhundert.